判例
消費者契約法
の解説

升田 純著

―契約類型別の論点・争点の検証と実務指針―

発行 民事法研究会

はしがき

　本書は、その主要な内容は、平成13年4月1日に施行された消費者契約法の内容、解釈、運用について判例・裁判例を取り上げて分析し、解説するものであるが、改正の動向、関係条文の概要、解釈・適用の在り方等の関係する諸事項も併せて解説するものである。

　本書の元になったのは、平成27年から平成30年までの間、民事法研究会の発行に係る「市民と法」に連載した一連の論文であるが（紙数の関係で判旨を省略し、分析・解説を割愛した部分が多い）、本書は、これらの論文を整理し、分析をより深めたこと、契約類型別に判例・裁判例を分類したこと、契約類型ごとの特徴を概説したこと、参考になると考えられる判旨を記載したこと（複数の同種の裁判例については、判旨を省略しているところがある）、判例・裁判例の意義をわかりやすく紹介することに努めたこと、判決・裁判例を言渡しの年月順に紹介することによって各判例・裁判例の意義・位置づけ・動向をより明確にしたこと、同種の事案に係る判例・裁判例をまとめて分析することによって裁判の実情を紹介するように努めたこと、実務上の影響を明記したこと等の特徴をもたせたものである。

　消費者契約は、日常的な取引の分野において重要な契約であり、消費者の保護が消費者取引の分野で必要な要請であり、消費者契約法が重要な役割を期待されていることはいうまでもない。しかし、実際に判例・裁判例として法律雑誌等に公表されたものを概観する限り、消費者契約法の適用、運用がその期待に応えているかは議論があり、消費者取引、特に消費者保護の必要な悪質な消費者取引にどの程度実効的であったかは十分な検証が必要であろう。

　消費者保護の要請を必要な範囲で実現するためには、法律の制定・改正だけで達成できるものでなく、消費者教育、消費者支援等の各種の施策の推進、消費者個人の対策の強化等が必要であることは、過去の消費者被害の実情が示すところである。消費者契約法、これに関係する法律は、近年制定・改正が実施されているが、法律の内容が詳細になり、理解し難くなっている反面、過去の消費者被害の実情、将来の消費者被害の予測を踏まえ、より実

1

はしがき

効的な防止のための検討、施策の策定・実行も忘れてはならないように思われる。

　消費者契約法の施行後の消費者契約に関する判例・裁判例を分析してみると、担当裁判官の個人的な見解、判断の実情が消費者契約法の解釈、論理、結論に色濃く反映していることが容易に推測される。裁判例の中には、消費者契約法の背景にある一般法理、規定の文言、制定・改正の際の立法者意思等を無視、あるいは軽視したものもないではなく、実質的には自己の個人的な見解による実質的な立法と評価されるものもみられる。消費者契約法は、一言でいえば、様々な要請を調整しつつ消費者の保護を内容するものであり、その解釈、適用にあたっては賢明なバランス感覚が求められるが、担当裁判官の個人的な見解が先走る裁判例がみられることは、裁判例に対する信頼性を疑わせることにもなり得る。今後の裁判例の動向も注目されるところである。

　本書が出来上がるまでには、その企画、内容等にわたって難産であったが、民事法研究会の田口社長、編集部の松下寿美子さんの協力と励ましがなければ今日を迎えることはできなかったものである。最後に感謝を申し上げたい。

　　　平成31年4月末日

升田　純

『判例消費者契約法の解説』

● 目　次 ●

第1部　総論編

Ⅰ　消費者契約法の立法・改正の概要 …… 2

1　消費者契約法の制定・改正の動向 …… 2
2　消費者契約法の適用範囲――消費者契約 …… 3
3　消費者契約法の目的 …… 4
4　消費者裁判特例法の制定・施行 …… 5
5　消費者契約法の最近の改正 …… 8
　(1)　平成28年改正法の概要 …… 8
　(2)　平成29年改正法の概要 …… 11
　(3)　平成30年改正法の概要 …… 12

Ⅱ　消費者契約をめぐる裁判例の動向 …… 15

1　はじめに …… 15
2　裁判例が少ない理由 …… 15
3　年代別にみる裁判例の動向 …… 16
4　消費者契約をめぐる裁判例の分類・評価の現状 …… 18
5　消費者契約の類型化・分類による裁判例の分析 …… 19

Ⅲ　消費者保護の在り方と実情 …… 21

1　消費者被害と消費者契約法の実情 …… 21
2　製品事故と消費者保護の実情 …… 22
3　取扱説明書と被害救済・防止の実情 …… 24
4　消費者事故と被害救済の課題 …… 25

目次

Ⅳ 消費者契約法の概説……………………………………27

1 はじめに………………………………………………………27
2 本書の目的と内容……………………………………………28
3 消費者契約をめぐるトラブル・紛争と適用条文の概観……30
　⑴ はじめに……………………………………………………30
　⑵ 法2条（定義）……………………………………………31
　⑶ 法4条（消費者契約の申込み又はその承諾の意思表示の取消し）……………………………………………………31
　⑷ 法4条1項（消費者契約の取消事由〔誤認〕）…………32
　⑸ 法4条2項（消費者契約の取消事由〔不利益事実の不告知〕）…33
　⑹ 法4条3項（消費者契約の取消事由〔不退去、退去妨害〕）……34
　⑺ 法4条4項（消費者契約の取消事由〔過量販売〕）………36
　⑻ 法4条5項（重要事項）……………………………………36
　⑼ 法4条6項（取消しの効果の第三者への対抗）…………37
　⑽ 法5条（媒介の委託を受けた第三者及び代理人）………37
　⑾ 法6条（解釈規定）………………………………………38
　⑿ 法6条の2（取消権を行使した消費者の返還義務）……38
　⒀ 法7条（取消権の行使期間等）…………………………39
　⒁ 法8条（事業者の損害賠償の責任を免除する条項の無効）……40
　⒂ 法8条の2（消費者の解除権を放棄させる条項の無効）………41
　⒃ 法9条（消費者が支払う損害賠償の額を予定する条項等の無効）……………………………………………………43
　⒄ 法10条（消費者の利益を一方的に害する条項の無効）…44
　⒅ 法11条（他の法律の適用）………………………………46
　⒆ 法12条（差止請求権）、12条の2（差止請求の制限）……46

第2部　契約類型別の消費者契約と裁判例の検証

1　パーティーの予約……………………………………………… 50

【裁判例】東京地判平14・3・25判タ1117号289頁〔消費者契約法9条1号：予約の解約特約〕…………………………………… 51

2　宿泊の予約……………………………………………………… 55

【裁判例】東京地判平23・11・17判時2150号49頁〔消費者契約法9条1号：予約取消料合意〕…………………………………… 55

3　結婚式の挙式契約……………………………………………… 59

【裁判例1】東京地判平17・9・9判時1948号96頁〔消費者契約法9条1号：予約取消料条項〕…………………………………… 59

【裁判例2】京都地判平26・8・7判時2242号107頁〔消費者契約法9条1号：キャンセル条項〕…………………………………… 62

4　旅行の手配契約………………………………………………… 66

【裁判例】東京地判平23・7・28判タ1374号163頁〔消費者契約法9条1号：取消料・違約手数料特約〕……………………………… 66

5　オペラの鑑賞契約……………………………………………… 70

【裁判例】東京地判平20・7・29判タ1291号273頁〔消費者契約法4条1項：債務不履行責任、不実の告知〕……………………… 70

6　冠婚葬祭の互助会契約………………………………………… 73

【裁判例1】京都地判平23・12・13判時2140号42頁〔消費者契約

5

目 次

　　　　法9条1号、10条、11条、12条：解約金条項〕………… *73*

　【裁判例2】 大阪高判平25・1・25判時2187号30頁〔消費者契約

　　　　法9条1号、10条、11条、12条：解約金条項〕………… *78*

　【裁判例3】 福岡地判平26・11・19判時2299号113頁〔消費者契約

　　　　法9条1号、10条、11条、12条：解約金条項〕………… *80*

　【裁判例4】 福岡高判平27・11・5判時2299号106頁〔消費者契約

　　　　法9条1号、10条、11条、12条：解約金条項〕………… *84*

7　大学の入学契約・在学契約 …………………………………… *90*

　【裁判例1】 京都地判平15・7・16判時1825号46頁〔消費者契約

　　　　法9条1号：不返還特約〕……………………………………… *91*

　【裁判例2】 大阪地判平15・9・19判時1838号111頁〔消費者契約

　　　　法の施行前の事案：不返還特約〕……………………………… *96*

　【裁判例3】 大阪地判平15・10・6判時1838号104頁〔消費者契約

　　　　法9条1号：不返還特約〕……………………………………… *99*

　【裁判例4】 東京地判平15・10・23判時1846号29頁〔消費者契約

　　　　法9条1号、10条：不返還特約〕…………………………… *104*

　【裁判例5】 大阪高判平16・9・10判時1882号44頁〔消費者契約

　　　　法施行前の事案：不返還特約〕……………………………… *107*

　【裁判例6】 大阪高判平16・9・10判時1882号56頁〔消費者契約

　　　　法施行前の事案：不返還特約〕……………………………… *108*

　【裁判例7】 東京地判平16・12・20判タ1194号184頁〔消費者契約

　　　　法9条1号：不返還特約〕…………………………………… *109*

　【裁判例8】 横浜地判平17・4・28判時1903号111頁〔消費者契約

　　　　法9条1号：不返還特約〕…………………………………… *111*

　【裁判例9】 東京地判平17・7・21判タ1196号82頁〔消費者契約

　　　　法9条1号：不返還特約〕…………………………………… *113*

　【裁判例10】 東京地判平18・6・27判時1955号49頁〔消費者契約

　　　　法9条1号、10条：不返還特約〕…………………………… *115*

　【裁判例11】 最判平18・11・27民集60巻9号3437頁・判時1958号

12頁〔消費者契約法9条1号、10条：不返還特約〕……………… *120*

【裁判例12】最判平18・11・27民集60巻9号3597頁・判時1958号
　　　24頁〔消費者契約法9条1号：入学式欠席条項〕……………… *130*

【裁判例13】最判平18・11・27民集60巻9号3732頁・判時1958号
　　　33頁〔消費者契約法施行前の事案：不返還特約〕……………… *133*

【裁判例14】最判平18・11・27判時1958号61頁〔消費者契約法9
　　　条1号：不返還特約〕………………………………………………… *135*

【裁判例15】最判平18・11・27判時1958号62頁〔消費者契約法9
　　　条1号：不返還特約〕………………………………………………… *136*

【裁判例16】最判平22・3・30判時2077号44頁〔消費者契約法9
　　　条1号：不返還特約〕………………………………………………… *138*

8　専門学校、高校、その他の学校の入学契約・在学契約… *141*

【裁判例1】東京地判平15・11・10判時1845号78頁〔消費者契約
　　　法10条：解除制限特約〕…………………………………………… *141*

【裁判例2】最判平18・12・22判時1958号69頁〔消費者契約法9
　　　条1号：不返還特約〕………………………………………………… *143*

【裁判例3】東京地判平20・10・17判時2028号50頁〔消費者契約
　　　法9条1号：不返還特約〕…………………………………………… *145*

【裁判例4】名古屋地判平24・12・21判時2177号92頁〔消費者契
　　　約法9条1号：不返還特約〕………………………………………… *147*

【裁判例5】大分地判平26・4・14判時2234号79頁〔消費者契約
　　　法9条1号、10条：不返還特約〕…………………………………… *149*

9　住居用建物の賃貸借契約（借家契約）……………… *152*

【裁判例1】大阪高判平16・12・17判時1894号19頁〔消費者契約
　　　法10条：原状回復特約〕…………………………………………… *153*

【裁判例2】神戸地判平17・7・14判時1901号87頁〔消費者契約
　　　法10条：敷引特約〕………………………………………………… *154*

【裁判例3】大阪地判平19・3・30判タ1273号221頁〔消費者契約

目　次

　　　法10条：敷引特約〕 ·· *155*

【裁判例4】京都地判平20・1・30判時2015号94頁・金商1327号
　　　45頁〔消費者契約法10条：更新料特約〕 ································ *158*

【裁判例5】京都地判平20・4・30判時2052号86頁・判タ1281号
　　　316頁・金商1299号56頁〔消費者契約法10条：定額補修分担金、
　　　更新料特約〕 ··· *161*

【裁判例6】京都地判平20・11・26金商1378号37頁〔消費者契約
　　　法10条：敷引特約〕 ·· *162*

【裁判例7】大阪高判平20・11・28判時2052号93頁〔消費者契約
　　　法10条：定額補修金特約〕 ··· *165*

【裁判例8】大津地判平21・3・27判時2064号70頁〔消費者契約
　　　法10条：更新料特約〕 ··· *166*

【裁判例9】名古屋簡判平21・6・4判タ1324号187頁〔消費者契
　　　約法10条：敷引特約〕 ··· *168*

【裁判例10】大阪高判平21・6・19金商1378号34頁〔消費者契約
　　　法10条：敷引特約〕 ·· *169*

【裁判例11】京都地判平21・7・23判時2051号119頁・判タ1316号
　　　192頁・金商1327号26頁〔消費者契約法10条：敷引特約、更新
　　　料特約〕 ·· *171*

【裁判例12】京都地判平21・7・30金商1378号50頁〔消費者契約
　　　法10条：敷引特約〕 ·· *172*

【裁判例13】大阪高判平21・8・27判時2062号40頁・金法1887号
　　　117頁〔消費者契約法10条：更新料特約〕 ······························ *173*

【裁判例14】京都地判平21・9・25判時2066号81頁〔消費者契約
　　　法10条：更新料特約〕 ··· *174*

【裁判例15】京都地判平21・9・25判時2066号95頁・判タ1317号
　　　214頁〔消費者契約法10条：更新料特約、定額補修分担金特約〕
　　　 ·· *175*

【裁判例16】京都地判平21・9・30判時2068号134頁・判タ1319号
　　　262頁〔消費者契約法10条：定額補修分担金特約〕 ················ *177*

8

【裁判例17】　大阪高判平21・10・29判時2064号65頁〔消費者契約
　　　法10条：更新料特約〕……………………………………………… *178*
　【裁判例18】　大阪高判平21・12・15金商1378号46頁〔消費者契約
　　　法10条：敷引特約〕……………………………………………… *180*
　【裁判例19】　大阪高判平22・2・24金商1372号14頁〔消費者契約
　　　法10条：更新料特約、定額補修分担金特約〕………………… *180*
　【裁判例20】　京都地判平22・10・29判タ1334号100頁〔消費者契約
　　　法10条：更新料特約〕…………………………………………… *181*
　【裁判例21】　神戸地尼崎支判平22・11・12判タ1352号186頁〔消費
　　　者契約法10条：敷引特約〕……………………………………… *182*
　【裁判例22】　最判平23・3・24民集65巻2号903頁・判時2128号33
　　　頁・金商1378号28頁〔消費者契約法10条：敷引特約〕……… *184*
　【裁判例23】　最判平23・7・12判時2128号43頁・金商1378号41頁
　　　〔消費者契約法10条：敷引特約〕………………………………… *187*
　【裁判例24】　最判平23・7・15民集65巻5号2269頁・判時2135号
　　　38頁〔消費者契約法10条：更新料特約〕……………………… *189*
　【裁判例25】　東京地判平24・7・5時2173号135頁・金商1409号
　　　54頁〔消費者契約法9条1号、10条：更新料条項、損害賠償額
　　　予定条項〕………………………………………………………… *193*
　【裁判例26】　大阪地判平24・11・12判時2174号77頁・判タ1387号
　　　207頁・金商1407号14頁〔消費者契約法9条、10条：解除条項、
　　　損害金条項〕……………………………………………………… *196*
　【裁判例27】　東京高判平25・3・28判時2188号57頁〔消費者契約
　　　法9条、10条：更新料条項、損害賠償額予定条項〕………… *199*

10　自動車の売買契約………………………………………………… *203*

　【裁判例】　大阪地判平14・7・19金商1162号32頁〔消費者契約法
　　　9条1号：損害賠償金特約〕…………………………………… *203*

11　マンションの分譲契約（売買契約） ……………………… 206

【裁判例1】福岡地判平19・2・16判時2024号35頁〔消費者契約法10条：違約金特約〕……………………………………… 206

【裁判例2】福岡高判平20・3・28判時2024号32頁〔消費者契約法9条1号、10条、11条：違約金特約〕……………………… 208

【裁判例3】札幌地判平22・4・22判時2083号96頁〔消費者契約法4条1項：誤認〕……………………………………………… 210

12　食品の売買契約 ……………………………………………… 212

【裁判例1】京都地判平27・1・21判時2267号83頁〔景表法10条1項、消費者契約法12条：チラシ広告の差止請求〕……… 212

【裁判例2】大阪高判平28・2・25判時2296号81頁〔景表法10条1項、消費者契約法12条：チラシ広告の差止請求〕……… 214

【裁判例3】最判平29・1・24判時2332号16頁〔消費者契約法4条、5条、12条：チラシ広告の差止請求〕………………… 216

13　絵画の売買契約 ……………………………………………… 219

【裁判例】東京地判平27・2・5判時2298号63頁〔消費者契約法4条1項：不実の告知、断定的判断の提供〕……………… 219

14　割賦販売契約 ………………………………………………… 222

【裁判例】最判平23・10・25判時2133号9頁〔消費者契約法7条1項：取消権の消滅時効〕……………………………………… 222

15　金融商品販売契約 …………………………………………… 225

【裁判例1】名古屋地判平17・1・26判時1939号85頁〔消費者契約法4条1項、2項：不実の告知、不利益事実の不告知、断定的判断の提供〕………………………………………………… 226

【裁判例2】大阪高判平19・4・27判時1987号18頁〔消費者契約

法4条1項：不実の告知、断定的判断の提供〕……………… 229
　【裁判例3】札幌高判平20・1・25判時2017号85頁〔消費者契約
　　　法4条1項、2項：不実の告知、断定的判断の提供、不利益事
　　　実の不告知〕………………………………………………………… 230
　【裁判例4】奈良地判平22・3・26消費者法ニュース84号293頁
　　　〔消費者契約法4条1項：不実の告知、断定的判断の提供〕…… 233
　【裁判例5】最判平22・3・30判時2075号32頁〔消費者契約法4
　　　条1項、2項：不実の告知、断定的判断の提供〕………………… 235
　【裁判例6】広島地判平23・4・26金商1399号41頁〔消費者契約
　　　法4条1項、2項：不利益事実の不告知、断定的判断の提供〕… 236
　【裁判例7】東京地判平23・9・14判タ1397号168頁〔消費者契約
　　　法4条1項、2項：不実の告知、断定的判断の提供、不利益事
　　　実の不告知〕………………………………………………………… 238
　【裁判例8】福岡地判平23・11・8金法1951号137頁〔消費者契約
　　　法4条1項、2項：不利益事実の不告知、不実の告知〕………… 242
　【裁判例9】東京地判平23・11・9金法1961号117頁〔消費者契約
　　　法4条2項：不利益事実の不告知〕………………………………… 244
　【裁判例10】広島高判平23・11・25金商1399号32頁〔消費者契約
　　　法4条1項、2項：断定的判断の提供、不利益事実の不告知〕… 245
　【裁判例11】大阪地判平23・12・19判時2147号73頁〔消費者契約
　　　法4条1項、2項：不実の告知、不利益事実の不告知、断定的
　　　判断の提供〕………………………………………………………… 246

16　金銭消費貸借契約・保証委託契約 …………………… 249

　【裁判例1】東京地判平16・2・5判タ1153号277頁〔消費者契約
　　　法9条2号：遅延損害金の約定〕…………………………………… 249
　【裁判例2】東京高判平16・5・26判タ1153号275頁〔消費者契約
　　　法9条2号：遅延損害金の約定〕…………………………………… 250
　【裁判例3】京都地判平21・4・23判時2055号123頁〔消費者契約
　　　法10条：早期完済違約金条項〕……………………………………… 251

目　次

　　【裁判例4】東京高判平23・12・26判時2142号31頁〔消費者契約
　　　　法9条2号、11条2項：債務弁済の和解契約〕……………………… *254*

17　老人ホーム利用契約 ……………………………………………………… *257*
　　【裁判例1】東京地判平21・5・19判時2048号56頁〔消費者契約
　　　　法9条1号、10条：終身利用権金等の不返還特約〕………………… *257*
　　【裁判例2】東京地判平22・9・28判時2104号57頁〔消費者契約
　　　　法10条：入居金の返還特約〕………………………………………… *260*

18　保険契約 …………………………………………………………………… *264*
　　【裁判例1】横浜地判平20・12・4金商1327号19頁〔消費者契約
　　　　法10条：無催告失効条項〕…………………………………………… *264*
　　【裁判例2】大阪地判平21・3・23金商1334号42頁〔消費者契約
　　　　法10条：不慮の事故条項〕…………………………………………… *267*
　　【裁判例3】大阪高判平21・9・17金商1334号34頁〔消費者契約
　　　　法10条：不慮の事故条項〕…………………………………………… *269*
　　【裁判例4】東京高判平21・9・30判タ1317号72頁・金商1327号
　　　　10頁〔消費者契約法10条：無催告失効条項〕……………………… *271*
　　【裁判例5】東京地判平23・8・10金法1950号115頁〔消費者契約
　　　　法4条1項、2項：不実の告知等〕…………………………………… *273*
　　【裁判例6】東京地判平23・8・18金商1399号16頁〔消費者契約
　　　　法10条：無催告失効条項〕…………………………………………… *274*
　　【裁判例7】最判平24・3・16民集66巻5号2216頁・判時2149号
　　　　135頁・判タ1370号115頁・金商1389号14頁〔消費者契約法10
　　　　条：無催告失効条項〕…………………………………………………… *278*
　　【裁判例8】東京高判平24・7・11金商1399号8頁〔消費者契約
　　　　法10条：無催告失効条項〕…………………………………………… *280*
　　【裁判例9】東京地判平24・9・12判タ1387号336頁〔消費者契約
　　　　法10条：無催告失効条項〕…………………………………………… *282*
　　【裁判例10】東京高判平24・10・25判タ1387号266頁〔消費者契約

法10条：無催告失効条項〕 ································· *284*

　【裁判例11】東京地判平27・3・26判タ1421号246頁〔消費者契約
　　　法10条：無催告失効条項〕 ································· *287*

19　携帯電話利用契約 ································· *290*

　【裁判例1】京都地判平24・3・28判時2150号60頁〔消費者契約
　　　法9条1号、10条：解約金条項〕 ································· *291*

　【裁判例2】京都地判平24・7・19判時2158号95頁〔消費者契約
　　　法9条1号、10条：解約金条項〕 ································· *293*

　【裁判例3】京都地判平24・11・20判時2169号68頁〔消費者契約
　　　法9条1号、10条：解約金条項〕 ································· *295*

　【裁判例4】高松高判平24・11・27判時2176号42頁〔消費者契約
　　　法4条2項、9条1号：不利益事実の不告知、解約金条項〕 ······ *298*

　【裁判例5】大阪高判平24・12・7判時2176号33頁〔消費者契約
　　　法9条1号、10条：解約金条項〕 ································· *299*

　【裁判例6】大阪高判平25・3・29判時2219号64頁〔消費者契約
　　　法9条1号、10条：解約金条項〕 ································· *301*

20　情報提供契約 ································· *305*

　【裁判例】東京地判平17・11・8判タ1224号259頁〔消費者契約法
　　　4条1項：断定的判断の提供〕 ································· *305*

21　ガス供給契約 ································· *309*

　【裁判例1】さいたま地判平15・3・26金商1179号58頁〔消費者
　　　契約法9条1号：違約金条項〕 ································· *309*

　【裁判例2】さいたま地判平17・11・22金商1313号49頁〔消費者
　　　契約法9条1号、10条：補償条項〕 ································· *311*

　【裁判例3】東京高判平20・12・17金商1313号42頁〔消費者契約
　　　法9条1号：補償条項〕 ································· *313*

22 医療契約 …………………………………………………… *316*

【裁判例】東京地判平21・6・19判時2058号69頁〔消費者契約法4条1項、2項：不利益事実の不告知等〕………………… *316*

23 弁護士の委任契約 …………………………………………… *320*

【裁判例】横浜地判平21・7・10判時2074号97頁〔消費者契約法9条1号、10条：みなし成功報酬特約〕………………………… *320*

24 放送受信契約 ………………………………………………… *325*

【裁判例1】東京地判平21・7・28判時2053号57頁〔消費者契約法10条：放送受信規約〕……………………………………… *325*

【裁判例2】東京高判平22・6・29判時2104号40頁〔消費者契約法10条、11条：放送受信契約・規約〕……………………… *327*

25 請負契約 ……………………………………………………… *329*

【裁判例】大阪地判平23・3・4判時2114号87頁〔消費者契約法4条2項：不利益事実の不告知〕……………………………… *329*

26 悪質取引 ……………………………………………………… *332*

【裁判例】名古屋高判平21・2・19判時2047号122頁〔消費者契約法4条1項、3項：退去妨害による困惑、不実の告知〕………… *332*

第3部　差止請求訴訟の動向と裁判例の実情

1　はじめに………………………………………………………… *336*
2　差止請求の要件………………………………………………… *336*

3	事業者としての対応…………………………………………	*337*
4	適格消費者団体としてのあるべき対応……………………	*338*
5	特定適格消費者団体の今後…………………………………	*339*
6	裁判例一覧……………………………………………………	*339*

- 判例索引………………………………………………………… *351*
- 著者紹介………………………………………………………… *356*

【凡　例】

民集	最高裁判所民事裁判例集	金商	金融・商事判例
判時	判例時報	金法	旬刊金融法務事情
判タ	判例タイムズ		

第 1 部

総論編

〔第1部〕 I 消費者契約法の立法・改正の概要

I 消費者契約法の立法・改正の概要

1 消費者契約法の制定・改正の動向

　消費者契約法（平成12年法律第61号）は、平成12年3月、衆議院に法案が提出された後、衆議院で可決され、同年4月28日、参議院で可決されて成立し、同年5月12日、公布された。消費者契約法は、平成13年4月1日、施行されたが、当初は、12か条の法律であり、主として民法の意思表示の取消し、無効に関する規定の特則となる規定を定めるものであった（同法4条、8条、9条、10条）。

　消費者契約法は、その後、数度の改正が加えられたが、重要な改正は、消費者団体訴訟制度（差止請求制度）を導入した平成18年の改正である（平成18年法律第56号）。この改正によって導入された制度は、特定の消費者団体（適格消費者団体）に、消費者契約法に規定する事業者の不当な行為（不当な勧誘行為及び不当な契約条項の使用）の差止請求権を付与するものである。この改正によって、消費者契約法の条文は、53か条になり、著しく増加した。

　また、消費者契約法は、最近、3度の比較的重要な改正が行われた。平成28年の消費者契約法の改正（平成28年法律第61号）と平成29年の消費者契約法の改正（平成29年法律第45号）、さらに平成30年の消費者契約法の改正（平成30年法律第54号）である。平成28年の改正は、多くの規定は平成29年6月3日から施行されている。平成29年の改正は、民法の改正（平成29年法律第44号）に伴って、民法の一部を改正する法律の施行に伴う関係法律の整備等に関する法律（平成29年法律第45号）が制定され、この整備等に伴うものである。平成29年の改正は、令和2年4月1日から施行が予定されている。平成30年の改正は、平成28年の改正後、改正の検討を引き続き行っていた結果、消費者契約に関する被害事例等を踏まえ、改正され、令和元年6月15日から施行が予定されている。

　ところで、この間、私法の基本的な制度を定めている民法のうち主として

債権法の改正の検討、審議が行われてきた。民法（債権法）の改正内容の検討課題の1つとして、民法の中に消費者契約法等の内容を取り入れるかが議論の対象になったが、最終的には、民法の中に取り入れる見解は採用されず、民法の改正法案の中には、約款に関する規定（改正民法548条の2ないし4）を除き、盛り込まれなかった。民法の改正法は、平成29年に成立し、前記のとおり、令和2年4月1日から施行が予定されている。

2　消費者契約法の適用範囲——消費者契約

　消費者契約法は、消費者と事業者との間で締結される消費者契約（同法2条3項）に適用されるものであり（なお、同法48条によって、労働契約は適用が除外されている。労働契約の意義については、労働契約法参照）、この場合の消費者は、個人（事業としてまたは事業のために契約の当事者となる場合におけるものを除く）をいうと定義されている（同法2条1項）。なお、事業者は、法人その他の団体および事業としてまたは事業のために契約の当事者となる場合における個人のことをいうものである（同法2条2項）。消費者契約法は、消費者契約という特定の類型の契約を定め、この類型の契約のみに適用される法律である。

　消費者契約法は、事業者と事業者との間の契約、消費者と消費者との間の契約には適用されない。消費者契約かどうかは、個人と個人との間の契約、会社等と個人との間の契約につき時々問題になることがある。具体的に消費者の意義が問題になる場合は、少ないものと予想されるが、個人事業者につき問題になり得る。たとえば、医師、弁護士、税理士、司法書士等の個人の事業者については、消費者の側面と事業者の側面があり、消費者の場合には、契約の相手方当事者が事業者のときは、消費者契約法が適用されるし、事業者の場合には、契約の相手方当事者が消費者のときは、同法が適用され、それ以外のときは、同法は適用されないことになる。医師、弁護士等が診療所、事務所を事業者から賃借する場合には、当該賃貸借契約には消費者契約法は適用されない。弁護士、司法書士等が事件を受任した場合には、当該委任契約の依頼者が消費者であるときは、消費者契約法が適用されるから、契約の取消し、無効、差止請求の可能性が生じることになるし、医師が

患者の診察、治療をする場合には、当該診察契約等には消費者契約法が適用される（なお、診療所、事務所等の従業員との雇用関係には、消費者契約法は適用されない）。個人事業者が事業用にも、生活用にも使用することができる商品を購入したり、サービスの提供を受けたりするような場合にも、消費者契約にあたるかが問題になるが、その判断が容易でないことがある。

3 消費者契約法の目的

消費者契約法は、「消費者と事業者との間の情報の質および量並びに交渉力の格差にかんがみ、事業者の一定の行為により消費者が誤認し、または困惑した場合について契約の申込みまたはその承諾の意思表示を取り消すことができることとするとともに、事業者の損害賠償の責任を免除する条項その他の消費者の利益を不当に害することとなる条項の全部または一部を無効とすることにより、消費者の利益の擁護を図り、もって国民生活の安定向上と国民経済の健全な発展に寄与することを目的とする」法律であるが（制定時の消費者契約法1条）、その後の改正を経て、現在（平成30年9月現在）は、次のようになっている。

「この法律は、消費者と事業者との間の情報の質及び量並びに交渉力の格差に鑑み、事業者の一定の行為により消費者が誤認し、又は困惑した場合等について契約の申込み又はその承諾の意思表示を取り消すことができることとするとともに、事業者の損害賠償の責任を免除する条項その他の消費者の利益を不当に害することとなる条項の全部又は一部を無効とするほか、消費者の被害の発生又は拡大を防止するため適格消費者団体が事業者等に対し差止請求をすることができることとすることにより、消費者の利益の擁護を図り、もって国民生活の安定向上と国民経済の健全な発展に寄与することを目的とする。」

消費者契約法は、その内容に照らし、消費者の保護を主要な目的とする法律であるが、その根拠としては、「消費者と事業者との間の情報の質及び量並びに交渉力の格差」にあることを明らかにしている。

また、消費者契約法は、消費者の保護については、消費者の利益の擁護をいくつかの方法によって保護を図ることになるが、保護を図ることによって

「国民生活の安定向上と国民経済の健全な発展に寄与すること」が重要であることも明らかにしている。

消費者契約法において、どのような内容、程度の消費者保護の制度を設けるかは、消費者被害の実態、保護の必要性、他の関係する諸法益・利益、法制度全体の体系、保護に係る権利・利益の具体性等の事情を考慮し、政策的に決定されるべき事柄であり、消費者契約法は、前記の根拠を基に、消費者利益の擁護、国民生活の安定向上、国民経済の健全な発展の調和を目的とする内容を定めるものということができる。消費者契約法の諸規定の解釈、適用が法律実務、訴訟実務において問題になる場合、消費者利益の擁護のみを根拠、指針として適用し、あるいは規定の文言等を解釈しようとする主張を見かけることがあるし、裁判例の中にも同様な判断を示すものを見かけることもあるが（関係規定の文言につき法令上の通常の意味を拡大、拡張したり、関係規定の前提となる法理の通常の意味を拡大、拡張するもの等もみられる）、法律の解釈の在り方として疑問があり、裁判例として問題である。

4 消費者裁判特例法の制定・施行

平成18年の消費者契約法の改正後、消費者団体訴訟が差止請求権だけのものであったことから、新たな課題として、集団的な損害賠償請求権等の行使をめぐる問題が取り上げられた。平成25年4月、法案が提出され、同年11月1日、衆議院で可決され、同年12月4日、参議院で可決され、消費者の財産的被害の集団的な回復のための民事の裁判手続の特例に関する法律（平成25年法律第96号。長い名称であるため、消費者裁判特例法と略称されている）が成立した。消費者裁判特例法は、その内容は、法律の名称が示すとおり、実体法ではなく、消費者契約法所定の消費者被害を集団的に回復するための裁判の特則に関する手続法である。なお、消費者裁判特例法は、施行日が公布の日から起算して3年を超えない範囲内において政令で指定されると定められていたところ、平成28年10月1日から施行されている。

消費者裁判特例法は、次のような構造になっているが、多数の条文が規定されている。

```
第一章　総則（1条、2条）
第二章　被害回復裁判手続
　第一節　共通義務確認訴訟に係る民事訴訟手続の特例（3条から11条）
　第二節　対象債権の確定手続（12条から55条）
　　第一款　簡易確定手続（12条から51条）
　　第二款　異議後の訴訟に係る民事訴訟手続の特例（52条から55条）
　第三節　特定適格消費者団体のする仮差押え（56条から59条）
　第四節　補則（60条から64条）
第三章　特定適格消費者団体（65条から92条）
　第一節　特定適格消費者団体の認定等（65条から74条）
　第二節　被害回復関係業務等（75条から84条）
　第三節　監督（85条から87条）
　第四節　補則（88条から92条）
第四章　罰則（93条から99条）
```

　消費者裁判特例法が定める裁判の基本的な構造は、前記の構造からわかるように、二段階の裁判手続（まとめて、被害回復裁判手続と呼ばれている）が設けられ、特定適格消費者団体が主体となってこの裁判手続を利用することになっていることである。なお、現在（平成31年2月現在）、特定適格消費者団体として認定されている団体は、3団体ある。

　二段階のうち、第一段階の裁判手続は、共通義務確認訴訟（共通義務確認の訴え）であり、消費者契約に関して相当多数の消費者に生じた財産的被害について、事業者が、これらの消費者に対し、これらの消費者に共通する事実上および法律上の原因に基づき、個々の消費者の事情によりその金銭の支払請求に理由がない場合を除いて、金銭を支払う義務を負うべきことの確認を求める訴えと定義されている（消費者裁判特例法2条4号）。第一段階の裁判手続において事業者の義務が認められると、第二段階の裁判手続である対象債権の確定手続が設けられており、特定適格消費者団体が第一段階の裁判手続において共通の権利が認められる消費者から授権されて手続を追行する

ことになるが、まず、簡易確定手続（共通義務確認の訴えに係る訴訟（共通義務確認訴訟）の結果を前提として、この法律の規定による裁判所に対する債権届出に基づき、相手方が認否をし、その認否を争う旨の申出がない場合はその認否により、その認否を争う旨の申出がある場合は裁判所の決定により、対象債権の存否および内容を確定する裁判手続。2条7号）によることになり、異議がある場合には、訴訟に移行することになっている。

　消費者裁判特例法が認める集団訴訟は、米国等におけるクラスアクションとは異なり（なお、日本においては、民事訴訟法30条に選定当事者の制度が認められており、日本型のクラスアクションとして紹介されている）、消費者契約に関して相当多数の消費者に生じた財産的被害を、特定適格消費者団体が被害回復裁判手続を追行することによって、集団的に回復することを目的とするものであり（同法1条）、その目的に沿った諸規定が設けられている。

　この集団訴訟が適用される対象債権は、法定されており（消費者裁判特例法2条5号、3条1項・2項）、次のような権利に基づき請求を対象とするものである。

① 契約上の債務の履行の請求
② 不当利得に係る請求
③ 契約上の債務の不履行による損害賠償の請求
④ 瑕疵担保責任に基づく損害賠償の請求
⑤ 不法行為に基づく損害賠償の請求（民法の規定によるものに限る）
　　この対象債権から除外される場合も具体的に法定されているが、次のような債権が除外されている。
⑥ 契約上の債務の不履行、物品、権利その他の消費者契約の目的となるもの（役務を除く）の瑕疵または不法行為により、消費者契約の目的となるもの以外の財産が滅失し、または損傷したことによる損害
⑦ 消費者契約の目的となるものの提供があるとすればその処分または使用により得るはずであった利益を喪失したことによる損害
⑧ 契約上の債務の不履行、消費者契約の目的となる役務の瑕疵または不法行為により、消費者契約による製造、加工、修理、運搬または保管に係る物品その他の消費者契約の目的となる役務の対象となったもの以外

の財産が減失し、または損傷したことによる損害
⑨　消費者契約の目的となる役務の提供があるとすれば当該役務を利用することまたは当該役務の対象となったものを処分し、もしくは使用することにより得るはずであった利益を喪失したことによる損害
⑩　人の生命または身体を害されたことによる損害
⑪　精神上の苦痛を受けたことによる損害

　この集団訴訟を利用することができる対象債権は、消費者契約上の①ないし⑤のいずれかに該当することが必要であるとともに、⑥ないし⑪のいずれにも該当しないものであることが必要である。対象債権から除外される場合は、拡大損害、逸失利益、人身損害、慰謝料の損害である。

　この集団訴訟を主体的に追行するのは、特定適格消費者団体に限られるが、これは、被害回復裁判手続を追行するのに必要な適格性を有する法人である適格消費者団体（消費者契約法2条4項に規定する適格消費者団体）として法65条に定めるところにより内閣総理大臣の認定を受けた者である（2条10号）。特定適格消費者団体の集団訴訟の追行等の業務は、内閣総理大臣（消費者庁）の監督を受けることになっており、適正な業務の確保が図られることになっている。

5　消費者契約法の最近の改正

(1)　平成28年改正法の概要

　前記のとおり、最近の消費者契約法の改正は3度あるが、そのうち、平成28年の消費者契約法の改正（平成28年法律第61号）の概要は、概ね次のとおりである。

　近年の高齢化の進展を始めとした社会経済情勢の変化等により、高齢者の消費者被害が増加し、十分に被害救済を図る事案があり、また、平成13年に消費者契約法が施行された後、裁判例、消費生活相談事例が蓄積し、その傾向等を踏まえ、消費者契約法の見直しが必要になった。

　平成26年8月以降、政府部内において検討が開始され、平成28年1月、内閣府消費者委員会の答申が行われ、同年3月、改正法案が国会に提出され、同年5月10日、衆議院で可決され、同月25日、参議院で可決され、成立し

た。

　平成28年の改正は、形式的な改正が複数あるが、実質的な改正で重要なものとしては、次のようなものがあり、改正の中で重要なものは、消費者契約の取消し、契約条項の無効に関するものがある。

　(ア)　**消費者契約の取消し**

　消費者契約の取消しについては、まず、消費者契約法4条に取消事由を新設している（同条4項。なお、改正前の4項は5項に移動している）。新設の取消事由は、過量な内容の契約につき取消しを認めるものであり、具体的には、消費者は、事業者が消費者契約の締結について勧誘をするに際し、物品、権利、役務その他の当該消費者契約の目的となるものの分量、回数または期間（以下この項において「分量等」という）が当該消費者にとっての通常の分量等（消費者契約の目的となるものの内容および取引条件並びに事業者がその締結について勧誘をする際の消費者の生活の状況およびこれについての当該消費者の認識に照らして当該消費者契約の目的となるものの分量等として通常想定される分量等をいう）を著しく超えるものであることを知っていた場合において、その勧誘により当該消費者契約の申込みまたはその承諾の意思表示をしたときは、これを取り消すことができる、事業者が消費者契約の締結を勧誘するに際し、消費者が既に当該消費者契約の目的となるものと同種のものを目的となるものの分量等とを合算した分量等が当該消費者にとっての通常の分量等を著しく超えるものであることを知っていた場合において、その勧誘により当該消費者契約の申込みまたはその承諾の意思表示をしたときも、同様とすると定めるものである。

　次に、消費者契約の取消事由のうち、消費者契約法4条1項1号、2項所定の重要事項の範囲を拡大している。重要事項は、従前の消費者契約法4条4項に規定されていたが、改正法においては同条5項に移動し、柱書のうち「……消費者の当該消費者契約を締結するか否かについての判断に通常影響を及ぼすべきもの」を削除したうえ、従前の同条4項1号、2号に「消費者の当該消費者契約を締結するか否かについての判断に通常影響を及ぼすべきもの」を加えている（改正法4条5項1号、2号参照。要するに、この範囲では実質的な変更はないものである）。実質的な改正は、従前の消費者契約法4条

４項に新たに重要事項を付け加えて拡大しているものであり（改正法４条５項３号）、具体的には、前２号に掲げるもののほか、物品、権利、役務その他の当該消費者契約の目的となるものが当該消費者の生命、身体、財産その他の重要な利益についての損害または危険を回避するために通常必要であると判断される事情も重要事項と定めるものである。

消費者契約に取消事由がある場合、消費者は契約の取消権を取得するが、この取消権には行使期間の制限があり（消費者契約法７条）、消費者が追認をすることができる時から６カ月間、取消権を行使しないと（追認については、民法124条参照）、時効によって消滅し、消費者契約の締結の時から５年を経過したときも、同様であると定められている。改正法は、この６カ月の期間を１年間と変更するものであり、消滅時効の期間を伸長するものである。

消費者契約の取消しについては、従前の消費者契約法は、取消しの効果に関する規定を設けておらず、民法121条、703条以下の諸規定によって、消費者、事業者の双方が原状回復義務を負うものと解されていた。ところが、民法について改正が審議され、無効な行為（取消事由がある行為が取り消された場合も無効になるから、この場合も含まれる）についての原状回復義務に関する規定が新設されることになったことから（改正民法121条の２の新設）、この規定をそのまま消費者契約に適用することを修正し、取消権を行使した消費者の返還義務の範囲を限定するため（事業者の返還義務については限定されていない）、消費者契約法に６条の２の規定を新設したものである（もっとも、消費者契約法の改正法が国会に提出され、成立した時点では、民法の改正法は国会で審議中であった）。具体的には、民法121条の２第１項の規定にかかわらず、消費者契約に基づく債務の履行として給付を受けた消費者は、４条１項から４項までの規定により当該消費者契約の申込みまたはその承諾の意思表示を取り消した場合において、給付を受けた当時その意思表示が取り消すことができるものであることを知らなかったときは、当該消費者契約によって現に利益を受けている限度において、返還の義務を負うと定めるものである。

消費者の返還義務は、現存利益の返還義務と呼ばれるものであり、民法において長年認められてきた返還義務であるが（改正前の民法121条、改正後の

民法121条の2第2項、3項参照)、消費者が給付を受けた当時その意思表示が取り消すことができるものであることを知らなかったことが、この返還義務の要件であり、この要件は、消費者が立証責任を負うものである(この要件が立証されない場合には、消費者は通常の原状回復義務を負うことになる)。

(イ) **契約条項の無効**

契約条項の無効については、まず、無効事由が追加され、無効となる場合が拡大し、消費者契約法に8条の2が追加され、消費者の解除権を放棄させる条項の無効に関する規定が新設されている。具体的には、事業者の債務不履行により生じた消費者の解除権を放棄させる条項、消費者契約が有償契約である場合において、当該消費者契約の目的物に隠れた瑕疵があること(当該消費者契約が請負契約である場合には、当該消費者契約の仕事の目的物に瑕疵があること)により生じた消費者の解除権を放棄させる条項は、無効とすると定めるものである。

また、契約条項の無効事由として、消費者契約法の施行後における最高裁の判例(最判平成23・7・15民集65巻5号2269頁・判時2135号38頁)の趣旨を取り込むために消費者契約法10条の一部が改正されている。具体的には、従前の消費者契約法においては、10条の要件のうち前段の要件について、「民法、商法……その他の法律の公の秩序に関しない規定」とあったものが、「消費者の不作為をもって当該消費者が新たな消費者契約の申込み又はその承諾の意思表示をしたものとみなす条項その他の法令中の公の秩序に関しない規定」と変更しているものである。この改正によって、前記の判例にいう一般的な法理等と比べて、消費者の権利を制限し、または消費者の義務を加重する条項についても、消費者契約法10条が適用できることを明らかにしたものである。

(2) **平成29年改正法の概要**

平成29年の消費者契約法の改正(平成29年法律第45号)の概要は、次のとおりである。

平成29年、民法の一部改正法が制定されたが、民法の改正(平成29年法律第44号)に伴って関連する法律の整備等が民法の一部を改正する法律の施行に伴う関係法律の整備等に関する法律(平成29年法律第45号)が制定され、

〔第1部〕 Ⅰ 消費者契約法の立法・改正の概要

整備等が行われた。

　関連法律の整備は、民法の改正に伴う主として関係法律の形式的な整備であり、消費者契約法の一部についてもこの観点から改正が行われたものである。

　消費者契約の取消しについては、消費者契約法4条6項は、その取消しの効果につき第三者に対する対抗の制限を定めているが、従前は、「善意の第三者」と定められていたものを、改正法は、「善意でかつ過失がない第三者」と変更している。これによって消費者契約を取り消す消費者をより保護するものであるが、この変更は、改正民法における詐欺の取消しの制限に関する民法96条3項の改正に伴うものである。

　改正民法は、売買契約における売主の瑕疵担保責任、請負契約における請負人の瑕疵担保責任について、その法的な性質を契約責任説を基に変更し、債務不履行責任とするとともに、瑕疵の概念を廃止し、契約適合性（契約不適合性）の概念を採用したものである。これに伴って、消費者契約法について、次のような改正が行われている。

① 瑕疵担保責任を前提とする消費者契約法8条1項5号の規定（事業者の損害賠償の責任を免除する条項の無効）が廃止された。

② 瑕疵担保責任を前提とする消費者契約法8条2項の規定について、契約不適合責任が債務不履行責任であることを前提とし、契約不適合を要件とする内容に変更された。

③ 瑕疵担保責任を前提とする消費者契約法8条の2第2号の規定（消費者の解除権を放棄させる条項の無効）が廃止された。

(3) 平成30年改正法の概要

　平成30年の消費者契約法の改正（平成30年法律第54号）は、平成28年の改正の検討、立法の審議の際において今後の検討課題とされた事項に関する改正である。この改正法案は、平成30年3月2日、国会に提出され、同年5月24日、衆議院において修正して可決され、同年6月8日、参議院において可決され、成立したものである。

(イ) 事業者の努力義務の改正

　消費者契約法3条は、事業者および消費者の努力に関する規定であり、同

条1項は、このうち事業者の努力に関する規定である。今回の改正は、消費者契約法3条1項について改正するものであり、形式的には、従来の内容を1号と2号に分けて規定するところにある。実質的には、消費者契約の条項を作成するにあたって、「解釈に疑義が生じない」ことを追加することと、勧誘の際における情報の提供にあたって、「個々の消費者の知識及び経験を考慮した上で」等を追加するものである。

　㈹　**取り消しうる不当な勧誘行為の追加等**

　消費者契約法4条2項は、消費者契約の取消事由の1つを定めるものであり、不利益事実の不告知と呼ばれるものである。不利益事実の不告知の要件として、消費者契約法4条2項は、事業者の故意を定めるものであるが、今回の改正は、事業者の故意に加えて事業者の重過失を追加するものである。

　また、消費者契約法4条1項、3項は、それぞれ1号、2号の規定が設けられており、いずれも消費者契約の取消事由を定めるものである（1項1号は、不実の告知、1項2号は、断定的判断の提供、3項1号は、不退去、3項2号は、退去妨害と呼ばれることがある）。今回の改正は、これらの消費者契約の取消事由に加えて、6つの取消事由を追加するものである。

　追加された取り消し事由は、いくつかの基準によって類型化することができるが、立法担当者の説明によると、社会生活上の経験不足の不当な利用によるものとして、不安をあおる告知（改正法4条3項3号）、恋愛感情等に乗じた人間関係の濫用（改正法4条3項4号）、加齢等による判断力の低下の不当な利用（改正法4条3項5号）、霊感等による知見を用いた告知（改正法4条3項6号）、契約締結前に債務の内容を実施等（改正法4条3項7号、8号）の類型の取消事由がある。これらの類型の取消事由は、前記の個々の要件のほか、事業者がこれらの各行為をしたことによって、消費者が困惑し、それによって当該消費者契約の申込みまたはその承諾の意思表示をしたことも要件となっているものであり、困惑の類型の取消事由であることも明らかにされている。

　なお、今回の改正は、過去の消費者の被害事例を考慮し、取消事由を分析し、類型化したもののようであるが、その条文の内容、文言等を読むと、相当に長文であり、要件が細かく、一読しただけで理解し難いものであり、消

(ハ) 無効となる不当な契約条項の追加等

　消費者契約法は、8条から10条までの4か条において無効となる契約条項に関する規定を設けているが、今回の改正は、これらの規定のほかに、無効となる契約条項を追加するものである。

　消費者契約法8条は、事業者の損害賠償の責任を免除する条項の無効に関する規定であるが、今回の改正は、責任の免除（免責）だけでなく、事業者にその責任の有無を決定する権限を付与する契約条項についても無効である旨を定めるものである（改正法8条1項1号ないし5号）。なお、消費者契約法8条1項5号の規定は、平成29年の改正によって削除されているところ、今回の改正によっても改正の対象になっており、一見すると、不可解な改正のように見えるが、平成29年の改正法の施行日は令和2年4月1日であり（民法の改正によるものである）、今回の改正法の施行日は令和元年6月15日であり、平成29年の改正よりも早く施行されることが予定されているからである。

　また、消費者契約法8条の2は、消費者の解除権を放棄させる条項の無効に関する規定を設けているが、今回の改正は、これらの規定のほかに、無効となる契約条項を追加するものであり、前記の同法8条1項の場合と同じ趣旨を定めるものである（改正法8条の2）。

　さらに、後見開始の審判等を理由とする解除権を付与する契約条項については、消費者契約法上規定がなかったところ、この契約条項の不当性が高い等として、新たに契約条項を無効とする規定が追加されている（改正法8条の3）。具体的には、改正法8条の3は、消費者が後見開始、保佐開始または補助開始の審判を受けたことのみを理由とし、事業者に解除権を付与する消費者契約（もっとも、消費者が事業者に対し物品、権利、役務その他の消費者契約の目的となるものを提供することとされているものを除く）の条項は、無効とすると定めている。

Ⅱ　消費者契約をめぐる裁判例の動向

1　はじめに

　消費者契約法は、前記のとおり、平成13年4月1日に施行されたが、施行後に締結された消費者契約について適用されることになっている（附則。法の適用が不遡及になっている）。なお、施行前に消費者契約の締結が勧誘され、締結が施行後になった場合には、消費者契約法が適用されることになる。

　ところで、法律が制定、改正される場合、各法律ごとに具体的な経過規定が定められるが（制定・改正された法律の附則の部分に規定が設けられている。基本的には、不遡及の規定である）、訴訟実務においてこの経過規定が裁判官によってどの程度遵守されているかは、裁判例を多数読んでいると疑問のある裁判例に出くわすことがある。裁判例の中には、法律が制定・改正された場合、その適用前の事案について制定・改正に係る内容を実質的に盛り込んだ判断基準を採用し、適用するもの、適用前の事案について制定法・改正法が適用されないことを明言しつつ、制定・改正に係る内容が従来の基準によっても認められる等とし、実質的に適用するもの、適用前の事案について制定法・改正法の趣旨により実質的に適用するものを見かけることがある（なお、経過規定の存在を忘れたり、経過規定の内容、解釈を誤るものがあることも現実である）。このような裁判例の実情は、法律の解釈・適用の在り方に照らすと、経過規定の適用の逸脱というべきであり、法律実務、訴訟実務の観点からは、「油断も隙もあったものではない事態」ということができる。

2　裁判例が少ない理由

　消費者契約をめぐる裁判例は、法律実務においては、平成14年以降、法律雑誌に登場し、話題になってきたものである。

　平成15年になると、消費者契約法の利用にも相当の理解が浸透していたと思われ、消費者が契約の当事者である契約をめぐるトラブルについて、同法

の適用を一応検討する状況が法律実務、企業の契約実務にみられるようになっていた。

　消費者契約法は、労働契約を除き、事業者と消費者との間の契約全般に適用されるものであり、社会においては、多種多様な消費者契約が利用されているところ、実際に訴訟が提起されたり、判決として法律雑誌に公刊されるものは極めて少ないのが実情である。この原因には様々なものが推測されるが、もともと紛争が少ないという実情であるところ、消費者契約の締結の過程、内容の実情、事業者の属性、消費者の意識、消費者団体等の意識等が影響を与えているだけでなく、事業者の事業遂行の方法、内容等の時代ごとの特徴も影響を与えているものと推測される。特に裁判例の分野においては、後に紹介するように、特定の一時期、特定の事業者、あるいは特定の類型の消費者契約に関する裁判例が集中的に法律雑誌に公表され、議論が賑わうことがあるが、これは、裁判例の地域性、訴訟代理人である弁護士の属性等に照らすと、主として消費者団体等の意識等が影響を与えているものと推測される。

3　年代別にみる裁判例の動向

　日本社会においては、日々、多種多様な消費者契約が膨大な数量利用されているが、その大半は消費者契約法によって問題にならないものであると推測される。問題になり得るのは少数であるとしても、一定の期間、特定の種類の消費者契約が相当数判例として登場するのは、不可解な現象である。特に裁判例として取り上げられている消費者契約の中には、当事者の認識は別として、客観的にみれば、特に問題にすべき事情もないと考えられるものもある。

　社会において利用されている消費者契約をめぐるトラブルは跡を絶たないのが実情であるが、日本各地で同じ種類、類型の契約をめぐるトラブルが発生する事例もないではないものの、各地で様々な種類、類型の契約が地域の事情を背景として発生することも多いことに照らすと、全国各地の様々な消費者契約トラブルを紹介することも重要であると思われる。全国各地の消費者契約をめぐるトラブル、裁判例の現状について、情報を収集し、情報を公

開することによって、消費者にとっても、事業者にとっても、よりよい契約慣行、取引慣行が形成されるきっかけが得られるであろう。

　裁判例として登場する消費者契約は、平成20年以降、借家契約をめぐるものが増加している。借家契約のうちでも消費者が当事者となるものは、住居を使用目的とするものであるが、借家における更新料特約、敷金特約、原状回復特約、修理・修繕特約、違約金特約等が問題視されている。住居用の借家における紛争として敷金、原状回復をめぐる紛争が多い実情にあるが、このことも敷金特約、原状回復特約が争われる背景にあることが推測される。住居用の借家をめぐる紛争は、借家の需要・供給、経済環境等の事情によって変化してきているところ、今後、賃貸借保証、賃料の支払方法等、他の類型・内容の特約が争われる可能性がある。

　消費者契約は、現代社会の取引の実情を反映し、インターネットを利用し、勧誘、締結される事例が増加し、その取引例も膨大なものになっていると推測される。インターネットを介して締結された契約上のトラブル、紛争も多数発生していると推測されるが、現実に訴訟に至った事例は多いとはいえない。また、インターネットを介した契約の締結は、相手方が特定の外国に所在する者（個人、法人、団体）であったり、所在する外国が特定できない者であったりすることもある。このような取引においてはいったんトラブルが発生し、紛争に発展した場合、その解決は様々な問題が想定され、途方もなく困難であることが容易に想像できるものである。契約の相手方が外国人、外国の法人であったり、適用される法律が外国の法律であったりして外国に関する事項が関係する取引は、広く渉外取引と呼ばれ、いったん紛争が発生すると、適用すべき法律、権利確定の手続、権利実行の手続等困難な問題が山積することになる。消費者がインターネットを介した取引を利用する場合には、相当に便利であることに関心が向けられがちであるが、インターネットの利用に伴う固有の法律問題、渉外取引に関係する法律問題が容易に発生する等、便利性に付随するリスクも大きいことが忘れられがちである。日本の消費者契約法がこれらの取引にどの程度効果的に適用されるかは注目される。

4 消費者契約をめぐる裁判例の分類・評価の現状

　消費者契約をめぐる裁判例は、法律雑誌等に公表された数が相当数に上るが、これをどのように分類、評価するのか、消費者契約法上の各条項ごとにその判断の適否、動向をどのように分類、評価するのか、適格消費者団体が差止請求訴訟を提起したものについては勝訴・敗訴の割合、理由をどのように分類、評価するのかは、消費者契約法の機能、役割等を検討し、予測するために重要な準備作業になるものである。もっとも、注意すべきことは、消費者契約をめぐる裁判例は、個々の事案ごとの事実関係を前提として消費者契約法が適用、判断され、個々の事案の個性を抜きに適用、判断されていないものであり、安易に一般化することができないことである。訴訟実務の現場等においては、個々の事案の個性を無視して裁判例を一般化した主張を見かけることが多いが、裁判例の解釈、理解として合理的なものとは言い難いものである。

　日本社会において日々利用されている消費者契約は、多数の事業の分野で多種多様な内容の契約が膨大な数量締結され、履行される等しているが、日々の総数量に比較して、実際にトラブルになる数はごくわずかであるし、訴訟が提起される数はさらにごく少ないのが実情である。消費者契約の総数量を基準として、トラブルに至る数量の割合とか、訴訟に至る数量の割合とか、判決まで至る数量の割合等について関心がもたれるところであるが、残念ながらこのような分析、研究は未だみられない。また、これに関連してトラブルの原因、訴訟に至った原因等の分析、研究も重要であるが、これまた信頼すべきものは見あたらない。

　従来、トラブル・訴訟の当事者・関係者による論文、書籍等が公表されたことがあるが、消費者契約の全体像を踏まえたものでないだけでなく、主観的、一方的な認識を前提としたものであるため、その利用度・利用範囲が大きく限定されるものである。消費者取引による消費者被害の防止等の必要性は、過去長年にわたって提言される等してきたが、現在に至っても満足な程度に被害の防止等が達成されていないとすれば、その原因の究明、対策の策定も重要な課題である。

5 消費者契約の類型化・分類による裁判例の分析

　消費者契約といっても、いくつかの基準によって様々な類型の消費者契約に分類することができる。消費者契約の類型化、分類は、消費者契約法の解釈・適用、被害の防止、被害の救済、クレームの防止等に極めて有用であるが、現在のところ、このような実務に有用な類型化、分類は明らかにされていない。契約実務の実情、特徴は、消費者契約も事業者の属性、事業の内容の事情によって大きく異なるものと推測されるところ、当該消費者契約をめぐるトラブル、紛争の内容・態様もこの事情によって大きく影響を受けるものである。消費者契約をめぐるトラブル・紛争の防止も、トラブル・紛争が発生した場合における解決の内容・手順も、この事情による影響を受けるから、消費者契約の類型化・分類を踏まえて裁判例を分析し、検討することが実用的である。

　本書においては、消費者契約をめぐる紛争が訴訟に至り、判決がされ、法律雑誌に掲載されたものを分析して紹介しているが、訴訟に至らないで解決された事例、訴訟に至ったものの、判決に至らなかった事例、判決が出されたものの、法律雑誌に掲載されなかった事例も多数を数えると推測される。本書で紹介している事例は、基本的には物品の販売、サービスの提供を中心としたものであり、事業者の種類ごとに類型化・分類したものを前提とし、契約の締結の方式としては、相対の交渉によるもの、面前で契約書を作成するもの、日本国内の事業者と日本国内の消費者の契約であるものが中心である。これらの消費者契約は、その内容、形式に照らすと、伝統的な契約であるということができる。

　しかし、近年、提供されるサービスの内容は多様化し、従来みられなかったサービスが取引の対象になったり、提供の仕方も多様で複雑になったり、契約の締結の仕方もインターネットを利用して行われたり、その決済も同様な方法によったり、さらに事業者が日本国内に所在するものではなかったり（日本国内に所在しないだけでなく、正確にはどの国に所在するかも明確でないとか、曖昧になったりしている）して、多様化、複雑化しているが、この傾向はますます拡大することが予想される。このような消費者契約が増加し、その

利用がますます普及すると、消費者契約法の適用が不明確になったり、不透明になったり、さらには実効的でなくなったりする事態が生じることになる。現在であっても、さしたる資産のない事業者が消費者契約法に違反する取引を行ったとしても、被害者の救済はほとんど見込むことが困難であるが、困難な事態の多様化は、今後拡大すると予想される。

Ⅲ 消費者保護の在り方と実情

1 消費者被害と消費者契約法の実情

　消費者契約の概念を明らかにし、消費者契約による消費者の保護を図ろうとする消費者契約法は、基本的には一定の要件を満たす契約の条項を取り消し、あるいは無効とすることを主な内容とする法律である。消費者の保護は、このような契約の取消し、無効の効果を生じさせることによるほか（この結果、原状回復請求権が認められ、代金等の返還が認められることになる）、事業者の損害賠償責任を認めることによる方法もある。損害賠償の制度は、契約上の債務不履行、各種の不法行為が代表的なものであるが、そのほかに特別法における損害賠償の制度が消費者の保護のために利用されている。

　消費者の保護は、消費者が現実に被害を被った後における保護（事後救済）よりも、被害を被る前に被害を予防し、回避することによる保護（事前の防止）が遥かに望ましいことはいうまでもない。消費者契約法は、基本的には消費者にとって事後救済の法律であるが、周知のとおり、差止請求制度（消費者契約法12条以下）の導入により一部事前防止の法律となっている。しかし、本書でも紹介しているところであるが、適格消費者団体の提起に係る差止請求訴訟が敗訴に終わっているものも少なくないところであり、差止請求制度が現実にどの程度機能しているのかの検証が必要であるように思われる。のみならず、消費者の被害を事前に予防するためには、より基本的には消費者教育を充実し、実効的なものにすることが極めて重要であるところ（この課題は、長年にわたり、国、地方の政策課題であっただけでなく、消費者関係団体の活動の目標であったが、現在に至るまで、相当の評価ができるほどの状態にはない）、この基盤が整備されたとはいえない状況にある。

　消費者が被害を受ける取引、事故は、社会生活・活動が変化し、拡大するにつれ、多様化し、新たな内容・態様の被害が次々と発生することから、消費者の保護も、これらの変化に対応して対策を変化させることが重要であ

21

り、法律の制定・改正、国・地方の行政的な施策も必要である。しかし、消費者被害の実態と対策の実情に照らすと、法律の制定等、行政的な施策には大きな限界があるうえ、消費者自らの被害の認知能力・回避能力の向上、自らの経験の蓄積・活用、自らの積極的な自衛策の実施を併せて実行しなければ、消費者被害はいつまでも満足できる程度に減少しない。

　現実は、どうであろうか。消費者被害は、今なお、新規の被害が大規模に発生し、深刻な被害も跡を絶たないのが現状である。また、消費者の認知能力・回避能力の向上等を図るために重要な消費者教育は、かけ声だけは聞かれるものの、消費者被害を実効的に防止できる程度に行われていないのが現状である。消費者被害の実効的な防止のためには、その基盤である消費者一人ひとりの強化を図る消費者教育を継続的、積極的に実施することが極めて重要であり、法律の内容の厳格化等の安易な方法に頼ることは、消費者の他人依存をますます深めるだけであり（新たな内容・態様の消費者被害が発生すると、また同様な対策を実施し、さらに他人依存を拡大することになる）、結局、実効的な対策の基盤を弱めるものであり、賢明であるとは到底言い難い。

2　製品事故と消費者保護の実情

　消費者が被害を受ける事故は、取引だけでなく、購入等した製品による事故もある（国民生活センターにおける消費者らのクレーム等の統計を見る限り、取引に関するクレームが製品に関するクレームより遥かに多いし、取引に関するクレームについても、その真偽は別として、消費者契約法、あるいはこれに関連する法理を適用することによって実際に解決される内容・態様のクレームが多いとはいえない）。消費者の事前の防止、事後の救済による保護は、取引事故だけでなく、製品事故についても妥当するものであり、事前の事故防止のための法律として、消費者安全法、消費生活用製品安全法等があり、事後の救済のための法律として製造物責任法等がある。

　消費者の製品事故については、様々な製品が開発、販売され、製品の改良、新製品の開発も日進月歩であり、製品の中には電気等の高いエネルギーを使用し、製品の機能も高度化しているが、他方、製品の使用方法が複雑になるとともに、製品の安全機能が高度化し、使用者の誤使用に相当程度耐え

る範囲が拡大し、使用者が製品の安全性に依存する程度も高まっている傾向がみられる。製品の販売にあたって提供される製品の取扱説明書は、取扱説明書という名称の書面だけではなく、製品自体にも使用説明が記載され、ウェブサイト等のインターネット環境における使用説明も提供されるだけでなく（製品の中には、伝統的な販売店で販売されるものがあるものの、インターネット取引によって販売され、取扱説明書が紙媒体でなく、ウェブサイトのみで提供されるものもみられるようになっている）、その説明の内容も、自明の事柄、使用図を含め詳細で、極めてわかりやすいものになっている（常識的な見方をすれば、常識的な内容、経験的に明白な内容を含め、無駄と思われる内容も詳細に記載するなどの取扱説明書も増加している）。

　製品は、その構造、用途、品質等によって製品自体による安全性が確保されるところが多いが、その用途、使用方法、注意状態によっては事故が発生するおそれが常に存在するため、必要な範囲で相当な内容の用途、使用方法等の製品情報、事故発生のおそれ等の製品事故情報を適切に提供することが必要である（これらの情報提供は、警告表示と呼ばれることがある）。製品によっては、構造、用途、品質等に照らし、構造、用途等が簡単で、製品の危険性、事故発生のおそれが明白に認識でき、事故発生を容易に回避できる場合には、明白な危険であるとして、取扱説明書も必要ではないと解することができるが（たとえば、刃物の販売にあたって、「人に向けて使用しないでください、怪我をさせることがあります」などの内容の取扱説明書）、最近は、些細な事柄にも警告表示が必要であるとの風潮があり、消費者団体、その関係者等の中には、この風潮に乗じて、声高に常識的な危険、経験的に明白な危険等についても最大限度の警告表示が必要であるとの見解を述べる者もいる（製品の中には、これらの風潮に過敏に反応した警告表示がみられるものもある）。しかし、実際には、製品を購入しても、取扱説明書を十分に読まない者（全く読まない者もいる）、取扱説明書を保管しない者、取扱説明書に十分な関心をもたない者が多いのが実情である。同様なことは、製品が販売された後に時々提供されるリコール情報にも妥当するところであり、日刊紙等、様々な媒体で提供される製品の事故情報、修繕情報、警告情報等に関心をもたない者も少なくないのが実情である。

3 取扱説明書と被害救済・防止の実情

　製品の安全性の確保は、製品の安全規制等に関する法律の制定・改正、製造業者等による製品の構造、用途等の製品の設計・製造・警告だけでなく、製品の使用者による適正な製品の使用、適切な注意が必要であり、これらが相まって初めて製品事故の防止が可能である。製品の使用者も、可能な限り、製品の適正な使用に努めなければ、製品事故を期待どおりに防止することができないのは、製品の危険性の内容・態様・程度が相当に使用者の使用、注意に密接に関係していることに照らし、自明である。しかし、実際には、消費者団体、その関係者等においては、製品事故が発生すると、消費者に誤使用を認めるべきではないとか、取扱説明書に警告の記載はあるところ、曖昧な記載である、読みにくい、わかりにくいとか、消費者は取扱説明書を通常読まない、さらに製品には絶対的な安全性が求められる等の独自の見解が述べられることがある。のみならず、製品事故に関する様々な専門家等の会議等においても、理論的に消費者の誤使用はあり得ないとか、消費者に誤使用を認めるべきではないとか、警告表示があっても、誤使用があっても製品の欠陥を認めるべきである、あるいは危険が明白かどうかを問わず、取扱説明書に具体的かつ詳細に細大漏らさずに危険の内容・程度が記載されていないことが問題であるとか、さらに、取扱説明書に警告の記載があっても、読みにくい、わかりにくい、文字が小さい、高齢者にとって読みにくい、消費者は取扱説明書を通常読まない、取扱説明書に警告の記載があっても、製品自体に警告の記載がない、製品自体に記載があっても、警告の文字・位置から見て読みにくいとか、幼児・児童用の製品の取扱説明書は親が理解できるだけでは不十分であり、幼児・児童が理解できるのでなければ問題である等の見解が述べられるのを見聞したことがある。しかし、このような見解は、その前提、過程に重大な問題があるだけでなく、このような見解を提唱することによって製品事故が防止されるかも極めて疑問である。

　製品事故は、様々な原因が順次、あるいは並行して影響し、事故が発生することが通常であり、事故の防止には実際に製品を使用する者の使用方法、注意状態が極めて重要であることは自明である。製品事故が発生し、公的な

機関、私的な調査等において事故原因の究明が行われることがあるが、事実の認定、事故原因の評価、因果関係の判断に当たって製品の使用者、特に消費者の誤使用を絶対に認めるべきではないとの見解が開陳されることもある。しかし、このような見解も、前記と同様に、極めて疑問である。取引事故と同様に、消費者、製品の使用者自身の製品、製品情報に対する理解能力を高め、事故に対する認知能力、危険回避能力を高めることが、事故防止のために極めて重要であることを踏まえ、消費者教育を実施することが必要である。

　食品とか消費者用製品等の製品事故の発生状況を概観すると、家庭内において発生する事例が多数みられ、被害者層も高齢者、乳幼児である事例が少なくない。家庭内の事故といっても、家庭である自宅の建物の構造・規模・設備、家族の数・構成、使用する製品の種類・用途・使用期間・設置場所等の事情によって多様な事故が発生しているが、狭い建物の空間、狭い範囲における多数の製品の存在、狭い建物内における判断能力・身体能力の大きく異なる家族の居住、危険性の高い製品の身近な設置、危険性の防止に対する緊張感の弛緩、誤使用・不注意の横行、警告表示の軽視・無視の横行、高齢者・乳幼児への配慮不足等の事情があり、製品事故が発生する可能性が高いということができる。家庭内における事故防止は、家族同士による相互の注意喚起、使用支援、使用方法・危険性等の製品情報の交換、高齢者・乳幼児の使用防止措置の実施、家族同士の事故防止教育の実施等が極めて重要であるが、実際には事故防止の必要性に関する意識すら乏しいのが現実である。

4　消費者事故と被害救済の課題

　消費者事故は、取引事故、製品事故、サービス事故等の様々な内容・態様の事故が発生しており、法制度の整備等によって消費者保護を図ることが必要であることはいうまでもないが、他方、筆者の見聞したところだけでも、消費者と称して被害を偽装した事件、事故を偽装した事件、不注意・誤使用であるのにこれを隠した事件、故意に事故を発生させた事件、事実関係を偽装・隠蔽してクレームを付けた事件があり（これらの事件のうちには、訴訟を提起したものや、インターネット等を利用して事業者、製品を誹謗中傷したもの

もみられた）、このような事件が珍しいわけではない。消費者契約法等による消費者保護の課題は、一方で消費者契約法等の法律を適切に適用して消費者保護を図ることが必要であるとともに、他方で消費者被害を名目とする悪質な事件が存在することも考慮して法律を適用することも重要であることである。

　消費者事故が訴訟に至った場合には、最終的には裁判官による適切な法律の解釈、証拠の評価、事実の認定、妥当な結論が期待されるとともに、同種事故の防止・回避のために重要であるが、残念ながら常にこのような期待が実現されるわけではないし、むしろ期待が裏切られることが少なくない。消費者事故の多くは、訴訟に至らない様々な段階で解決等されるが、消費者相談、クレームの受付・対応、示談、あっせん、調停等の段階においては、事実関係の全容が必ずしも明らかでなく、証拠も十分に提供されていない状況で対応せざるを得ないため、適切、迅速な判断が困難である等、関係者の苦労が推測される。消費者との対応であるからといって、消費者の言い分だけで事実関係を即断することには様々な疑問が残るところであり（クレームを誘発し、信用毀損等の事態を招くこともある）、言い分の内容、言い分の裏付けとなる証拠の提供・調査、証拠の判断、事実関係の暫定的な認定等を経て対応することが重要である。

　消費者との適切、迅速な対応は、製品の製造業者・販売業者、サービスの提供業者、相談対応の事業者にとって極めて重要であり、読者諸氏にとっても同様であるが、対応の仕方は、知識、態勢だけで満足にできるものではなく、十分な経験、必要な研修を積んでおくことが必要である。

Ⅳ　消費者契約法の概説

1　はじめに

　消費者契約法の各条文を解釈するにあたっては、他の法律と同様に、各条文の規定の文言、趣旨が基本となって解釈されるべきものである（なお、一般的に、法律の規定に用いられる文言、語句、言葉は、長期にわたって法律の制定作業での執務経験、用法を基にした意味、定義を踏まえて使用されているものであり、相当程度明確化されている）。また、法律の条文の規定の文言、趣旨とともに、法律の審議、制定にあたって立法者が示している立法者意思も、法律の解釈にあたって重要な意味をもつものである。法律の立法者意思は、立法者が法律案の提案、提出、審議において様々な機会（衆議院、参議院の各委員会における提案理由、説明、質疑の答弁が主要なものであるが、政府の提案に係る法律については、関係省庁の審議会等の審議の内容もこれを補足するものである）において示されるものであり、国会の委員会の議事録、提出に係る法律案の説明資料、審議会等の報告書が重要な資料として参考になるものである。なお、法律の立法に関与した国会議員の解説書、関係省庁の担当者の解説書（雑誌等に論文等として掲載されるものもある）も、これらの立法者意思に関する情報を記載したものであり、重要な資料として参考になるものである。

　新たに法律が制定されたり、既存の法律が改正されたりした場合、その法律の内容、条文の解釈においては、条文の内容のほか、前記の解説書が重要であるが、これらによっても十分な情報が得られない場合には、国会の委員会の議事録、法律案の説明資料、審議会等の報告書等の情報をも検索し、解釈の資料として参考にすることもある。これらのうち、法律の立法に関与した国会議員の解説書、関係省庁の担当者の解説書が出版された場合には、立法当時には他の資料もあり、さほど参照する必要がないと思ったとしても、後日、他に容易に参照することができる資料の入手が困難になることが多い

〔第1部〕 Ⅳ 消費者契約法の概説

こと等の事情から、遅滞なく購入しておくことが無駄ではない。消費者契約法については、経済企画庁国民生活局消費者行政第1課編『逐条解説消費者契約法』、内閣府国民生活局消費者企画課編『逐条解説消費者契約法〔新版〕』、消費者庁企画課編『逐条解説消費者契約法〔第2版〕』、消費者庁消費者制度課編『逐条解説消費者契約法〔第3版〕』がこのような書籍である。

　なお、新たに法律が制定されたり、既存の法律が改正されたりした場合、その法律に関する社会、法律実務の関心が強いようなときは、前記の類型の解説書のほか、様々な識者によって解説書等の書籍が出版されることがあるが、これらの書籍は一般の理解には資することがあるとしても、立法者意思に関する直接の資料・情報でないことから、立法者意思として参考にするには大きな限界があるものである。

2　本書の目的と内容

　本書は、消費者契約法をめぐる諸問題について判例、裁判例を紹介し、分析することによって問題の内容、解決の内容、判例・裁判例の意義等を説明しようとするものであり、後記のとおり多数の判例・裁判例を紹介しているものである。消費者契約法の条文の解釈にあたって、判例、裁判例はどのような意義があるのか、どのような機能があるのかも問題になるところである。

　判例にしろ、裁判例にしろ（本書においては、最高裁の判決を「判例」、高裁等の下級裁判所の判決を「裁判例」と呼んでいる）、個々の事案の事実関係を前提とし、消費者契約法を解釈し、当該事実関係に適用し、同法を適用した結果を判断し、判決書に記載しているものである。日本の法制度の下においては、判例法が採用されているものではないから（裁判所法4条は、上級審の裁判所の裁判における判断は、その事件について下級審の裁判所を拘束するとし、同一事件の上級審と下級審との間の拘束力のみを認めている）、事実上裁判所の判断（判決）が他の事件の他の裁判所に参考にされることがあるとしても、法的な拘束力が認められるわけではない（最高裁の判決には上告、上告受理との関係で一定の範囲で間接的に拘束力が認められることがあり得る）。

　最高裁の判決（判例）については、当該判決の下級審である高裁、地裁を

拘束するものであるから、最高裁の判決の内容に反する部分は、法的な意義を有しないし、事実上参考にする価値もないことになるが、他の同種の事件に対する影響力、拘束力については一考を要する問題である。他の事件については、前記の裁判所法4条の規定の適用を受けないが、同種の事件の法律の解釈、適用に関する同じ争点（論点）については、地裁、高裁が最高裁の判決（判例）と矛盾する判断をすると、後日、最高裁に上告受理の申立てがされたときは（訴訟実務上、上告の申立ては、上告理由が極めて限定されているため、通常の事件については現実的な上訴ではない）、従前の最高裁の判断と同様な判断がされる可能性が高いことから、相当程度破棄される蓋然性があることになる（この意味で間接的に法的な拘束力が認められるということができよう）。もっとも、最高裁の判決といっても、特定の事実関係を前提とし、法律を解釈し、適用した内容を記載しているものであり、異なる事実関係については妥当しないのが原則である（最高裁の判決が他の事件についてどのような範囲で、どのような根拠で妥当するか、拘束力をもち得るかが問題になることが多いが、これを最高裁の判決の射程距離、射程範囲などと呼んでいる）。最高裁の判決を概観していると、大雑把にみると、法律の解釈、法理は既存のものであるか、特段争われていないことを前提とし、特定の事実関係に適用できるかどうかが争点になり、判断している判決と、法律の解釈を明確にしたり、新たな法理を明らかにしたりする（既存の法理を修正するかを含む）判決の二つにわけることができ、後者の類型の判決の射程距離が広いということができる。前者の類型の判決は、他の事件で判決の前提となっている事実関係が異なっている場合には、最高裁の判決の事実上の拘束力もないということができるのに対し、後者の類型の判決は、他の事件で判決の事実関係が異なっていても、法律の解釈、新たな法理が適用される可能性が相当にあることになり、他の事件にも事実上拘束力が認められ得るものである。

　消費者契約法に関する最高裁の判決は、後に紹介するように、数件公表されているものであり、いずれの判決も消費者契約法の解釈、あるいは法理を明確にするものであり、重要な判例になっている。現在のところ、消費者契約法に関して公表された判決の大多数は、地裁、高裁の判決である。消費者契約法の条文の解釈、適用に関する特定の争点について地裁、高裁の判決が

〔第1部〕 Ⅳ 消費者契約法の概説

複数、あるいは相当数出されていたとしても、そもそも消費者契約法の解釈が異なっていたり、同法の適用の論理が対立していたり、その論理の結論がまちまちであったりしている事例が目立っているものである。後に紹介する地裁、高裁の判決の中には、最高裁の判決によって後に破棄されたものがあり、これらの破棄された判決は法的にも、事実上も意義を喪うことになるし、直接には破棄されていない判決であっても（もっとも、本書においては、地裁、高裁の判決が上告受理を申し立てられたかどうか、上告審である最高裁の判断が出されたかどうかの履歴を調査しているものではないから、正確には実際に破棄されたかどうかは不明である）、消費者契約法の解釈等が最高裁の判決と矛盾する内容のものは法的にも、事実上も意義を喪っているということができる。

本書において紹介する地裁、高裁の多数の判決については、以上のような判決の拘束力に関する基本的な関係を踏まえ、個々の判決ごとに判決の意義を紹介するものである。

また、消費者契約法の各条文を解釈するにあたっては、前記のように、各条文の規定の文言、趣旨、立法者意思を基本に解釈されるべきものであり、判決については、判決の種類、内容、位置づけを踏まえ、最高裁の判決のうち同法の解釈、法理を明確にするものは、同法の各条文の解釈上重要な資料であるということができる。地裁、高裁の判決については、最高裁による破棄の有無、最高裁の判決の有無、内容に照らし、その内容が維持できるかを検討し、破棄され、あるいは最高裁の判決と矛盾するものであれば、法律実務上取り上げるに足りないし、仮に破棄等されていないとしても、後日最高裁によって同種の他の事件において別の解釈や法理が明確にされる可能性があるから、参考となる程度も暫定的なものにすぎないというべきである。

3　消費者契約をめぐるトラブル・紛争と適用条文の概観

(1)　はじめに

消費者契約法の個々の条文のうち、消費者契約をめぐるトラブル、紛争において日常的に問題になるいくつかの条文を取り上げ、以下、概説をしてみたい。

消費者契約法1条は、目的規定であり、同法の制定の目的が規定されているものであり、その内容に照らし、消費者契約をめぐるトラブル等につき直接何らかの効果を導き出す規定ではない。

裁判例の中には、消費者契約をめぐる個々の条文の争点について、解釈の指針、あるいは解釈の根拠の一つとして消費者契約法1条を援用するものもある。消費者契約法1条が同法の制定の目的を明らかにするものとして重要であることはいうまでもないが、裁判例の中には、消費者契約をめぐる個別の事件において、実際に適用が問題になる個々の条文の文言、趣旨を超えて、殊更に同法1条を根拠に解釈する等するものもみられるものがあり、疑問のある裁判例もある（以下、小見出しにおいては消費者契約法を「法」という）。

(2) **法2条（定義）**

消費者契約法2条は、定義規定であり、消費者、事業者、消費者契約、適格消費者団体の定義を定めるものであり、実際にその意義、該当性が争点になることは少ないが、重要な規定である。特に消費者、事業者の意義、該当性が時々争点になり、問題になることがある。これらの事実は、消費者が立証責任を負う事項である。

(3) **法4条（消費者契約の申込み又はその承諾の意思表示の取消し）**

消費者契約法4条は、「消費者契約の申込み又はその承諾の意思表示の取消し」に関する規定であり、消費者契約につき一定の事由がある場合、消費者に消費者契約の取消権を付与するものであり、同法の重要な規定の1つである。

消費者契約法4条1項ないし4項は、消費者契約の取消事由を定め、同条5項は、重要事項の意義を定め、同条6項は、取消しの効果と第三者との関係を定めるものである。なお、取消権の行使、行使の方法、行使の効果等については、民法の関係規定を前提とするものであり、消費者契約法に規定がないところは、民法の関係規定が適用される（民法120条以下）。

消費者契約を含め、契約の取消しは、取消権を有する者が取消しの意思表示をすることによって（民法120条、123条）、行うことができる。契約の取消しの効果は、契約が初めから無効であったとみなされることであり（民法

121条)、契約の内容が履行されていた場合には、原則として原状回復義務を負うことになる(民法122条の2。なお、消費者契約の場合には、消費者の返還義務について、消費者契約法6条の2が返還義務の特則を定めている)。契約の内容が履行されていない場合には、履行を拒絶することができるものである。

消費者契約の場合であっても、当該契約につき消費者契約法4条所定の取消事由が認められるとき、自動的に、あるいは当然に当該契約が無効になるものではない。消費者としては、消費者契約につき取消事由がある状態を放置することもあり得るし、取消権につき消滅時効が認められ、消滅することもあるし(消費者契約法7条)、追認したり、追認とみなされること(法定追認)も認められている(民法122条以下)。

事業者が消費者との間で消費者契約を締結し、消費者契約に取消事由が認められるような場合、消費者は、消費者契約法に基づき消費者契約を取り消すことができるが、消費者は、消費者契約法違反等を主張し、不法行為に基づき損害賠償を請求することができるかが問題になることがある。この場合、消費者契約の取消しに加えて、損害賠償を請求することもできるかが問題になることがある。消費者契約の締結の勧誘、締結、履行につき事業者に不法行為が認められるかは、民法709条、715条所定の各要件が認められるかどうかによって別個に判断されるものであり、消費者契約法所定の取消事由が認められることから直ちに事業者の行為の違法性が認められるわけではない等、不法行為が認められないと解するのが相当である。

(4) 法4条1項(消費者契約の取消事由〔誤認〕)

消費者契約法4条1項は、消費者契約の誤認を取消事由と認めるものであり、不実の告知(同条1号)と断定的判断の提供(同条2号)が誤認とされている。

不実の告知は、事業者が消費者契約の締結につき勧誘をするに際し、消費者に対して重要事項について事実と異なることを告げ、消費者が告げられた内容が事実であると誤認し、これによって消費者契約を締結したことである。重要事項については、消費者契約4条5項がその内容を定めているが、契約の締結にあたっては様々な事情、情報が提供され、考慮され、動機・目

的をもって契約の内容となることに照らすと、その判断は必ずしも容易ではない。

断定的判断の提供は、消費者契約以外の契約の分野において多数の裁判例、判例が公表されているが、消費者契約の場合には、事業者が消費者契約の締結につき勧誘をするに際し、消費者に対して物品、権利、役務その他の当該消費者契約の目的となるものに関し、将来におけるその価額、将来において当該消費者が受け取るべき金額その他の将来における変動が不確実な事項につき断定的判断を提供することによって、消費者が提供された断定的判断の内容が確実であると誤認し、これによって消費者契約を締結したことである。

これらの誤認につき取消事由が認められるためには、前記の各関係につき因果関係が認められることも必要である。

誤認に関するこれらの事実は、すべて取消権を行使する消費者が立証責任を負うものである。

(5) 法4条2項（消費者契約の取消事由〔不利益事実の不告知〕）

消費者契約法4条2項は、不利益事実の不告知を消費者契約の誤認として取消事由を認めるものである。

不利益事実の不告知は、事業者が消費者契約の締結につき勧誘をするに際し、当該消費者に対してある重要事項または当該重要事項に関連する事項につき当該消費者の利益となる旨を告げ、かつ、当該重要事項につき当該消費者の不利益となる事実（当該告知により当該事実が存在しないと消費者が通常考えるべきものに限る）を故意に告げなかったことにより、当該事実が存在しないとの誤認をし、それによって当該消費者契約を締結したことである（消費者契約法4条2項本文）。誤認に関するこれらの事実は、取消権を行使する消費者が立証責任を負うものである。なお、平成30年の消費者契約法の改正によって、前記の「故意」は「故意又は重大な過失」に変更されている。

このような事実が認められる場合であっても、消費者が事業者において当該事実を告げようとしたにもかかわらず、これを拒んだときは、取消事由にあたらないとされている（消費者契約法4条2項ただし書。このただし書の事実は取消しを争う事業者が立証責任を負う事項である）。

(6) 法4条3項（消費者契約の取消事由〔不退去、退去妨害〕）

　消費者契約法4条3項は、消費者契約の取消事由としての不退去、退去妨害を規定するものである（不退去、退去妨害を合わせて、困惑と呼ばれることがある）。

　不退去は、事業者が消費者契約の締結につき勧誘をするに際し、事業者に対し、消費者が、その住居またはその業務を行っている場所から退去すべき旨の意思を示したにもかかわらず、それらの場所から退去しないことにより困惑し、それによって消費者契約の申込みまたはその承諾の意思表示したことである（なお、これらによって消費者契約が締結されたことが前提となっている）。

　退去妨害は、事業者が消費者契約の締結につき勧誘をするに際し、事業者が消費者契約の締結につき勧誘をしている場所から退去する旨の意思を示したにもかかわらず、その場所から消費者を退去させないことにより困惑し、それによって消費者契約の申込みまたはその承諾の意思表示したことである（なお、この場合にも、これらによって消費者契約が締結されたことが前提となっている）。

　不退去、退去妨害、あるいは困惑に関するこれらの事実は、取消権を行使する消費者が立証責任を負うものである。

　また、平成30年の消費者契約法の改正によって新設された困惑に係る取消事由は、次のようなものである（改正法4条3項3号ないし8号）。

　具体的には、消費者は、事業者が消費者契約の締結について勧誘をするに際し、当該消費者に対して次の行為をしたことにより困惑し、それによって当該消費者契約の申込みまたはその承諾の意思表示をしたときは、これを取り消すことができる。

　三　当該消費者が、社会生活上の経験が乏しいことから、次に掲げる事項に対する願望の実現に過大な不安を抱いていることを知りながら、その不安をあおり、裏付けとなる合理的な根拠がある場合その他の正当な理由がある場合でないのに、物品、権利、役務その他の当該消費者契約の目的となるものが当該願望を実現するために必要である旨を

告げること。
　　イ　進学、就職、結婚、生計その他の社会生活上の重要な事項
　　ロ　容姿、体型その他の身体の特徴又は状況に関する重要な事項
四　当該消費者が、社会生活上の経験が乏しいことから、当該消費者契約の締結について勧誘を行う者に対して恋愛感情その他の好意の感情を抱き、かつ、当該勧誘を行う者も当該消費者に対して同様の感情を抱いているものと誤信していることを知りながら、これに乗じ、当該消費者契約を締結しなければ当該勧誘を行う者との関係が破綻することになる旨を告げること。
五　当該消費者が、加齢又は心身の故障によりその判断力が著しく低下していることから、生計、健康その他の事項に関しその現在の生活の維持に過大な不安を抱いていることを知りながら、その不安をあおり、裏付けとなる合理的な根拠がある場合その他の正当な理由がある場合でないのに、当該消費者契約を締結しなければその現在の生活の維持が困難となる旨を告げること。
六　当該消費者に対し、霊感その他の合理的に実証することが困難な特別な能力による知見として、そのままでは当該消費者に重大な不利益を与える事態が生ずる旨を示してその不安をあおり、当該消費者契約を締結することにより確実にその重大な不利益を回避することができる旨を告げること。
七　当該消費者が当該消費者契約の申込み又はその承諾の意思表示をする前に、当該消費者契約を締結したならば負うこととなる義務の内容の全部又は一部を実施し、その実施前の原状の回復を著しく困難にすること。
八　前号に掲げるもののほか、当該消費者が当該消費者契約の申込み又はその承諾の意思表示をする前に、当該事業者が調査、情報の提供、物品の調達その他の当該消費者契約の締結を目指した事業活動を実施した場合において、当該事業活動が当該消費者からの特別の求めに応じたものであったことその他の取引上の社会通念に照らして正当な理由がある場合でないのに、当該事業活動が当該消費者のために特に実

施したものである旨及び当該事業活動の実施により生じた損失の補償を請求する旨を告げること。

(7) 法4条4項（消費者契約の取消事由〔過量販売〕）

　消費者契約法4条4項は、平成28年の消費者契約法の改正によって新設された取消事由であり、いわば過量な消費者契約を取消事由とするものである。

　過量な消費者契約の1つの類型は、事業者が消費者契約の締結につき勧誘をするに際し、物品、権利、役務その他の消費者契約の目的となるものの分量、回数または期間（分量等）が消費者にとっての通常の分量等（消費者契約の目的となるものの内容および取引条件並びに事業者がその締結につき勧誘をする際の消費者の生活の状況およびこれについての消費者の認識に照らして消費者契約の目的となるものの分量等として通常想定される分量等をいう）を著しく超えるものであることを知っていた場合であり、その勧誘により当該消費者契約の申込みまたはその承諾の意思表示をしたことである。

　他の類型は、事業者が消費者契約の締結につき勧誘をするに際し、消費者が既に消費者契約の目的となるものと同種のものを目的とする消費者契約を締結し、当該同種契約の目的となるものの分量等と消費者契約の目的となるものの分量等を合算した分量等が消費者にとっての通常の分量等を著しく超えるものであることを知っていた場合であり、その勧誘により当該消費者契約の申込みまたはその承諾の意思表示をしたことである。

　過量な消費者契約は、その要件が一読してわかりにくいところがあるが、高齢者が同じような商品、サービスを必要がないのに買わされる等した取引による被害が多数発生してきた取引の実情を考慮し、取消事由として新設された経緯を踏まえれば、わかりやすくなるであろう。

　過量な消費者契約に関するこれらの事実は、取消権を行使する消費者が立証責任を負うものである。

(8) 法4条5項（重要事項）

　消費者契約法4条5項は、消費者契約の取消しに関する重要な要件の1つである重要事項を定めるものであるが、平成28年の消費者契約法の改正に

よって重要事項の範囲が拡大されている。

重要事項の内容は、消費者契約法4条5項1号ないし3号が定めるとおりであるが、同法4条1項1号、2項の取消事由所定の重要事項に関わるものである。

重要事項に該当するかどうかは、一読すると明らかであるようにもあるが、実際には争点になることも少なくなく、個々の事案ごとに検討する必要がある。

(9) 法4条6項（取消しの効果の第三者への対抗）

消費者契約が締結され、前記の各取消事由が認められ、消費者が消費者契約を取り消した場合、その取消しの前に締結された消費者契約を前提とし、これに利害関係を有する第三者が登場していたときに、消費者が取り消しの効果を第三者に対抗することができるかが問題になるが（民法96条3項参照）、消費者契約法4条6項、第三者が善意かつ無過失である場合には、取消しの効果を対抗することができないと定めるものである。この場合、第三者の善意、無過失については、第三者が立証責任を負うものである。

(10) 法5条（媒介の委託を受けた第三者及び代理人）

消費者契約法5条は、「媒介の委託を受けた第三者及び代理人」に関する規定であり、消費者との間で消費者契約の勧誘が事業者ではなく、事業者が媒介を委託した第三者（二以上の段階の委託を受けた者を含む。受託者等）や代理人（二以上の段階の復代理人を含む）によって締結された場合の取扱いのほか、消費者の代理人が勧誘を受けた場合の取扱いを定めるものである。

事業者は、自ら消費者に勧誘し、消費者契約を締結することもあるが、代理人を選任したり、媒介を他の者に委託して消費者契約の勧誘をすることもしばしば行われている。消費者契約5条1項は、同法4条1項ないし4項を事業者が消費者契約の媒介を受託者等に委託した場合にも適用することを認めるものである。

消費者契約法5条2項は、事業者が代理人を選任し、その代理人を介して消費者契約の締結を勧誘したり、受託者等が代理人を選任し、その代理人を介して同様に勧誘をしたりした場合にも同法4条1項ないし4項（同法5条1項において準用する場合も含む）の適用することを認めるものである。

消費者契約法5条2項は、また、消費者が代理人を介して消費者契約を締結した場合、同法4条1項ないし4項所定の取消事由における消費者に係る事情がその代理人につき認められる場合にも、同法4条1項ないし4項を適用することを認めるものである。

民法の分野においては、契約の当事者本人が代理人を選任し、代理人を介して契約を締結することはしばしば行われているが、この場合、詐欺、強迫等の事情は代理人について判断することになっているところ（民法101条参照）、消費者契約法5条は、この趣旨を拡大するものである。

(11) 法6条（解釈規定）

消費者契約法6条は、民法96条との関係における同法4条1項ないし4項の解釈規定を定めるものである。

消費者契約法4条1項ないし4項は、民法96条所定の詐欺、強迫による取消事由について、消費者契約の場合に要件を緩和しようとする側面を有するものであるが、消費者契約法4条1項ないし4項の各要件と詐欺、強迫の要件は異なるものであるところ、個々の事案おいてどちらの取消事由を主張、立証するかは本来取消権を行使する消費者の判断に委ねられるべきものである。消費者契約法6条は、消費者契約法4条1項ないし4項の規定があることから、民法96条所定の取り消しの主張を妨げてはならないし、妨げるような解釈をしてはならないことを注意的に規定しているものである。

(12) 法6条の2（取消権を行使した消費者の返還義務）

消費者契約法6条の2は、平成28年の消費者契約法の改正によって新設された規定である。

消費者契約法6条の2については、消費者契約を取り消した場合の法的な効果としては、初めから無効であったことになるが、契約の内容が履行されていた場合には、事業者、消費者の双方が相手方に対して原状回復義務を負うのが原則である（民法121条の2第1項）のに対し、一定の要件の下、消費者の原状回復義務に制限を設けている。

消費者が消費者契約法4条1項ないし4項の規定により消費者契約を取り消した際、既に事業者から消費者契約の債務の履行として給付を受けていた場合には、給付を受けた当時、契約の締結が取り消すことができるものであ

ることを知らなかったときは、消費者は、消費者契約によって現に利益を受けている限度において返還の義務を負うものである（現存利益返還義務と呼ばれることがある。なお、民法121条の2第1項、2項参照）。

　消費者が消費者契約法4条1項ないし4項の取消事由により、消費者契約を取り消した場合には、消費者は、事業者から債務の履行として給付を受けていたときは、原則として給付自体、これに相当するものの返還義務（原状回復義務）を負うものである。消費者が消費者契約法6条の2所定の範囲内の返還義務を負うことを主張し、原状回復義務を免れようとする場合には、給付を受けた当時、契約の締結が取り消すことができるものであることを知らなかったこと、消費者契約によって現に利益を受けていることを立証する必要があり、この場合の立証責任は消費者にある。なお、消費者が給付を受けたものを費消したような場合には、現存利益がなく、返還義務を免れることになる（前記のとおり、民法の取消しにおいても同様な問題が生じてきたところであり、判例、議論がある）。

⒀　法7条（取消権の行使期間等）

　消費者契約法7条は、取消権の行使期間等を規定するものであり、消費者が一定の期間取消権を行使しなかった場合には取消権の時効による消滅を認めるものである。

　消費者契約法7条は、民法上の取消権の期間の制限に関する民法126条の規定を踏まえ、消費者契約の取消権について、期間を短縮し、期間の起算点を若干変更するものである。

　消費者契約法4条1項ないし4項所定の取消権は、追認をすることができる時を起算点として、1年間行使しないと、時効により消滅すると定められている（消費者契約法7条前段）。この規定にいう追認をすることができる時は、民法124条の規定する時点であり、原則として、消費者契約の場合には、取消しの原因となっていた状況が消滅し、かつ、取消権を有することを知った時点のことである（民法124条1項。なお、消費者に法定代理人等がいる場合には、民法124条2項参照）。

　また、消費者が取消権を行使しないまま消費者契約の締結の時から5年が経過したときも、時効により消滅すると定められている（消費者契約法7条

後段)。

　消費者契約法7条は、一読すると、1年間、5年間の期間の経過により、消費者は取消権を行使することができないという意味はわかるものの、詳細に消費者の権利行使の過程を踏まえて検討すると、いくつかの重要な問題が生じ、前記の民法126条の解釈をめぐって議論が行われてきたところが、消費者契約法7条の解釈にも反映してくるように考えられる。

　時効による消滅の意味については、1年の期間、5年の期間が消滅時効であるか、除斥期間であるか問題になるし、行使が制限される権利は取消権に限られるか、取消権の行使の効果である請求権も制限されるか、消滅時効によって別途制限されるかも問題になる。

　なお、消滅時効制度は、令和2年4月1日に施行が予定されている改正民法によって大きく変更されているから（民法144条ないし161条、166条ないし169条）、この改正内容に留意する必要がある。

⑭　法8条（事業者の損害賠償の責任を免除する条項の無効）

　消費者契約法8条は、事業者の損害賠償責任を免除する条項の無効に関する規定であり、同条1項、2項に無効となる責任免除条項（契約実務等においては、免責特約、責任制限特約などと呼ばれることが多い）を列挙している。

　従来、事業者間の契約、事業者と消費者との間の契約を問わず、契約当事者の一方または双方の責任を免除し、あるいは限定する特約（契約上の条項）が利用されることが多く（前者の内容の特約は、免責特約、後者の内容の特約は、責任限定特約）、公序良俗に反する等の特段の事情のない限り、契約自由の原則の下、有効とされてきたし、当事者の責任を明確化し、限定するものとして重要な機能を果たしてきたところである。

　契約実務上、免責特約、責任限定特約は、取引の種類、内容、当事者の属性等の事情を考慮し、様々な内容の特約が利用されてきたが、いっさいの責任につき全く理由もなく責任を免除、限定する内容の特約を見かけることは少ない。一定の要件を定めたり、一定の事由があったり、あるいは一定の手続を経た場合には、契約当事者の一方の責任を免除、限定する特約が利用されることが多いようである。また、契約当事者の責任といっても、常に責任を負うものではなく、債務不履行にしろ、不法行為にしろ、それぞれの要件

3　消費者契約をめぐるトラブル・紛争と適用条文の概観

が認められなければ損害賠償責任が認められないし、加害者となったとしても、免責事由が法律上、判例上認められることがあるうえ、相手方当事者の行為等によっては、責任の全部または一部が否定、免除されることもある。消費者契約法8条は、免責特約、責任限定特約について、これらの法律、判例、契約の実務を前提として、消費者契約につき規定を設けているものと解することができる。

まず、消費者契約法8条1項は、消費者契約について、同項1号、2号において債務不履行に基づく損害賠償責任の免除、限定する特約を無効とするものである。

消費者契約法8条1項3号、4号は、消費者契約における事業者の債務の履行に際してされた事業者の不法行為に基づく損害賠償責任の免除、限定する特約を無効とするものである。

消費者契約法8条2項は、有償契約である消費者契約について担保責任に基づく損害賠償責任を一定の場合に免除する特約については、前記の同法1項1号、2号によって無効とされるものの、例外的に無効とされない場合を定めるものである。この場合の損害賠償責任は、従来、売買の担保責任、請負の担保責任が代表的なものであり、民法の改正前は、独自の担保責任の分野を形成していたものであるが（改正前の消費者契約法8条1項5号参照）、民法の改正後には、いずれの責任も債務不履行責任、契約責任の1つとして取り扱われることになったことから、改正前の消費者契約法8条2項と同趣旨の規定が設けられたものである。

消費者契約法8条1項1号ないし4号の立証責任については、消費者が負うものであるし、同条2項の立証責任は、事業者が負うものである。

なお、平成30年の消費者契約法の改正によって、従来の責任の免除（免責）に加えて、事業者にその責任の有無を決定する権限を付与する契約条項についても無効である旨の規定が追加されている。

⒂　法8条の2（消費者の解除権を放棄させる条項の無効）

消費者契約法8条の2は、消費者の解除権を放棄させる条項の無効に関する規定であり、事業者の債務不履行により生じた消費者の解除権を放棄させる消費者契約の条項は、無効とすることを定めるものである。

〔第1部〕 Ⅳ 消費者契約法の概説

　契約を解消させる方法としてはいくつかの方法があるが、契約の解除は、その代表的な方法である。契約の解除は、契約当事者の一方の債務不履行を要件とする法定解除（民法540条以下）のほか、契約上様々な事由を取り上げ、解除権を認める約定解除（これは解除特約などと呼ばれることがある）、民法等の法律の個々の規定ごとに基づき解除権が認められるものがある。解除特約の中には、法定解除と同様な内容を定めるもの、法定解除よりも多くの事由による解除を認めるもの、法定解除権を制限し、あるいは否定するもの等があり、取引の種類、内容、当事者の属性等の事情を考慮し、様々な内容の解除特約が利用されている。

　消費者契約法8条の2は、消費者契約について、事業者に債務不履行がある場合、解除権をいっさい放棄させる内容の解除特約を無効とするものである。

　消費者契約法8条の2の立証責任については、消費者が負うものである。

　なお、消費者契約法8条の2についても、同法8条の場合と同様に、平成30年の同法の改正によって、従来の解除権の放棄に加えて、事業者にその解除権の有無を決定する権限を付与する契約条項についても無効である旨の規定が追加されている。

　また、平成30年の消費者契約法の改正によって、事業者に対し後見開始の審判等による解除権を付与する条項の無効に関する規定が同法8条の3として新設されている。具体的には、消費者契約法8条の3は、消費者が後見開始、保佐開始または補助開始の審判を受けたことのみを理由とし、事業者に解除権を付与する消費者契約（もっとも、消費者が事業者に対し物品、権利、役務その他の消費者契約の目的となるものを提供することとされているものを除く）の条項は、無効とすると定めている。具体的には、次のような規定である。

　　第8条の3　事業者に対し、消費者が後見開始、保佐開始又は補助開始の審判を受けたことのみを理由とする解除権を付与する消費者契約（消費者が事業者に対し物品、権利、役務その他の消費者契約の目的となるものを提供することとされているもの

を除く。）の条項は、無効とする。

(16) **法9条（消費者が支払う損害賠償の額を予定する条項等の無効）**

　消費者契約法9条は、消費者が支払う損害賠償の額を予定する条項等の無効に関する規定であり、後に紹介するように、現在までに公表されている裁判例、判例のうち多くの裁判例等において争点になった規定である。

　損害賠償額の予定、違約金に関する特約（民法420条参照）は、契約実務において様々な契約において多く利用されているが、消費者契約法9条1号は、これらの損害賠償額の予定または違約金特約のうち、消費者契約の解除に伴う損害賠償額の予定または違約金特約に適用されるものであり、取引実務において利用されることが多い類型・内容の特約に適用されるものである。消費者契約法9条1号の適用によって無効とされるのは、損害賠償額の予定等の特約のうち平均的な損害を超える部分であり、仮に平均的な損害が零円であれば、特約全体が無効とされることになる。

　消費者契約法9条1号の立証責任は、消費者契約の解除に伴う損害賠償額の予定または違約金条項であること、平均的な損害の額を超えること等の要件について消費者が負うものである。後記の裁判例の中には、この立証責任の所在、内容につき事業者の立証責任と解したものもあるが、法律の条文の構造、条文の規定の文言、法的な効果、民法420条の規定の内容・位置づけ等に照らして、極めて無理のある解釈であった（過去形で表現しているのは、最高裁の判例によってこの誤りが正されているからである）。

　消費者契約法9条1号の規定する損害の考え方、損害の範囲の考え方、損害額の算定の考え方については、民法における損害賠償の規定、法理、判例を前提しているものであるから、個々の事案ごとに前記の規定、法理等を踏まえて適正な損害の範囲の認定、損害額の算定・判断を行うべきであり、事案の内容を無視、軽視して一律に特定の種類・類型の損害が排除されることは不合理、不相当である。裁判例の中には、消費者契約法9条1号の規定の文言、趣旨、前提を適切に解することなく、合理的な根拠を示すこともなく、一律に特定の種類・類型の損害を排除したり、限定するものも少なくないものも見かけるところである（なお、裁判例の中には、適切な認定、判断を

43

〔第1部〕 Ⅳ 消費者契約法の概説

示すものがみられることもある）。多数の裁判例を概観していると、この分野では、裁判官の判断の揺らぎの多い分野であったということができる。

消費者契約法9条2号は、消費者契約における損害賠償額の予定または違約金特約に関するものであるが、消費者契約に基づき支払うべき金銭の全部または一部を消費者が支払期日にまでに支払わない場合における損害賠償額の予定等の特約について（金銭支払債務が要件になっている）、損害賠償額等が一定の計算によって年14.6％の割合を乗じて計算した額を超える場合、その超える部分が無効であると定めるものである。消費者契約法9条2号の立証責任は、消費者が負うものである。

⑰ 法10条（消費者の利益を一方的に害する条項の無効）

消費者契約法10条は、消費者の利益を一方的に害する条項の無効に関する規定であり、同法8条、8条の2、8条の3、9条の規定の内容と比較すると、抽象的な内容であり、消費者契約の内容を全部または一部を無効とする概括的な規定となっている。

消費者契約法10条の要件は、前段の要件と後段の要件に分けることができ、訴訟実務においても、判例、裁判例においても同様に取り扱われている。

前段の要件は、消費者契約の条項が消費者の不作為をもって当該消費者が新たな消費者契約の申込みまたはその承諾の意思表示をしたものとみなす条項その他の法令中の公の秩序に関しない規定の適用による場合に比して消費者の権利を制限し又は消費者の義務を加重する消費者契約の条項であることである。法令中の公の秩序に関しない規定は、任意規定、任意法規のことであり、強行規定、強行法規に対立する概念である（民法91条、92条参照）。

消費者契約法10条の前段の要件、後段の要件の立証責任は、消費者が負うものである。

なお、前段の要件は、平成28年の改正によって一部改正されており、改正前の条文においては、「民法、商法……その他の法律の公の秩序に関しない規定」とあったものが、「消費者の不作為をもって当該消費者が新たな消費者契約の申込み又はその承諾の意思表示をしたものとみなす条項その他の法令中の公の秩序に関しない規定」と変更されているものである。この改正

は、判例（最判平成23・7・15民集65巻5号2269頁・判時2135号38頁）の趣旨を取り込むために消費者契約法10条の一部が改正されたものである。この改正によって、前記の判例にいう一般的な法理等と比べて、消費者の権利を制限し、または消費者の義務を加重する条項についても、消費者契約法10条が適用できることを明らかにされたというものである。

　後段の要件は、消費者契約の条項が民法1条2項に規定する基本原則に反して消費者の利益を一方的に害するものであることである。民法1条2項は、権利の行使および義務の履行は、信義に従い誠実に行わなければならないと定める信義則の規定である。

　消費者契約法10条は、消費者契約の条項（内容、特約の全部または一部）を無効とする効果を生じさせる規定であるが、一読してわかるように、抽象的な内容の規定であるところに大きな特徴があり、具体的な判断基準が明確ではないものである。

　消費者契約法10条を利用することは、結果は別として、消費者にとっては利用しやすい規定であり、裁判官にとっては自己の裁量によって判断しやすい規定であり、事業者にとっては常に応戦を余儀なくされる規定である。現に消費者契約をめぐる紛争、訴訟においては、消費者契約法10条の適用を主張する事例が増加しているが、この現象は後に紹介する判例、裁判例の動向を概観すれば明らかである。消費者契約法10条の適用が主張された裁判例を概観すると、前段の要件は比較的簡単に該当性が判断され（肯定される事例が多い）、後段の要件の該当性に関する判断が裁判例ごとにまちまちである。後段の要件の基本は、「民法1条2項に規定する基本原則に反して消費者の利益を一方的に害するもの」かどうかの判断にかかっているものであり、消費者がこの規定の適用に期待することは当然であるとしても、裁判官が安易に要件の解釈を緩和し（特に信義則に反することの解釈、判断が緩やかにする裁判例が一部に見られる）、あるいは前提となる事実関係の認定を緩和したりし、要件の該当性の判断を緩和すると、消費者契約法10条の解釈、適用の問題が顕在化し、弊害が生じることになる。消費者契約法10条の解釈、適用は、個々の事案ごとに関係する諸事情を十分に考慮し、慎重に行うべきことが求められる。

⒅ 法11条（他の法律の適用）

消費者契約法11条は、他の法律の適用に関する規定である。

消費者契約法11条1項は、消費者契約の取消し、消費者契約の条項の効力について、これらの事項はもともと民法、商法の適用されるものであることに照らし、消費者契約法の規定によるほか、民法の規定によるとし、消費者契約法に規定がない事項については、民法が適用されることを明らかにしている。

消費者契約法11条2項は、消費者契約法と民法、商法以外の他の法律との関係を定めるものであり、消費者契約の取消し、消費者契約の条項の効力について民法、商法以外の他の法律に別段の定めがある場合には、他の法律の定めるところによることを明らかにし、他の法律の適用を認めるものである。消費者契約の取消し、無効に関する法律の規定は、民法、商法以外の他の法律においても散見されるところである（なお、他の法律にこのような内容の規定があるとしても、条文数は、1か条ないし数か条のものである）。他の法律については、個々の法律の内容を検討する必要があるが、たとえば、割賦販売法、特定商取引法、利息制限法、宅地建物取引業法等の法律がある（具体的には、各法律の具体的な条文が該当する）。

⒆ 法12条（差止請求権）、12条の2（差止請求の制限）

消費者契約法12条、12条の2は、適格消費者団体の差止請求権に関する規定であり、同法12条は、差止請求権の根拠となる規定であり、同法12条の2は、差止請求の制限に関する規定である。

適格消費者団体が差止請求権を行使することができるのは、事業者等の消費者契約の勧誘が消費者契約法4条1項ないし4項に該当し、現にそのような勧誘を行いまたは行うおそれがある場合であるか（同法12条1項、2項）、事業者等が同法8条ないし10条に該当する消費者契約の条項を含む消費者契約の締結を現に行いまたは行うおそれがある場合である（同法12条3項、4項）。差止請求権の要件のうち、消費者契約法4条、8条ないし10条の各要件は、前記のとおりであり、差止請求権特有の要件ではない。訴訟実務上問題になるのは、「行うおそれがあるとき」という要件であり、客観的な蓋然性の立証、判断が必要になるところ、裁判官の裁量的な判断によって判断さ

れがちであり、事案によっては差止請求の弊害が生じるおそれがある。事業者等に対する差止請求が判決によって認容されることは、事業者らにとっては事業の遂行が不可能になるだけでなく、事業者等に対する重大な信用毀損を生じさせるおそれがある。適格消費者団体が差止請求権を行使し、差止請求訴訟を提起しただけでも、事案によっては事業者等の事業、信用に重大な悪影響を生じさせるおそれがあるし（通常の形態で事業を行っている事業者等であっても、消費者契約法4条、8条ないし10条の適用の主張に反論、反証することは容易でないことがあるし、その適用を肯定する判決が上級審によって取り消され、あるいは破棄される事例も少なくないのが実情である）、実際に差止請求がされた場合において適格消費者団体が敗訴判決を受けて確定した事例も相当数を数えるものである。

　消費者契約法12条の各項の要件については、適格消費者団体が立証責任を負う事項であり、同法12条の2の要件については、事業者等が立証責任を負うものである。

第 2 部

契約類型別の消費者契約と裁判例の検証

〔第2部〕 契約類型別の消費者契約と裁判例の検証

❶ パーティの予約

契約の特徴

　パーティ、宴会、飲食会、飲み会、女子会等、その名称、規模、内容は様々であるが、全国各地で様々な飲食を内容とする会合が日々計画され、実施されている。時期によっては連日パーティに参加せざるを得ないこともある。読者諸氏も、多数のパーティに参加した機会があったことは、容易に推測される。パーティの開催は、一定の日時、参加人数、料理・価格等の内容を想定しつつ、パーティの企画者が飲食店等を経営、運営する者等に予約を入れ（予約の仕方は様々であり、近年は、インターネット、スマートフォン、電話が一般的であるが、従来は、電話、ファックス、来店・書面の作成が多かった）、当日までに内容を確定し、パーティが実施されることが多い。予約の条件・説明は、ホームページ、パンフレット等に記載されていたり、飲食店等の担当者によって口頭、書面で説明されることがあり、パーティの内容の確定とか、途中での解約等については、これらの過程で確認されることが多い（もっとも、全く説明・確認がされない事例もないではない）。

　パーティの予約が取りやめ等によって解約される事例は、多数に上るものと推測されるが、事実上飲食店等の経営者等がその損失を負担することも多々あると考えられる。パーティの内容・規模、会場の需給状況、解約と開催日との間の日数等の事情によっては経営者等の負担・損失も相当な金額になり得るものであり、予約者が違約金特約、債務不履行等を根拠に損害賠償責任を負うことも当然である。

　パーティの予約が消費者契約に該当する場合には、消費者契約法9条、10条の適用による制限を受ける可能性があるが、たとえば、パーティが会社、あるいはその組織の事業に関連するものであり、予約者が会社、組織の担当者のような場合には、同法の適用が否定されることもある。なお、複数の者が参加するパーティ、飲み会等の会合が飲食店で開催され、その中の1人ま

たは一部の者が予約をしたような場合、飲食等の料金の支払義務を負うのは誰か、全員が連帯責任を負うか等が問題になることもある。

【裁判例】　東京地判平14・3・25判タ1117号289頁
〔消費者契約法9条1号：予約の解約特約〕

─【事案の概要】─

　Yは、平成13年4月8日、飲食店を営業するX株式会社に、Xが経営する店舗において実施日を同年6月10日、実施人員30名ないし40名、料金1人あたり4500円とするパーティの予約をし（Xから予約を解約する場合には、原則として実施日前日まで解約料は不要であるが、当該予約と日程上重なり合う予約あるいはその問合せを受けて、先の予約客に確認したうえ、先の予約客から実施するとの確答を得た場合、先の予約がその後解約すれば、営業保証料として一律1人あたり5229円を徴収する取扱いをしていることの説明を受けた）、Xは、平成13年4月9日、Yに他の客から本件予約と同時刻頃問合せがきたとして、確認を求めたところ、Yが実施する旨の返答をしたものの、同月10日、Yが解約をしたことから、XがYに対して予約が40人分であると主張し、営業保証料の支払を請求したものである。

　第1審判決は、予約人数が30人であったとし、請求を一部認容したため、Yが控訴したものである。

　本判決は、本件予約がパーティを内容とするサービス契約であり、消費者契約法が適用されるとしたうえ、消費者契約法9条1号所定の平均的な損害は、標準約款もなく、証拠資料も乏しいことから、民事訴訟法248条を適用し、1人あたりの料金4500円の3割に、予定人数の平均である35名を乗じた4万7250円が平均的な損害であると認定するのが相当であるとし、原判決を変更し、請求を一部認容したものである。

判決文

2　消費者契約法9条1号によれば、契約解除に伴う損害賠償の額を予定し、又は違約金を定める条項であって、これらを合算した額が、当該条項において設定された解除の事由、時期等の区分に応じ、当該消費者契約と同種の消費者契約の解除に伴い当該事業者に生ずべき平均的な損害を超えるものについては、当該超える部分は法律上無効であるとされている。

　これを本件についてみるに、本件予約の解約に当たり営業保証料（予約の解約に伴う損害賠償の予定又は違約金）が定められているが、消費者契約法9条1号の法の趣旨に照らすと、前記営業保証料のうち、前記「平均的な損害」を超える部分は無効ということになり、被控訴人は控訴人に対し、「平均的な損害」の限度で請求することができるということになる。

3　そこで、問題となるのは、消費者契約法9条1号にいうところの「平均的な損害」の意義であるが、これについては、当該消費者契約の当事者たる個々の事業者に生じる損害の額について、契約の類型ごとに合理的な算出根拠に基づき算定された平均値であり、解除の事由、時期の他、当該契約の特殊性、逸失利益・準備費用・利益率等損害の内容、契約の代替可能性・変更ないし転用可能性等の損害の生じる蓋然性等の事情に照らし、判断するのが相当である。

4　そこで、以下、具体的に、本件予約解約に当たっての「平均的な損害」は幾らが相当かという点について検討することにする。

(1)　前記争いのない事実等、証拠（甲1、4、乙1、2）及び弁論の全趣旨によれば、次の事実が認められる。

　　ア　控訴人は、平成13年4月8日、被控訴人に対し、同年6月10日（日曜日、仏滅）に、本件店舗で、人数30ないし40名、料金1人当たり3980円の希望で、パーティーをしたいとの予約を申し込んだ。

　　イ　控訴人は、平成13年4月9日、被控訴人との間で、1人当たりの料金を4500円（酎ハイ飲み放題コース）で行う旨確定した。

　　ウ　被控訴人は、本件予約があったため、本件パーティーと同時刻開催予定の80名の予約を断った。ところが、控訴人は、平成13年4月10日、被控訴人に対し、自己都合で本件予約を解約するとの意思表示をした。

(2)　前記(1)で認定した事実を前提に、「平均的な損害」額について判断する。

　前記(1)アからも明らかなとおり、本件予約の解約は、開催日から2か月前の解約であり、開催予定日に他の客からの予約が入る可能性が高いこと、本件予約の解約により被控訴人は本件パーティーにかかる材料費、人件費等の支出をしなくて済んだことが認められる。

　他方、前記(1)アないしウによれば、被控訴人は本件予約の解約がなければ営業利益を獲得することができたこと、本件パーティーの開催日は仏滅であり結婚式二次会などが行われにくい日であること、本件予約の解約は控訴人の自己都合であること、及び控訴人自身3万6000円程度の営業保証料の支出

はやむを得ないと考えていること（弁論の全趣旨）が認められる。
　以上の控訴人、被控訴人にそれぞれ有利な事情に、そもそも本件では証拠を検討するも、旅行業界における標準約款のようなものが見当たらず、本件予約と同種の消費者契約の解約に伴い事業者に生ずべき平均的な損害額を算定する証拠資料に乏しいこと等を総合考慮すると、本件予約の解約に伴う「平均的な損害」を算定するに当たっては、民訴法248条の趣旨に従って、1人当たりの料金4500円の3割に予定人数の平均である35名を乗じた4万7250円（4500×0.3×35＝4万7250円）と認めるのが相当であり、この判断を覆すに足りる証拠はない。

判決の特徴と意義

　本件は、飲食店におけるパーティの予約について依頼者（客）が解約した場合、営業保証料の支払義務が問題になったものであり、損害賠償額の予定または違約金を制限する消費者契約法9条1号の適用、平均的な損害額が主要な争点になった控訴審の事件である。本件は、パーティを企画した者が飲食店に実施人員30ないし40名、料金1人あたり4500円とするパーティの予約をしたこと、パーティは予約日の約2カ月後に予定されたこと、飲食店から予約を解約する場合には、原則として実施日前日まで解約料は不要であり、当該予約と日程上重なり合う予約あるいはその問合せを受けて、先の予約客に確認したうえ、先の予約客から実施するとの確答を得た場合、先の予約がその後解約すれば、営業保証料として一律1人あたり5229円を徴収する取扱いをしていることの説明を受けたこと、予約者が飲食店から日程が重なる他の予約の確認を求められ、これを確認したこと、予約者が予約をした2日後に解約したことに特徴がある。なお、飲食店の前記説明と予約者の承諾によって、口頭の損害賠償額の予定が成立したものと解される。
　消費者契約法9条1号の適用にあたっては、損害賠償額の予定または違約金特約の該当性、平均的な損害の立証責任、平均的な損害の額の算定が主要な争点になることが多い。本件では、平均的な損害の額の算定が主要な争点になったものである。
　本判決は、パーティの予約に消費者契約法が適用されるとしたこと、同法

9条1号の平均的な損害は、当該消費者契約の当事者たる個々の事業者に生じる損害の額について、契約の類型ごとに合理的な算出根拠に基づき算定された平均値であるとしたこと、平均的な損害は、当該消費者契約の解除の事由、時期の他、当該契約の特殊性、逸失利益・準備費用・利益率等損害の内容、契約の代替可能性・変更ないし転用可能性等の損害の生じる蓋然性等の事情に照らし、判断するのが相当であるとしたこと、本件では、予約の当事者双方に有利な事情に、本件予約と同種の消費者契約の解約に伴い事業者に生ずべき平均的な損害額を算定する証拠資料に乏しいこと等を総合考慮すると、本件予約の解約に伴う平均的な損害を算定するにあたっては、民事訴訟法248条の趣旨に従って算定するのが相当であるとしたこと、本件では、1人当たりの料金4500円の3割に予定人数の平均である35名を乗じた金額が損害であるとしたことに特徴がある。本判決が提示する平均的な損害の見解は相当なものであるところ、パーティの予約に消費者契約法が適用されるとし、民事訴訟法248条の趣旨に従って料金の3割が損害であると算定した事例を提供するものであり、平均的な損害に関する一応参考になる判断を示したということができる。なお、本判決の説示する民事訴訟法248条の趣旨に従って算定するとの法的な意味は必ずしも明らかではないものの、平均的な損害の算定にあたって同条の適用が否定されるわけではないことは参考になるところである。

　パーティの予約は、多くの人にとって日常的に経験する取引であるうえ、予約の解約（解除、取消し、撤回、キャンセル等の用語も使用されている）を行うことも経験することがあり、本判決は、本件の予約の内容、事業者の予約の対応等の本件の事情によるところがあるものの、参考になる事例を提供するものである。

❷ 宿泊の予約

契約の特徴

　旅行、行事の参加等にあたって、ホテル、旅館、民宿等に宿泊の予約をすることは、日常的な取引の1つである。最近は、民泊の利用もみられ、住宅宿泊事業法が制定・施行されたところである。ホテル、旅館等との間の宿泊の予約は、自ら電話で行うことがあるだけでなく、近年は、インターネットを介して行うこともあるし、旅行業者等の事業者を介して行うこともある。宿泊の予約をした場合、宿泊日前に予約を解約する場合（パーティの予約と同様に、解除、取消、撤回、キャンセル等の用語も使用されている）、違約金等の支払が必要であるか、どのような場合、どのような金額の支払が必要であるかは、予約の内容によって異なるところがあるから、予約の前にその内容を検討し、判断することが重要である。

【裁判例】　東京地判平23・11・17判時2150号49頁
〔消費者契約法9条1号：予約取消料合意〕

【事案の特徴】

　Xは、A大学のラグビークラブで、権利能力のない社団であるところ、旅行業者であるY_1株式会社を介して、長野市内で旅館を経営するY_2に、平成21年8月7日から同月12日までの夏休みの合宿のために宿泊を予約したが、同月5日、部員の一部が新型インフルエンザに罹患したことから合宿を中止することとし、同月6日、Y_1、Y_2に宿泊を取りやめることを伝えたところ、Y_2が宿泊延べ人数209人の宿泊料金合計138万円余りの7割に相当する96万7774円の支払を求め、Xがこれを支払ったものの、Y_1、Y_2に対して消費者契約法9条1号に違反する等と主張し、取消料につき不当利得の返還を請求したものである。

〔第2部〕 契約類型別の消費者契約と裁判例の検証

第1審判決は、請求を棄却したため、XがY₂につき控訴したものである。

本判決は、前日の予約の取消しには宿泊料金の100％に相当する取消料の合意が成立したとしたものの、Xが消費者契約法上の消費者に該当するとしたうえ、取消料の合意が同法9条1号の損害賠償額の予定または違約金にあたるとし、平均的な損害を具体的に算定し、7万3152円の返還義務を認め、原判決を変更し、請求を一部認容したものである。

判決文

三　争点③（本件取消料合意は、法により無効となるか否か）について
（略）
(2)　本件取消料合意が「平均的な損害」を超える取消料を定めたものか否か

ア　本件取消料合意は、控訴人が約定解除権の行使により本件予約を解除した場合に取消料が発生する旨定めるものであり、「契約の解除に伴う損害賠償の額を予定し、又は違約金を定める条項」といえるから、「平均的な損害」の額を超える部分について無効となる（法9条1号）。

この「平均的な損害」とは、同一事業者が締結する同種契約事案について類型的に考察した場合に算定される平均的な損害額であり、具体的には、当該解除の事由、時期に従い、当該事業者に生ずべき損害の内容、損害回避の可能性等に照らして判断すべきものと解するのが相当である。

そして、「平均的な損害」及びこれを超える部分については、事実上の推定が働く余地があるとしても、基本的には、当該条項における損害賠償の額の予定等が平均的な損害を超えて無効であると主張する消費者において主張立証責任を負うものと解すべきである（最高裁平成18年11月27日第二小法廷判決・民集60巻9号3437頁参照）。
（略）

オ　小括

(ア)　以上のとおり、被控訴人は、本件予約の取消しにより、宿泊料金120万2805円＋グラウンド使用料金7万0500円－（食材費33万1411円＋光熱費、クリーニング費用及びアメニティー費用計14万4049円）＝79万7845円の損害を免れ得なかったものと認められる。

そして、本件のような手配旅行契約に基づく宿泊施設の予約の取消料については、企画旅行契約における標準旅行業約款（旅行業法2条4項、12条の3参照）のように、業界における標準約款が存在せず（なお、国際観光旅行

連盟近畿支部においては、31名から100名までの人数の宿泊を宿泊前日に取り消した場合、宿泊料金の80％に相当する取消料が発生する旨定めているが、本件宿泊先は長野市内に存すること等からすると、上記定めは本件において十分に参考となるものではない。)、また、被控訴人と同地域に存する他の宿泊施設においては、宿泊前日の取消料について、宿泊料金の20％から100％までと宿泊施設ごとに大きく異なる金額を定めており、他に基準となるべきものが見当たらない以上、上記損害額が、本件予約の取消しにより被控訴人に生ずべき「平均的な損害」に当たるものと解するのが相当である。

判決の特徴と意義

　本件は、大学のラグビークラブ（権利能力のない社団に該当する）の旅館との宿泊契約（予約）が問題になったこと、部員200名余の夏休みの合宿の宿泊の予約がされたこと、旅行業者を介して宿泊の予約がされたこと、部員の一部が新型インフルエンザに罹患したことから合宿が中止されたこと、ラグビークラブは旅館に宿泊の前日に宿泊の中止を連絡したこと、旅館が宿泊料金の7割に相当する額の支払を求め、ラグビークラブがこれを支払ったこと、ラグビークラブが支払った取消料につき不当利得の返還を請求したこと、ラグビークラブが消費者契約法9条1号違反を主張し、同条号の適用が問題になったこと、第1審判決が旅館の不当利得の返還義務を否定したことに特徴がある。本件は、旅行業者を介して200名余の宿泊の予約をした大学のラグビークラブが宿泊予定日の前日に予約を取り消し、旅館の要求に応じて取消料（宿泊料の7割相当額）を支払った後、ラグビークラブが旅行業者、旅館に対して不当利得の返還を請求した事件であり、不当利得の根拠として消費者契約法9条1号が援用されたものである。

　本判決は、ラグビークラブと旅館との間に、前日の予約の取消しには宿泊料金の100％に相当する取消料の合意が成立したとしたこと、ラグビークラブが消費者契約法上の消費者に該当するとしたこと、取消料の合意が同法9条1号の損害賠償額の予定または違約金にあたるとしたこと、平均的な損害は、同一事業者が締結する同種契約事案について類型的に考察した場合に算定される平均的な損害額であり、具体的には、当該解除の事由、時期に従

い、当該事業者に生ずべき損害の内容、損害回避の可能性等に照らして判断すべきものと解するのが相当であるとしたこと、平均的な損害を超える部分（額）は、当該条項における損害賠償の額の予定等が平均的な損害を超えて無効であると主張する消費者において主張・立証責任を負うとしたこと、旅館の様々な項目の費用を計算し（人件費は、予約の取消しにより支出を免れ、あるいは免れ得たものとはいえないとする）、79万7845円の損害と旅行業者に支払義務を負う報酬9万6777円につき法律上の原因が認められるとし、旅館の7万3152円の返還義務を認めたことに特徴がある。

　本判決の平均的な損害に関する立証責任は、判例に従ったものであるが、多数の人数の宿泊の予約が前日に取り消された場合には、本判決も認定するような合意を肯定すべき十分な根拠があるうえ、現実にラグビークラブが支払った額はその一部にすぎないことに照らすと、本判決の平均的な損害の認定、判断には問題がある。

3 結婚式の挙式契約

契約の特徴

　結婚式の挙式は、時代によって、地域によって、個々の当事者によって相当に異なるところがあり、結婚式の会場、事業者も、様々なものがあり、違約金等を含む挙式契約（予約）も異なるところがある。結婚式は、挙式の日から相当前に挙式契約・予約がされ、結婚の当事者も、挙式のサービスを提供する事業者も相当前から準備が行われることが多いが、様々な事情から挙式契約・予約が解約、取消し等がされることがある。挙式契約・予約の解約等は、結婚の当事者、関係者にとって不都合、不満が生じている事態であること等の事情から、解約・取消し等による費用負担をめぐっても利害が対立し、紛争が生じやすい問題である。

裁判例1

【裁判例】　東京地判平17・9・9判時1948号96頁
　　　　　〔消費者契約法9条1号：予約取消料条項〕

【事案の特徴】

　Y株式会社は、全国7か所で結婚式場、披露宴会場を運営しているところ、Xは、平成16年5月、Yの店舗において、平成17年5月28日に結婚式の挙式、披露宴の開催・運営を申し込み、申込金10万円を支払い、結婚式場利用契約（予約）を締結したが（90日前までに申込みを取り消した場合には、Yが負担した実費総額に加え、取消料として申込料10万円を支払う旨の予約取消料条項が含まれていた）、契約の6日後、本件予約を解除するとともに、申込金10万円の返還を求めたものの、拒否されたため、XがYに対して前記条項が消費者契約法10条により無効である等と

〔第2部〕 契約類型別の消費者契約と裁判例の検証

主張し、10万円の返還を請求したものである。
　第1審判決は、請求を棄却したため、Xが控訴したものである（Xは、消費者契約法9条1号に関する主張を追加した）。
　本判決は、本件取消料条項は消費者契約法9条1号に該当するとし、1年以上前から予約をした者は挙式をした者の人数の2割に満たないし、1年以上の間に新たな予約が入ることも十分に期待し得、新たな予約が入らないことにより利益を喪失する可能性は絶無ではないとしても、平均的なものとして想定しうるものとは認めがたい等とし、原判決を取り消し、請求を認容したものである。

判決文

(2)　本件予約は前記のとおり法2条3項にいう消費者契約に該当するところ、本件取消料条項は、その内容からして、法9条1号にいう違約金を定める条項に該当すると認められる。
　そこで、上記(1)の事実を前提に、被控訴人に生じ得る平均的な損害について検討するのに、被控訴人は、予約の解除により、予約どおりに挙式が行われた場合に得べかりし利益を損失した旨主張する。
　しかし、上記(1)に認定した事実によると、挙式予定日の1年以上前から被控訴人店舗での挙式等を予定するものは予約全体の2割にも満たないのであるから、被控訴人においても、予約日から1年以上先の日に挙式が行われることによって利益が見込まれることは、確率としては相当少ないのであって、その意味で通常は予定し難いことといわざるを得ないし、仮にこの時点で予約が解除されたとしても、その後1年以上の間に新たな予約が入ることも十分期待し得る時期にあることも考え合わせると、その後新たな予約が入らないことにより、被控訴人が結果的に当初の予定通りに挙式等が行われたならば得られたであろう利益を喪失する可能性が絶無ではないとしても、そのような事態はこの時期に平均的なものとして想定し得るものとは認め難いから、当該利益の損失は法9条1号にいう平均的な損害に当たるとは認められない。
　また、本件全証拠によっても、被控訴人が、本件予約の後に、その履行に備えて何らかの出捐をしたり、本件予約が存在するために他からの予約を受け付けなかったなどの事情は見当たらず、他に本件予約の解除によって被控訴人に何らかの損害が生じたと認めることはできない。
(3)　したがって、本件においては平均的な損害として具体的な金額を見積もることはできず、本件取消料条項は、本件予約の解除に対する関係において、法9条1号により無効である。

判決の特徴と意義

　本件は、結婚・披露宴の事業者に結婚式、披露宴の開催等を申し込み（結婚式・披露宴の予約）、申込金10万円を支払ったものの、6日後に予約を解除し、申込金の不返還特約（予約取消料条項）が消費者契約法9条1号、10条により無効であるかが問題になった控訴審の事件である。本件では、結婚式の挙式、披露宴の開催の予約が行われたこと、90日前までに申込みを取り消した場合には、事業者が負担した実費総額に加え、取消料として申込料10万円を支払う旨の予約取消料条項があったこと、申込料10万円が支払われたこと、予約の6日後に予約が解除（取消し）されたこと、予約者が申込料10万円の返還を請求したこと、消費者契約法9条1号、10条の適用が問題になったこと、第1審判決が返還請求を棄却したことに特徴がある。

　本判決は、結婚式の挙式等の予約は消費者契約に該当すること、前記予約取消料条項は、消費者契約法9条1号の違約金を定める条項に該当するとしたこと、挙式予定日から1年以上の間に新たな予約が入ることも十分に期待し得、新たな予約が入らないことにより利益を喪失する可能性は絶無ではないとしても、平均的なものとして想定しうるものとは認めがたいとしたこと、事業者に予約の解除により、予約どおりに挙式が行われた場合に得べかりし利益の損害が生じたとは認められないとしたこと、前記予約取消料条項は消費者契約法9条1号により無効であるとしたことに特徴がある。消費者契約法9条1項の適用に当たっては、平均的な損害を超えることにつき消費者に立証責任があるところ、本件では、事業者に損害が発生したことが否定できないものであり、本判決の論理と判断には疑問が残る。なお、消費者契約法9条1号の適用にあたって問題になる損害は、損害賠償に関する民法の規定、法理を前提とするものであり、事業上の逸失利益が含まれるものであり、個々の事案ごとに適正な損害額の認定、算定が必要であるところ、本判決については基本的な視点からの疑問が残る。

裁判例 2

【裁判例】 京都地判平26・8・7判時2242号107頁
〔消費者契約法9条1号：キャンセル条項〕

【事案の特徴】

　婚礼、披露宴の企画、運営等を業とするY株式会社は、5店舗を経営し、挙式披露宴の1年以上前から挙式披露宴実施契約を締結していたが、契約の内容となる約款には、消費者は申込金10万円を支払い、消費者の都合により契約を解除する場合には、所定のキャンセル料を支払う等の内容の規定（キャンセル条項。判決文の末尾に添付された別紙1に詳細に記載されている）があったところ、適格消費者団体であるX・NPO法人がYに対してキャンセル条項が消費者契約法9条1号に該当し、無効であると主張し、キャンセル条項を含む契約の申込み、承諾の意思表示の差止め等を請求したものである。

　本判決は、消費者契約法9条1号の平均的な損害には逸失利益も含まれるところ、本件キャンセル条項の各項目を検討し、本件契約が解除されなかったとした場合の得べかりし利益であり、その算定は本件契約に係る粗利益率を乗じて行うことが合理的であるとし、解除された本件契約のうち再販売があったものの損益相殺を行い、本件キャンセル料が平均的な損害を超えないとし、無効とはいえないとし、請求を棄却したものである。

判決文

　2　争点2（本件キャンセル料は法9条1号所定の「平均的な損害の額」を超えるか。）について
　(1)　①本件平均的損害に本件逸失利益が含まれるかについて
　　ア　事業者は、契約の相手方である消費者に債務不履行があった場合には、民法416条に基づき、これによって通常生ずべき損害の賠償を請求することができるが、この「通常生ずべき損害」の中には、逸失利益が含まれるものと解される。また、事業者と消費者との間で、民法420条に基づき、上記損害賠償の額を予定することが許容されており、当該額については、それが公序良俗に反して当然に無効であるような場合は別論、原則として裁

判所が減額することはできない。法9条1号は、解除に伴う損害賠償の額の予定等について規制するものであるが、解除に伴う損害賠償の場合について、上記債務不履行に基づく損害賠償の場合と別異に解する理由はないから、法9条1号は、損害賠償の額の算定について民法416条を前提とした上で、消費者が不当な出捐を強いられることを防止するという法の趣旨から、公序良俗に反する暴利行為に当たるような場合でなくても、損害賠償の額の予定等を定める条項のうち「平均的な損害」の額を超える部分について無効としたものと解される。

　したがって、法9条1号所定の「平均的な損害」には、逸失利益が含まれるというべきであり、本件平均的損害には本件逸失利益が含まれることになる。

（略）

(2)　②本件キャンセル料が損益相殺後の本件逸失利益を超えるかについて
　（略）

ウ　（略）

(ｱ)　本件契約の解除による逸失利益（本件逸失利益）は、本件契約が解除されなかったとした場合に得べかりし利益であるところ、その算定は、サービス料を含む解除時見積額（サービス料も上記得べかりし利益であることに変わりはない。）に、被告における本件契約に係る粗利率を乗じることで行うのが合理的である。原告は、販売費・一般管理費のうち、本件契約の解除により支払を免れるものや他の業務に代替・転用可能なものについてはこれを控除すべき旨主張するが、そのような費用があることを認めるに足りる証拠はなく、原告の上記主張は採用できない。

　また、上記粗利率については、前記認定事実(ｳ)のとおり、平成22年度（同年1月1日から同年12月31日まで）は《略》、平成23年度（同年1月1日から同年12月31日まで）は《略》であるところ、前記認定事実(ｲ)に係る集計期間（平成22年6月1日から平成24年1月15日まで）とも大部分が重なることからすれば、上記各年度の粗利率の平均である《略》をもって、本件逸失利益の算定に当たっての粗利率とするのが相当である。

(ｲ)　損益相殺については、解除された本件契約のうち、再販売があったものについては損益相殺がされたものと認められ、その額は、「解除時見積額の平均×粗利率（《略》）×再販率」の計算式により算定されるべきである。

　正確には、上記計算式においては「解除時見積額の平均」ではなく、「再販売に係る見積額の平均」を用いるべきであるが、再販売においては、開催日までの準備期間がより短いことなどから、解除された元々の本件契約に比べて値引きがされることが多いであろうことは推認できる。そうすると、「解除時見積額の平均」の方が「再販売に係る見積額の平均」よりも高くなると認められるところ、前者を用いた方がより多くの損益相殺がなされ、損益相殺

後の本件逸失利益はより少なくなる。前記のとおり、これによって不利益を受ける被告がこの扱いを認めていることから、上記計算式を用いることとする。

(ｳ) したがって、損益相殺後の本件逸失利益は、本件条項①ないし⑩所定の期間ごとに、以下の計算式により算定するのが相当である。
(計算式)
本件逸失利益－損益相殺すべき利益
＝（解除時見積額の平均×粗利率（《略》））－（解除時見積額の平均×粗利率（《略》）×再販率）
＝解除時見積額の平均×粗利率（《略》）×（１－再販率）
＝解除時見積額の平均×粗利率（《略》）×非再販率

エ 上記による算定結果は、別紙５一覧表の「損益相殺後の本件逸失利益」欄記載のとおりである。

これによると、本件条項①ないし⑨については、いずれも、本件キャンセル料は損益相殺後の本件逸失利益を下回っていることが認められる。

本件条項⑩については、開催日当日の解除である以上、解除時見積額の全額を本件キャンセル料としても、これが本件平均的損害の額を超えるとは認められない（しかも、実際の本件キャンセル料は、解除時見積額からサービス料が除かれている。）。

判決の特徴と意義

本件は、適格消費者団体による消費者契約法12条に基づく差止請求の事件であり、結婚式の挙式等の挙式披露宴実施契約を締結して事業を行っている事業者の利用する契約約款には、消費者は申込金10万円を支払い、消費者の都合により契約を解除する場合には、所定のキャンセル料を支払う等の内容の規定（キャンセル条項）があったことから、適格消費者団体はキャンセル条項が消費者契約法９条１号に該当し、無効であると主張し、事業者に対して前記差止めを請求したものである。本件は、結婚式等の挙式披露宴実施契約が問題になったこと、約款上、申込金10万円を支払い、消費者の都合により契約を解除する場合には、申込金の一定の割合等の所定のキャンセル料を支払う等の内容の規定（キャンセル条項）があったこと、キャンセル条項には、挙式等の開催日の一定の日前ごとにキャンセル料の項目を分けて規定されていること、適格消費者団体が本件キャンセル条項を含む契約の差止めを

請求したこと、消費者契約法9条1号の適用が問題になったことに特徴がある。

本判決は、事業者は、契約の相手方である消費者に債務不履行があった場合には、民法416条に基づき、これによって通常生ずべき損害の賠償を請求することができるところ、消費者契約法9条1号の通常生ずべき損害の中には、逸失利益が含まれるとしたこと、事業者と消費者との間で、民法420条に基づき、上記損害賠償の額を予定することが許容されており、当該額については、それが公序良俗に反して当然に無効であるような場合は別論、原則として裁判所が減額することはできないとしたこと、消費者契約法9条1号は、解除に伴う損害賠償の額の予定等について規制するものであり、解除に伴う損害賠償の場合について、前記債務不履行に基づく損害賠償の場合と別異に解する理由はないとしたこと、消費者契約法9条1号は、損害賠償の額の算定について民法416条を前提としたうえで、消費者が不当な出捐を強いられることを防止するという法の趣旨から、公序良俗に反する暴利行為にあたるような場合でなくても、損害賠償の額の予定等を定める条項のうち平均的な損害の額を超える部分について無効としたものとしたこと、前記挙式披露宴実施契約の解除による逸失利益は、当該契約が解除されなかったとした場合に得べかりし利益であり、その算定は、サービス料を含む解除時見積額に、事業者の当該契約に係る粗利率を乗じることで行うのが合理的であるとしたこと、解除された本件契約のうち再販売があったものの損益相殺を行ったこと、本件キャンセル料が平均的な損害を超えないとし、無効とはいえないとしたこと、差止請求を棄却したことに特徴がある。

本判決の消費者契約法9条1号所定の平均的な損害に関する基本的な考え方は合理的なものであり、地裁、高裁の判決の中には結論に逸るあまり、この基本的な考え方を曲解するものがある現在、参考になるものである。また、本判決がこの基本的な考え方に基づき本件で平均的な損害額を算定した判断は、事例として参考になるものである。

〔第2部〕 契約類型別の消費者契約と裁判例の検証

❹ 旅行の手配契約

契約の特徴

　旅行の手配は、従来は旅行業者に依頼し、航空券等の手配、ホテル等の宿泊施設の手配、観光施設等の手配等を個別に依頼したり、旅行業者が企画する主催旅行に申し込んだりして行われてきた。旅行業者が提供する旅行関係のサービスは、多種多様であり、様々な企画の開発によって、高山、極地を含め世界各地に及ぶ多種多様なサービスが提供されている。もっとも、最近は、インターネットの発展と航空券、ホテル等の紹介業者の増加等の事情によって、個人が自ら旅行の手配を行う事例が増加し、旅行の手配の仕方も大きく変化しているところがある。旅行の手配を行った後、途中で手配を取り消す等した場合、旅行業者、航空会社等の交通会社、ホテル等の経営会社との間で違約金等の損害賠償をめぐる問題が生じることが通常である。現代社会においては、年に何度か様々な目的（観光、仕事、帰郷等）で長距離の交通機関を利用したり、ホテル等の宿泊施設を利用したりすることの手配を依頼することが多いから、途中で手配を取り消す等した場合には、違約金等と消費者契約法をめぐる問題に直面することは少なくない。

【裁判例】　東京地判平23・7・28判タ1374号163頁
〔消費者契約法9条1号：取消料・違約手数料特約〕

―【事案の特徴】―

　Xは、航空券、ホテルの手配等を業とするY株式会社との間で、平成21年11月18日、米国ニューヨークの往復航空券、ニューヨークにおける3日間のホテルの手配等を依頼し、手配旅行契約を締結し、合計77万9450円を支払ったところ、Yは、往復航空券の発券手続を完了し、ホテルの手配も行ったが、Xは、同月26日、本件契約を解除したことから、

Y株式会社が39万6040円を返還したため、XがYに対して原状回復として残額の38万3410円の支払を請求したものである。

本判決は、本件契約は国土交通省が定めた標準旅行業約款手配旅行契約と同一の内容の手配約款によるものであり、約款には、旅行者が解除した場合には、所定の取消手続料金およびYが得るはずであった取扱料金を支払わなければならないと定められており、本件では、手配を依頼した航空券の航空会社から発券手続後の取消手数料金として航空券代金100％が徴収される旨が定められていること等から、本件契約が公序良俗に反するものとはとうていいえないし、手配に係る取消料、違約料相当額はYが負担すべきものではなく、Xが本件契約を解除したことによってYに生じた消費者契約法9条1号所定の平均的な損害の額の範囲内のものとして、返還義務が生じない等とし、請求を棄却したものである。

判決文

5　消費者契約法9条1号
　原告は、本件約款が消費者契約法9条1号の定める「平均的な損害の額」を超える定めとして同額を超える部分について無効であると主張するが、この約款は、旅行者が本件契約を解除した場合には、同人は、①既に旅行者が提供を受けた旅行サービスの対価、②取消料、違約料、その他の運送・宿泊機関等に対して既に支払い、又はこれから支払う費用の負担、③旅行業者に対し、所定の取消手続料金及び同社が得るはずであった取扱料金を支払わなければならない旨を定めているものであって、その内容に照らせば、同法9条1号の「平均的な損害」の内容を一般的に定めたものと解される。

そして、被告は、本件約款に基づき、原告が自らの都合によって本件契約を解除したこと（本件航空券については発券手続後に解除したこと）によって生じた航空会社や本件ホテルに対して支払うべき取消料・違約料に相当する額の返還を拒絶しているが、これらの取消料・違約料に相当する額を、原告のために本件航空券や本件ホテルの手配を行ったに過ぎない被告が負担しなければならない理由はないのであるから、これらの取消料・違約料相当額（本件航空券の航空券代、出入国税等、本件ホテルの取消手数料）は、原告が本件契約を解除したことによって被告に生じた「平均的な損害の額」の範囲内のものとして、被告に返還義務を生じないと解するのが相当である（なお、原告は、本件航空券の発券手続後の取消しの場合に、航空券代金《出入国税等を含む。》の100％を取消手続料金と

して徴収する旨のアメリカン航空及びアビアンカ航空の定めが消費者契約法9条1号に違反することを前提とする主張も展開しているが、そもそも外国の航空会社が定める規定に同法が適用されるのかという問題があるだけでなく、これらの法律問題によって生ずるリスクを航空券の手配を依頼されただけの被告が負担すべき理由はないから、このような法律問題が本件約款の解釈及び適用に影響することを前提とする原告の主張を直ちに採用することはできない。)。

また、被告は、原告が本件契約に基づいて支払った代金のうち、被告の手配旅行に関する取扱料金についても、被告は、本件契約に基づいて本件航空券及び本件ホテル予約の手配を完了したのであるから、本件契約の解除によって被告に生じた「平均的な損害の額」の範囲内のものとして、被告に返還義務を生じないと解するのが相当である。

判決の特徴と意義

本件は、個人が外国旅行の手配(航空券、ホテル等)を旅行業者に依頼し、旅行業者が手配を完了し、料金が支払われたが、その後、個人が契約を解除し、旅行業者が手配旅行約款に従って一部の料金を返還したことから、個人が料金の残額の支払を請求した事件である。本件は、外国旅行のための手配旅行契約が問題になったこと(航空券、ホテル等の手配)、航空券の発券、ホテルの予約が完了したこと、消費者が契約を解除したこと、契約が国土交通省の定めた標準旅行業約款手配旅行契約と同一の内容の手配約款によるものであり、手配約款には、旅行者が解除した場合には、所定の取消手続料金および旅行業者が得るはずであった取扱料金を支払わなければならない旨の規定があったこと、旅行業者が代金の一部を返還したこと、消費者が原状回復請求として残額の支払を請求したこと、消費者契約法9条1号が問題になったことに特徴がある。

本判決は、本件契約は国土交通省の定めた標準旅行業約款手配旅行契約と同一の内容の手配約款によるものであるとしたこと、航空券の発券後は手配を依頼した航空券の航空会社が取消手数料金として航空券代金100%が徴収される旨が定められていたこと、本件契約が公序良俗に反するとはいえないとしたこと、手配に係る取消料、違約料相当額は旅行業者が負担すべきものではなく、消費者が本件契約を解除したことによって旅行業者に生じた消費

者契約法9条1号所定の平均的な損害の額の範囲内のものであるとしたこと、旅行業者の返還義務を否定したことに特徴があり、常識的な判断を示したものとして参考になる。

　なお、本件では、外国の航空会社が旅行業者の依頼によって発券した外国旅行のための航空券の取消しの際に違約金等を徴収する契約（約款を含む）に消費者契約法9条1号の規定が適用されるかの問題も間接的には生じているが、違約金等の特約が公序良俗に反する等の特段の事情のない限り、同条の適用はないと解するのが相当であるし、仮に適用すると解しても、違約金等の特約による平均的な損害は当該航空会社の航空券全体の取引を踏まえて判断するほかはなく、事実上、同条の適用を否定する結果とならざるを得ない。

〔第2部〕 契約類型別の消費者契約と裁判例の検証

❺ オペラの鑑賞契約

契約の特徴

　日常生活においては、コンサート、オペラ、ミュージカル、歌舞伎、演劇等を鑑賞したり、スポーツの試合等を観覧したりして教養を高め、楽しむ機会が少なくないが、これらが人気の高い場合には、開催日の相当前から入場券（チケットと呼ばれることも多い）の売出し、予約が行われたとしても、場合によっては短時間の間に売り切れたりすることもあり、入場券を購入したり、予約を得たりすることが困難であることが多い。コンサート等の開催につき鑑賞等の契約を締結した場合、途中の解除等については特約で定められていることが多いし、予定の上演者の変更等についても特約で定められていることが少なくない（天候等の自然条件の変化によって開催されないものについては、これらに関する特約が定められていることもある）。

　コンサート等の鑑賞等の入場券の購入等は、従前は主催者等への申込みとか、取扱事業者への申込みによって行われていたが、近年は、インターネットを利用する申込みが広く行われるようになっている。コンサートの開催等については、契約上様々な特約が定められていることが多いから、申込みにあたっては特約の有無・内容を十分に確認することが重要であるし、インターネットを利用する場合には、ネット上表示されている特約の内容を確認することが重要である。

【裁判例】　東京地判平20・7・29判タ1291号273頁
　　　　　〔消費者契約法4条1項：債務不履行責任、不実の告知〕

　　　　　　　　　　　【事案の特徴】
　日刊新聞を発行するY₁株式会社、Y₂株式会社、Y₃株式会社は、ローマ歌劇場の日本公演を主催し、Y₄株式会社は、特別協賛する等し、平成18年9月、滋賀県のAホールにおいて公演が行われ、Xは、チケット

を購入し、観劇したが、オーケストラの指揮者が著名なBであると宣伝されていたものの（やむを得ない事由がある場合には変更される可能性があることが明示されていた）、実際にはCが指揮者となって行われたため、XがY₁らに対して債務不履行、消費者契約法4条1項による取消し、不法行為を主張し、損害賠償、不当利得の返還を請求したものである。

本判決は、公演の主催者とのオペラ鑑賞契約にはBが指揮をすることが含まれているとしたが、特段の事情がない限り、ローマ歌劇場との契約等において出演者等の来日の確保および出演を十分に確保する内容とすべき義務を負うにとどまり、当初の告知どおりに出演者等を出演させることができなくなったことがやむを得ない事由による場合には、債務不履行責任を負わず、本件ではやむを得ない事由があったとし、公演の指揮者がBの予定であると表示したことは、主催者が重要事項につき事実と異なることを告げたということはできないとし、取消事由を否定する等し、請求を棄却したものである。

判決文

3　被告らは、原告に対し、オペラ鑑賞契約の締結に当たり、重要事項について事実と異なることを告げたか（争点(2)）について

(1)　上記2で認定判断のとおり、アップフロントプランニングは、ローマ歌劇場との間で、本件公演の指揮者がジェルメッティであることを合意していたものであり、本件公演のチラシ等には、出演者、指揮者がやむを得ない事情により変更される可能性があることが明示されていたのであるから（上記1(3)）、本件オペラ鑑賞契約の締結に当たり、本件公演の指揮者がジェルメッティの予定であると表示したことをもって、被告朝日新聞社、被告朝日放送及び被告びわ湖ホールが、重要事項について事実と異なることを告げたということはできない。

判決の特徴と意義

本件は、著名な歌劇団の公演についてチケットを購入したところ、予定されていた著名な指揮者が来日せず、代わりの指揮者が指揮したため、購入者が消費者契約法4条1項による取消しを主張し、同条項1号の不実の告知の

成否が問題になったものであり、珍しい事件である（出演予定者については、留保が付けられていることが多く、本件でも、前記のとおり変更の可能性が告知されていた）。

　本判決は、チケットの購入者は、公演の主催者とのオペラ鑑賞契約を締結したとしたうえ、著名な指揮者が出演することとされるとともに、やむを得ない事由がある場合には変更される可能性があることが明示されていたことから、主催者が重要事項につき事実と異なることを告げたということはできないとしたこと、不実の告知を否定したことに特徴があり、事例として参考になる判断である。

6　冠婚葬祭の互助会契約

契約の特徴

　結婚式、披露宴の実施に関する契約については、既に結婚式の挙式契約の項（前記3）で紹介したところであるが（この場合には、費用は、契約の締結後に全部または分割によって支払うことになる）、結婚式、披露宴の実施や、葬儀等の実施については、費用の積立て等を内容とする会員制、互助会方式によって実施されることがある。冠婚葬祭の会員制・互助会方式の契約は、個々の事業者、提供されるサービスの内容、1回の積立金額等の事情によって積立期間・積立回数等が異なるが、契約の締結者（会員）は冠婚葬祭の儀式等が必要になった時に備えることができることになる反面、事業者はその必要の都度必要な儀式等を挙行するサービスを提供することになる。

　冠婚葬祭の会員制・互助会方式の契約は、契約締結後、積立期間が相当の年月であり、様々な事情により会員が契約を途中で解約（解除）することがあるが、解約の場合、加入期間等の事情を考慮して解約返戻金の額を定める等の様々な内容の解約特約（解約条項）が定められていることが通常である。会員は、契約の途中解約にあたっていくつかの選択肢を選択できる内容になっていることが多い。なお、冠婚葬祭の互助会契約の解約に関する特約については、後記のとおり数件の訴訟が提起されており、それぞれ異なる判断が地裁、高裁の各裁判例によって示されている。

裁判例1

【裁判例】　京都地判平23・12・13判時2140号42頁
　　　　　〔消費者契約法9条1号、10条、11条、12条：解約金条項〕

〔第2部〕 契約類型別の消費者契約と裁判例の検証

【事案の特徴】

　Y_1株式会社、Y_2株式会社は、それぞれ将来の冠婚葬祭に備え、月掛金を前払で積み立て、途中解約の際には支払金額から所定の手数料を差し引いた解約払戻金を請求することができるなどの旨の条項を含む約款を利用した互助会方式の冠婚葬祭事業を営んでおり、X_2、X_3らがそれぞれY_1、Y_2と互助会契約を締結していたところ、適格消費者団体であるX_1・NPO法人がY_1、Y_2に対して解約金条項につき消費者契約法9条1号、10条に該当すると主張し、互助会契約の締結の差止め、契約書用紙の破棄、従業員への破棄の指示、X_2らがY_1らに対して解約金条項の無効を主張し、解約金相当額の返還を請求したものである。

　本判決は、本件各解約金条項に消費者契約法が適用されるとしたうえ（同法11条2項、12条3項ただし書が適用されないとした）、冠婚葬祭事業者の会員募集費、会員管理費、物的設備費、逸失利益等の事情を考慮し、Y_1については月掛金を1回振り替えるごとにY_1が負担した58円の振替費用が同法9条1号所定の平均的な損害であるとし、これを超える部分が無効であり、Y_2については解約金条項は無効である等とし、X_1、X_2らの請求を認容したものである。

判決文

2　争点(2)について

(1)　消費者契約法9条1号にいう「平均的な損害」とは、契約の解除の事由、時期等により同一の区分に分類される複数の同種の契約の解除に伴い、当該事業者に生じる損害の額の平均値をいうと解される。

　本件互助契約は、1人の消費者と被告セレマとの間で締結される消費者契約であるから、同号にいう平均的な損害の解釈にあたっても、1人の消費者が本件互助契約を解約することによって被告セレマに生じる損害を検討する必要がある。

(2)　本件互助契約は、消費者が将来行う冠婚葬祭に先立って、所定の月掛金を前払いで積み立てることにより、消費者は冠婚葬祭の施行を受ける権利を取得し、被告セレマは、消費者の請求により冠婚葬祭の施行をする義務を負うものである。そして、被告セレマは、会員が上記月掛金を所定の回数支払い終わるか又は契約金額から支払済み月掛金総額を除いた残額を一括払いすると、当該会員の請求によって直ちに冠婚葬祭を行う義務を負う。（甲4、5）

そうすると、被告セレマは、本件互助契約の締結により冠婚葬祭にかかる抽象的な役務提供義務を負うものの、消費者から請求があってはじめて、当該消費者のために冠婚葬祭の施行に向けた具体的な施行準備を始めるものといえる。

(3) 被告セレマは、本件互助契約の解約により、①会員募集費、②会員管理費、③物的設備準備費、④逸失利益に相当する損害が生じたと主張する。

　ア　まず、③物的設備準備費についてみると、被告セレマは本件互助契約を締結した会員以外の顧客との間でも冠婚葬祭にかかる役務提供契約を締結しており、被告セレマが主張する不動産や動産等は、本件互助契約を解約した１人の消費者のためのみならず、その他の会員や会員以外の顧客に対しても提供されるため、上記不動産等の管理等にかかる費用は上記消費者が解約したか否かにかかわらず生じるものであるといえそうである。

　また、被告セレマの主張する①会員募集費及び②会員管理費のうち、訪問販売員に対して支払う基本給及び会員管理用コンピュータ導入費、同維持管理費についても、不特定多数の消費者との関係での被告セレマの業務維持及び販売促進のための費用であり、１人の消費者による契約の解約にかかわらず常に生じるものといえそうである。

　よって、上記各費用が１人の消費者が解約したことによって生じるという個別的な因果関係があるとはいえないため、消費者契約法９条１項の平均的な損害には含まれないとも考えられる。

　イ　次に、④逸失利益については、上記(2)のとおり、被告セレマは会員の請求があってはじめて当該会員のための冠婚葬祭に向けた具体的準備を始めること、また、被告セレマの冠婚葬祭の施行を受けるのは月掛金を支払った会員に限定されないことからすれば、上記の具体的準備を始める前に本件互助契約を解約する会員がいても他の消費者を勧誘することで解約にかかる契約分の利益を図ることができるといえそうである。よって、当該消費者による冠婚葬祭の施行に関する収入は被告セレマが合理的に期待しうる収入ということはできず、消費者契約法９条１号にいう平均的な損害には含まれないとも考えられる。

　ウ　その他の費用については、１人の消費者が解約したことによって生じる個別的な損害であって、平均的な損害には含まれると考えられる。

　また、会員による冠婚葬祭の施行の請求があった後については、他の消費者を勧誘することで解約にかかる契約分の利益を図ることができるとはいえず、現実に儀式を施行しなかったために免れた実費を除いて平均的な損害に当たるといえる。

（略）

(6)　（略）

　ア　消費者と契約を締結したことにより訪問販売員に対して支払われる出来

〔第2部〕 契約類型別の消費者契約と裁判例の検証

高給については、1人の消費者による契約解約と個別の因果関係が認められるため、平均的な損害に含まれうる。そこで、前記第2の2(2)における被告セレマの主張イ(エ)bをふまえ、代理店に支払われた支払手数料からこれを算出することが考えられるが、本件互助契約の関係では、代理店に支払われた手数料は契約の中途解約により返金されることからすれば、上記手数料は平均的な損害の認定に際し算入することはできない。なお、被告セレマが主張する代理店廃業や経済的援助による不返還の点は、解約をした1人の消費者との間での損害であるとはいえない。

イ 上記(3)ア、イ及び上記ア記載の各費用以外の費用については、1人の消費者が契約し解約することがなければ被告セレマが支出することがなかった費用といえるのであるから、平均的な損害に含まれうる。しかしながら、上記各費用の算定につき、被告セレマは、契約締結に至らなかった者に対する費用を含む損益計算書をもとに契約口数で割るという算定方法を採っており、契約締結に至らなかった者の数が想定できない以上、この算定方法をもって会員募集費、会員管理費を認定することはできない。

その他に被告セレマが具体的に主張するものとして、月掛金の振替費用額は約58円、自動振替システム利用料は月15円、外交員の集金手当は月80円から120円であるというものがあり、その仕組みは必ずしも明らかでないものの、本件互助契約締結時の支払を除き月掛金を1回支払う毎に一定の費用を被告セレマが負担するものと考えられ、原告もそのような費用が発生すること自体は積極的に争っておらず、また、被告セレマが会員から少額の月掛金を100回又は200回という多数回徴収していることからすれば、その月掛金を外交員の集金により徴収することが被告セレマにおいて通常の方法であるとは考えにくいため、月掛金の徴収に被告セレマが通常要する費用は、平均すると1回当たり58円の振替費用であるとみることができる。その他にも、入会書類作成、会員情報システム登録、加入者証作成などの実費もかかると考えられるが、これらは本件互助契約毎に1回だけかかる費用であり、証拠（甲A4、甲B1、2、E1、F2、G2、H2）によれば、本件互助契約においては、入会金として500円が被告セレマに支払われていると推認でき、この入会金をもって上記実費程度はまかなわれているとみることができる。被告セレマは、この入会金を親睦会費等であると主張するが、上記各証拠に「入会金」と明記してあることからすれば、この費用を親睦会等のためだけに使用できる費用と解することは困難である。

そうすると、月掛金を1回振替える毎に被告セレマが負担した58円の振替費用をもって、消費者契約法9条1号の平均的な損害に当たるということができる。

判決の特徴と意義

　本件は、互助会方式の冠婚葬祭事業を行っている2社の事業者が互助会契約を締結し、事業を行っていたところ、適格消費者団体が互助会契約中の解約金条項につき消費者契約法12条に基づき差止めを請求するとともに、契約を途中解約した会員らが解約金相当額につき不当利得の返還請求をした事件である。本件は、2社の事業者による互助会方式の冠婚葬祭に関する互助会契約が問題になったこと、会員は月掛金を支払って積み立て、途中解約の際には支払金額から所定の手数料を差し引いた解約払戻金を請求することができるなどの旨の条項（解約金条項）があったこと、9人の会員が互助会契約を解約したこと、会員らが解約金条項の無効を主張し、解約金相当額につき不当利得返還請求をしたこと、適格消費者団体が互助会契約の差止めを請求したこと、消費者契約法9条1号、10条の適用が問題になったことに特徴がある。

　本判決は、消費者契約法9条1号の平均的な損害は、契約の解除の事由、時期等により同一の区分に分類される複数の同種の契約の解除に伴い、当該事業者に生じる損害の額の平均値をいうとしたこと、事業者は互助契約の締結により冠婚葬祭にかかる抽象的な役務提供義務を負うものの、消費者から請求があってはじめて、当該消費者のために冠婚葬祭の施行に向けた具体的な施行準備を始めるものであるとしたこと、事業者の主張に係る個々の費用につき検討し、逸失利益については、当該消費者による冠婚葬祭の施行に関する収入は事業者が合理的に期待しうる収入ということはできず、平均的な損害には含まれないとしたこと、1社の解約金条項については、月掛金を1回振り替えるごとに事業者が負担した58円の振替費用が消費者契約法9条1号所定の平均的な損害であるとしたこと、これを超える解約金条項が無効であるとしたこと、他の1社の解約金条項については、消費者契約法9条1号により無効であるとしたこと、適格消費者団体による差止請求を認容したことに特徴がある。本判決は、個々の費用項目につき検討を加えているが、その前提として抽象的な役務提供義務と具体的な施行準備を切り口として平均

的な損害に含まれるかを検討するものであり、その前提が誤っているものである。消費者契約法9条1号の平均的な損害の範囲は、当該事業者に当該契約と同様の契約の途中解約（解除等）によって事実的因果関係、民法416条の相当因果関係が認められる範囲の損害を含むものであり、営業上の逸失利益も、サービスの提供の準備に必要な費用も事案ごとに判断して含まれ得るものである。本判決は、冠婚葬祭の互助会契約の解約金条項が消費者契約法9条1号により全部または一部無効であるとした事例を提供するものであるが、平均的損害の算定が通常の損害賠償額の算定基準に照らして問題があるだけでなく、逸失利益等の具体的な損害の評価につき相当因果関係の法理に照らして疑問があり、さらに高裁の裁判例等の他の裁判例に照らしても疑問の多いものである。

裁判例2

【裁判例】　大阪高判平25・1・25判時2187号30頁
〔消費者契約法9条1号、10条、11条、12条：解約金条項〕

【事案の特徴】

　前記の京都地判平23・12・13判時2140号42頁（裁判例1）の控訴審判決であり、Y_1、Y_2が控訴し、X_1が附帯控訴したものである。

　本判決は、Y_1の解約金条項については、消費者契約法9条1号の平均的な損害は、契約の締結および履行のために通常要する平均的な額であり、現実に生じた費用の額ではなく、同種契約において通常要する必要経費の額を指すものであり、必要経費とは契約の相手方である消費者に負担させることが正当化されるものであり、会員の募集・管理に要する人件費、会員募集に要するその他の費用、会員管理に要するその他の費用、親睦会費を検討し、月掛金を1回振り替えるたびにY_1が負担する振替費用60円、年2回の会誌、年1回の入金状況通知書の作成・送付費用14.27円が平均的な損害になるとし、これを超える部分は同号により無効であるとし、同法10条には該当しない等とし、Y_2の解約金条項

については第 1 審判決を引用し、Y₁の控訴に基づきY₁に関する原判決を変更し、請求を認容し、Y₂の控訴を棄却したものである。

判例

二 セレマ解約金条項の効力（争点(2)）について
（略）
(2) 消費者契約法 9 条 1 号該当性
ア 「平均的な損害」について

消費者契約法九条一号にいう「平均的な損害」とは、同一事業者が締結する多数の同種契約事案について類型的に考察した場合に算定される平均的な損害の額を指し、具体的には、解除の事由、時期等により同一の区分に分類される複数の同種の契約の解除に伴い、当該事業者に生じる損害の額の平均値をいうものと解される。

本件互助契約は、消費者が将来行う冠婚葬祭に先立って、所定の月掛金を前払いで積み立てることにより、消費者は冠婚葬祭の施行を受ける権利を取得し、控訴人セレマは、消費者の請求により冠婚葬祭の施行をする義務を負う役務提供契約である。そして、控訴人セレマは、会員が上記月掛金を所定の回数支払い終わるか、又は契約金額から支払済み月掛金総額を除いた残額を一括して支払った場合には、当該会員の請求によって直ちに冠婚葬祭を行う義務を負うこととされている（甲 4、5 により認められる。）。

そうすると、控訴人セレマは、本件互助契約の締結により冠婚葬祭に係る抽象的な役務提供義務を負っているものの、消費者から冠婚葬祭の施行の請求を受けて初めて、当該消費者のために冠婚葬祭の施行に向けた具体的な準備等を始めるものである。

以上によれば、具体的な冠婚葬祭の施行の請求がされる前に控訴人セレマとの間の各互助契約が解約された本件においては、損害賠償の範囲は原状回復を内容とするものに限定されるべきであり、具体的には契約の締結及び履行のために通常要する平均的な費用の額が、「平均的な損害」となるものと解される。そして、上記の平均的な費用（経費）の額というのは、現実に生じた費用の額ではなく、同種契約において通常要する必要経費の額を指すものというべきであり、ここでいう必要経費とは、契約の相手方である消費者に負担させることが正当化されるもの、言い換えれば、性質上個々の契約（消費者契約）との間において関連性が認められるものを意味するものと解するのが相当である。

イ 具体的な検討
（略）
(オ) まとめ

以上によれば、本件互助契約において、消費者契約法 9 条 1 号の「平均的な損害」に含まれるものは、月掛金を 1 回振替えるたびに控訴人セレマが負担する振

〔第２部〕　契約類型別の消費者契約と裁判例の検証

替費用60円、並びに年２回の「全日本ニュース」及び年１回の入金状況通知の作成・送付費用14.27円（１件月当たりの金額）ということになる。

判決の特徴と意義

　本件は、互助会方式の冠婚葬祭事業を行っている２社の事業者が互助会契約を締結し、事業を行っていたところ、適格消費者団体が互助会契約中の解約金条項につき消費者契約法12条に基づき差止めを請求するとともに、契約を途中解約した会員らが解約金相当額につき不当利得の返還請求をした控訴審の事件である。

　本判決は、互助会契約の解約金条項に消費者契約法が適用されるとしたこと、１社の互助会契約の解約金条項は、月掛金を１回振り替えるたびに会員が負担する振替費用60円、年２回の会誌、年１回の入金状況通知書の作成・送付費用14.27円が平均的な損害になるとし、これを超える部分は同法９条１号により無効であるとしたこと、同法10条の該当性を否定したこと、他社の互助会契約の解約金条項は、第１審判決を引用し、同法９条１号により無効であるとしたこと、会員の解約金の返還請求を認容したこと、適格消費者団体による差止請求を認容したことに特徴がある。本判決は、第１審判決と同様に、互助会契約の解約金条項が同号により無効であるとした事例を提供するものであるが、その前提に疑問があるところであり、平均的損害の算定が通常の損害賠償額の算定基準に照らして問題があるだけでなく、逸失利益等の具体的な損害の評価につき相当因果関係の法理に照らして疑問があり、さらに高裁の他の裁判例に照らしても疑問の多いものである。

裁判例３

【裁判例】　福岡地判平26・11・19判時2299号113頁
　　　　　〔消費者契約法９条１号、10条、11条、12条：解約金条項〕

【事案の特徴】
　　Ｘ・ＮＰＯ法人は、適格消費者団体であり、Ｙ株式会社は、冠婚葬祭

諸儀式の施行を目的とする個人、法人を会員組織とし、会員の募集、管理、冠婚葬祭諸儀式の施行等を業とする事業者であり、Yは、会員が将来行う冠婚葬祭に備え、所定の月掛金を積み立て、冠婚葬祭に係る役務等の提供を受ける権利を取得し、Yが役務等を提供する義務を負う等の内容の契約（互助会契約）を締結し、事業を行っており、互助会契約は、役務等の内容ごとにいくつかのコースが設定され、コースごとに契約金額、払込回数（120回と90回のものがある）等が異なるが、会員が互助会契約を解除した場合には、月掛金残高から払込回数、コースごとに所定の手数料を差し引いた金額を支払う旨の条項（本件解約金条項）が定められているところ、Xは、Yに対して本件解約金条項につき9条1号、10条の適用を主張し、消費者契約法41条1項所定の書面により差止請求をしたうえ、同法12条3項に基づき本件解約金条項を内容とする意思表示の差止め等を請求したものである。

　本判決は、本件解約金条項について割賦販売法の適用、類推適用を否定したものの、訪問販売にあたる互助会契約には特定商取引法10条1項4号が消費者契約法9条1号に優先して適用されるとし、特定商取引法10条1項4号の規定によって無効とされる必要があるとしたうえ、消費者契約法9条1号の該当性については、平均的な損害が具体的には解除の事由、時期等により同一の区分に分類される複数の同種の契約の解除に伴い、当該事業者に生じる損害の額の平均値をいうとし、役務の提供が請求される前に会員により互助会契約が解除される場合には、その損害賠償の範囲は、互助会契約の締結および履行のためにYが支出する費用の原状回復を内容とするものに限定されるとし、本件では会員募集に要する費用のうち、人件費、営業用建物の使用に要する費用につき否定し、パンフレット、加入者証、約款等の作成費用につき肯定し（互助会契約1口あたり145円）、契約書印紙代（1件あたり200円）につき肯定し、加入者証郵送費用につき否定し、会員管理に要する費用のうち、月掛金の集金に要する費用につき肯定し（1口あたり年間174円）、前受金の保全に要する費用につき否定し、会報誌作成費用につき肯定し（1口あたり年間90円）、会報誌送付費用につき肯定し（1口あたり年間144円）、結

婚式場および葬儀場の減価償却費につき否定し（結局、会員募集に要する費用の合計425円に当該会員の入会期間1年につき408円の会員管理に要する費用の合計を加えた額が平均的な損害と認定した）、消費者契約法10条の該当性を否定し、Xの請求を一部認容したものである。

判決文

2 争点(2)（本件解約金条項の消費者契約法9条1号該当性）について
(1) 「平均的な損害」の算定基準
ア 消費者契約法9条1号の「平均的な損害」とは、同一事業者が締結する多数の同種契約事案について類型的に考察した場合に算定される平均的な損害の額を指し、具体的には、解除の事由、時期等により同一の区分に分類される複数の同種の契約の解除に伴い、当該事業者に生じる損害の額の平均値をいうものと解される。

イ 本件互助会契約は、消費者が将来行う冠婚葬祭に先立って、所定の月掛金を前払いで積み立てることにより、消費者は冠婚葬祭の施行を受ける権利を取得し、被告は消費者の請求により冠婚葬祭の施行をする義務を負うという役務提供契約である。被告は、特定の消費者との間で本件互助会契約を締結した場合に、直ちに当該消費者に対して具体的な冠婚葬祭の役務を提供する義務を負うものではなく、会員から役務の提供の請求がされた場合に、当該会員が月掛金を所定の回数分払い終わるか、又は契約金額から支払済み月掛金総額を除いた残額を一括して精算しない限り、当該会員に対して、具体的な冠婚葬祭の役務を提供する義務を負うことはない（前記前提事実(2)ア、イ(イ)及び(ウ)）。すなわち、被告は、本件互助会契約の締結により、冠婚葬祭に係る抽象的な役務提供義務を負うことにはなるものの、被告が会員のために冠婚葬祭の役務の提供に向けられた具体的な準備活動を始めるのは、当該会員から役務の提供の請求を受けた後であり、被告は、会員から請求がされるまでの間は、役務の提供に向けられた具体的な準備活動をする必要はないし、他面、役務の提供に対応する利益を具体的に確保し得る地位にも立っていない。

ウ 以上より、具体的な冠婚葬祭の役務の提供についての請求がされる前に本件互助会契約が会員に解除される場合においては、被告の当該会員に対する損害賠償の範囲は、本件互助会契約の締結及び履行のために被告が支出する費用の原状回復を内容とするものに限定され、具体性のない役務提供のための準備に要する費用や役務提供ができなくなったことによる逸失利益は含まれず、要するに、契約の締結及び履行のために通常要する平均的な費用の額が本件における消費者契約法9条1号の「平均的な損害」の額となるというべきである。そして、上記の平均的な費用とは、同種契約の締結及び履行において通常要する

費用であって、性質上個々の本件互助会契約との間における関連性が認められるものを意味する。
（略）
4　まとめ
(1)　前記2のとおり、会員が被告に対して冠婚葬祭の役務の提供を請求する前に本件互助会契約を解除する場合における被告に生ずる消費者契約法9条1号の「平均的な損害」の額は、425円に当該会員の入会期間1年につき408円を加えた額であり、特定商取引法10条1項4号が適用される訪問販売に当たるものを除けば、本件互助会契約における本件解約金条項は、前記の金額を超える解約手数料を月掛金の返金額から差し引くことを内容とする部分について無効となるから（消費者契約法9条1号、11条2項）、原告は、これについて、同法12条3項本文に基づく差止請求権を行使することができる。

判決の特徴と意義

　本件は、互助会方式の冠婚葬祭事業を行っている事業者が互助会契約を締結し、事業を行っていたところ、適格消費者団体が互助会契約中の解約金条項につき消費者契約法12条に基づき差止めを請求した事件である。本件は、互助会方式の冠婚葬祭事業者の互助会契約が問題になったこと、役務等の内容ごとにいくつかのコースが設定され、コースごとに契約金額、払込回数等が異なるが、会員が互助会契約を解除した場合には、月掛金残高から払込回数、コースごとに所定の手数料を差し引いた金額を支払う旨の条項（本件解約金条項）が定められていたこと、適格消費者団体が適格消費者団体が互助会契約の差止めを請求したこと、消費者契約法9条1号、10条の適用が問題になったことに特徴がある。

　本判決は、消費者契約法9条1号の平均的な損害とは、同一事業者が締結する多数の同種契約事案について類型的に考察した場合に算定される平均的な損害の額を指し、具体的には、解除の事由、時期等により同一の区分に分類される複数の同種の契約の解除に伴い、当該事業者に生じる損害の額の平均値をいうとしたこと、事業者は、互助会契約の締結により、冠婚葬祭に係る抽象的な役務提供義務を負うことにはなるものの、事業者が会員のために冠婚葬祭の役務の提供に向けられた具体的な準備活動を始めるのは、当該会

〔第2部〕　契約類型別の消費者契約と裁判例の検証

員から役務の提供の請求を受けた後であり、事業者は、会員から請求がされるまでの間は、役務の提供に向けられた具体的な準備活動をする必要はないとしたこと、具体的な冠婚葬祭の役務の提供についての請求がされる前に互助会契約が会員に解除される場合には、事業者の当該会員に対する損害賠償の範囲は、互助会契約の締結および履行のために事業者が支出する費用の原状回復を内容とするものに限定されるとしたこと、具体性のない役務提供のための準備に要する費用や役務提供ができなくなったことによる逸失利益は含まれないとしたこと、平均的な費用は、同種契約の締結および履行において通常要する費用であり、性質上個々の互助会契約との間における関連性が認められるものを意味するとしたこと、本件では会員募集に要する費用のうち、人件費、営業用建物の使用に要する費用は範囲外であるとしたこと、本件では個別の費用を検討し、会員募集に要する費用の合計425円に当該会員の入会期間1年につき408円の会員管理に要する費用の合計を加えた額が平均的な損害と認定したこと（本件の解約金はこの金額を一部上回るとした）、同法10条については、その該当性を否定したことに特徴がある。

　消費者契約法9条1号の平均的な損害は、民法416条所定の因果関係（相当因果関係）によるというのが合理的な理解であり、損害の性質が人件費、逸失利益等を問わないと解されるところ、本判決は、前記のとおり根拠のない制限を付している等の重大な疑問がある。なお、本判決が個々の費用につき判断する部分も民法の相当因果関係の法理によるというのではなく、可能な限り制限を加えようとするものであり、疑問がある。

裁判例4

【裁判例】　福岡高判平27・11・5判時2299号106頁
　　　　　〔消費者契約法9条1号、10条、11条、12条：解約金条項〕

【事案の特徴】

　前記の福岡地判平26・11・19判時2299号113頁（裁判例3）の控訴審判決であり、X、Yが控訴したものである。

本判決は、第1審判決を引用しつつ、本件解約金条項への消費者契約法の適用については第1審判決と同様に肯定し、同法9条1号の平均的な損害については基本的には第1審判決と同様に解し、契約の解除によって事業者に生じる損失であれば、契約の解除との間に相当因果関係が認められる限り、平均的な損害になり得るとし、本件互助会契約の場合には、契約締結に要する費用、当該契約を締結したことによって生ずる費用および役務履行のための準備としてされる当該会員の管理に要する必要が含まれるとしたうえ、具体的な項目につき検討し、会員の募集に要する人件費につき肯定し（1口あたり3万4083円）、営業用建物の使用に関する費用につき肯定し（1口あたり202円）、加入者証、約款等の作成費用、契約書印紙代につき肯定し、会員募集に要する費用合計を1口当たり3万4712円と算定し、会員の管理のために必要な人件費につき肯定し（1口あたり月額125円）、前受金の保全に要する費用につき肯定し（1口あたり月額10円）、月掛金の集金に要する費用、会報誌作成費用、会報誌送付費用につき肯定し、会員管理に要する費用合計を1口あたり毎月195円と算定し、結局、平均的な損害が3万4712円（会員募集に要する費用の合計額）に当該会員の入会期間1月につき195円（会員管理に要する費用の合計額）を加えた額であり、本件互助会契約の解約手数料を上回っている等とし、同法9条1号による無効の主張を排斥し、10条の該当性を否定し、Xの控訴を棄却し、Yの控訴に基づき第1審判決を取り消し、Xの請求を棄却したものである。

判決文

　二　争点(2)（本件解約金条項の消費者契約法9条1号該当性）について
　(1)　消費者契約法9条1号の「平均的な損害」の算定基準
　ア　消費者契約法9条1号の「平均的な損害」とは、同一事業者が締結する多数の同種契約事案について類型的に考察した場合に算定される平均的な損害の額を指し、具体的には、解除の事由、時期等により同一の区分に分類される複数の同種の契約の解除に伴い、当該事業者に生じる損害の額の平均値をいうものと解すべきことは原判決判示（21頁10行目から14行目まで）のとおりである。したがって、当該契約あるいは当該契約者の特有の事情によっ

て事業者に生じる損害は含まれない。また、損害と認められるためには、契約の解除が違法であることは要件ではなく、契約の解除によって事業者に生じる損失であれば、契約の解除との間に相当因果関係が認められる限り「平均的な損害」になり得るというべきである。

イ　本件互助会契約は、一審被告による募集等により消費者が会員となり、将来行う結婚式あるいは葬儀等の冠婚葬祭のため、所定の月掛金を一定期間積み立て、積立終了後、あるいは積立中、残期間の掛金を支払うことによって、消費者の請求により一審被告が冠婚葬祭を施行するものである。一審被告は、会員数を確保するため会員の募集をし、消費者との間で本件互助会契約を締結し、同契約存続中、消費者は会員となり、一審被告は会員の管理を行うことになる。

　消費者は、本件互助会契約により、掛金を支払い終えることによって冠婚葬祭の施行を受ける権利を取得し、一審被告は、それに対応して、消費者の請求により冠婚葬祭を施行する義務を負うことになるが、一審被告としては、会員から役務の提供の請求を受けるまでは、冠婚葬祭の具体的な準備を要するものではなく、請求を受けるまでの間は、役務履行のための準備として会員を管理することを要するにとどまる。

　他方、会員も、一審被告に対し、役務提供を請求する義務を負うものではないから、一審被告としては、役務の提供に対応する利益を具体的に確保し得るものではなく、利益を上げることに対する期待も保護されるべき法的な利益とはいえない。

　以上によれば、本件互助会契約における「平均的な損害」（消費者契約法9条1号）とは、契約が解除されることによって一審被告に生ずる損失のうち、契約締結に要する費用、当該契約を締結したことによって生ずる費用及び役務履行のための準備としてなされる当該会員の管理に要する費用が含まれると認められる（なお、上記の「契約締結に要する費用」につき、募集に要する人的・物的費用が含まれるか否かの問題があり、後記の項目別の検討において論ずる。）。

　他方、役務提供に必要な費用や役務提供ができなくなったことによる逸失利益は損害に含まれないと解するのが相当である。本件互助会契約における月掛金は、本来的には、一審被告による具体的な冠婚葬祭等の役務提供を受けるための対価であって、役務の提供の請求前に本件互助会契約の解除をした当該会員との関係において、その支払った月掛金から結婚式場及び葬儀場の建設資金、冠婚葬祭の役務の提供に必要な什器、備品及び付属品等の購入資金、並びに結婚式場や葬儀場で具体的役務を執り行う従業員の確保及び教育のための費用のような具体的な冠婚葬祭等の役務の提供のための人的物的設備に要する費用を回収することは正当化されないというべきである。

ウ　一審原告は、消費者契約法9条1号の「平均的な損害」として主として想定されているのは、平均的な費用（必要経費）という積極的な損害であり、原則と

して、当該事業者が契約の締結及び履行のために具体的に必須な費用（必要経費）の額であると主張し、個々の費用について、個々の契約の解除の有無にかかわらず一審被告が負担すべきものであること、あるいは、契約の締結及び履行に必須のものでないことを理由に、平均的な損害であることを否定している。

　しかしながら、契約の解除によって事業者である一審被告に生じる損失は「平均的な損害」に該当するのであり、上記のように限定する理由はないというべきである。

　消費者契約法9条1号が損害賠償額の予定及び違約金の額を「平均的な損害」の額を超える部分を無効としたのは、消費者が契約を解除した場合、消費者に、事業者に生じた損失を超える額の支払義務を負わせないものとして消費者を保護するものであるが、事業者に生じた損失の額については特段の限定をしていないし、事業者に生じた損失の全部について支払義務を認めても、消費者の保護に欠けるとはいえない。

（略）

四　まとめ
(1)　前記のとおり、会員が一審被告に対して冠婚葬祭の役務の提供を請求する前に本件互助会契約を解除する場合における一審被告に生ずる消費者契約法9条1号の「平均的な損害」の額は、3万4712円に当該会員の入会期間1月につき195円を加えた額であり、特定商取引法10条1項4号が適用される訪問販売に当たるものを除けば、本件互助会契約における本件解約金条項の定める解約手数料は、消費者契約法9条1号に定める「平均的な損害の額」を超えているとは認められないから、一審原告は、同法12条3項本文に基づく差止請求権を行使することはできない。

判決の特徴と意義

　本件は、互助会方式の冠婚葬祭事業を行っている事業者が互助会契約を締結し、事業を行っていたところ、適格消費者団体が互助会契約中の解約金条項につき消費者契約法12条に基づき差止めを請求した控訴審の事件である。

　本判決は、本件解約金条項に消費者契約法が適用されるとしたこと、消費者契約法9条1号の平均的な損害は、同一事業者が締結する多数の同種契約事案について類型的に考察した場合に算定される平均的な損害の額を指すとしたこと、具体的には、解除の事由、時期等により同一の区分に分類される複数の同種の契約の解除に伴い、当該事業者に生じる損害の額の平均値をいうとしたこと、契約の解除によって事業者に生じる損失であれば、契約の解

除との間に相当因果関係が認められる限り、平均的な損害になり得るとしたこと、消費者は、互助会契約により、掛金を支払い終えることによって冠婚葬祭の施行を受ける権利を取得し、事業者は、それに対応して、消費者の請求により冠婚葬祭を施行する義務を負うことになるとしたこと、事業者は、会員から役務の提供の請求を受けるまでは、冠婚葬祭の具体的な準備を要するものではなく、請求を受けるまでの間は、役務履行のための準備として会員を管理することを要するにとどまるとしたこと、互助会契約における平均的な損害は、契約が解除されることによって事業者に生ずる損失のうち、契約締結に要する費用、当該契約を締結したことによって生ずる費用および役務履行のための準備としてなされる当該会員の管理に要する費用が含まれるとしたこと、役務提供に必要な費用や役務提供ができなくなったことによる逸失利益は平均的な損害に含まれないとしたこと、消費者契約法9条1号が損害賠償額の予定および違約金の額を平均的な損害の額を超える部分を無効としたのは、消費者が契約を解除した場合、消費者に、事業者に生じた損失を超える額の支払義務を負わせないものとして消費者を保護するものであり、事業者に生じた損失の額については特段の限定をしていないし、事業者に生じた損失の全部について支払義務を認めても、消費者の保護に欠けるとはいえないとしたこと、会員の募集に要する人件費、営業用建物の使用に関する費用、加入者証、約款等の作成費用、契約書印紙代、会員の管理のために必要な人件費、前受金の保全に要する費用、月掛金の集金に要する費用、会報誌作成費用、会報誌送付費用の諸費用を損害と認めたこと、平均的損害が解約金を上回るとし、消費者契約法9条1号による本件解約金条項が無効ではないとしたこと、同法10条の該当性を否定したことに特徴がある。

　本判決は、その内容に照らし、また、第1審判決と比較対照すると、合理的なものであるということができ、理論的には、逸失利益の解釈は別として、消費者契約法9条1号における平均的な損害の解釈、適用が合理的であり、参考になるとともに、本件の個別の費用項目の判断についても参考になるものである。なお、平均的な損害は、民法の損害賠償の考え方である事実的因果関係、民法416条の相当因果関係が認められる範囲で損害賠償が認められることを前提とするものであり、理論的に事業者の逸失利益が平均的な

損害に含まれないということはできないし、本件でも単に顧客の管理費用だけでなく、会員の請求に応じて常に互助会契約の履行準備を行うことが求められていることから、履行による逸失利益を損害として捉えることも可能である。

　また、本判決は、互助会契約の解約金条項につき消費者契約法10条の該当性を否定した事例判断としても参考になるものである。

〔第２部〕 契約類型別の消費者契約と裁判例の検証

❼ 大学の入学契約・在学契約

契約の特徴

　日本の現代社会は、少子化の長年の継続、大学等の高等教育機関の増加の事情により、大学への進学率が50％を超え、さらに大学院教育が拡大している状況にある。大学の入学試験は、従来の競争試験によるだけでなく、推薦入試、外国子女枠等の選抜枠の設定、AO入試等、様々な種類・基準による入試が実施されている。筆者のように大学入試といえば競争試験によるとの考え方は、はるか昔話のような印象である。少子化の進行によって大学への進学希望者の数自体が減少傾向になっているため、一部の大学を除き、進学希望者の競争ではなく、大学間の学生獲得の競争が激化しつつあるのが実情である。

　大学の入学試験を受け、大学に入学する場合、入学試験に合格すると、一定の期日までに入学金、前払に係る授業料、設備費、教材費、実習費等の支払いが求められ（これらの支払が求められる金銭は、学納金などと呼ばれることがあるが、入学金、授業料以外の名目の金銭の支払の要否、名目は個々の大学ごとに様々であるし、金額も個々の大学ごとに多様である。なお、筆者の場合には、学費値上げをきっかけにして発生し、拡大した大学紛争が続いていた時期であったが、入学金は１万2000円、年間の授業料は１万2000円であった）、これを支払うと大学の運営主体との間で入学契約（在学契約と呼ばれることもある）を締結したことになり、４月１日の新学期の到来を待つだけになるわけである。受験生が大学に学納金を支払った場合には、当該大学の入学、学生の地位を確保することになり、安心することになるが、受験生によっては、これを踏まえて自分の希望により近い大学の入学試験に臨む者もおり、いわば滑止めとしての大学の入学を確保することになる。大学の入学試験の受験要綱、募集要項等には、学納金はいったん支払われると、返還をしない旨の規定が設

けられていることが通常であり、滑止めとして学納金を支払ったときは、大学の入学を辞退したとしても、返還されない取扱いがされてきた。大学の受験生によっては、このような事態を避けるため、希望の大学に入学するために複数の大学を受験し、各大学の合格発表、学納金の支払時期を巧みに組み合わせ、前に受験した大学の学納金の支払時期までに、次に受験する大学の合格発表がくるように受験を続け、希望に沿った大学を目指し、費用の負担を限定させながら受験を続ける者もみられる。このような受験の工夫を知らない受験生とか、工夫ができない大学を受験した受験生が大学を受験し、学納金を支払い、その後により自分の希望に沿った大学の試験に合格した場合、前の大学に納付した学納金については、従来は、滑止めの役割を果たしたものとして納得するか、あるいは返還を求めても仕方がないとして諦めるか等の判断をしていたものと推測される。このような状況において学納金の返還を実際に求め、紛争として顕在化したような事例は稀であったようであるが、潮目が変わったのは、消費者契約法の施行であったということができる。

　大学の入学試験に合格し、学納金を支払った後、他の希望の大学に入学する等し、前に合格した大学に対して学納金の返還を請求する訴訟が、消費者契約法の施行後間もなく提起され、そのような訴訟の提起がしばらく続く現象がみられたところである。これらの一連の訴訟は、後記のとおり、最終的には数件が最高裁に上告受理の申立てがされ、消費者契約法の解釈に関する重要な判例として公表されることになったものである。入学金等の学納金の返還をめぐる紛争は、大学だけでなく、在学関係の内容、学納金の内容・額は異なるものの、専門学校、さらに学習塾についても発生する事例がみられたところである。

裁判例 1

【裁判例】　京都地判平15・7・16判時1825号46頁
　　　　　〔消費者契約法9条1号：不返還特約〕

【事案の特徴】

　X_1、X_4は、Y_1学校法人の運営するＡ大学の、平成14年度の入学試験を受け、X_2、X_3は、Y_1の運営するＢ短期大学の入学試験を受け、X_4の子Ｃは、Y_2学校法人の運営するＤ短期大学の入学試験を受け、いずれも合格し、X_1は、Y_1に入学手続書類を提出し、入学金25万円、初年度前期授業料44万円、施設設備費14万2000円、建設協力金2万円、スポーツ科学実習費800円、実験実習費1万円、育英会費1万円（合計87万2800円）を納付したところ、入学式に欠席し、入学手続要領により在学契約がY_1により解約され、X_2は、入学金23万円等の学納金（合計84万2800円）を納付したところ、入学式に欠席し、在学契約が解約され、X_3は、入学金23万円等の学納金（合計85万5600円）を納付したところ、4月3日、入学を辞退し、在学契約が解約され、X_4は、入学金25万円を納付したところ、その余の学納金を納付しなかったため、在学契約が解約され、X_5は、入学金15万円等の学納金（合計83万円）を納付したところ、3月22日、入学を辞退し、入学金を除く68万円の返還を受けたが、X_1らがY_1に対して、X_5がY_2に対して入学金等の返還を請求したものである。

　本判決は、在学契約は役務の提供という準委任契約のほか、施設利用契約等の性質を有する無名契約であるとしたうえ、4月1日を始期とする在学契約が成立するとし、学納金は役務提供、施設利用の対価であり、学生ないし入学希望者は在学契約をいつでも将来に向かって解約することができ、特段の事情のない限り、既履行部分の報酬および費用に相当するものを控除した金額の返還を請求することができるとしたうえ、X_1ないしX_3は、4月1日以降、学生の地位を取得したものであり、入学金の返還請求はできず、その余の学納金相当額の返還を請求することができるとし、在学契約には消費者契約法が適用され、入学金等を返還しない特約が同法9条1号の条項にあたり、平均的な損害の額については事業者が主張・立証責任を負うところ、Y_1、Y_2がこの立証をしていない等とし、X_1ないしX_3の請求を一部認容し、X_4、X_5の請求を全部認容したものである。

7 大学の入学契約・在学契約

判決文

(3) 学納金不返還特約は、消費者契約の解除に伴う損害賠償の額を予定し、又は違約金を定める条項に当たるか否か（争点3前段）

ア 消費者契約法9条1項は、消費者契約の解除に伴う損害賠償の額を予定し、又は違約金を定める条項であって、これらを合算した額が、当該条項において設定された解除の事由、時期等の区分に応じ、当該消費者契約と同種の消費者契約の解除に伴い当該事業者に生ずべき平均的な損害の額を超えるものについては、当該超える部分について無効とする旨を定めるものであるが、これは、消費者が、消費者契約の解除に伴い、事業者から不当に損害賠償等の負担を強いられることがないように定められた規定であると解され、その趣旨からすると、消費者契約中のある条項が消費者契約の解除に伴う損害賠償の額を予定し、又は違約金を定める条項であるかどうかは、その条項の文言のみではなく、実質的に見て損害賠償額の予定又は違約金を定めたものとして機能する条項であるかどうかによって判断すべきである。

イ ところで、大学等に入学する手続をした者が、学年の始まる前に在学契約を解約し、あるいは実際には入学する意思がないのに、学年が始まるまでには解約をせず、学年が始まってから解約の意思表示をし、あるいは入学式に出席しないことで解約の意思を明らかにすることとなれば、大学等が補欠募集等に困難を来し、結果的に収容定員を満たすことができなかったり、逆に、上記のような者が存在することを見越して収容定員よりも多く合格させたところ、実際の入学者も多く収容定員を超過するという事態も起こり得ることであり、いずれにしても、大学等が一定の損害を被ることは推認することができる（補助金に限っても、在学している学生数が収容定員よりも著しく少ないことは補助金不支給の事由となり、収容定員を超えて学生を在学させることは補助金の減額事由となる（私立学校振興助成法同法5条3号、6条、5条2号）。）。

そうすると、在学契約を締結した者が、入学以前あるいは入学の直後（入学式）までに在学契約を解除することは、大学等の不利な時期に解約をするものであり、原則として大学等に対して損害を賠償する義務を負う（民法656条、651条2項参照）ところ、学納金不返還特約は、係る場合に学納金を返還しないことを定めるものであるから、被告らが入学辞退者に対して有する損害賠償請求権に係る金額を既払いの学納金の額と予定する特約と解されるから、消費者契約法9条1号にいう「当該消費者契約の解除に伴う損害賠償の額を予定し、又は違約金を定める条項」に該当するというべきである。

(4) 在学契約の解約により大学等が被る平均的損害は総学納金相当額かどうか（争点3後段）

ア 消費者契約法9条1号にいう「平均的損害」とは、同一事業者が締結する多数の同種契約事案について類型的に考察した場合に算定される平均的な損

93

害をいい、具体的には、解除の事由及び時期、当該契約の特殊性、逸失利益、準備費用等の損害の内容並びに損害回避の可能性などの事情に照らし、同種の契約の解除に伴い、当該事業者に生じる損害の額の平均値をいう。

　そして、消費者契約法9条1号が消費者契約における消費者保護のために設けられた規定であること、平均的損害の算定根拠となる同種の契約において発生する損害の内容及びその数額並びに損害回避可能性などの証拠が事業者側に偏在していることに照らすと、平均的損害の金額は、事業者が主張立証責任を負うと解するべきである。

（略）

　さらに、上記の平均的損害は、在学契約を解約した者が受験した入学試験の種類、入学手続の時期、解約の時期及び事由などによって異なることも考えられるところ、被告らは、当裁判所がこれによって区別された平均的損害の主張を促しても、係る平均的損害について主張も立証もしない。

ウ　そうすると、原告らによる在学契約の解約によって、被告らが被る平均的損害を認めるに足りる証拠はないことに帰し、結果的に平均的損害はないものとして扱うほかはなく、その結果、学納金不返還特約は、再抗弁イ、ウについて判断するまでもなく、その全体が無効であることになる。

エ　なお、被告らは、学納金不返還特約が「当該消費者契約の解約に伴う損害賠償の額を予定し、又は違約金を定める条項」に該当し、学納金のうち平均的損害を超える部分が無効となるとすると、大学等の財政及び一定の水準の学生の確保に対する影響が大きい旨を主張する。

　複数の大学等の入学試験を受験し、複数の大学等の入学試験に合格する者も相当数存在することは公知の事実であるところ、入学手続をして在学契約を締結したものの、その後、入学を辞退（在学契約を解約）した者が既納の学納金のうち平均的損害額を超える部分の返還を受けられるとすると、入学手続を完了した者のうち現実に入学をする者がどれだけいるのかの予測が当初は困難になること、その結果、収容定員を確保することができなかったり、逆に実際に入学した者が収容定員を大幅に超過したりすることが生じるおそれがないとはいえないし、収容定数の不足を解消するために追加合格や補欠募集を行うと、入学者の質が一定に保てないという被告らの懸念も理解できなくはない。

　しかし、消費者契約法の消費者契約の条項の無効に関する規定は、前述のとおり、契約条項に関して事業者が遵守するべき基本的な規範である上、在学契約を締結したものの入学前又は入学直後（実質的には入学しない時期）にこれを解約されることによって被告らが被る平均的損害の範囲内であれば、損害賠償の額を予定し、又は違約金を定める条項も効力を有するので、被告ら（事業者）において、その平均的損害の額を明らかにすることによっても、前記のような事態を避けることは可能とも考えられるから、上記の被告らの

主張を考慮しても、前記の判断に変わりはない。

判決の特徴と意義

本件は、大学、短期大学の各入学試験を受験し、合格し、入学金、授業料等の学納金を支払った後、入学を辞退する等し、大学の運営主体に対して学納金の返還を請求した事件である。本件は、大学、短期大学の在学契約上の入学金、授業料等を返還しない旨の特約（不返還特約）が問題になったこと、大学等の入学試験を受け、合格し、入学金、授業料、施設整備費等の学納金を大学等に納付した後、入学式を欠席し、あるいは入学を辞退する等したこと、不返還特約が消費者契約法9条1号により無効であるか等の同法の適用が問題になったこと、学納金の返還をめぐる訴訟についての初めての判決であったこと、法律実務、社会の関心を集めた判決であることに特徴がある。

本件のような大学等における入学金、授業料等の不返還特約の効力が消費者契約法9条1号との関係で問題になった事件は、多数提起されたが、本判決は、この問題を取り扱った、法律雑誌に公刊された初めてのものである。大学等の入学試験は、少子化、大学の増加、大学等の進学率の増加等の事情を背景に、多様化してきたところであるうえ、入学試験の時期、入学金等の納付時期等も多様化している。多くの大学の入学試験の日程、入学金の納付時期等の事情を上手に選択すると、自分が目標とする大学等に合格すれば、それ以前に合格した大学等に入学金等を納付しないで済ませることもできるようになっている（滑止めの大学等に入学金等を納付しないように工夫することも可能である）。

本判決は、消費者契約中のある条項が消費者契約の解除に伴う損害賠償の額を予定し、または違約金を定める条項であるかどうかは、その条項の文言のみではなく、実質的にみて損害賠償額の予定または違約金を定めたものとして機能する条項であるかどうかによって判断すべきであるとしたこと、在学契約は4月1日を始期とする契約であること、在学契約は役務の提供という準委任契約のほか、施設利用契約等の性質を有する無名契約であるとしたこと、入学金を含む学納金は役務提供、施設利用の対価であること、学生な

いし入学希望者は在学契約をいつでも将来に向かって解約できること、在学契約には消費者契約法が適用されるとしたこと、在学契約を締結した者が、入学以前あるいは入学の直後（入学式）までに在学契約を解除することは、大学等の不利な時期に解約をするものであり、原則として大学等に対して損害を賠償する義務を負うとしたこと（民法656条、651条2項参照）、学納金不返還特約は、消費者契約法9条1号の消費者契約の解除に伴う損害賠償の額を予定し、または違約金を定める条項に該当するとしたこと、事業者が平均的な損害の主張・立証責任を負うとしたこと、本件では事業者が平均的な損害の立証をしていないとしたこと、4月1日以降学生の地位を取得した者は入学金の返還請求ができないとしたこと（その余の学納金の返還請求はできること）、4月1日前に辞退等して在学契約を解約した者は入学金を含む学納金の返還請求できるとしたことを判示したものである。

本判決は、消費者契約法9条1号の平均的な損害の主張・立証責任の解釈を誤ったものであり、入学金が入学できる地位を取得した対価ではないと誤った評価をしたものである。大学等の入学試験の合格者について入学金等の納付、返還をめぐる消費者契約法上の法律問題は、後日、様々な議論が行われ、いくつかの同種の事件が最高裁で判断されるが、本判決は、最初の判決としての意義がある。

裁判例2

【裁判例】 大阪地判平15・9・19判時1838号111頁
〔消費者契約法の施行前の事案：不返還特約〕

―― 【事案の特徴】 ――

Y学校法人は、Y医科大学を運営するところ、X_1は、平成12年2月、入学試験に合格し、入学金100万円、前期教育充実費250万円、施設設備費100万円、前期授業料120万円、前期実験実習費15万円（合計585万円）等を納付したが、同年3月22日、入学を辞退し、X_2は、平成13年3月27日、入学試験に繰り上げ合格し、同月27日、同様な金額を納付したが、同月30日、入学を辞退したことから（なお、X_1、X_2の辞退の理由は、

いずれも他の医科大学に合格したことによる)、X₁らがYに対して入学金等の返還を請求したものである。

本判決は、在学契約は無名契約であるとし、学納金のうち、入学金は教育役務等の提供を受けること自体の対価ではなく、大学に入学しうる地位ないし資格の対価の性質を有するとし、学納金の不返還の特約は、繰り上げ合格による欠員補充が困難になる場合に発生する大学の損害を可及的に回避するものであり、不合理ではない等とし、請求を棄却したものである。

判決文

したがって、学納金のうち、前記教育充実費、施設設備費、前記授業料、前記実験実習費については、実際に被告に入学し、被告から教育役務等の提供を受けることの対価としての性質を有するものであるから、原告らが入学を辞退し、被告から教育役務等の提供を受けることなく在学契約が終了した以上、本来的には、原告らに返還されるべき金銭であると解すべきである（ただし、原告らと被告との間には、本件不返還特約が存在するため、別途、係る特約の有効性を検討する必要がある。）。

これに対し、入学金については、入学しうる地位ないし資格を得たことの対価としての性質を有するものであり、原告らは、被告に対して入学手続を完了しており（第3、2⑷、3⑷）、既に、反対給付としての入学しうる地位ないし資格を取得している以上、その後に、原告らが、自ら入学を辞退した場合に、被告が、入学金を返還すべき義務を負うことはないものと解すべきである。

(略)

⑶ 上記の事実を前提に、本件不返還特約が公序良俗に違反するか否かを検討するに、被告は、100名という入学定員を定めており、仮に、定員を超過したり、逆に欠員が生じた場合には、本来支給されるはずの国庫補助金を減額される可能性があるし、入学式までに欠員を補充できなかった場合、6年間欠員のまま、学校運営を行わざるを得なくなるから、その間、被告は、欠員分の入学金、授業料等を取得できないという損害を被ることになる。(⑵ア)。

しかるに、被告が、帰属収入の約90パーセントを学生からの納付金と国庫補助金に依存していることや (⑵イ)、恒常的な赤字状態にあること (⑵ウ) などに鑑みれば、学生からの納付金や国庫補助金による収入が減少することは、被告にとって大きな痛手となるであろうことは容易に推認できる。

また、被告においては、平成9年度から平成13年度までの間、ほぼ毎年、正規合格者のうち実際に入学する者の割合が30パーセント未満であり、学納金を納付した後に入学を辞退する者が20名以上存在するほか、欠員補充のために繰

り上げ合格させた者の中にさえ、学納金を納付した後に入学を辞退する者が複数名存在するという状況であったこと、さらに、被告は、定員ちょうどの入学者を確保するために、例年、3月30日ころまで、10回程度も、補欠者の繰り上げ合格を実施していたこと（(2)エ）などからすれば、被告は、定められた定員を遵守するために、小刻みに、繰り上げ合格を連続して実施していることが窺われる。

以上のような状況において、被告が、繰り上げ合格による欠員補充が困難となる一定時期以降、受験生から納付された学納金を返還しない旨の取扱いをすることによって、欠員が生じること及び欠員が生じた場合に発生する損害を可及的に回避しようと試みることは、全く不合理であるとは言い切れない。

判決の特徴と意義

本件は、京都地判平15・7・16判時1825号46頁（裁判例1）と同様な問題を取り扱ったものであり、舞台は医科大学の入学試験であったが、消費者契約法の施行前の事件である。本件は、受験生が医科大学に合格し、入学金等の各種の学納金を支払った後、他の医科大学に合格し、前の医科大学の入学を辞退し、支払った額納金の返還を請求した事件である。

本判決は、在学契約は無名契約であるとしたこと、入学金は大学に入学しうる地位ないし資格の対価の性質を有するとしたこと、入学金については、反対給付としての入学しうる地位ないし資格を取得している以上、その後に、受験生らが自ら入学を辞退した場合に、学校法人が入学金を返還すべき義務を負うことはないとしたこと、教育充実費、施設設備費、授業料、実験実習費については、実際に医科大学に入学し、教育役務等の提供を受けることの対価としての性質を有するものであるから、受験生らが入学を辞退し、教育役務等の提供を受けることなく在学契約が終了した以上、本来的には、返還されるべき金銭であるとしたこと、入学金等の学納金の不返還特約は繰り上げ合格による欠員補充が困難になる場合に発生する大学の損害を可及的に回避するものであり、不合理ではなく、無効ではないとしたことに特徴があり、学納金のうち、入学金と授業料等の区分・性質を明らかにし、消費者契約法の施行前においては、受験生が入学を辞退した場合における学納金の不返還特約が不合理ではなく、無効ではないとした判断として参考になるも

裁判例3

【裁判例】 大阪地判平15・10・6判時1838号104頁
〔消費者契約法9条1号：不返還特約〕

【事案の特徴】

　X₁は、Y学校法人の運営するA薬科大学の平成14年度の推薦入試を受験し、合格し、平成13年12月、入学金50万円、前期授業料85万円（合計135万円）を納付したところ、平成14年3月、入学を辞退し、X₂は、A薬科大学の一般入試を受験し、合格し、入学金50万円を納付したところ、平成14年3月、入学を辞退したことから、X₁らがYに対して消費者契約法9条1号により不返還の特約が無効であると主張し、入学金等の返還を請求したものである。

　本判決は、入学金は大学に入学しうる地位を取得することの対価である性質を有するとし、在学契約を締結すると、学生が入学すると否とにかかわらず、教育を実施するために必要な人的、物的な準備をする義務を負うものであり、入学金の一部はこの必要な準備行為の対価としての性質をあわせもつとし、入学金の返還義務を否定し、授業料については、在学契約の解除により、教育役務の提供を受けないから、授業料不返還の特約は消費者契約法9条1号により無効であるから、授業料の返還義務を肯定し、X₁の請求を一部認容し、X₂の請求を棄却したものである。

判決文

二　入学金について

(1)　大学への入学は、第一次的には、当該学生が大学から教育役務等の提供を受けるための前提となる手続であり、大学に入学した者は、当該大学の学生として、現実に教育役務等の提供を受ける立場に就くものであるが、大学に入学するということの意味は、それにとどまるものではなく、当該学生にとり、対外的に一定の社会的価値を有する「当該大学の学生」という身分を取得するという側面をも有しているのであっ

て、学生にとっては、大学に入学することそれ自体により、教育役務等の提供を待たずして、一定の価値の提供を受けたと評価することができるものである。また、大学入学に関する社会的実態をみると、学生の中には、自らが第一に志望する大学のほか、いわゆるすべり止めを含め複数の大学を受験し、第一志望あるいは志望順位の高い大学への合否が明らかでない時点において、次善の策として、既に合格が判明した志望順位の低い大学に対し入学手続を行い、志望順位の高い大学の合否結果をみたうえで最終的に入学する大学を決定する者も広く一般に認められるところである。そして、このような学生にとっては、志望順位の低い大学であったとしても、その大学に入学金を納付して在学契約を締結し、当該大学に入学し得る地位を取得することそれ自体が一定の価値を有しているというべきであり、入学金が入学手続の際に一度のみ支払う金員であることにもかんがみると、入学金は、当該大学に入学し得る地位を取得することへの対価としての性質を有していると認めるのが相当である。

　さらに、このような性質に加え、大学は、学生が入学金を納付して在学契約を締結した以上、その学生が現実に入学するか否かにかかわらず、直ちに教育を実施するために必要な人的、物的設備を準備する義務を負っていることなどに照らせば、入学金の一部は、全体としての教育役務等の提供のうち、入学段階における人的物的設備の準備、事務手続費用等、大学が学生を受け入れるために必要な準備行為の対価としての性質をも併せ有していると考えられる。

(2) これを本件についてみるに、原告らが納付した入学金は50万円であり、この入学金が上記認定に係る入学金の一般的性質以外の性質を有するものであることを推認させる特段の事情は窺われないから、原告らの納付した入学金は、入学し得る地位及び入学準備行為の対価としての実質を有するものであると認められる。そして、原告らは、いったん入学金を納付し、本件在学契約が成立したことにより、被告から、被告大学へ入学し得る地位の付与を受けているのであり、また、本件在学契約が解除された時点までに、被告は既に原告らを受け入れるための具体的な諸準備を既に行っていたと考えられる。

　以上によると、原告らは、被告から、入学金に対応する反対給付の履行を既に受けているということができるから、原告らが本件在学契約を解除したからといって、被告に対し、入学金の返還を請求することはできないものというべきである。

（略）

(2) 消費者契約法9条1号に関して

ア　本件において、第一事件原告が個人であること及び被告が法人であることは当事者間に争いがないから、第一事件原告は消費者契約法2条1項に規定する「消費者」に当たり、被告は同条2項に規定する「事業者」に当たるものである。消費者契約法の規定する消費者契約が、学校法人と学生との間における大学への入学を目的とする在学契約を予定しているかということにつ

いては、疑問の余地がないわけではないものの、以上によると、本件在学契約は同条3項に規定する「消費者契約」に当たるというほかない。また、本件在学契約が解除された以上、被告が本件在学契約に基づき授業料を保持しうる理由はないから、本件授業料不返還規定は、消費者契約法9条1号に規定する「損害賠償の額を予定し、又は違約金を定める条項」に該当するというべきである。

イ 次に、消費者契約法9条1号は、その構造上、平均的な損害の額を超えると認められる部分に限り損害賠償額の予定等を無効とする旨規定しているところ、損害賠償予定額が平均的な損害の額を超えることにつき消費者が立証責任を負うのか、損害賠償予定額が平均的な損害の額を超えないことにつき事業者が立証責任を負うのかということがまず問題となる。

　この点については、上記のとおり平均的な損害の額を超える部分に限って損害賠償額の予定等を無効とするという同条の構造や、いったんは双方に合意が成立している以上、合意の効力を否定する者がその効果発生障害事実の立証責任を負うと解するのが法の原則であることなどに照らせば、消費者において損害賠償予定額が平均的な損害の額を超えることの立証責任を負うと解すべきである。

　これに対し、原告らは、消費者保護の理念、消費者による立証困難等を根拠に、法人等の事業者が平均的な損害の額を超えないことの立証責任を負うと主張する。しかし、締結された契約が消費者契約であること、すなわち契約主体が「事業者」と「個人」であることのみを要件として、いったん有効に成立した合意の効果を原則的に否定するのは、合理的根拠に乏しく、また、立証困難等の不都合は事実上の推定等他の方策により解決すべき問題であって、かつそれで足りるというべきである。

（略）

(ア) 消費者契約法9条1号に規定する「平均的な損害の額」とは、当該当事者が締結する多数の同種契約事案について、当該契約の性質、解除事由、解除時期、損害填補の可能性、解除により事業者が出捐を免れた経費等諸般の事情を考慮して、契約の類型ごとに合理的な算出根拠に基づき算定された平均値をいうと解するのが相当である。

(イ) 被告は、第一事件原告の入学辞退時期が一般入試合格発表後であったことからすると、被告が第一事件原告の入学辞退に対応して追加合格等の措置をとることは困難であるから、他の者から収入を得る機会を失ったとして、4年分の授業料相当額が平均的な損害の額となる旨主張していると解される。

　たしかに、第一事件原告の入学辞退時期は一般入試の合格発表より後の平成14年3月14日であったから、一般入試の合格発表により最終入学者を調整することは不可能であり、補充合格者による調整についても、一人の

入学辞退者に対応して一人ずつ補充を行うことは、上記入学辞退時期をも考慮すると、不可能といえないまでも相当困難であったと考えられ、これらの事情によれば、被告が第一事件原告に替わる入学者を填補することは困難というほかないから、第一事件原告の入学辞退により他の者から収入を得る機会を失ったという被告の主張にも、全く合理性が認められないわけではない。

しかしながら、前記のとおり、そもそも在学契約は、その法的性質等にかんがみ、学生の就学意思が通常の準委任契約にも増して最大限尊重されるべきであること、また、大学は、中途退学した学生に対しても、卒業に至るまでの将来分の授業料を徴収することを予定しておらず、実際にもそのような将来分の授業料を徴収した例をみないことにも照らすと、在学契約は、その性質上、学生の解除により大学が他の者から収入を得る機会を失うことがあり得ることも当然に予定しているものというべきであって、たとい学生がした在学契約の解除により大学が他の者から収入を得る機会を失ったとしても、それを大学の被る損害として観念することはできないものと認めるのが相当である。

したがって、被告が、第一事件原告の入学辞退により他の者から収入を得る機会を失ったとしても、被告に平均的な損害は生じていないものと認められる。

(ウ) また、被告は、第一事件原告の入学辞退により定員割れが生ずる可能性がある旨主張する。この点、私立学校振興助成法5条3号は、在学している学生の数が学則に定めた収容定員に満たない場合に、国は補助金を減額し得る旨規定しており、本件のように、填補困難な時期に辞退が行われた場合には、大学の予想に反して定員割れの事態が生じ、大学に補助金削減等の経済的不利益が生じることは、通常あり得る事態と認められる。

しかしながら、前記の在学契約の性質にかんがみると、大学は、入学辞退により定員割れが生じ得ることを踏まえたうえであらかじめ合格者の調整を図るべきであり、定員割れのリスクは大学において甘受すべきであるから、その予測が外れ、定員割れの事態が生じたとしても、それを学生の入学辞退による平均的な損害と評価することはできないものと認めるのが相当である。

したがって、定員割れによる補助金削減等が平均的な損害の内容になるということも認められない。

判決の特徴と意義

本件は、京都地判平15・7・16判時1825号46頁（裁判例1）、大阪地判平

15・9・19判時1838号111頁（裁判例2）等と同様に、大学に学納金を支払った後に入学を辞退し、学納金の返還を請求したことから、学納金の不返還特約の効力が問題になった事件であり、本件は、薬科大学の推薦入学をめぐる事件であること、消費者契約法9条1号の適用が問題になったことに特徴がある。

　本判決は、入学金が受験生にとって滑止めの機能を有し、利用されているとしたこと、入学金は、大学に入学し得る地位を取得することへの対価としての性質を有するとしたこと、大学は、学生が入学金を納付して在学契約を締結した以上、学生が現実に入学するか否かにかかわらず、直ちに教育を実施するために必要な人的、物的設備を準備する義務を負っていることなどに照らせば、入学金の一部は、全体としての教育役務等の提供のうち、入学段階における人的物的設備の準備、事務手続費用等、大学が学生を受け入れるために必要な準備行為の対価としての性質をも併せ有するとしたこと、受験生らが入学金を支払った後、在学契約を解除したからといって、入学金に対応する反対給付の履行を既に受けているから、大学に対して入学金の返還を請求することはできないとしたこと、消費者契約法9条1号の平均的な損害の額を超える部分に限って損害賠償額の予定等を無効とするという同条の構造や、いったんは双方に合意が成立している以上、合意の効力を否定する者がその効果発生障害事実の立証責任を負うと解するのが法の原則であることなどに照らせば、消費者が損害賠償予定額が平均的な損害の額を超えることの立証責任を負うとしたこと、平均的な損害の額は、当該当事者が締結する多数の同種契約事案について、当該契約の性質、解除事由、解除時期、損害填補の可能性、解除により事業者が出捐を免れた経費等諸般の事情を考慮して、契約の類型ごとに合理的な算出根拠に基づき算定された平均値をいうとしたこと、大学が受験生の入学辞退により他の者から収入を得る機会を失ったとしても、大学に平均的な損害は生じていない等とし、授業料不返還の特約は消費者契約法9条1号により無効であるとしたこと、大学の授業料の返還義務を肯定したことに特徴がある。

　本判決は、大学の入学試験を受験する受験生の行動の実態を踏まえつつ、学納金のうち入学金と授業料等の区分・性質を明らかにしたうえ、消費者契

〔第2部〕 契約類型別の消費者契約と裁判例の検証

約法9条1項の平均的な損害の意義、立証責任に関する解釈を示し、本件では入学金の返還義務を否定し、授業料の不返還特約を無効とし、その返還義務を肯定した事例として参考になるものであり、後に公表される最高裁の判決に通じる判断を示したものということができる。

裁判例4

【裁判例】 東京地判平15・10・23判時1846号29頁
〔消費者契約法9条1号、10条：不返還特約〕

【事案の特徴】

　Y_1学校法人は、Y_1大学を運営し、Y_2学校法人は、Y_2大学を運営し、Y_3学校法人は、Y_3大学を運営し、Y_4学校法人は、Y_4大学を運営し、Y_5学校法人は、Y_5薬科大学を運営し、Y_6学校法人は、Y_6大学を運営し、Y_7学校法人は、Y_7大学を運営しているところ、X_1は、Y_1大学の入学試験を受けて合格し、X_2、X_3は、Y_2大学の入学試験を受けて合格し、X_4は、Y_3大学の入学試験を受けて合格し、X_5、X_6、Y_7、Y_8、X_9は、Y_4大学の入学試験を受けて合格し、X_{10}は、Y_5薬科大学の入学試験を受けて合格し、X_{11}、X_{12}、X_{13}、X_{14}、X_{15}、X_{18}、X_{17}は、Y_6大学の入学試験を受けて合格し、X_{18}、X_{19}、X_{20}は、Y_7大学の入学試験を受けて合格し、いずれも入学金等を納付して入学手続をとったものの、入学を辞退する等し（X_1ら各人によってその経過は異なるが、経過は判決文参照）、X_1らがそれぞれ対応するY_1らに対して入学金等の返還を請求したものである。

　本判決は、入学金は入学予定者の在学契約上の地位の取得の対価であり、入学を辞退したとしても、Y_1らにおいて入学金を取得する法律上の原因があるとしたが、授業料等は、大学が提供する人的・物的教育施設の利用、役務の享受の対価、あるいは立替的な性格を有し、在学契約の予約は消費者契約に該当するとし、入学金、授業料等の不返還の特約は消費者契約法9条1号に該当し、入学金を除くその余の金額が平均的な損害を超えているから、この範囲で特約が無効であるとし、X_2、X_5、

X₁₁ないしX₁₄、X₁₈、X₁₉の各請求を一部認容し、その余の請求を棄却したものである。

判決文

(1) 入学納入金の性質

　　入学時納入金ののうち入学金以外の金員は、その名目及び金額の内訳が別表二の該当欄記載のとおりとされており、これらはいずれも入学年度の4月1日以降に大学が提供する人的・物的教育施設の利用及び教育的役務の享受と対価関係に立ち（前期授業料又は初年度授業料の半分、施設費又は施設設備費、実習演習料、実験実習費、教育充実費等）、あるいは立替払的な性格を有すること（保険料、同窓会費、自治会費、健康保険互助組合費等）が明確であり、これらが他の用途に使用されるべきものであることを窺わせる証拠はない。

　これに対し、入学金は、入学手続時に一度だけ納付すべきものであるところ、その名目及び金額からは必ずしも性格が明らかとはいい難いけれども、少なくとも合格発表時から入学年度の4月1日をもって実際に学生の地位を付与して前示の給付を行うに先立ち、入学予定者を確保して、これらの者と各種の書類を取り交わすなどの事務手続、あるいは入学者の受入準備作業が必要とされることは《証拠略》から明らかであり、これに費用を要することはいうまでもなく、入学金のうち相当部分はこれに充てられるとみて差し支えない。

　ところで、《証拠略》によれば、学校教育法施行規則72条1項、44条は学年は4月1日に始まり翌年3月31日に終わるものと定めていること、青山学院大学学則、慶應義塾大学学部学則、上智大学学則、立正大学学則及び早稲田大学学則はこれと同様の規定を置いていること、関東学院大学学則、慶應義塾大学学部学則、立正大学学則及び早稲田大学学則は入学の時期は学年の始めとする旨定めていることが認められ、社会通念上は一般に4月1日の到来をもって新たな学年が始まるとともに入学予定者が学生としての資格を取得すると考えられていることをも併せかんがみると、入学予定者は4月1日の到来を待って学生をしての資格を得て実際に教育役務等の提供を受けることになるけれども、在学契約の成立によって同契約の当事者としての地位を取得しているから、いったん入学手続を了してしまえば、入学年度の4月1日をもって当然に学生としての資格を取得する地位を付与されることになるのであり、この段階まで至れば、もはや大学の側から合理的な理由もないのに一方的に在学契約を解除されることがないことは前判示のとおりであるから、法律上も強固な契約上の地位を取得したということができる。

　そして、この在学契約上の地位を取得しておけば、さらに志望順位の高い大学への入学を望んだものの、その入学試験に不合格となった場合において、いわゆる浪人生活を回避することができることから、受験生にとっては志望順位

の高い大学の入学試験に心おきなく挑戦することができるという利点、いわば浪人生活回避の利益もあり、実際に多くの受験生がこれを積極的に活用している状況にある。

　以上のような在学契約における入学予定者の法律上の地位及び実際上の効果に照らすと、入学金は、前示の入学手続上の諸費用に充てられるほか、在学契約上の地位の取得についての対価とみることができ、このように解することが契約当事者の合理的意思に合致すると考えられる。

判決の特徴と意義

　本件は、京都地判平15・7・16判時1825号46頁（裁判例1）、大阪地判平15・9・19判時1838号111頁（裁判例2）等と同様に、受験生らが異なる大学にそれぞれ学納金（本件では、入学時納入金と呼ばれている）を支払った後に入学を辞退し、学納金の返還を請求したことから、学納金の不返還特約の効力が問題になった事件である。本件では、消費者契約法9条1号、10条の適用が問題になった。

　本判決は、入学時納入金ののうち入学金以外の金員は、いずれも入学年度の4月1日以降に大学が提供する人的・物的教育施設の利用および教育的役務の享受と対価関係に立ち（前期授業料または初年度授業料の半分、施設費または施設設備費、実習演習料、実験実習費、教育充実費等）、あるいは立替払的な性格を有すること（保険料、同窓会費、自治会費、健康保険互助組合費等）としたこと、入学金については、在学契約上の地位を取得しておけば、さらに志望順位の高い大学への入学を望んだものの、その入学試験に不合格となった場合において、浪人生活を回避することができることから、受験生にとっては志望順位の高い大学の入学試験に心おきなく挑戦することができるという利点、浪人生活回避の利益もあり、実際に多くの受験生がこれを積極的に活用している状況にあるとしたこと、入学金の納付による在学契約における入学予定者の法律上の地位および実際上の効果に照らすと、入学金は、入学手続上の諸費用に充てられるほか、在学契約上の地位の取得についての対価であるとしたこと、入学金、授業料等の不返還の特約は消費者契約法9条1号に該当し、入学金を除くその余の金額が平均的な損害を超えているから、

この範囲で特約が無効であるとしたこと、学納金の不返還特約については消費者契約法10条の適用がないとしたことに特徴がある。本判決は、大阪地判平15・9・19判時1838号111頁（裁判例2）と同様に、後の最高裁の判決に通じる判断を示したものということができる。

裁判例5

【裁判例】　大阪高判平16・9・10判時1882号44頁
〔消費者契約法施行前の事案：不返還特約〕

――【事案の特徴】――

　Y学校法人は、Y医科大学を運営しているところ、Xは、Y医科大学の平成13年度の入学試験を受け、繰上合格し、入学金等を納付し、平成13年3月22日、入学を辞退したため、XがYに対して入学金等の返還を請求したものである。

　第1審判決は、入学金は大学に入学しうる資格ないし地位の対価であるとし、その余の納付金は不返還特約が有効であるとし、請求を棄却したため、Xが控訴したものである。

　本判決は、入学金は不返還特約の効力にかかわらず、入学を辞退しても、返還する必要はないが、その余の学納金は、不返還特約が暴利行為であり、違約金ないし損害賠償額の予定は実損額を大幅に上回る異常な高額であり、公序良俗に反して無効であるとし、原判決を変更し、請求を一部認容したものである。

〔判決文省略〕

判決の特徴と意義

　本件は、受験生が大学に学納金を支払った後に入学を辞退し、学納金の返還を請求したことから、学納金の不返還特約の効力が問題になった事件であり、医科大学における入学金等の不返還特約が問題になったこと、消費者契

〔第2部〕 契約類型別の消費者契約と裁判例の検証

約法の施行前の事件であることに特徴がある。

　本判決は、学納金を支払う等して所定の入学手続を経た学生と学校法人との間に、4月1日を始期とする在学契約が成立したとしたこと、学納金のうち、入学金を除く授業料、実習費、施設拡充費および教育充実費の校納金は、期間に提供される教育役務等の対価であるとしたこと、これらの学納金は、4月1日前に入学を辞退しており、その対価である反対給付を何ら受けていないとし、学校法人は、受験生にに対して、これら全額を返還する義務を負うとしたこと、入学金の返還は、不返還特約の効力にかかわらず、必要ではないとしたこと、入学金を除く学納金の不返還特約は、大学が学則等に一方的に規定したものであり、大学への入学手続をする者は例外なくこれに応じざるを得ないこと、不返還となる学納金の金額自体も大学が一方的に決定しているものであって、その額の合理性が検討された形跡は見出せないこと等を指摘し、大学側がその優越的地位を利用してその裁量により学納金の納付期限を設定し、かつ、いわば受験生の状況に乗じて一方的に定めたものであるとし、暴利行為として無効であるとしたことに特徴がある。本判決の入学金に関する判断は相当であるとしても、入学金以外の学納金の不返還特約が暴利行為にあたるとする判断は、大学側に不利と考えられる事実を一方的に列挙したことを前提としたものであり、疑問が残るものである。なお、本件は、消費者契約法の適用前の事件であり、本判決は、同法の適用に代えて、暴利行為の法理を利用したものと推測される。

裁判例6

【裁判例】　大阪高判平16・9・10判時1882号56頁
　　　　　〔消費者契約法施行前の事案：不返還特約〕

【事案の特徴】

　Y学校法人は、Y女子大学を運営しているところ、Xは、Y女子大学の平成9年度の入学試験を受けて合格し、入学金等を納付し、平成9年3月31日、口頭で入学辞退を告げ、同年4月22日、入学辞退届をYに送付したことから、XがYに対して入学金等の返還を請求したものであ

る。

　第1審判決は、入学金は大学生としての身分を取得する地位を付与する対価であるとし、その余の納付金は不返還特約が有効であるとし、請求を棄却したため、Xが控訴したものである。

　本判決は、入学金は不返還特約の効力にかかわらず、入学を辞退しても、返還する必要はないが、その余の学納金は、不返還特約が暴利行為であり、違約金ないし損害賠償額の予定は実損額を大幅に上回る異常な高額であり、公序良俗に反して無効であるとし、原判決を変更し、請求を一部認容したものである。

判決文

前記の〔裁判例5〕大阪高判平16・9・10判時1882号44頁と同一の裁判官らによるものであり、同じ理由によるものである。

判決の特徴と意義

　本件は、大学における入学金等の不返還特約が問題になったものであり、女子大学が舞台となったこと、消費者契約法の施行前の事件であることに特徴がある。

　本判決は、前記の大阪高判平16・9・10判時1882号44頁（裁判例5）と同様の理由により、入学金の返還は、不返還特約の効力にかかわらず、必要ではないとしたこと、その余の学納金の不返還特約は、暴利行為であるとし、無効としたことに特徴があるが、同様な疑問があるものである。

裁判例7

【裁判例】　東京地判平16・12・20判夕1194号184頁
　　　　　〔消費者契約法9条1号：不返還特約〕

――【事案の特徴】――
　Y_1学校法人は、Y_1大学を運営し、Y_2学校法人は、Y_2大学を運営し、

109

〔第2部〕 契約類型別の消費者契約と裁判例の検証

Y_3学校法人は、Y_3専門学校を運営し、Y_4学校法人は、Y_4大学を運営し、Y_5学校法人は、Y_5大学を運営し、Y_6学校法人は、Y_6大学を運営し、Y_7学校法人は、Y_7大学を運営し、Y_8学校法人は、Y_8大学を運営しているところ、X_1、X_2、X_3、X_{14}は、平成14年度のY_1大学の入学試験を受けて合格し、X_4は、平成14年度のY_2大学の入学試験を受けて合格し、X_5は、平成5年度のY_3学校の入学試験を受けて合格し、X_6は、平成14年度のY_4大学の入学試験を受けて合格し、Y_7は、平成14年度のY_5大学の入学試験を受けて合格し、Y_8、X_3は、平成14年度のY_6大学の3年次編入試験を受けて合格し、X_9は、平成12年度のY_7大学の入学試験を受けて合格し、X_{10}は、平成14年度のY_8大学大学院の入学試験を受けて合格し、X_{11}は、平成14年度の、X_{12}は、平成6年度のY_8大学の入学試験を受けて合格し、それぞれ入学金等を納付したものの、その後、入学を辞退する等したため（X_1ら各人によってその経過は異なるが、経過は判決文参照）、X_1らがそれぞれ対応するY_1らに対して入学金等の返還を請求したものである。

本判決は、入学金は権利金ないし予約完結権の対価としての性質を有し、入学金を返還しない特約は消費者契約法9条1号の条項に該当せず、前納授業料等を入学辞退者に返還しない特約は、同条号に該当し、平均的な損害は0円であるとし、X_1、X_4、X_6、Y_7、Y_8、X_{10}、X_{11}、X_{13}、X_{14}の請求を一部認容し、その余の請求を棄却したものである。

〔判決文省略〕

判決の特徴と意義

本件は、既に紹介している大学等の入学試験に合格し、入学金等の学納金を支払った後、入学を辞退する等し、大学、専門学校の運営主体に対してその返還を請求した事件であるが、本件は、大学のほか、専門学校における入学金等の不返還特約が問題になったことに特徴がある。

本判決は、入学金は、入学資格を取得するための権利金または予約完結権

の対価のようなものであるから、入学金の不返還特約のうち入学辞退の場合に入学金を返還しない旨を定める部分は、消費者契約法9条1号にいう契約解除に伴う損害賠償額の予定または違約金の定めには該当しないとしたこと、入学金を返還しない特約には消費者契約法9条1号が適用されないとしたこと、消費者契約法9条1号の平均的な損害は、同一事業者が締結する多数の同種契約事案について、当該契約の性質、解除事由、解除時期、損害填補の可能性、解除により事業者が出捐を免れた金額等、諸般の事情を考慮して、類型的に考察した場合に算定される平均的な損害の額をいい、抽象的に想定される額ではなく、現実に発生する具体的な損害の額をいうとしたこと、4月直前の時期に入学辞退の申入れがあった場合には、辞退者についての固有の入学準備、すなわち、学生証の作成、学籍簿の作成などの作業が既に進行しており、これらの作業に要した費用が学校に通常生じる平均的な損害であるとみる余地もあるとしたこと、授業料等と同時に相当な額の入学金を学校が徴収し、入学金につき返還する義務を負わないから、これを全体としてみるとき、学校が入学準備費用の負担を負うことを考慮しても、この負担は入学金収入によって相殺されているとみることができ、在学契約の解除により学校法人に生ずべき平均的な損害の額は、零であるとしたことに特徴があり、その旨の事例を提供するものである。

裁判例8

【裁判例】　横浜地判平17・4・28判時1903号111頁
　　　　〔消費者契約法9条1号：不返還特約〕

【事案の特徴】

　Y_1学校法人は、Y_1大学を運営し、Y_2学校法人は、Y_2大学を運営し、Y_3学校法人は、Y_3大学を運営し、Y_4学校法人は、Y_4大学を運営しているところ、X_1は、Y_1大学の平成14年度の入学試験を受けて合格し、入学金等を納付し、X_5は、Y_1大学の推薦入学試験を受けて合格し、入学金等を納付し、X_2は、Y_2大学の平成14年度の入学試験を受けて合格し、入学金等を納付し、X_3は、Y_3の平成14年度の入学試験を受けて合格し、

入学金等を納付し、X₄は、Y₄の平成11年度の入学試験を受けて繰上げ合格し、入学金等を納付したが、いずれも入学を辞退する等したため（X₁ら各人によってその経過は異なるが、経過は判決文参照）、X₁らがそれぞれ対応するY₁らに対して入学金等の返還を請求したものである。

　本判決は、入学金は大学の学生としての地位を取得する対価としての性質を有するとし、合格者が学生の地位を取得する４月１日以降は、大学がその対価として入学金を取得することが認められるものの、３月31日以前に合格者が入学を辞退する等した場合には、大学が入学金を保持しうる根拠はないとしたのに対し、推薦入学の場合には、在学契約の拘束力を高める合理的な必要性がある等とし、大学が入学金を保持しうるとし、授業料等については、教育役務の提供を受け、または施設を利用することなどの対価であるとし、４月１日以降に在学契約が解消された場合でも、授業料等に対する反対給付の履行をしていない大学は、授業料等の返還義務を負い、入学金等の不返還特約については、消費者契約法９条１号により、学生としての地位の取得後に入学辞退をした者との関係では平均的損害がないから無効である等とし（消費者契約法施行前に締結された在学契約は、同法の適用を受けず、民法90条等によっても無効ではないとした）、X₁、X₂、X₃、X₅の請求を認容し、X₄の請求を棄却したものである。

〔判決文省略〕

判決の特徴と意義

　本件は、大学の各種の入学試験に合格し、入学金、授業料等を支払った受験生らが入学を辞退した後、入学金等の返還を請求した事件であり、入学金の返還義務の有無、授業料等の返還義務の有無、不返還特約の消費者契約法９条１号の該当性が問題になったものである。

　本判決は、入学金は大学の学生としての地位を取得する対価としての性質を有するとし、合格者が学生の地位を取得する４月１日以降は、大学がその

対価として入学金を取得することが認められるものの、3月31日以前に合格者が入学を辞退する等した場合には、大学が入学金を保持しうる根拠はないとしたこと、推薦入学の場合には、在学契約の拘束力を高める合理的な必要性がある等とし、大学が入学金を保持しうるとしたこと、消費者契約法の施行前に成立した在学契約には、同法が適用されないとしたこと、入学金等を返還しない旨の特約は公序良俗等による無効とはいえないとしたこと、立証責任については、消費者が損害賠償予定条項に定められた額が平均的な損害の額を超えることにつき立証責任を負うとしたこと、消費者契約法9条1号の平均的な損害の額は、同一事業者が締結する多数の同種契約事案について類型的に考察した場合に算定される平均的な損害の額をいい、具体的には、解除の事由、時期等により同一の区分に分類される複数の同種の契約について、その解除に伴って当該事業者に生じる損害の額の平均値を意味するとしたこと、授業料等は、教育役務の提供を受け、または施設を利用することなどの対価であるとし、4月1日以降に在学契約が解消された場合でも、授業料等に対する反対給付の履行をしていない大学は、授業料等の返還義務を負うとしたこと、入学金等の不返還特約は、消費者契約法9条1号により、学生としての地位の取得後に入学辞退をした者との関係では平均的損害がないから無効であるとしたことに特徴がある。しかし、本判決は、その内容自体独自の見解によるところが多く、後記〔裁判例11〕の最高裁の判決（最判平18・11・27民集60巻9号3437頁等。入学金の返還義務を否定し、3月31日以前の辞退を基準として授業料等の返還義務を判断する法理）に照らして疑問の多いものであり、参考にする意義のないものである。

裁判例9

【裁判例】 東京地判平17・7・21判タ1196号82頁
〔消費者契約法9条1号：不返還特約〕

【事案の特徴】

　Y_1学校法人は、Y_1大学を運営し、Y_2学校法人は、Y_2大学を運営しているところ、X_1は、Y_1大学の平成16年度の入学試験を受けて合格し、

入学金等を納付し、X_2、X_3、X_4は、Y_1大学の平成14年度の入学試験を受けて合格し、入学金等を納付し、X_5は、Y_2大学の平成14年度の入学試験を受けて合格し、入学金等を納付し、X_6は、Y_2大学の平成16年度の入学試験を受けて合格し、入学金等を納付し、いずれも入学を辞退する等したため（X_1ら各人によってその経過は異なるが、経過は判決文参照）、X_1らがそれぞれ対応するY_1らに対して入学金等の返還を請求したものである。

本判決は、入学金が大学に入学しうる地位を獲得するための対価としての性質を有するほか、大学が入学予定者を受け入れるために必要な入学準備行為の対価としての性格も併有しており、Y_1らは返還を要しないが、授業料等は教育役務等を提供することの対価としての性格を有する前払金であるから、教育役務等の提供を受けていない場合には、法律上の原因を欠くところ、授業料等の不返還特約は、消費者契約法9条1号に該当し、平均的損害が生じているとは認められない等とし、X_2の請求を棄却し、その余のX_1らの請求を認容したものである。

〔判決文省略〕

判決の特徴と意義

本件は、大学の入学試験に合格した受験生が、入学金、授業料等を支払った後入学を辞退した後、入学金等の返還を請求した事件であり、入学金の返還義務の有無、授業料等の返還義務の有無、不返還特約の消費者契約法9条1号の適用が問題になったものである。

本判決は、入学金については返還義務を否定したこと、授業料等は、不返還特約が消費者契約法9条1号に該当し、平均的損害が生じているとは認められないとしたこと、4月1日以降に入学辞退がされたとしても、当該大学の入学式後、実際に授業が開始されるなどの時点にまで至っているというのでない限り、そのことの一事をもって授業料等相当額の平均的損害が生ずるに至るものともいえないとしたことに特徴があり、4月1日以降の入学辞退

の場合にも授業料等の返還義務を肯定した事例を提供するものである。本判決のこの判断も、後記〔裁判例11〕の最高裁の判決（最判平18・11・27民集60巻9号3437頁等。入学金の返還義務を否定し、3月31日以前の辞退を基準として授業料等の返還義務を判断する法理）等において問題になったところであり、原則としては否定された判断である。

裁判例10

【裁判例】　東京地判平18・6・27判時1955号49頁
〔消費者契約法9条1号、10条：不返還特約〕

―【事案の特徴】―

　Y_1学校法人は、Y_1大学を運営し、Y_2学校法人は、Y_2大学を運営し、Y_3学校法人は、Y_3大学を運営し、Y_4学校法人は、Y_4大学を運営し、Y_5学校法人は、Y_5大学を運営し、Y_6学校法人は、Y_6大学を運営しているところ、X_1は、Y_1大学の平成15年度の入学試験を受けて合格し、入学金等を納付し、X_2は、Y_2大学の平成15年度の入学試験を受けて合格し、入学金等を納付し、X_3は、Y_3大学の平成15年度の入学試験を受けて合格し、入学金等を納付し、X_4は、Y_4大学の平成14年度の入学試験を受けて合格し、入学金等を納付し、X_5は、Y_5大学の平成14年度の入学試験を受けて合格し、入学金等を納付し、X_6は、Y_6大学の平成14年度の入学試験を受けて合格し、入学金等を納付し、いずれも入学を辞退する等したため（X_1ら各人によってその経過は異なるが、経過は判決文参照）、X_1らがそれぞれ対応するY_1らに対して入学金等の返還を請求したものである。

　本判決は、入学金は在学契約を締結しうる地位の対価であり、授業料等は在学契約に伴い大学が提供すべき役務に対する対価であるとし、入学金の返還義務を否定し、授業料等については、反対給付を受けることなく在学契約を解消した学生等には授業料等が本来的に返還されるべきであるとしたうえ、平均的な損害の主張・立証責任は原則として消費者にあるとしつつ、消費者が事業者の平均的損害につき外形的事情により

> なしうる一応の推計に基づく主張を行った場合には、事業者の側に相応の資料や根拠に基づいて平均的損害が違約金等の額に及ぶことを反証しない限り、平均的損害は、消費者の主張する額であると推認される等とし、不返還特約が消費者契約法9条1号により一部無効であるとし、X_1らの請求を一部認容したものである。

判決文

(ア) 学納金の経緯

　我が国においては、従来から受験料ないし検定料とは別に、入学金及び授業料等の学納金が徴収されていたのであるが、その額は、年々高額になっており、また、その納入期限は合格発表後の短期間のうちに設定されていた。

　そして、我が国の私立大学では、長年にわたり、入学手続に当たって、入学金と授業料等（概して第1学年の前期分に当たる。）を納入すれば、その後、他の大学に合格するなどして入学を辞退したとしても、その学納金は一切返還されないという運用がなされていた。

(イ) 文部省（現文部科学省）の通達

　昭和50年9月1日に出された文管振第251号文部省管理局長及び大学局長による通知によれば、当該大学の授業を受けない者から授業料を徴収し、また当該大学の施設設備を利用しない者から施設利用費を徴収することは、容易に国民の納得を得られないところである旨述べられており、少なくとも入学金以外の学生納付金については、合格発表後短期間に納めるような取扱いは避け、例えば入学式の日から逆算して概ね2週間前の日以降に徴収するなどの配慮が適当であり、善処されるよう、各学校法人の理事長に対し、要請されている。

　加えて、平成14年5月17日14文科高第170号文部科学省高等教育局長通知によれば、私立大学の入学手続時における学生納付金の取扱いについては上記の昭和50年に出された通知を参照し、推薦入学等も含め、少なくとも入学料以外の学生納付金を納入する期限について、合格発表後、短期間内に納入させるような取扱いは避けるなどの配慮をされたい旨の要請がなされている。

(ウ) 昨今の学納金の返還をめぐる実情

　昨今、日本の私立大学においては、学納金の不返還に関する社会的関心の高まりもあり、入学金の額を値下げしたり、納入方法について、入学金は合格発表後に納入期限が設けられているものの、授業料等については、それから相当期間経過後に、中には国公立大学の後期試験の合格発表後の4月直前などに納入期限を設定する大学が増加し、受験生に配慮した運用をなしているところが多い。また、授業料等を納入して入学手続を完了した場合であっ

ても、その後に入学を辞退すれば、授業料等を返還したり、さらには入学金をも返還する制度を設ける大学も見受けられるようになっている。
ウ　授業料等について
　　授業料は、その名称からしても、また、各学年の各学期に対応して徴収されることからも、在学契約において、大学が提供する役務の対価としての性質を有することは明らかである。
　　また、授業料以外の施設設備費や教材費、組合費、学生保険料等については、その名称の示すとおり、大学の提供する役務の対価、実費あるいは立替金の性格を有するものということができる。
エ　入学金について
　　入学金は、主として在学契約を締結し得る地位の取得の対価、すなわち権利金としての性格を有するものと解される。その理由は、以下のとおりである。
　　すなわち、入学手続において、入学金とは別に、授業料等が納付されており、授業料等の額は入学時と次年度以降で差がないこと、入学金の額は数十万円程度であり、授業料等と比して低額であることからすると、入学金を授業料等の一部とみることはできない。次に、大学においては、入学手続を完了した者に対して、学籍番号を付与して学生証を発行するとともに、クラス編成を行うなど、入学準備のための費用を支出しており、入学金の一部が、その事務手数料たる性格を有することは否めないが、入学金をこれらの事務手数料としてのみ理解するには、その額が高額に過ぎると言わざるを得ない。
　　しかるところ、併願受験が認められている現在の入試制度の下においては、受験生の側では、第一志望の大学の合否が判明するまでの間、第二志望以下の大学に入学し得る地位を保全することに重大な関心を有するとともに、大学側においても、最終的な入学者の確保のために、合格者の中から最終入学する可能性のある合格者を選別して入学し得る地位を付与するメリットは大きいものと思料される。そうすると、上記のような状況下において授業料等と別個に入学金を徴収する扱いが行われていることを勘案して、これを授受する当事者の意思を推量するならば、入学金は在学契約を締結し得る地位の対価、すなわち権利金としての性格を有するものと認められる。
　　なお、入学金の額が著しく高額である場合には、もはや権利金としての性質を失い、原告らが主張するように、在学契約上の教育役務の対価としての性質を帯びるものと言えなくはない。しかしながら、本件の被告らの入学金は、被告日本大学を除き、いずれも20万円台であり、納入される授業料等との比較においても著しく高額であるとはいえない。また、被告日本大学においては、60万円の入学金の納入が予定されているが、当該入学金は募集定員が少ない歯学部の入学金であること、授業料等も473万円と著しく高額であることからすれば、かかる入学金の金額も、権利金としての性質を失わせるほどに高額であるということはできない。

(5) 以上のことからすれば、原告らは、入学金を納入することによって、被告ら大学との間の在学契約を締結し得る地位を得たものであり、原告らによる解除権の行使は、将来に向かって、在学契約を消滅させるにすぎないから、既履行部分の対価たる入学金を保持することが被告らの不当利得となる余地はないというべきである。したがって、原告らが、この入学金の返還を求める部分については、その余の争点を判断するまでもなく理由がない。

　他方、授業料等については、上記のとおり、在学契約に伴い大学が提供すべき役務に対する対価等と解されることから、反対給付を受けることなく在学契約を解消した原告らに対し、本来的には返還されるべき性質のものと解されることとなる。

　(略)

c　4月1日以降の解除の場合

　以上は学生からの解除が3月末日までになされた場合を前提としているが、4月1日以降に解除がなされた場合には、別途の検討を要する。

　上記のように、大学は、合格発表の段階において、一定程度の入学辞退者が存在することを予測し、これを織り込んだ上で、合格者数を決定しているものと考えられるが、各大学は、最終的には3月末日までには入学手続を完了するスケジュールを組んでいることからすれば、併願受験制度の下における入学辞退は、3月末日までに完了するとの前提で歩留まり率を計算しているものというべきである。

　そうすると、4月1日以降の入学辞退者の存在は、大学にとって織り込み済みの事象であるとはいえず、かえって、大学は、3月末日までに入学を辞退しない者については、当該大学に入学するものと確実に期待するものといえる。

　よって、大学の経費の大部分が固定費用的なものであり、信頼利益の損害という面では、学生による解除の時期が4月1日の前後で大差ないとしても、履行利益の損害という観点からは、前記のような織り込み済み論は4月1日以降は妥当しないから、原告において、別途の主張立証のない限り、4月1日以降に入学を辞退した者については、履行利益としての授業料等相当額の損害が、大学には類型的に発生していないとは認められない（なお、原告らは、平均的損害には履行利益は含まれない旨主張するが、消費者契約法には、その旨の明文の規定はなく、また同法の立法趣旨に照らしても、かかる限定解釈をとるべき理由はないから、原告らの主張は失当である。）。

d　以上のことから、3月31日までに在学契約を解除した場合においては、原告らは、前記のとおり、一応の推計方法として、織り込み済み論及び固定費用論を主張・立証しており、これに対する被告らの的確な反証もないことを勘案すれば、大学には平均的損害は発生していないものと推認する

ことができる。一方、4月1日以降に在学契約を解除した場合については、前記cのとおり、織り込み済み論は一応の推計とはならず、別途の主張立証がない限り、平均的損害が発生していないということはできない。
e 本件においては、上記一（争点一）で認定したとおり、各原告はいずれも3月31日までに各被告との間の在学契約を解除していることから、原告らの入学辞退によって、被告らには平均的損害は発生していない。
　以上のことから、学納金の不返還を規定する学納金不返還合意は、消費者契約法9条1号によって、授業料の不返還を規定する限りにおいて無効となると解される。

判決の特徴と意義

　本件は、受験生らがそれぞれ各大学の入学試験を受験し、合格し、入学金等を支払った後、入学を辞退する等し、大学を運営する学校法人に対して入学金等の返還を請求した事件であり、他の事件と同様に、不返還特約につき消費者契約法9条1号、10条の適用が問題になったものである。

　本判決は、入学金は、主として在学契約を締結し得る地位の取得の対価、すなわち権利金としての性格を有するとしたこと、授業料は、在学契約において大学が提供する役務の対価としての性質を有するとしたこと、授業料以外の施設設備費や教材費、組合費、学生保険料等は、大学の提供する役務の対価、実費あるいは立替金の性格を有するとしたこと、入学金は在学契約を締結しうる地位の対価であり、入学金を保持することが大学の不当利得となる余地はなく、入学の辞退等によって返還義務が生じないとしたこと、授業料等は、反対給付を受けることなく在学契約を解消した学生等（合格者）には授業料等が本来的に返還されるべきであるとしたこと、消費者契約法9条1号の平均的損害は、同一事業者が締結する多数の同種契約事案について、当該契約の性質、解除事由、解除時期、損害填補の可能性、解除により事業者が出捐を免れた金額等、諸般の事情を考慮して、類型的に考察した場合に算定される平均的な損害の額をいうとしたこと、平均的損害の有無およびその額に関する主張・立証責任については、消費者契約法9条1号は、消費者と事業者との間で定められた損害賠償の予定ないし違約金の一部ないし全部

を無効とするものであり、消費者に有利な法律効果をもたらす条項であることから、原則として消費者側がその主張・立証責任を負うとしたこと、消費者が事業者の平均的損害につき外形的事情によりなしうる一応の推計に基づく主張を行った場合には、事業者の側に相応の資料や根拠に基づいて平均的損害が違約金等の額に及ぶことを反証しない限り、平均的損害は、消費者の主張する額であると推認されるとしたこと、3月31日以前の入学辞退の場合には、授業料等につき返還義務を認めたこと、4月1日以降の入学辞退者の存在は、大学にとって織り込み済みの事象であるとはいえず、かえって、大学は、3月末日までに入学を辞退しない者については、大学に入学するものと確実に期待するとしたこと、消費者が別途の主張立証のない限り、4月1日以降に入学を辞退した者については、履行利益としての授業料等相当額の損害が大学に類型的に発生していないとは認められないとし、返還義務を否定したことに特徴がある。

　本判決は、従来の同種事件の裁判例と比較すると、従来の議論を踏まえ、比較的に穏当な判断を示したものであるが、本判決の提示する平均的損害の推認定の法理は、その内容、前提に疑問のあるものである。大学等の入学金、授業料等の返還義務をめぐる前記のとおり、既に多数の裁判例が公表されていたところであり、ようやく、平成18年11月以降、最高裁の判決が続いて言い渡され、この問題に決着をつけることになったものである。

裁判例11

【裁判例】　最判平18・11・27民集60巻9号3437頁・判時1958号12頁
〔消費者契約法9条1号、10条：不返還特約〕

――――【事案の特徴】――――

　Y学校法人は、Y大学を運営しているところ、X_1は、平成14年度の芸術学部の一般推薦（公募制）の入学試験を受けて合格し（合格した場合、入学できることを確約できることが出願資格とされている専願入試に合格したものである）、入学金等を納付し、X_2は、文理学部の一般入学試験を受けて合格し、入学金等を納付し、いずれも入学を辞退したことから

（X₁は、平成14年3月13日に退学願いを提出した。X₂は、電話による通知は、平成14年3月内であったが、辞退届出の書面は、同年4月3日にYに到達した）、X₁らがYに対して不返還特約が消費者契約法9条1号、10条により無効であると主張して入学金等の返還を請求したものである。

控訴審判決は、X₁については、入学金以外の学納金につき返還を認めるべきであるとしたものの、X₂については、平成14年4月1日にY大学の学生たる地位を取得し、教育役務の提供が開始されたとし、Yの返還義務を否定し、X₁の請求を認容し、X₂の請求を棄却したため、Y、X₂が上告受理を申し立てたものである。

本判決は、入学金は、その額が不相当に高額であるなど他の性質を有するものと認められる特段の事情のない限り、学生が当該大学に入学しうる地位を取得するための対価であるとし、返還義務を否定し、不返還特約のうち授業料等に関する部分は、在学契約の解除に伴う損害賠償額の予定または違約金の定めの性質を有するとし、消費者契約にあたるとしつつ、消費者契約法9条1号所定の平均的な損害およびこれを超える部分については事実上の推定が働く余地があるとしても、基本的には学生が不返還特約の全部または一部が平均的な損害を超えて無効であることの主張・立証責任を負うとし、本件では、入学金以外の学納金については在学契約の解除の時期が当該大学において解除を前提として他の入学試験等によって代わりの入学者を通常容易に確保することができる時期を経過していないなどの特段の事情がない限り、平均的な損害を超える部分は存在せず、返還請求は認められないとし、さらに、同法10条には該当しないとし、X₁については、この特段の事情の審理が必要であるとし、X₁に関する部分を破棄し、本件を東京高裁に差し戻し、X₂については口頭の辞退により解除の効力が生じ、不返還特約は無効であるとし、X₂に関する部分を破棄し、Yの控訴を棄却したものである。

判決文

ア　在学契約の性質

　大学（短期大学を含む。以下同じ。）は、学術の中心として、広く知識を授けるとともに、深く専門の学芸を教授研究

し、知的、道徳的及び応用的能力を展開させること等を目的とする（学校教育法52条、69条の2第1項）ものであり、大学を設置運営する学校法人等（以下においては、大学を設置運営する学校法人等も「大学」ということがある。）と当該大学の学生（以下においては、在学契約又はその予約を締結したがいまだ入学していない入学試験合格者を含めて「学生」ということがある。）との間に締結される在学契約は、大学が学生に対して、講義、実習及び実験等の教育活動を実施するという方法で、上記の目的にかなった教育役務を提供するとともに、これに必要な教育施設等を利用させる義務を負い、他方、学生が大学に対して、これらに対する対価を支払う義務を負うことを中核的な要素とするものである。また、上記の教育役務の提供等は、各大学の教育理念や教育方針の下に、その人的物的教育設備を用いて、学生との信頼関係を基礎として継続的、集団的に行われるものであって、在学契約は、学生が、部分社会を形成する組織体である大学の構成員としての学生の身分、地位を取得、保持し、大学の包括的な指導、規律に服するという要素も有している。このように、在学契約は、複合的な要素を有するものである上、上記大学の目的や大学の公共性（教育基本法6条1項）等から、教育法規や教育の理念によって規律されることが予定されており、取引法の原理にはなじまない側面も少なからず有している。以上の点にかんがみると、在学契約は、有償双務契約としての性質を有する私法上の無名契約と解するのが相当である。

イ 在学契約の成立時期

　大学は、一般に、学則や入学試験要項、入学手続要項等（以下、入学手続要項や入学手続要項等を併せて「要項等」と総称する。）において、当該大学の入学試験の合格者について、入学に先立ち、入学金（入学料）授業料等の諸費用（これらを併せて「学生納付金」、「入学時納入金」、「校納金」等の名称が付されていることがある。以下においては「学生納付金」という。）の納付や必要書類の提出などの入学手続を行う期間を定めており、この期間内に所定の入学手続を完了しなかった者の入学を認めないものとする一方、上記入学手続を行った者については、入学予定者として取り扱い、当該大学の学生として受け入れる準備を行っているものであるから、特段の事情のない限り、学生が要項等に定める入学手続の期間内に学生納付金の納付を含む入学手続を完了することによって、両者の間に在学契約が成立するものと解するのが相当である。なお、要項等において、入学金とそれ以外の学生納付金とで異なる納付期限を設定し、入学金を納付することによって、その後一定期限までに残余の学生納付金を納付して在学契約を成立させることのできる地位を与えている場合には、その定めに従って入学金を納付し、入学手続の一部を行った時点で在学契約の予約が成立する一方、残余の手続を所定の期間内に完了した時点で在学契約が成立し、これを完了しなかった場合には上記

予約は効力を失うものと解するのが相当である。もっとも、入学手続を完了して在学契約を締結した者が当該大学の学生の身分を取得するのは、当該大学が定める入学時期すなわち通常は入学年度の4月1日であり、大学によって教育役務の提供等が行われるのも同日以降であるから、双務契約としての在学契約における対価関係は、同日以降に発生することになる。

ウ　学生納付金の性質

　大学が学則や要項等において、入学手続の際に納付すべきものと定めている学生納付金には、一般に、①入学金、②授業料（通常は初年度の最初の学期分又は初年度分）のほか、③実験実習費、施設設備費、教育充実費などの費目の金員、更には、④学生自治会費、同窓会費、父母会費、傷害保険料などの諸会費等（以下「諸会費等」という。）が含まれるところ、これらのうち②及び③（以下併せて「授業料等」という。）は、その費目の名称に照らしても、一般に、教育役務の提供等、在学契約に基づく大学の学生に対する給付の対価としての性質を有するものと解され、④の諸会費等も、一般に、学生が大学において教育を受け、あるいは学生の地位にあることに付随して必要となる費用として納付されるものであって、その使途が具体的に明示されているにすぎないものと解される。これに対して、①の入学金は、入学時にのみ納付することとされていて、要項等において、他の学生納付金と納付期限に差異が設けられていることも多い上、一定の期限までに入学辞退を申し出た場合に入学金以外の学生納付金のみを返還する旨定められていることが多いなど、一般に他の学生納付金とは異なる取扱いがされており、法令上も授業料とは別に位置付けられている（学校教育法施行規則4条1項7号等）。

　また、我が国においては、大学の入学の時期は、原則として学年の初めすなわち4月1日とされ（学校教育法施行規則72条、44条及び各大学の学則の定め）、新入生を募集する時期も限定されているが、各大学、学部あるいは入学試験の種類等によって試験日が様々であるために、同一年度に複数の大学、学部を併願受験することが可能であることから、大学の入学試験の受験者の相当数が複数の大学、学部を併願受験し、合格した大学、学部の中から自己の志望等を勘案して実際に入学する大学、学部を選択している。そして、合否の発表日や入学手続の期間も各大学、学部あるいは入学試験の種類等によって様々に定められているため、受験した大学、学部の入学試験に合格した者は、当該大学、学部への入学についての志望の強さ、併願受験した他大学、他学部の入学試験の合否の結果あるいはその見通し、入学についての志望の強さ等を勘案して、当該合格した大学、学部について、入学金の納付を含む入学手続の全部又は一部を行って在学契約又はその予約（以下、これらを併せて「在学契約等」という。）を締結するかどうかを決定することが通例である。入学試験合格者においては、在学契約等を締結することにより、在学契約等を締結した大学から正当な理由なくこの在学契約等を解除されない

地位、すなわち当該大学に入学し得る地位を確保した上で、併願受験した他大学、他学部の入学試験の合否の結果を待って最終的に入学する大学、学部を選択する（入学手続の全部又は一部を行ったが入学しないこととした大学、学部については、残余の入学手続を行わず、あるいは入学辞退を申し出る。）こととし、また、他大学、他学部の入学試験が不合格となった場合でも、先に入学し得る地位を確保しておいた大学、学部に入学して、いわゆる浪人生活を回避するということが広く行われている。一方、大学としては、入学金の納付を含む入学手続の全部又は一部を行って在学契約等を締結した学生については、当該学生が現実に当該大学に入学するかどうかにかかわらず、入学予定者として扱い、当該大学の学生として受け入れるための事務手続等を行うことになる。

　以上の諸事情及び入学金という名称に照らすと、入学金は、その額が不相当に高額であるなど他の性質を有するものと認められる特段の事情のない限り、学生が当該大学に入学し得る地位を取得するための対価としての性質を有するものであり、当該大学が合格した者を学生として受け入れるための事務手続等に要する費用にも充てられることが予定されているものというべきである。そして、在学契約等を締結するに当たってそのような入学金の納付を義務付けていることが公序良俗に反するということはできない。

（略）

(エ) 在学契約は、解除により将来に向かってその効力を失うから、少なくとも学生が大学に入学する日（通常は入学年度の４月１日）よりも前に在学契約が解除される場合には、学生は当該大学の学生としての身分を取得することも、当該大学から教育役務の提供等を受ける機会もないのであるから、特約のない限り、在学契約に基づく給付の対価としての授業料等を大学が取得する根拠を欠くことになり、大学は学生にこれを返還する義務を負うものというべきであるし、同日よりも後に在学契約が解除された場合であっても、前納された授業料等に対応する学期又は学年の中途で在学契約が解除されたものであるときは、いまだ大学が在学契約に基づく給付を提供していない部分に対応する授業料等については、大学が当然にこれを取得し得るものではないというべきである。また、諸会費等についても、一般に前示のような費用として大学に納付されるものであって、在学契約の締結に当たって授業料等と併せて納付すべきものとされていることに照らすと、在学契約が解除されて将来に向かって効力を失った場合、原則として、その返還に関して授業料等と別異に解すべき理由はなく、諸会費等の中には大学が別個の団体に交付すべきものが含まれているとしても、それだけでは大学に利得がないとして大学がその返還義務を免れる理由にはならないというべきである。これに対して、学生が大学に入学し得る地位を取得する対価の性質を有する入学金については、その納付をもって学生は上記地位を取得するものであるから、そ

の後に在学契約等が解除され、あるいは失効しても、大学はその返還義務を負う理由はないというべきである。
（略）
ク　不返還特約の消費者契約法上の効力
(ア)　消費者契約法9条1号の規定により、違約金等条項は、「当該消費者契約と同種の消費者契約の解除に伴い当該事業者に生ずべき平均的な損害」（以下「平均的損害」という。）を超える部分が無効とされるところ、在学契約の解除に伴い大学に生ずべき平均的な損害は、1人の学生と大学との在学契約が解除されることによって当該大学に一般的、客観的に生ずると認められる損害をいうものと解するのが相当である。そして、上記平均的な損害及びこれを超える部分については、事実上の推定が働く余地があるとしても、基本的には、違約金等条項である不返還特約の全部又は一部が平均的な損害を超えて無効であると主張する学生において主張立証責任を負うものと解すべきである。

(イ)　ところで、前記のとおり、学生の大学選択に関する自由な意思決定は十分に尊重されなければならず、大学の入学試験に合格した者が常に当該大学と在学契約等を締結するとは限らないし、在学契約等を締結した学生が実際に当該大学に入学するかどうかも多分に不確実なものである。そこで、一般に、各大学においては、入学試験に合格しても入学手続を行わない者や入学手続を行って在学契約等を締結した後にこれを解除しあるいは失効させる者が相当数存在することをあらかじめ見込んで、合格者を決定し、予算の策定作業を行って人的物的教育設備を整えている。また、各大学においては、同一学部、同一学科の入学試験を複数回実施したり、入学者の選抜方法を多様化したりするなどして、入学者の数及び質の確保を図ることに努め、あるいは、補欠合格（追加合格）等によって入学者を補充するなどの措置を講じている。このような実情の下においては、1人の学生が特定の大学と在学契約を締結した後に当該在学契約を解除した場合、その解除が当該大学が合格者を決定するに当たって織り込み済みのものであれば、原則として、その解除によって当該大学に損害が生じたということはできないものというべきである。なお、1人の学生の在学契約の解除に伴い、大学においては、当該学生の受入れのために要した費用が無駄になったり、事務手続をやり直すための費用を要したりすることもあるが、これらは入学金によって賄われているものということができる。

　したがって、当該大学が合格者を決定するに当たって織り込み済みのものと解される在学契約の解除、すなわち、学生が当該大学に入学する（学生として当該大学の教育を受ける）ことが客観的にも高い蓋然性をもって予測される時点よりも前の時期における解除については、原則として、当該大学に生ずべき平均的な損害は存しないものというべきであり、学生の納付した授

〔第2部〕 契約類型別の消費者契約と裁判例の検証

業料等及び諸会費等は、原則として、その全額が当該大学に生ずべき平均的な損害を超えるものといわなければならない。これに対し、学生による在学契約の解除が、上記時点以後のものであれば、そのような時期における在学契約の解除は、当該大学が入学者を決定するに当たって織り込み済みのものということはできない。そして、大学の予算は年度単位で策定されていて（私立学校法48条等）、当該年度の予算上の支出計画を変更するなどして人的物的教育設備を縮小したり、支出すべき費用を減少させたりすることは困難であること、一般に在学契約に基づく大学の学生に対する給付も1年を単位として準備されていることなどに照らすと、当該大学は、原則として、上記解除により、学生が当該年度に納付すべき授業料等及び諸会費等（ただし、在学契約に基づき大学が給付を提供した部分があるときは、これに対応する分を除く。）に相当する損害を被るものというべきであり、これが上記時期における在学契約の解除に伴い当該大学に生ずべき平均的な損害ということができる。したがって、上記時期に在学契約を解除した学生の納付した初年度に納付すべき授業料等及び諸会費等については、原則として、当該大学に生ずべき平均的な損害を超える部分は存しないものというべきである。

(ウ) そして、国立大学及び公立大学の後期日程入学試験の合格者の発表が例年3月24日ころまでに行われており、そのころまでには私立大学の正規合格者の発表もほぼ終了していること、補欠合格者の発表もほとんどが3月下旬までに行われているという実情の下においては、大多数の入学試験の受験者においては、3月下旬までに進路が決定し、あるいは進路を決定することが可能な状況にあって、入学しないこととした大学に係る在学契約については、3月中に解除の意思表示をし得る状況にあること、4月1日には、大学の入学年度が始まり、在学契約を締結した者は学生としての身分を取得することからすると、一般に、4月1日には、学生が特定の大学に入学することが客観的にも高い蓋然性をもって予測されるものというべきである。そうすると、在学契約の解除の意思表示がその前日である3月31日までにされた場合には、原則として、大学に生ずべき平均的な損害は存しないものであって、不返還特約はすべて無効となり、在学契約の解除の意思表示が同日よりも後にされた場合には、原則として、学生が納付した授業料等及び諸会費等は、それが初年度に納付すべき範囲内のものにとどまる限り、大学に生ずべき平均的な損害を超えず、不返還特約はすべて有効となるというべきである。

もっとも、入学試験要項の定めにより、その大学、学部を専願あるいは第一志望とすること、又は入学することを確約することができることが出願資格とされている推薦入学試験（これに類する入学試験を含む。）に合格して当該大学と在学契約を締結した学生については、上記出願資格の存在及び内容を理解、認識した上で、当該入学試験を受験し、在学契約を締結したものであること、これによって、他の多くの受験生よりも一般に早期に有利な条件

で当該大学に入学できる地位を確保していることに照らすと、学生が在学契約を締結した時点で当該大学に入学することが客観的にも高い蓋然性をもって予測されるものというべきであるから、当該在学契約が解除された場合には、その時期が当該大学において当該解除を前提として他の入学試験等によって代わりの入学者を通常容易に確保することができる時期を経過していないなどの特段の事情がない限り、当該大学には当該解除に伴い初年度に納付すべき授業料等及び諸会費等に相当する平均的な損害が生ずるものというべきである。

判決の特徴と意義

本件は、大学の入学試験を受験した合格者ら（2名であり、同じ大学の別の学部を受験し、合格したものであるが、合格者の1人は、専願入試に合格したものである）が入学金等の支払い後、入学を辞退し、入学金等の返還を請求し、不返還特約の消費者契約法9条1号、10条の該当性が問題になった上告審の事件である。本件は、大学等の入学試験において入学金、授業料等の学納金を支払った受験生が後日入学を辞退する等し、学納金の返還を請求した多数の事件のうち、最高裁が取り上げた最初の事件であり、大学等における入学生との間の契約関係の性質・内容、大学等の学納金の返還に関する問題としても、また、消費者契約法9条1号の解釈・適用問題としても注目された事件である。

本判決は、在学契約は、有償双務契約としての性質を有する私法上の無名契約としたこと、大学等と学生（受験生）との関係は、特段の事情のない限り、学生が要項等に定める入学手続の期間内に学生納付金の納付を含む入学手続を完了することによって、在学契約が成立するとしたこと、入学手続を完了して在学契約を締結した者が当該大学の学生の身分を取得するのは、当該大学が定める入学時期、すなわち通常は入学年度の4月1日であり、大学によって教育役務の提供等が行われるのも同日以降であるから、双務契約としての在学契約における対価関係は、同日以降に発生するとしたこと、入学金は、その額が不相当に高額であるなど他の性質を有するものと認められる特段の事情のない限り、学生が当該大学に入学し得る地位を取得するための

対価としての性質を有するものであり、当該大学が合格した者を学生として受け入れるための事務手続等に要する費用にも充てられることが予定されているものというべきであるとしたこと、大学が在学契約等を締結するにあたってそのような入学金の納付を義務付けていることが公序良俗に反するということはできないとしたこと、少なくとも学生が大学に入学する日（通常は入学年度の４月１日）よりも前に在学契約が解除される場合には、学生は当該大学の学生としての身分を取得することも、当該大学から教育役務の提供等を受ける機会もないから、特約のない限り、在学契約に基づく給付の対価としての授業料等を大学が取得する根拠を欠くことになり、大学は学生にこれを返還する義務を負うとしたこと、同日よりも後に在学契約が解除された場合であっても、前納された授業料等に対応する学期または学年の中途で在学契約が解除されたものであるときは、いまだ大学が在学契約に基づく給付を提供していない部分に対応する授業料等については、大学が当然にこれを取得し得るものではないとしたこと、入学金については、納付をもって学生は大学に入学し得る地位を取得するから、その後に在学契約等が解除され、あるいは失効しても、大学はその返還義務を負う理由はないとしたこと、在学契約の解除に伴い大学に生ずべき平均的な損害は、１人の学生と大学との在学契約が解除されることによって当該大学に一般的、客観的に生ずると認められる損害をいうとしたこと、平均的な損害およびこれを超える部分については、事実上の推定が働く余地があるとしても、基本的には、違約金等条項である不返還特約の全部または一部が平均的な損害を超えて無効であると主張する学生において主張・立証責任を負うとしたこと、大学が合格者を決定するにあたって織り込み済みのものと解される在学契約の解除、すなわち、学生が当該大学に入学することが客観的にも高い蓋然性をもって予測される時点よりも前の時期における解除については、原則として、当該大学に生ずべき平均的な損害は存しないとしたこと、この場合、学生の納付した授業料等及び諸会費等は、原則として、その全額が当該大学に生ずべき平均的な損害を超えるとしたこと、これに対し、学生による在学契約の解除が、上記時点以後のものであれば、そのような時期における在学契約の解除は、当該大学が入学者を決定するにあたって織り込み済みのものということ

はできないとしたこと、在学契約の解除の意思表示がその前日である3月31日までにされた場合には、原則として、大学に生ずべき平均的な損害は存しないものであって、不返還特約はすべて無効となるとしたこと、在学契約の解除の意思表示が同日よりも後にされた場合には、原則として、学生が納付した授業料等および諸会費等は、それが初年度に納付すべき範囲内のものにとどまる限り、大学に生ずべき平均的な損害を超えず、不返還特約はすべて有効となるとしたこと、入学試験要項の定めにより、その大学、学部を専願あるいは第一志望とすること、または入学することを確約することができることが出願資格とされている推薦入学試験に合格して当該大学と在学契約を締結した学生については、学生が在学契約を締結した時点で当該大学に入学することが客観的にも高い蓋然性をもって予測されるから、当該在学契約が解除された場合には、特段の事情がない限り、当該大学には当該解除に伴い初年度に納付すべき授業料等および諸会費等に相当する平均的な損害が生ずるとしたこと、入学辞退の通知は口頭で足りるとし、在学契約の解除の効力を認めたこと、不返還特約につき消費者契約法10条の該当性を否定したこと、不返還特約が公序良俗に反しないとしたことに特徴がある。

　本判決は、最高裁の判決として重要な判決であるというだけでなく、大学等の学納金の返還をめぐる裁判例の内容、動向、議論の内容を踏まえて、基本的な法律問題に決着を付けたものであるし、消費者契約法の施行後間もなく提起された同法9条1号に関する解釈・適用問題を具体的に明らかにしたものであり、いずれの観点からも重要な判断を示した判例である。本判決は、最高裁として初めて、入学金、授業料等の不返還特約と消費者契約法9条1号に関する重要な論点について判断したものであり、まず、入学金の不返還特約を有効とし（大学に入学しうる地位の取得の対価であるとした）、入学辞退による返還義務を否定した判断が参考になる。また、本判決は、消費者契約法9条1号所定の平均的な損害に関する主張・立証責任は、消費者が平均的な損害およびこれを超える部分につき主張・立証責任を負うとし、その主張・立証責任の所在、内容を明らかにするとともに、下級審の裁判例の誤った判断を是正したことが注目される。さらに、本判決は、在学契約の解除の意思表示がその前日である3月31日までにされた場合には、原則とし

て、大学に生ずべき平均的な損害は存しないものであって、不返還特約はすべて無効となるとし、在学契約の解除の意思表示が同日よりも後にされた場合には、原則として、学生が納付した授業料等および諸会費等は、それが初年度に納付すべき範囲内のものにとどまる限り、大学に生ずべき平均的な損害を超えず、不返還特約はすべて有効となるとしたうえ、例外的に、入学試験要項の定めにより、その大学、学部を専願あるいは第一志望とすること、または入学することを確約することができることが出願資格とされている推薦入学試験に合格して当該大学と在学契約を締結した学生については、学生が在学契約を締結した時点で当該大学に入学することが客観的にも高い蓋然性をもって予測されるから、当該在学契約が解除された場合には、特段の事情がない限り、当該大学には当該解除に伴い初年度に納付すべき授業料等及び諸会費等に相当する平均的な損害が生ずるとしたことも、平均的な損害の具体的な判断基準を提示したものとして参考になる。本判決は、前記のとおり、そのほかにも大学等における学納金の返還問題をめぐる重要な争点につき参考になる判断を示している。

裁判例12

【裁判例】　最判平18・11・27民集60巻9号3597頁・判時1958号24頁
〔消費者契約法9条1号：入学式欠席条項〕

【事案の特徴】

　Y学校法人は、Y_1大学、Y_2女子大学を運営しているところ、X_1は、Y_1大学の平成14年度の入学試験を受けて合格し、入学金等を納付し、X_2ないしX_6は、Y_2女子大学の入学試験を受けて合格し、それぞれ入学金等を納付し、いずれも入学を辞退する等したため（X_1ら各人によってその経過は異なるが、経過は判決文参照。X_1は、平成14年4月2日に入学辞退を通知した。Y_2女子大学には、平成14年4月2日の入学式を無断で欠席したときは、入学資格を失う旨が入学手続要領等に記載されていたが、Y_1大学の書類にはそのような記載はなかった）、X_1らがYに対して入学金等の返還を請求したものである。

控訴審判決は、X_2ないしX_6については、訴訟によって請求した平成14年6月から8月に在学契約の解除の効力が生じたとし、平均的な損害はY_1大学につき30万円、Y_2女子大学につき20万円であるとし、これを控除した授業料等の返還義務があるとしたうえ、X_1ないしX_3の請求を一部認容し、X_4ないしX_6の請求を棄却したため（控除の結果、残額が零円となった）、X_1ら、Yが上告受理を申し立てたものである。

本判決は、X_2ないしX_6については、入学式欠席条項によって、入学式の欠席をもって在学契約が黙示に解除され、この解除について大学に生ずべき平均的な損害は存しないとし、X_1については、入学式欠席条項はなく、納付済みの授業料等が平均的な損害を超えるものではないとし、原判決中、X_1に関するYの敗訴部分を破棄し、X_1の控訴を棄却し、原判決中X_2らに関する部分を破棄し、Yの控訴を棄却する等したものである。

判決文

(ウ) そして、国立大学及び公立大学の後期日程入学試験の合格者の発表が例年3月24日ころまでに行われており、そのころまでには私立大学の正規合格者の発表もほぼ終了していること、補欠合格者の発表もほとんどが3月下旬までに行われているという実情の下においては、大多数の入学試験の受験者においては、3月下旬までに進路が決定し、あるいは進路を決定することが可能な状況にあって、入学しないこととした大学に係る在学契約については、3月中に解除の意思表示をし得る状況にあること、4月1日には大学の入学年度が始まり、在学契約を締結した者は学生としての身分を取得することからすると、一般に、4月1日には、学生が特定の大学に入学することが客観的にも高い蓋然性をもって予測されるものというべきである。そうすると、在学契約の解除の意思表示がその前日である3月31日までにされた場合には、原則として、大学に生ずべき平均的な損害は存しないものであって、不返還特約はすべて無効となり、在学契約の解除の意思表示が同日よりも後にされた場合には、原則として、学生が納付した授業料等及び諸会費等は、それが初年度に納付すべき範囲内のものにとどまる限り、大学に生ずべき平均的な損害を超えず、不返還特約はすべて有効となるというべきである。

もっとも、要項等に、「入学式を無断欠席した場合には入学を辞退したものとみなす」、「入学式を無断欠席した場合には入学を取り消す」などと記載されている場合には、当該大学は、学生の入学の意思の有無を入学式の出欠により最

131

終的に確認し、入学式を無断で欠席した学生については入学しなかったものとして取り扱うこととしており、学生もこのような前提の下に行動しているものということができるから、入学式の日までに在学契約が解除されることや、入学式を無断で欠席することにより学生によって在学契約が黙示に解除されることがあることは、当該大学の予測の範囲内であり、入学式の日の翌日に、学生が当該大学に入学することが客観的にも高い蓋然性をもって予測されることになるものというべきであるから、入学式の日までに学生が明示又は黙示に在学契約を解除しても、原則として、当該大学に生ずべき平均的な損害は存しないものというべきである。

判決の特徴と意義

　本件は、前記〔裁判例11〕の最判平18・11・27民集60巻9号3437頁・判時1958号12頁と同様の事件であるが、入学式に無断欠席した場合には入学資格を失う旨の特約（入学式欠席条項）の解釈、平均的損害との関係が主として問題になった上告審の事件である。

　本判決は、在学契約の解除の意思表示がその前日である3月31日までにされた場合には、原則として、大学に生ずべき平均的な損害は存しないものであって、不返還特約はすべて無効となるとしたこと、在学契約の解除の意思表示が同日よりも後にされた場合には、原則として、学生が納付した授業料等および諸会費等は、それが初年度に納付すべき範囲内のものにとどまる限り、大学に生ずべき平均的な損害を超えず、不返還特約はすべて有効となるとしたこと、本件では、要項等に「入学式を無断欠席した場合には入学を辞退したものとみなす」、「入学式を無断欠席した場合には入学を取り消す」などと記載されている場合には、入学式の日の翌日に、学生が当該大学に入学することが客観的にも高い蓋然性をもって予測されることになるから、入学式の日までに学生が明示または黙示に在学契約を解除しても、原則として、当該大学に生ずべき平均的な損害は存しないとしたことに特徴があり、前記〔裁判例11〕の最判平18・11・27民集60巻9号3437頁・判時1958号12頁が明示した法理を基に、入学辞退の日が4月1日以後であっても、平均的な損害が認められない事例を認めたものとして参考になる。

7 大学の入学契約・在学契約

【裁判例】 最判平18・11・27民集60巻9号3732頁・判時1958号33頁
〔消費者契約法施行前の事案：不返還特約〕

────【事案の特徴】────

　前記の大阪高判平16・9・10判時1882号44頁（裁判例5）の上告審判決であり、Yが上告受理を申し立てたものである。
　本判決は、不返還特約は原則として公序良俗に反するものではなく、本件においても公序良俗に反しないし、授業料等の返還拒否が信義に反するということもできない等とし、原判決中、Yの敗訴部分を破棄し、Xの控訴を棄却したものである。

判決文

　カ　不返還特約の公序良俗違反該当性
　前記のとおり、不返還特約は、在学契約の解除によって大学が被る可能性のある授業料等の収入の逸失その他有形、無形の損失や不利益を回避、てん補する目的、意義を有するほか、早期に学力水準の高い学生をもって適正な数の入学予定者を確保するという目的に資する側面も有するものというべきであって、一概にその合理性を否定することはできない。そして、このような不返還特約は、長年にわたりほとんどの私立大学の在学契約において設けられてきたものであり、入学試験受験者は、要項等によって不返還特約の存在及びその内容を認識、理解した上で、その自由な意思に基づき、受験する大学を決定し、更に、合格した大学について学生納付金を納付するかどうか、学生納付金を納付した大学について入学辞退をするかどうかを、その利害得失を勘案しながら、それぞれ決定しているものである。また、不返還特約に係る授業料等及び諸会費等は、一般に入学年度の最初の学期分ないし一年分のものである。
　以上によれば、不返還特約は、その目的、意義に照らして、学生の大学選択に関する自由な意思決定を過度に制約し、その他学生の著しい不利益において大学が過大な利益を得ることになるような著しく合理性を欠くと認められるものでない限り、公序良俗に反するものとはいえないというべきである。
　なお、医学関係又は歯学関係の学部においては、一般に入学金、授業料等ともかなり高額に定められているが、他の学部と比較して、国庫補助金交付の関係等から厳しい定員管理が必要とされている（前記「私立大学等経常費補助金取扱要領」等）ため、あらかじめ入学定員を大幅に上回る数の合格者

133

を決定しておくことは困難であること、大学設置基準等によって一定の水準を満たす附属病院の設置が義務付けられていること、その性質上少人数制の教育が必要であるために、施設設備の設置運営に巨額の費用を要し、学生1人当たりに要する経費も他の学部に比べて格段に高額であること、修業年限が六年と長期であることなどの事情に照らすと、入学辞退によって欠員が生じる可能性が潜在的に高く、欠員が生じた場合に生ずる損失が多額になることは否定し難い。このような事情にかんがみると、医学関係又は歯学関係の学部の入学金の額及び不返還特約に係る損害賠償額の予定又は違約金が相当高額になることをもって、直ちに入学金の定め及び不返還特約が公序良俗に反するものとはいえないというべきである。

判決の特徴と意義

本件は、受験生が大学に学納金を支払った後に入学を辞退し、学納金の返還を請求したことから、学納金の不返還特約の効力が問題になった上告審の事件であり、医科大学における入学金等の不返還特約が問題になったこと、消費者契約法の施行前の事件であることに特徴がある。なお、控訴審判決である前記〔裁判例5〕の大阪高判平16・9・10判時1882号44頁は、消費者契約法の施行前の事件について学納金の不返還特約が民法90条の公序良俗に反して無効である等と判断し、疑問のある判決であったことは前記のとおりである。

本判決は、入学金、授業料等の不返還特約は、その目的、意義に照らして、学生の大学選択に関する自由な意思決定を過度に制約し、その他学生の著しい不利益において大学が過大な利益を得ることになるような著しく合理性を欠くと認められるものでない限り、公序良俗に反するものとはいえないとしたこと、本件の不返還特約が公序良俗に反しないとしたこと、大学の返還拒否が信義に反する事情もないとしたことに特徴があり、その旨の事例判断として参考になる。

7 大学の入学契約・在学契約

裁判例14

【裁判例】 最判平18・11・27判時1958号61頁
〔消費者契約法9条1号：不返還特約〕

【事案の特徴】

Y学校法人は、Y大学を運営しているところ、Xは、Y大学の平成14年度の入学試験を受けて合格し、入学金等を納付し、平成14年3月11日に入学を辞退したため、XがYに対して入学金等の返還を請求したものである。

控訴審判決は、入学金の返還を否定し、授業料等の返還を認め、請求を一部認容すべきものとしたため、Yが上告受理を申し立てたものである。

本判決は、損害賠償額の予定等を定める消費者契約法9条1号は憲法29条に違反するものではないとし、上告を棄却したものである。

判決文

消費者契約法は、消費者の利益を不当に害することとなる条項の全部又は一部を無効とすること等によって、消費者の利益の擁護を図り、もって国民生活の安定向上と国民経済の健全な発展に寄与することを目的として制定されたものであり、上記のような消費者と事業者との間に存する格差に着目して、同法2条において、両者の間で締結される契約を広く同法の適用対象と定め、同法9条1号は、消費者契約の解除に伴って事業者が消費者に対し高額な損害賠償等を請求することによって、消費者が不要な出捐を強いられることを防止することを目的とするものであって、このような立法目的が正当性を有することは明らかである。

更に同号の内容が、上記のような目的を達成するための手段として相当であるか否かについて考えると、同号は、損害賠償の予定等を定める条項をすべて無効とするのではなく、そのうち、解除される消費者契約と同種の消費者契約の解除に伴い事業者に生ずべき平均的な損害の額を超える部分を無効とするにとどまるのであり、このことからすれば、同号の規定が、上記のような立法目的達成のための手段として、必要性や合理性を欠くものであるとすることはできない。

したがって、消費者契約法2条3項に規定する消費者契約を対象として損害賠償の予定等を定める条項の効力を制限する同法9条1号は、憲法29条に違反するものではない。

判決の特徴と意義

本件は、受験生が大学の入学試験に合格し、学納金を支払った後、入学を辞退し、学納金の返還を学校法人に請求した上告審の事件であるが、上告審における争点は、消費者契約法9条1号が憲法29条に違反するかどうかであったものである。

本判決は、消費者契約法9条1号が憲法29条に違反しないとしたものであり、参考になる判断を示したものでる。

裁判例15

【裁判例】　最判平18・11・27判時1958号62頁
〔消費者契約法9条1号：不返還特約〕

【事案の特徴】

Y学校法人は、Y工業大学を設置、運営し、入学試験要綱、入学手続要綱には、平成16年3月25日までに入学辞退を申し出た場合には、入学金を除く学生納付金を返還する旨、入学辞退を申し出る場合には、所定の事項が記載された入学辞退届を郵送または持参する旨等が記載されていたところ、Xは、Y工業大学の平成16年度の入学試験を受けて合格し、入学金等の学生納付金を納付したが、同年4月2日の入学式を欠席したことから、XがYに対して在学契約の解除を主張し、納付済みの学生納付金の返還を請求したものである。

第1審判決は、在学契約の解除が4月1日以降であるとし、請求を棄却したため（なお、Xの母は、3月26日、Yに電話をし、対応したYの職員が入学式に出席しなければ入学辞退として取り扱う旨を回答した旨を述べたことを主張し、Yは、この主張を認めていた）、Xが控訴したものである。

控訴審判決は、同様な理由で控訴を棄却したため、Xが上告受理を申し立てたものである。

本判決は、XとYの在学契約は、Xが入学式の欠席により在学契約が

解除されたことを認め、Xは前記回答により入学辞退の手続を入学式の欠席によりすまそうとしたものと推測されるとしたうえ、結果的にXにおいて3月31日までに在学契約を解除する機会を失わせたものというべきであり、Yにおいて在学契約が4月1日以降に解除されたことを理由に、本件不返還特約が有効である旨を主張して授業料の返還を拒むことは許されない等とし、原判決を変更し、第1審判決を変更し、請求を認容したものである。

判決文

ウ　本件不返還特約のうち、本件授業料に関する部分は、在学契約の解除に伴う損害賠償額の予定又は違約金の定めの性質を有するものと解される。

エ　本件在学契約は消費者契約に当たり、本件不返還特約（本件授業料に関する部分。以下同じ。）は、違約金等条項に当たる。

オ　被上告人大学の主張によれば、上告人の母は、平成16年3月26日に被上告人大学に電話をかけた際に、上告人が他の大学から補欠合格の連絡を受けたが、被上告人大学への入学を辞退できるか、辞退した場合、授業料を返してもらえるかを問い合わせたというのである。そして、上記電話に応対した被上告人大学の職員は、授業料の返還を受けるための入学辞退届は同月25日必着で提出しなければならない旨及び入学式に出席しなければ入学辞退として取り扱う旨同人に述べたこと、上告人は、同年4月2日の被上告人大学の入学式に欠席することによって本件在学契約を解除する旨の意思表示をしたことは、上記のとおりである。そして、本件において、前記(1)クにおいて説示する原則と異なる事情も証拠上うかがわれないから、同年3月31日までの在学契約の解除については、被上告人大学に生ずべき平均的な損害はなく、本件不返還特約は無効であるところ、上記のような事実関係によれば、被上告人大学の職員の上告人の母に対する上記発言により、上告人は、既に入学辞退を決めていたのに、その手続を3月31日まで執らずに4月2日の入学式に欠席することにより済まそうとしたものと推認され、結果的に上告人において同年3月31日までに本件在学契約を解除する機会を失わせたものというべきであるから、被上告人大学において、本件在学契約が同年4月1日以降に解除されたことを理由に、本件不返還特約が有効である旨主張して本件授業料の返還を拒むことは許されないものというべきである。そうすると、被上告人大学は、上告人に対し、本件授業料80万円を返還する義務を負う。

〔第2部〕 契約類型別の消費者契約と裁判例の検証

判決の特徴と意義

　本件は、受験生が大学の入学試験に合格し、学納金を支払った後、入学を辞退し、学納金の返還を学校法人に請求した上告審の事件であるが、3月25日までに入学辞退を申し出た場合には、入学金を除く学生納付金を返還する旨、入学辞退を申し出る場合には、所定の事項が記載された入学辞退届を郵送または持参する旨等が記載されていたところ、受験生の保護者が大学に電話をし、職員が入学式に出席しなければ入学辞退として取り扱う旨を回答した旨を回答したため、有効に入学辞退が行われたか等が問題になったものである。

　本判決は、3月31日までの在学契約の解除については、大学に生ずべき平均的な損害はなく、本件不返還特約は無効であるとしたこと、受験生が既に入学辞退を決めていたのに、大学の職員の回答によって結果的に受験生において3月31日までに在学契約を解除する機会を失わせたものであるから、大学において、在学契約が4月1日以降に解除されたことを理由に、不返還特約が有効である旨主張して授業料の返還を拒むことは許されないとしたことに特徴があり、大学側の対応を考慮し、信義則により不返還特約の効力を主張することができない事例として参考になるものである。

裁判例16

【裁判例】　最判平22・3・30判時2077号44頁
　　　　　〔消費者契約法9条1号：不返還特約〕

――――【事案の特徴】――――

　Xは、Y学校法人の運営するY大学の平成18年度推薦入試を受験し、合格し、入学金、授業料等を納付し、平成18年4月5日、入学を辞退し、Yに対して入学金等の返還を請求したものである。

　第1審判決は、いったん納付した学納金は返還しない旨の特約が有効である等とし、請求を棄却したため、Xが控訴したものである。

7 大学の入学契約・在学契約

控訴審判決（大阪高判平21・4・9消費者法ニュース80号222頁）は、入学金は入学しうる地位の対価であるが、入学辞退によりYに生ずべき平均的な損害はない等とし、授業料等の返還義務を認め、原判決を変更し、請求を一部認容したため、Yが上告受理を申し立てたものである。

本判決は、授業料等が消費者契約法9条1号の適用上、在学契約の解除によってYに生ずべき平均的な損害を超えるものではなく、不返還特約が有効であるとし、原判決を破棄し、控訴を棄却したものである。

判決文

前記事実関係によれば、被上告人は、上告人大学の平成18年度の推薦入学試験に合格し、本件授業料等を納付して上告人大学との間で本件在学契約を締結したが、入学年度開始後である平成18年4月5日に本件在学契約を解除する旨の意思表示をしたものであるところ、学生募集要項の上記の記載は、一般入学試験等の補欠者とされた者について4月7日までにその合否が決定することを述べたにすぎず、推薦入学試験の合格者として在学契約を締結し学生としての身分を取得した者について、その最終的な入学意思の確認を4月7日まで留保する趣旨のものとは解されない。また、現在の大学入試の実情の下では、大多数の大学において、3月中には正規合格者の合格発表が行われ、補欠合格者の発表もおおむね終了して、学生の多くは自己の進路を既に決定しているのが通常であり、4月1日以降に在学契約が解除された場合、その後に補欠合格者を決定して入学者を補充しようとしても、学力水準を維持しつつ入学定員を確保することは容易でないことは明らかである。これらの事情に照らせば、上告人大学の学生募集要項に上記の記載があり、上告人大学では4月1日以降にも補欠合格者を決定することがあったからといって、上告人大学において同日以降に在学契約が解除されることを織り込み済みであるということはできない。そして、専願等を資格要件としない推薦入学試験の合格者について特に、一般入学試験等の合格者と異なり4月1日以降に在学契約が解除されることを当該大学において織り込み済みであると解すべき理由はない。

したがって、被上告人が納付した本件授業料等が初年度に納付すべき範囲を超えているというような事情はうかがわれない以上、本件授業料等は、本件在学契約の解除に伴い上告人大学に生ずべき平均的な損害を超えるものではなく、上記解除との関係では本件不返還特約はすべて有効というべきである。

判決の特徴と意義

本件は、大学の推薦入試によって合格し、学納金を支払った後、4月5日

に入学を辞退した学生が学納金の返還を請求した上告審の事件であるが（学生募集要項の上記の記載は、一般入学試験等の補欠者とされた者について４月７日までにその合否が決定する旨の記載があった）、大学の入学試験の合格後、合格者が４月１日以降（４月５日）に入学辞退をしたこと、入学試験が推薦入試であったこと、入学金、授業料等の不返還特約の効力が問題になったこと、消費者契約法９条１号による無効が問題になったことに特徴がある。なお、入学金については、控訴審判決が入学しうる地位の対価であるとして、不返還特約を有効としたものであり、上告審ではこの問題は審理の対象になっていない。

　本判決は、大学において４月１日以降に在学契約が解除されることを織り込み済みであるということはできないとしたこと、専願等を資格要件としない推薦入学試験の合格者について特に、一般入学試験等の合格者と異なり４月１日以降に在学契約が解除されることを大学において織り込み済みであると解すべき理由はないとしたこと、授業料等が在学契約の解除によって大学に生ずべき平均的な損害を超えるものではなく、授業料等の不返還特約は有効であるとしたことに特徴があり、従来の最高裁の判例に沿った判断を示したものである。

8 専門学校、高校、その他の学校の入学契約・在学契約

契約の特徴

　大学における入学金、授業料等の学納金の返還問題は、専門学校、高校、進学塾等のその他の学校においても、内容・程度は異なるものの、同様に生じることがある。専門学校等における学納金の返還問題をめぐる裁判例、判例としては、次のようなものがある。

裁判例 1

【裁判例】　東京地判平15・11・10判時1845号78頁
　　　　　〔消費者契約法10条：解除制限特約〕

―【事案の特徴】―

　Xは、平成14年春、進学塾を経営するY株式会社との間で、大学医学部専門の進学塾における普通講習を受講する契約を締結し（入学願書には、入学金・授業料・教材費・施設通信費はいかなる場合にも返却されないことを了承する旨が記載され、Xがこれを作成し、提出した）、授業料を支払い、同年5月、年間の模擬試験の受験契約を締結し、受験料29万3300円を支払ったが、その後、受講講座の一部（英語、数学）を解約し、Yが英語、数学に係る受領済みの普通講習受講料126万9400円を冬期講習等の受講料に充当する旨をXに通知し、Xは、夏期講習の受講後、Yとの間で、充当予定分の金員から冬期講習受講料等を差し引いた残金45万3400円の返還を受け、平成14年10月、冬期講習の開始前、冬期講習受講契約、年間模擬試験受験契約を解約し、Yに対して冬期受講料、未実施の模擬試験受験料の返還を請求したものである。

　本判決は、本件契約等は準委任契約であり、入学願書中の解除制限特約は解除を全く許さないとしているから（入学願書の解除制限特約には、

141

模擬試験受験契約に関する記載がなかった)、消費者契約法10条に該当し、無効であるとし、請求を認容したものである。

判決文

エ　したがって、たとえアムスが小規模、少人数の教育をめざす大学医学部専門の進学塾であって、申込者からの中途解除により講師の手配や講義の準備作業等に関して影響を受けることがあるとしても、当該冬期講習や年間模試が複数の申込者を対象としており、その準備作業等が申込者１人の解除により全く無に帰するものであるとは考えられない以上、申込者からの解除時期を問わずに、申込者からの解除を一切許さないとして実質的に受講料又は受験料の全額を違約金として没収するに等しいような解除制限約定は、信義誠実の原則に反し、「民法第１条第２項に規定する基本原則に反して、消費者の利益を一方的に害する」ものというべきである。

オ　よって、本件冬期講習受講契約について成立した本件解除制限特約及び仮に年間模試受験契約についても成立したと仮定した場合の同特約は、消費者契約法10条により無効であり、その余の点（特定商取引法49条１項による解除の可否）について判断するまでもなく、原告の民法651条を根拠とする本件冬期講習受講契約及び年間模試受験契約の解除による不当利得返還請求権に基づく、冬期講習受講代金76万8000円及び未実施の年間模試試験受験料９万5700円の返還請求は、理由がある。

判決の特徴と意義

　本件は、大学医学部専門の学習塾（進学塾）に受講料を支払って（入学願書には、入学金・授業料・教材費・施設通信費はいかなる場合にも返却されないことを了承する旨が記載され、受講者がこれを作成し、提出したものの、入学願書の解除制限特約には、模擬試験受験契約に関する記載はなかった）、受講契約を締結し、受講したところ、途中で契約を解約し、受講料の残金の返還を請求した事件である。本件は、学習塾の受講契約が問題になったこと、受講者が受講契約を途中解約したこと、受講料の返還請求が問題になったこと、入学願書中の不返却条項（解除制限特約）の効力が問題になったこと、消費者契約法10条の適用が問題になったことに特徴がある。

　本判決は、入学願書中の不返還条項（解除制限特約）が消費者契約法10条

に該当し、無効であるとしたものであり、進学塾の受講契約についても大学の在学契約と同様な問題をめぐり、同様な判断がされた事例を提供するものであるが、援用されたのが消費者契約法10条であるものの、本判決の利用にあたっては、その要件の解釈、本件事案の特性に注意が必要である。

裁判例2

【裁判例】　最判平18・12・22判時1958号69頁
　　　　　〔消費者契約法9条1号：不返還特約〕

【事案の特徴】

　Y財団法人は、Y鍼灸学校を運営しているところ、Xは、平成14年度の入学試験を受けて合格し、学生納付金等として合計210万円を納付し（入学金70万円、授業料等110万円、寄付金30万円）、その後、入学を辞退したため、XがYに対して学生納付金等の返還を請求したものである。

　第1審判決は、寄付金30万円の返還を認める範囲で請求を認容したため、Xが控訴したものである。

　控訴審判決は、学科の特殊性、滑止めが想定しがたいこと、入学手続履践者が全員実際に入学するとの前提で設備が備えられていること等を考慮し、平均的損害を超えているとは認められないとし、入学金、授業料等の返還を否定し、控訴を棄却したため、Xが上告受理を申し立てたものである。

　本判決は、従前の判例と同様な判断を示し、授業料等については、入学年度の前日である3月31日までの解除は、当該学校に生ずべき平均的な損害は存しないものであり、授業料等および諸会費等に係る不返還特約はすべて無効であるとし、原判決を変更し、請求を一部認容したものである。

判決文

(4)　大学の場合は、大学と在学契約を締結した学生による当該在学契約の解除に伴い当該大学に生ずべき平均的な損害は、学生が当該大学に入学することが客観的にも高い蓋然性をもって予

測される時点よりも前の時期における解除については、原則として存しないものというべきところ、現在の大学の入学試験の実情の下においては、原則として、学生が当該大学に入学することが客観的にも高い蓋然性をもって予測される時点は、入学年度が始まる4月1日であるから、その前日の3月31日までの解除については、当該大学に生ずべき平均的な損害は存しないのであって、学生が当該大学に納付した授業料等及び諸会費等に係る不返還特約はすべて無効というべきである（前掲最高裁平成18年11月27日第二小法廷判決等参照）。

　前記のとおり、鍼灸学校等の入学資格を有する者は、原則として大学に入学することができる者であり、一般に鍼灸学校等の入学試験を受験する者において、他の鍼灸学校等や大学、専修学校を併願受験することが想定されていないとはいえず、鍼灸学校等の入学試験に関する実情が、大学のそれと格段に異なるというべき事情までは見いだし難い。また、鍼灸学校等が、大学の場合と比較して、より早期に入学者を確定しなければならない特段の事情があることもうかがわれない。そして、被上告人学校においても、前記のとおり、入学試験に合格しても入学しない者があることを見込んで、補欠者を定めている上、定員割れが生ずることを回避するため、入学定員を若干上回る数の合格者を決定している、これらの事情に照らすと、当時被上告人学校の周辺地域に鍼灸学校等が少なかったことや、これまで被上告人学校において入学手続後に入学辞退をした者がいなかったことなどを考慮しても、大学の場合と同じく、入学すべき年の3月31日までは、被上告人学校と在学契約を締結した学生が被上告人学校に入学することが客観的にも高い蓋然性をもって予測されるような状況にはなく、同日までの在学契約の解除について被上告人学校に生ずべき平均的な損害は存しないものというべきである。前記第一の一(5)の事情も、上記の判断を左右するものではない。

　そうすると、本件在学契約は、平成14年3月27日までに解除されたものであるから、この解除について被上告人学校に生ずべき平均的な損害は存しないのであって、本件不返還特約は全部無効というべきであり、被上告人学校は、上告人に対し、本件授業料等110万円を返還する義務を負う。

判決の特徴と意義

　本件は、鍼灸学校の入学試験の合格者が入学金、授業料等の納付金を支払った後、入学を辞退し、納付金の返還を請求した上告審の事件であり、鍼灸学校における納付金の不返還特約と消費者契約法9条1号の適用が問題になったものである。

　本判決は、大学の入学金、授業料等の返還に関する判例と同様な法理に立

ち、授業料等については、入学年度の前日である３月31日までの解除は、鍼灸学校に生ずべき平均的な損害は存しないとし、授業料等および諸会費等に係る不返還特約はすべて無効であるとしたことに特徴があり、あらためて最高裁の前記法理を具体化したものとして参考になる。

裁判例3

【裁判例】　東京地判平20・10・17判時2028号50頁
　　　　　〔消費者契約法9条1号：不返還特約〕

【事案の特徴】

　Xは、Y学校法人の運営するA私立高校の生徒であり、高校2年生の修学旅行の際における窃盗事件で停学3日間の懲戒処分に付され（Xの父Bが誓約書を作成し、Xが反省文を提出した）、学校行事のマラソン大会中の他の生徒のゼッケンと無断で取り替える事件で停学5日間の懲戒処分に付され（Xの母Cが誓約書を作成し、Xが反省文を提出した）、平成17年3月、ホームルーム中、組主任であった教員Dを蹴ったことから、同年4月、A高校において補導会議を開催する等し、Xの可能性を見極め、反省をみることとし、これを前提とした無期停学処分に付した後、合計8回のカウンセリングが行われる等したが、BとDらの意見が対立する等した。A高校は、Xを退学処分に付することとし、Bに口頭でその旨を告げたものの、退学届を提出した場合には、自主退学として取り扱うことを告げた（Xは、都立高校の補欠募集に応募したが、不合格になった）。Yは、Xが代理人として弁護士を選任した後はXの処理を止めていたが、平成18年12月頃、退学処分とし、除籍したため、XがYに対して退学処分等が無効であり、在学関係が存続していると主張し、主位的に、卒業認定、卒業証書の授与を請求し、予備的に、A高校の生徒の地位を有することの確認、債務不履行、不法行為に基づく損害賠償、選択的に、納入済みの学費の返還を請求したものである。

　本判決は、本件処分は退学処分であり、相当の理由があったとし、在学関係は消滅しているとしたほか、学費の不返還特約は、在学契約の解

〔第 2 部〕 契約類型別の消費者契約と裁判例の検証

> 除に伴う損害賠償額の予定または違約金の定めの性質を有するとし、学費が消費者契約法 9 条 1 号の平均的な損害額を超えるものではなく、信義則違反も認められないとし、請求を棄却したものである。

判決文

八　争点(7)（被告の学則中の、一度納入した学費を返還しないという条項が、消費者契約法又は信義則に反し無効か）について

(1) 高等学校において退学処分により在学契約が解除された場合、生徒は退学処分により生徒としての身分を失い、高等学校から教育役務の提供等を受ける機会を失うことになるから、高等学校は、教育役務等の給付の対価としての授業料、施設拡充資金及び実験実習料（以下「授業料等」という。）を取得する根拠を欠くことになり、在学契約に基づく給付を提供していない部分に対応する授業料等について、これを当然には取得し得ない。

ただし、上記一(1)イのとおり、被告は、学則において、すでに納入した授業料、入学金、施設拡充資金、施設維持費、実験実習料及び入学検定料等につき、理由を問わず返還しないことを定めているところ（以下「不返還特約」という。）、このうち授業料等に関する部分は、在学契約が解除された場合に、本来は被告が生徒に返還すべき授業料等に相当する額の金員を被告が取得することを定めた合意ということができる。教育役務等の給付を行うための準備は、その教育年度の初めにおいて、高等学校に進学・進級する生徒の数に応じてされるものであり、年度途中に在学契約を解除する生徒があったとしても、この補てんとして補充の生徒を入学させることが困難であることなどからすれば、上記不返還特約は、在学契約の解除に伴う損害賠償額の予定又は違約金の定めの性質を有するものと解するのが相当である。

そして、在学契約の当事者である生徒及び高等学校は、消費者契約法上の消費者及び事業者に当たるといえ、不返還特約が、在学契約の解除に伴い高等学校に生ずべき平均的な損害の額（以下、この平均的な損害の額を「平均的な損害額」という。）を超える場合には、上記特約は消費者契約法 9 条 1 号により、平均的な損害額を超える部分が無効とされるものと解される。

(2) これを本件についてみると、原告は、退学処分により平成 17 年 5 月 16 日に乙山高校の生徒としての身分を失ったが、被告としては、年度途中の退学処分により原告との在学契約が終了することを予測することは困難であったと解されるところ、一般に、在学契約に基づく生徒に対する給付が 4 月 1 日から翌年 3 月 31 日までの 1 年を単位として準備されており、平成 17 年 4 月 1 日には、原告に対する乙山高校第 3 学年における教育役務等の給付の準備がされていたことにかんがみれば、平成 17 年 5 月 16 日以降平成 18 年 3 月 31 日まで

の、乙山高校第3学年に在籍予定であった期間における授業料等に相当する金員は、平均的な損害額に該当するものというべきであり、上記不返還特約は、平均的な損害額を超えるものではないというべきである。

判決の特徴と意義

　本件は、私立高校の生徒が素行が悪く、何度かの懲戒処分を受けた後、無期停学処分を受け、カウンセリングが行われたものの、学校側と生徒の親との間に意見の対立が生じ、退学処分にし、生徒に代理人として弁護士が関与した後、退学処分として除籍したため（これらの経緯は、複雑である）、生徒が在学関係の存続を主張し、卒業認定等の請求をしたほか、選択的に納入済みの学費の返還を請求した事件である。本件では、生徒の継続的な行状に照らすと、懲戒処分、最終的に退学処分は相当な理由があると考えられるところ、学校側と生徒の親がカウンセリング等をめぐる意見が対立したり、生徒が弁護士を代理人に選任したりしたことは、最近の時代の風潮を反映したものとして興味深い。なお、本件については消費者契約に関係するのは、選択的請求に関する部分であり、退学処分につき学費を返還しない旨の特約と消費者契約法9条1号との関係が問題になった。

　本判決は、学費の不返還特約が在学契約の解除に伴う損害賠償額の予定または違約金の定めの性質を有するとしたこと、学費が消費者契約法9条1号の平均的な損害額を超えるものではないとしたこと（不返還特約が有効であるとした）、信義則違反も認められないとしたことに特徴があり、合理的な判断を示したものとして参考になる。

裁判例4

【裁判例】　名古屋地判平24・12・21判時2177号92頁
　　　　　〔消費者契約法9条1号：不返還特約〕

――――――【事案の特徴】――――――
　Y学校法人は、A専門学校を運営し、学則、学費返金に関する規定に

おいて入学を許可された者は、授業料、教育充実費、施設・設備維持費各1年分、教材費を指定された日までに納入する、3月31日までに入学辞退を申し出、かつ返金手続をとった場合には返金するが、AO入試、推薦入試、専願での一般・社会人入試、編入学の場合には返金しない旨を定めていたため、適格消費者団体であるX・NPO法人がYに対してAO入試等の場合には学費を返金しない条項を含む契約の申込み、承諾の意思表示の差止め等を請求したものである。

本判決は、専門学校についても大学の場合と別異に解する理由がないとし、在学契約の解除が3月31日までになされる場合には、原則として平均的な損害は存しないから、不返還条項中、学費の返還を要しないとする部分は消費者契約法9条1号により無効であるとし、請求を認容したものである。

〔判決文省略〕

判決の特徴と意義

本件は、受験生による学納金の返還請求の事件ではなく、適格消費者団体による専門学校に対する学納金の不返還特約（在学契約が解除される時期（AO入試、推薦入試、専願での一般・社会人入試、編入学の場合には、入学辞退の申出の時期にかかわらず、一律に本件学費を返還しないとする条項である）の差止請求の事件である。本件は、専門学校の入学金、授業料等の不返還条項（返金特約）が問題になったこと、授業料、教育充実費、施設・設備維持費各1年分、教材費を指定された日までに納入し、3月31日までに入学辞退を申し出、かつ返金手続をとった場合には返金するのに対し、AO入試、推薦入試、専願での一般・社会人入試、編入学の場合には入学辞退の時期にかかわらず一律に返金しない旨の特約があったこと、適格消費者団体が返金特約を含む契約の差止めを請求したこと、消費者契約法9条1号の適用が問題になったことに特徴がある。

本判決は、在学契約については、専門学校も大学の場合と異なるものでは

ないとしたこと、在学契約の解除が3月31日までになされる場合には、原則として平均的な損害は存しないとしたこと、返金特約中、学費の返還を要しないとする部分は消費者契約法9条1号により無効であるとしたこと、適格消費者団体による契約の差止請求を認容したことに特徴があり、専門学校の学費の返金特約について、大学の場合と同様な法理に従い、消費者契約法9条1号により無効であるとした事例を提供するものである。

裁判例5

【裁判例】 大分地判平26・4・14判時2234号79頁
〔消費者契約法9条1号、10条：不返還特約〕

―【事案の特徴】―

　Y学校法人は、大学受験予備校を運営しており、予備校生と在学契約を締結し、入学規定において入学、入寮を辞退したときは、3月31日までに返金手続をとること（契約を解除すること）によって授業料、入学金、入寮費を含む全額を返金し、4月1日以降一定の日までに返金手続をとることになっていたところ、入学金、入寮費を除き返金するなどの内容が定められていたため（当該日以降の解除の場合には、授業料全額を返還しない条項があった）、適格消費者団体であるX・NPO法人がYに対して不返還条項が消費者契約法9条1号、10条に該当し、無効であると主張し、授業料全額を返還しない前記条項を含む契約の申込み、承諾の意思表示の差止め等を請求したものである。

　本判決は、1人の希望者との間で在学契約を締結したために別の1人の希望者との在学契約締結の機会が失われたとの関係はおよそ認められないものであり、1人の消費者が在学生としての地位を取得した後にこれを解除した場合、予備校としていくらかの損害を被ることはありうるとしても、中途入学者を受け入れること、その他の事前の対策を講じることは十分に可能であり、少なくとも本件不返還条項が定めるような、当該消費者が納付した解除後の期間に対応する授業料全額について一般的、客観的に損害を被ることにはならないとし、平均的な損害を超える

ものとして消費者契約法9条1号に該当する等とし、請求を認容したものである。

〔判決文省略〕

判決の特徴と意義

本件は、大学受験予備校が入学者が授業料、入学金、入寮費を支払った後、4月1日以降入学、入寮を辞退した場合には、返金をしない旨の不返還特約（不返還条項）を定めて入学者を募集していたことから、適格消費者団体が学校法人に対して不返還特約の差止めを請求した事件である。本件は、大学受験予備校の予備校生との在学契約が問題になったこと、入学規定において4月1日以降の返金手続につき入学金、入寮費を返還しない旨の不返還条項が定められていたこと（3月31日までに返金手続をとることによって授業料、入学金、入寮費の全額を返金する等の内容になっており、4月1日以降の一定の日以降に契約を解除したときは、授業料全額を返還しない条項があった）、適格消費者団体が不返金条項を含む契約等の差止めを請求したこと、不返金条項につき消費者契約法9条1号、10条の適用が問題になったことに特徴がある。

本判決は、予備校の授業の学期、入学希望者の受入れ等の入学の実情等を詳細に認定し、予備校の定員数が希望者を受け入れる限界としての機能を十分に果たしていない等とし、1人の希望者との間で在学契約を締結したために別の1人の希望者との在学契約締結の機会が失われたとの関係はおよそ認められないとしたこと、1人の消費者が在学生としての地位を取得した後にこれを解除した場合、予備校としていくらかの損害を被ることはありうるとしても、中途入学者を受け入れ、その他の事前の対策を講じることは十分に可能であるとしたこと、少なくとも本件不返還条項が定めるような授業料全額につき一般的、客観的に損害を被ることにはならないとしたこと、本件不返還条項による授業料全額を返還しないことは平均的な損害を超えるとしたこと、本件不返還条項が消費者契約法9条1号に該当し、無効であるとした

こと、適格消費者団体の差止請求を認容したことに特徴があり、その旨の事例判断として参考になる。

❾ 住居用建物の賃貸借契約（借家契約）

契約の特徴

　建物の賃貸借契約は、建物の用途によって事業用のものと住居用（住宅用）のものがあり、後者は、さらに事業者間のもの、事業者と消費者との間のもの、消費者間のものがある。建物の賃貸借契約は、当事者間の契約のほか、民法、借地借家法の規定によって内容が定められている。借地借家法は強行規定であるが、借家の実務において見かける建物賃貸借契約書については、借地借家法に抵触する内容のものは少ない。なお、事業者が賃借人の場合であっても、借地借家法が適用される。

　事業者と消費者との間の建物賃貸借契約（借家契約）には、消費者契約法が適用されるが、この類型の契約としては、賃貸人が事業者であることが多いであろうが、賃借人が事業者であることもないではない（複数の借家を所有する個人が老後の生活資金を得るために建物を賃貸するような場合であっても、当該個人が事業者と認められることがあり得る）。建物を住居用として賃貸する事業者と消費者との間の賃貸借契約書には、多数の条項が定められ、条項の中には相当に詳細な内容のものがあるし、消費者が不満を抱く内容のものもないではない。

　住居用建物の賃貸借契約においては、賃料の不払が最も多いトラブルであることは明らかであるが、原状回復、敷金の返還をめぐるトラブルが多いことも賃貸借の実務の実情である（法律雑誌に公表されている裁判例でも原状回復、敷金の返還に関するものが多い）。敷金の交付、控除、返還に関する特約や、基準等は、地域、事業者の営業方針等の事情によって相当大きく異なるところがあり（保証金名目の敷金が利用されている地域、事業者も相当にある）、特に地域によっては特有の問題が生じることがある。

　消費者契約法の適用が問題になった裁判例は、住居用建物の賃貸借契約につき相当な数が公表されており、原状回復特約、敷引特約、更新料特約、違

約金特約等に関するものがみられるところである。また、これらの事件の中には、最高裁の判例になっているものもあり、住居用建物の賃貸借契約と消費者契約法との関係、消費者契約法10条の規定の解釈を明らかにするものもあり、住居用建物の賃貸借契約、消費者契約法10条に関する重要な先例を示している。

なお、令和2年4月1日に施行が予定されている改正民法においては、原状回復に関する規定、敷金に関する規定が新設されているが、任意規定であることから、消費者契約法との関係は、従来と同様に解されることになる。

裁判例1

【裁判例】 大阪高判平16・12・17判時1894号19頁
〔消費者契約法10条：原状回復特約〕

―【事案の特徴】―

Xは、平成10年7月、Yから、自然損耗、通常の使用による損耗につき賃借人が原状回復義務を負う旨の特約で、敷金20万円を交付してマンションの1室を賃借し、平成13年7月、合意更新したが、平成14年6月、賃貸借が終了し、建物部分を明け渡したため、XはYに対して敷金の返還を請求したものである。

第1審判決は、本件特約は賃借人の目的物返還義務を加重するものであり、賃借人の利益を一方的に害するものであるとし、消費者契約法10条により無効であるとし、請求を認容したため、Yが控訴したものである。

本判決は、合意更新には消費者契約法が適用されるとし、本件特約は信義則に反して賃借人の利益を一方的に害するものであり、消費者契約法10条により無効であるとし、控訴を棄却したものである。

〔判決文省略〕

〔第2部〕 契約類型別の消費者契約と裁判例の検証

判決の特徴と意義

　本件は、建物の賃貸借契約が合意更新され、賃貸借が終了し、賃借人が敷金の返還を請求した控訴審の事件であり、原状回復特約の効力、消費者契約法の適用の可否が問題になったことに特徴がある（賃貸借契約の締結時には、消費者契約法が施行されておらず、合意更新時には施行されていた）。

　本判決は、賃貸借契約の合意更新に消費者契約法が適用されるとしたこと、自然損耗、通常の使用による損耗につき賃借人が原状回復義務を負う旨の特約が消費者契約法10条に該当し、無効であるとしたことに特徴があるが、賃貸借契約の締結の際には消費者契約法が施行されていなかったものであり、合意更新に同法が適用されるとの判断は、同法附則（同法の施行前に締結された消費者契約法について適用する旨の規定である）の解釈上重大な疑問がある。

裁判例2

【裁判例】　神戸地判平17・7・14判時1901号87頁
　　　　　　〔消費者契約法10条：敷引特約〕

―【事案の特徴】―

　Xは、平成15年7月、Y株式会社から賃貸期間を2年間、賃料月額5万6000円、共益費6000円、賃貸借終了時に敷引金として25万円を差し引いた残額を返還する旨の特約で保証金30万円を交付して建物を賃借し、その後、賃貸借契約を解約し、平成16年2月末、本件建物を明け渡したところ、Yが敷引金25万円を差し引いた5万円を返還したため、XがYに対して敷引特約が消費者契約法10条により無効であると主張し、保証金25万円の返還を請求したものである。

　第1審判決は、敷引特約が有効であるとし、請求を棄却したため、Xが控訴したものである。

　本判決は、敷引特約が賃借人の義務を加重し、信義則に反して賃借人

の利益を一方的に害するものであり、消費者契約法10条により無効であるとし、原判決を取り消し、請求を認容したものである。

〔判決文省略〕

判決の特徴と意義

　本件は、賃借人が賃貸借終了時に敷引金として25万円を差し引いた残額を返還する旨の特約で保証金万円を交付して建物を賃借し、その後、賃貸借契約を解約し、建物を明け渡した際、賃貸人が敷引をし、残余を返還しなかったため、賃借人が賃貸人に対してその返還を請求した事件である。本件は、建物の賃貸借について関西地方で多く利用されている敷引特約の効力が消費者契約法10条との関係で問題になったものである。
　本判決は、敷引特約について消費者契約法10条の要件を満たし、無効であるとしたものであるが、その内容に疑問があるだけでなく、後に紹介する最高裁の判決（最判平23・3・24民集65巻2号903頁・判時2128号33頁・金商1378号28頁（裁判例22））に反するものであり、参考にする意義のないものである。

裁判例3

【裁判例】　大阪地判平19・3・30判夕1273号221頁
　　　　　〔消費者契約法10条：敷引特約〕

―【事案の特徴】―
　Xは、平成15年8月、Y有限会社（代表者は、A）から賃料月額5万2000円、共益費3000円、賃貸期間1年間、保証金40万円（賃貸借終了時・建物明渡し時に30万円と延滞賃料等を差し引いて返還する旨の特約）、管理上必要があるときは、賃借人の承諾を得て建物内に立ち入ることができる旨の特約で、建物（マンションの1室）を賃借し、その後更新されたところ、AがXに無断で本件建物内に立ち入ったことから、Xが平成

17年8月に本件賃貸借契約を解除し、同年9月、本件建物を明け渡したため、XがYに対して無断立入りにつき債務不履行、不法行為に基づき損害賠償、保証金の返還を請求したものである。

　第1審判決は、賃貸借契約の解除の効力を否定し、解約を認め、無断立入りの債務不履行および不法行為を認め（慰謝料として3万円の損害を認めた）、敷引特約は消費者契約法10条により25万円につき無効であり、5万円につき有効であるとし、未払額を控除し、Xの請求を一部認容したため、Xが控訴し、Yが附帯控訴したものである。

　本判決は、賃貸借契約の解除の効力を否定し、解約を認め、無断立入りの債務不履行および不法行為を認め（慰謝料として3万円の損害を認めた）、敷引特約は賃貸借契約の締結時の交渉において賃料共益費を5000円値引きする代わりに5万円の敷引を増額した経緯から5万円の範囲で有効であるとし、原判決を変更し（原判決の計算上の誤りを訂正した）、請求を一部認容したものである。

判決文

(2) 本件敷引金の性質
　一般に、敷引金の性質については、①賃貸借契約性質の謝礼、②賃貸目的物の自然損耗の修繕費用、③賃貸借契約更新時の更新料の免除の対価、④賃貸借契約終了後の空室賃料、⑤賃料を低額にすることの代償などと説明されている。そして、敷引金の性質について当事者の明確な意思が存しない場合には、敷引金の性質を特定のものに限定してとらえることは困難であるから、その敷引金の性質は、上記①ないし⑤などの様々な要素を有するものが渾然一体となったものととらえるのが相当である。
　これを本件についてみるに、前記5(1)の本件賃貸借契約締結の経緯に鑑みると、本件敷引金のうち、5万円については、⑤賃料減額の代償であることが明らかである。
　一方、本件敷引金のうち、残りの25万円については、もともと予定されていた敷引金であり、賃料減額交渉とは関係なく、控訴人と被控訴人の間で、その性質について明確な意思が存するものではない。このため、本件敷引金のうち25万円の性質については、上記①ないし⑤などの様々な要素を有するものが渾然一体となったものと解さざるを得ない。
　この点、被控訴人は、クーラーや照明器具等の造作の修繕費についても被控訴人が負担していたので、かかる修繕費が敷引金に含まれている旨を主張する。し

かし、本件建物のクーラー等は、被控訴人が備え付けたものであるから、造作ではない（被控訴人代表者）。また、その他の修繕についても、本件賃貸契約書（甲1）において、賃貸人が特別の修繕義務を負う旨の規定がないし、当事者間にそのような合意もない。したがって、上記の修繕費は、②賃貸目的物の自然損耗の修繕費用の範囲内といえる。

以上の本件敷引金の性質を前提に、本件敷引特約が消費者契約法10条に反するか否かについて検討する。

（略）

㈣ 小括

本件敷引金のうち5万円の部分については、その内容自体が合理的と認められ、消費者の利益を一方的に害するものとはいえないが、残りの25万円の部分については、①ないし⑤のいずれの点から見ても、その内容は、消費者の利益を一方的に害するものと認められる。

イ 契約締結過程の事情について

以上で検討したとおり、本件敷引金のうち25万円の部分については、正当な対価関係が認められず、賃貸人が賃借人に一方的で不合理な負担を強いる内容であるといわざるを得ない。しかし、交渉の結果、賃借人側において不利益条項を承知した上であえて契約した場合まで排除する必要はない。そこで、契約締結過程に、信義則に反し消費者の利益を一方的に害する事情があるかについても検討する必要がある。

この点、本件敷引特約は、賃貸目的物件について予め付されているものであり、賃借人が敷引金の減額交渉をする余地はあるとしても、賃貸事業者（又はその仲介業者）と消費者である賃借人の交渉力の差からすれば、賃借人の交渉によって敷引特約自体を排除させることは困難であると考えられる。これに加え、関西地区における不動産賃貸借契約において敷引特約が付されることが慣行となっていることからしても、賃借人の交渉努力によって敷引特約を排除することは困難であり、賃貸事業者が消費者である賃借人に敷引特約を一方的に押しつけている状況にあるといっても過言ではない。

本件においては、既にみたように、賃料の値下げ交渉が行われ、賃料値下げの代わりに敷引金額が増額されてはいるものの、その際も25万円の敷引金を課すことは当然の前提になっていたのであり、控訴人がこれを排除することは困難であったと認められる。また、本件賃貸借契約締結時において、本件の敷引金の性質及び、それに応じた敷引金の割り付けが明らかにされていない点からも、控訴人にとって本件敷引特約のうち25万円の部分については、交渉の余地がなかったと認められる。

ウ 以上で検討した敷引金の内容及び本件賃貸借契約（本件敷引特約付き）の締結過程の事情を総合考慮すると、本件敷引金のうち25万円の部分については、信義則に違反して賃借人の利益を一方的に害するものと認められる。

〔第2部〕 契約類型別の消費者契約と裁判例の検証

判決の特徴と意義

　本件は、賃借人が敷引特約で保証金を交付して建物を賃借し、その後、賃貸借契約を解除し、建物を明け渡したことから、賃借人が賃貸人に対してその返還を請求した控訴審の事件である。本件は、建物の賃貸借における保証金特約（第1審判決、本判決は、この特約がその内容に照らして敷引特約であるとして判断している）が消費者契約法10条に該当するか（無効であるか）が問題になった事件である。本件の背景には、関西地方では賃貸借の終了時に敷金の一定の額または一定の割合を当然に控除する旨の敷金の返還に関する特約（敷引特約と呼ばれている）が多用されていることがある。本件では、賃料が月額5万2000円であるところに、保証金（敷金）が40万円（月額賃料の約8カ月分）であり、敷引額が30万円であるという特徴がある。なお、敷引特約は、現在、関西地方以外の一部地域においても利用され始めているようである。

　第1審判決は、敷引特約につき、消費者契約法10条に該当するとし、25万円の範囲で無効としたものであるが、本判決も、同様な判断を示したものである。なお、従来から敷引特約の効力が争点になる事件が生じているが、従来は敷引特約が無効であるとする法的な根拠として公序良俗違反（民法90条）が多かったところ、本件では、消費者契約法10条を根拠として援用したものであり、本判決は、その適用による一部無効を認めたものである。本件以後も、同様な問題が争点になる訴訟が続き、最終的には最高裁の判決（最判平23・3・24民集65巻2号903頁・判時2128号33頁・金商1378号28頁（裁判例22））によって、一応の結着をみたところである。

裁判例4

【裁判例】　京都地判平20・1・30判時2015号94頁・金商1327号45頁
　　　　　〔消費者契約法10条：更新料特約〕

9 住居用建物の賃貸借契約（借家契約）

【事案の特徴】

　Xは、平成12年8月、A株式会社の仲介により、Yからアパートの1室を賃貸期間を1年間とし、賃料月額4万5000円、礼金6万円、更新料10万円として賃借し、敷金10万円を支払って入居し、平成13年8月から平成17年8月にかけて契約を更新し、更新料をそれぞれ10万円支払ったが、平成18年10月、解約を申し入れ、本件部屋を退去し、更新料支払の特約が消費者契約法10条、民法90条に違反して無効であると主張し、支払済みの更新料50万円の返還、敷金の返還を請求したものである。

　本判決は、更新料支払の特約は、消費者契約法10条により無効であるということはできないとし（後段の要件を満たさないとした）、敷金も最後の更新時の更新料支払義務に充当されるとし、請求を棄却したものである。

判決文

三　民法90条及び消費者契約法10条

(1)　前判示の本件賃貸借契約における更新料の性質をふまえ、本件更新料約定が、民法90条により無効となるか検討するに、前判示のとおり、本件賃貸借契約における更新料が主として賃料の補充（賃料の前払い）としての性質を有しているところ、その金額は10万円であり、契約期間（1年間）や月払いの賃料の金額（4万5000円）に照らし、直ちに相当性を欠くとまでいうことはできない。

　よって、本件更新料約定が民法90条により無効であるとする原告の主張を採用することはできない。

(2)　本件更新料約定が、消費者契約法10条により無効となるか検討する。

ア　前判示のとおり、本件賃貸借契約における更新料は、主として賃料の補充（賃料の前払い）としての性質を有しており、本件更新料約定が、本件賃貸借契約における賃料の支払方法に関する条項（契約期間1年間の賃料の一部を更新時に支払うことを取り決めたもの）であることからすると、「賃料は、建物については毎月末に支払わなければならない」と定める民法614条本文と比べ、賃借人の義務を加重しているものと考えられるから、消費者契約法10条前段の定める要件（本件更新料約定が「民法、商法その他の法律の公の秩序に関しない規定の適用による場合に比し、消費者の義務を加重する消費者契約の条項」であること）を満たすものというべきである。

イ　そこで、同条後段の要件（本件更新料約定が「民法第1条第2項に規定する基本原則に反して消費者の利益を一方的に害するもの」であること）について

〔第2部〕 契約類型別の消費者契約と裁判例の検証

　検討するに、前判示のとおり、①本件賃貸借契約における更新料の金額は10万円であり、契約期間（1年間）や月払いの賃料の金額（4万5000円）に照らし、過大なものではないこと（しかも、本件賃貸借契約においては、賃借人である原告は、契約期間の定めがあるにもかかわらず、いつでも解約を申し入れることができ、その場合には、更新料の返還は予定されていないが、原告が解約を申し入れた場合には、解約を申し入れた日から、民法618条において準用する同法617条1項2号が規定する3か月を経過することによって終了するのではなく、解約を申し入れた日から1か月が経過した日の属する月の末日をもって終了するか、又は、被告に1か月分の賃料を支払うことにより即時解約することもできることとされているから〔本件約款第15条〕、月払いの賃料の金額〔4万5000円〕の2か月分余りである本件賃貸借契約における更新料の金額は、過大なものとはいえないこと）、②本件更新料約定の内容（更新料の金額、支払条件等）は、明確である上、原告が、本件賃貸借契約を締結するにあたり、仲介業者である京都ライフから、本件更新料約定の存在及び更新料の金額について説明を受けていることからすると、本件更新料約定が原告に不測の損害あるいは不利益をもたらすものではないことのほか、③本件賃貸借契約における更新料が、その程度は希薄ではあるものの、なお、更新拒絶権放棄の対価及び賃借権強化の対価としての性質を有しているものと認められることを併せ考慮すると、本件更新料約定が、「民法第1条第2項に規定する基本原則に反して消費者の利益を一方的に害するもの」とはいえないものというべきである。

ウ　以上によれば、本件更新料約定が消費者契約法10条により無効であるということはできない。

エ　なお、原告の主張するとおり、更新料は、賃借人が物件を選定する際に主として月払いの賃料の金額に着目する点に乗じ、「更新料」という直ちに賃料を意味するものではない言葉を用いることにより、賃借人の経済的な出捐があたかも少ないかのような印象を与えて契約締結を誘因する目的で利用されている面があることを直ちに否定することはできないけれども、更新料に関する報道が広く行われることなどを通じ、消費者が更新料の性質についての認識を深めていくことが考えられるし、不動産賃貸借の市場がその機能を十分に発揮すれば、賃貸業者の間で、更新料に関する競争が行われることが考えられるのであるから、原告の上記のような懸念が事実であるとしても、そのことから、直ちに、更新料に関する約定がおよそ民法90条又は消費者契約法10条により無効であるということはできない。加えて、賃貸借契約を締結する際、賃貸人に対して更新料に関する約定に関する説明が十分に行われなかった場合や、更新料に関する約定の内容（更新料の金額、支払条件等）が不明確であるため賃借人が賃貸借契約に伴い要する経済的な出捐の全体像を正しく認識できない場合には、更新料に関する約定が当該賃貸借契約の内容とはなっていないとされたり、上記約定が消費者契約法10条により無効とされることが考えられないではないが、

本件賃貸借契約の締結に至る前判示のとおりの経緯、本件更新料約定の内容には、そのような事情は認められない。

判決の特徴と意義

　本件は、賃借人が更新料、敷引特約で敷金を交付して建物を賃借した後、更新の際更新料を支払うなどし、解約し、建物を明け渡したため、更新料、敷金の返還を請求した事件である。本件は、建物の賃貸借において、更新料特約が消費者契約法10条に該当するか（無効であるか）が問題になった事件であり、更新料の支払後、更新料の返還の根拠として主張されたものである。なお、消費者契約法の施行前においても、更新料特約の効力が争われた訴訟があり、有効・無効の判決があったところ、有効とする判決が優勢であったと考えられるが、長年議論の対象になってきた問題である。

　本判決は、更新料特約について民法90条により無効となるものではないとするとともに、消費者契約法10条の前段の要件には該当するが、後段の要件に該当せず、無効ではないとしたものであり、参考になる判断を示したものである。

裁判例5

【裁判例】　京都地判平20・4・30判時2052号86頁・判タ1281号316頁・金商1299号56頁
〔消費者契約法10条：定額補修分担金、更新料特約〕

―【事案の特徴】―

　Xは、平成17年3月、A株式会社の仲介により、Y有限会社から、賃貸期間を2年間、賃料月額6万3000円、更新料として前家賃の1カ月分、敷金でない定額補修分担金16万円を支払う旨の特約で、共同住宅の1部屋を賃借し、平成19年2月頃、更新料として6万3000円を支払ったが、同年4月、本件部屋を退去し、Yに対して定額補修分担特約、更新料特約が消費者契約法10条に違反して無効であると主張し、不当利得

〔第2部〕 契約類型別の消費者契約と裁判例の検証

　の返還を請求したものである。
　　本判決は、定額補修分担金特約が消費者契約法10条に該当し、無効であるとし（Xは、その後、更新料の返還を受けた）、定額補修分担金につき不当利得の返還請求を認容したものである。

〔判決文省略〕

判決の特徴と意義

　本件は、賃借人が定額補修分担金、更新料を交付して建物を賃借し、建物を退去し、定額補修分担金、更新料の返還を請求した事件である。本件は、建物の賃貸借において定額補修分担金特約、更新料特約が消費者契約法10条に該当するかが問題になった事件である（なお、訴訟の係属中、更新料が返還され、更新料特約の効力は最終的には争点にならなかった）。定額補修分担金特約は、なかなか聞き慣れない用語であるが、その内容に照らすと、建物の明渡し時における原状回復の範囲、費用額の算定等の問題を回避し、原状回復費用を確実に確保するために利用されている特約であると推測される。
　本判決は、定額補修分担金特約について、賃借人のみが通常損耗部分の回復費用を含む分担金を負担することは不当である等とし、消費者契約法10条の前段、後段に該当し、無効であるとしたものであり、その旨の事例判断を提供するものである。

裁判例6

【裁判例】　京都地判平20・11・26金商1378号37頁
　　　　　〔消費者契約法10条：敷引特約〕

――――【事案の特徴】――――
　Xは、平成18年8月、Yとの間で、マンションの1室を賃貸期間を2年間とし、賃料月額9万6000円、保証金40万円、明渡しの後は契約経過年数に応じて決められた一定額の金員（敷引金）を控除する、通常損

耗、自然損耗の回復費用は敷引金で賄う旨の特約で賃借し、平成20年4月、契約が終了し、Xは、本件建物を明け渡したところ、保証金から敷引金として21万円が控除され、19万円の返還を受けたため、Xが敷引特約が消費者契約法10条に違反して無効であると主張し、Yに対して敷金の返還等を請求したものである。

本判決は、敷引特約が消費者契約法10条の要件に該当しないとし、敷引特約が有効であるとし、請求を棄却したものである。

判決文

(2) 以上のとおり認められるところ、本件賃貸借契約1における保証金の控除の特約(以下「本件特約」という。)は、家賃を始めとした賃借人の負担すべき債務の担保として交付され、退去時にその清算をする敷金としての性質に加え、貸主の負担となる通常損耗及び自然損耗について、定額の控除額でまかなう性質を有するものである。

(3) 消費者契約法10条は、「民法、商法、その他の法律の公の秩序に関しない規定の適用による場合に比し、消費者の権利を制限し、又は消費者の義務を加重する消費者契約の条項であって、民法1条2項に規定する基本原則に反して消費者の利益を一方的に害するものは、無効とする」旨規定する。賃貸借契約は、賃借人による賃借物件の使用とその対価としての賃料の支払いを内容とするところ、賃借物件が建物の場合、その使用に伴う賃借物件の損耗は賃貸借契約の中で当然に予定されているものであり、そのため、建物の賃貸借においては、賃借人が社会通念上通常の使用をした場合に生ずる賃借物件の劣化又は価値の減少という賃借物件の通常損耗の回収は通常、賃貸人が減価償却費や修繕費等の必要経費分を賃料の中に含ませ、その支払いを受けることで行われる。そうすると、賃借人は、賃貸借契約が終了した場合には、賃借物件を原状に回復して賃貸人に返還する義務を負うものの、賃借人に通常損耗についての原状回復義務を負わせることができないのが原則である。

しかしながら、本件賃貸借契約1においては、原状回復費用が家賃に含まれない旨の規定があり、賃借物件の通常損耗の回収を賃料に含ませない意思であることが明示されている。そして、かかる規定に加えて、本件特約が保証金の控除額につき、1年ごとに一定額を賃借人の負担として増額していることからすれば、本件特約の定額控除は、その名目は保証金とはなっているものの、実質は、原状回復分についての賃借人の負担額を定めたものにすぎないとみることができる。したがって、このような定めが、民法が規定する場合に比して消費者の義務を加重した特約といえるかについて疑問があるといわざるを得ない。原告は、賃料の

二重取りとなることから、本件特約の定額控除は、民法601条、606条が適用される場合に比して消費者たる賃借人の義務を加重する条項に該当すると主張するが、前記のとおり、賃料には原状回復費用は含まないのであるから、かかる被告の主張は採り得ない。

(4) もっとも、保証金控除額は、契約経過年数1年未満、同2年未満、同3年未満、同4年未満、同5年未満、同5年以上をそれぞれ18万円、21万円、24万円、27万円、30万円、34万円とするものであり、1年当たりの原状回復費用が3、4万円程度と見ているととらえることもできるから、契約経過年数1年未満の保証金控除額については、礼金などとして、原状回復費用を超える趣旨があるとみる余地もある。しかしながら、仮にそのようにして本件特約が消費者の義務を加重するものであると考えたとしても、前記の事実、とりわけ、貸主の負担となる通常損耗及び自然損耗について保証金控除額でまかなうことや原状回復費用が家賃に含まれないことが住宅賃貸借契約証書に明記され、他方、誓約書及び念書において、貸主の負担となる通常損耗及び自然損耗と借主の負担となるものが詳細に区分されており、復元費用基準表によりその費用も明確にされていること、原告は、契約締結前にこれらの点について説明を受けていると解されること、通常損耗及び自然損耗による原状回復費用は34万円が上限となるため、賃料に含めて請求した場合に比較して、借主である原告にかえって有利となる場合もあること、契約に当たって、他に礼金等の名目で一時金の支払いがなされていないこと、その他、本件物件1について原告が支払うべき賃料の額や控除される保証金額等に鑑みれば、本件特約が民法1条2項に規定する基本原則に反して消費者の利益を一方的に害するものともいえない。

したがって、本件特約は消費者契約法10条に反するとはいえないものというべきである。

(5) よって、被告は、原告に対し、敷金ないし保証金の控除額21万円の返還義務を負わない。

判決の特徴と意義

本件は、賃借人が明渡しの後は契約経過年数に応じて決められた一定額の金員（敷引金）を控除する、通常損耗、自然損耗の回復費用は敷引金で賄う旨の特約で、保証金を交付して建物を賃借し、契約の終了後、建物を明け渡し、賃貸人が保証金の敷引をしたため、賃借人が賃貸人に対して敷引に係る保証金の残額の返還を請求した事件である。本件は、建物の賃貸借契約における敷引特約の消費者契約法10条の適用が問題になったものである。

本判決は、敷引特約が消費者契約法10条の前段の要件に該当するというには疑問があるとしたこと、貸主の負担となる通常損耗および自然損耗について保証金控除額でまかなうことや原状回復費用が家賃に含まれないことが住宅賃貸借契約証書に明記され、他方、誓約書および念書において、貸主の負担となる通常損耗および自然損耗と借主の負担となるものが詳細に区分されており、復元費用基準表によりその費用も明確にされ、借主は、契約締結前にこれらの点について説明を受けていると解されること等の事情を考慮し、同条後段の要件に該当しないとしたことに特徴があり、敷引特約を有効であるとした判断として参考になる。

裁判例 7

【裁判例】　大阪高判平20・11・28判時2052号93頁
　　　　　〔消費者契約法10条：定額補修金特約〕

【事案の特徴】

　前記の京都地判平20・4・30判時2052号86頁・判タ1281号316頁・金商1299号56頁（裁判例5）の控訴審判決であり、Yが控訴したものである。
　本判決は、定額補修金特約が消費者契約法10条の要件に該当して無効であるとし、控訴を棄却したものである。

〔判決文省略〕

判決の特徴と意義

　本件は、賃借人が定額補修分担金を交付し、更新料特約で建物を賃借し、建物を退去し、定額補修分担金、更新料の返還を請求した控訴審の事件である（なお、訴訟が第1審に係属中、更新料が返還され、更新料特約の効力は最終的には争点にならなかった）。
　本判決は、定額補修金特約が消費者契約法10条の前段、後段の各要件に該

〔第2部〕 契約類型別の消費者契約と裁判例の検証

当するとしたこと、定額補修金特約が無効であるとしたことに特徴があり、その旨の事例判断を提供するものである。

裁判例 8

【裁判例】 大津地判平21・3・27判時2064号70頁
〔消費者契約法10条：更新料特約〕

――【事案の特徴】――

　Xは、平成12年11月、Yから共同住宅の1室を賃料月額5万2000円、共益費月額2000円、賃貸期間2年間、更新料旧賃料の2カ月分とする特約（契約期間の1カ月前までに賃貸人、賃借人のいずれからも書面による異議申出のない場合は、契約期間が自動的に2年間更新され、賃借人は、更新時に賃貸人に対して更新料として旧賃料の2カ月分を支払う旨の特約）で賃借し、XとYは、平成14年11月、更新料10万4000円を支払って合意更新し、平成16年11月、同様に、更新料10万4000円を支払って合意更新し、平成18年11月、賃料月額を5万円とし、更新料を旧賃料の1カ月分とし、更新料5万2000円を支払って合意更新したところ（判文上明確ではないが、この賃貸期間に中途解約されたようである）、Xは、更新料特約が消費者契約法10条または民法90条に反して無効であると主張し、Yに対して不当利得に基づき既払いの更新料合計26万円の返還を請求したものである。

　本判決は、本件の更新料は、賃料の一部前払の性質を有し、更新拒絶権放棄の対価の性質は希薄であり、賃借権強化の機能は希薄であるとしたものの、これらの性質を有すると解することが許されないとはいえないとし、消費者契約法10条前段については、更新料が民法上の任意規定が適用される場合と比較して賃借人の義務を加重するものであるとしたが、同条後段については、更新料の額・支払時期が明確で、判断の前提となる情報が開示されていたこと、賃借人は更新料が賃料の一部前払であることを認識していたこと、賃借人が賃貸物件の市場において賃貸物件を選択することができたこと、賃貸人が情報力・交渉力の格差に付

け込み、自己に一方的に有利な契約条項を定型的に準備し、賃借人に押し付けたとはいえないこと等の事情から、更新料特約が信義則に反して消費者の利益を一方的に害するものであるとの事情は認められないとし、後段の要件に該当し無効であるということはできないとし、公序良俗にも反しないとし、請求を棄却したものである。

判決文　(4)　原告は、更新料発生の沿革及び、立法・行政当局が更新料を賃貸住宅市場から排除するために努力を重ねていることによれば、更新料は信義則に反し消費者の利益を一方的に害するものであると主張する。

しかしながら、借地借家法改正にあたり、借家関係上授受される更新料等の徴求を禁止する規定が設けられなかったこと（甲5）、賃貸住宅標準契約書に更新料の項目は入れられなかったが、「その他一時金」という項目が設けられ、更新料の慣行がある地域においてまでこれを排除する趣旨が窺われないこと（甲7の3）にかんがみれば、公営住宅法や旧公庫法が一時金を禁止していることをもって、直ちに更新料支払条項が社会通念上排除されるべきであり非難に値するものとまではいえない。

(5)　以上によれば、更新料支払条項が信義則に反して消費者の利益を一方的に害するものである事情は認められない。法10条後段の要件に該当し無効であるということはできない。

判決の特徴と意義

本件は、賃借人が更新料特約で建物を賃借し、更新料を支払って合意更新をし、賃貸借契約を解約し、更新料の返還を請求した事件である。本件は、借家契約上、更新料特約があり（賃借人は、更新時に賃貸人に対して更新料として旧賃料の2カ月分を支払う旨の特約）、効力が問題になったこと、合意更新が繰り返され、賃借人が特約に従って更新料を支払ったこと、賃借人が賃貸人に対して支払済みの更新料につき不当利得の返還を請求したこと、更新料特約につき消費者契約法10条または民法90条による無効が問題になったことに特徴がある。

本判決は、賃料の一部前払いの性質を有すること、更新拒絶権放棄の対価の性質は希薄であること、消費者契約法10条前段については、更新料が民法

〔第2部〕 契約類型別の消費者契約と裁判例の検証

上の任意規定が適用される場合と比較して賃借人の義務を加重するものであること、同条後段については、賃貸人が情報力・交渉力の格差に付け込み、自己に一方的に有利な契約条項を定型的に準備し、賃借人に押し付けたとはいえないこと等の事情から、更新料特約が信義則に反して消費者の利益を一方的に害するものであるとの事情は認められないとしたこと、更新料特約が同条後段の要件に該当しないとし、無効であるとはいえないことを判示したものであり、更新料特約が消費者契約法10条、民法90条により無効ではないとした事例判断として参考になる。もっとも、本件では賃貸借契約の締結の際には、消費者契約法は施行されておらず、同法附則により、同法10条の適用を論ずる必要はなかったのではないかとの疑問がある。

裁判例9

【裁判例】 名古屋簡判平21・6・4判夕1324号187頁
〔消費者契約法10条：敷引特約〕

【事案の特徴】

Xは、平成20年10月5日、Yとの間で、建物の賃貸借契約を締結し、敷金30万円、11月分の賃料、消毒料、家賃保証料、鍵交換代、火災保険料等を支払ったが（敷引特約があった）、同月24日、契約を解除し、家賃保証料、火災保険料の返還を受けたものの、その余の返還を受けなかったため、XがYに対して敷金、家賃等の返還を請求したものである（なお、本件契約は、掲載雑誌には定期建物賃貸借契約であると紹介され、判決文の一部には賃貸期間5年間の定期借家であるとの記載があるが、事実認定上は必ずしも明らかではない）。

本判決は、敷引特約について、合理的な理由がない限り、賃貸人は賃借人に返還する義務を負い、これと異なる定めは消費者契約法10条により無効である等とし、敷金全額、家賃の一部、鍵交換代の返還義務を認め、請求を認容したものである。

〔判決文省略〕

判決の特徴と意義

　本件は、賃借人が、平成20年10月5日、敷引特約で建物の賃貸借契約を締結し、敷金、11月分の賃料、消毒料、家賃保証料、鍵交換代、火災保険料等を支払ったものの、同月24日、契約を解除し、家賃保証料、火災保険料の返還を受けたが、その余の返還を受けなかったことから、それらの返還を請求した事件である。本件は、主として敷引特約の効力が問題になったこと、消費者契約法10条により無効であるかが問題になったことに特徴がある。

　本判決は、合理的な理由がない限り、敷金の返還義務を負うとし、敷引特約につき消費者契約法10条に該当し、無効であるとしたものであるが、敷引特約が内容によって無効となる可能性はあるものの、本判決の理由で無効とすることは疑問であり、参考とする意義はほとんどないということができる。

裁判例10

【裁判例】　大阪高判平21・6・19金商1378号34頁
　　　　　〔消費者契約法10条：敷引特約〕

──【事案の特徴】──
　前記の京都地判平20・11・26金商1378号37頁（裁判例6）の控訴審判決であり、Xが控訴したものである。
　本判決は、第1審判決と同様に、敷引特約が消費者契約法10条により無効ではないとし、控訴を棄却したものである。

　(3)　さらに、消費者契約法10条後段は、同条により消費者契約の条項が無効となる要件として、「民法第1条第2項に規定する基本原則に反して消費者の利益を一方的に害するもの」であることを定めている。
　消費者契約法は、「消費者と事業者との間の情報の質及び量並びに交渉力の格差にかんがみ、(中略)消費者の利益を不当に害することとなる条項の全部又は一部

を無効とする（中略）ことにより、消費者の利益の擁護を図」ることを目的とする（同法1条）。このような立法趣旨に照らすと、「民法第1条第2項に規定する基本原則に反して消費者の利益を一方的に害する」とは、消費者と事業者との間にある情報、交渉力の格差を背景として、不当条項によって、消費者の法的に保護されている利益を信義則に反する程度に両当事者間の衡平を損なう形で侵害することを意味すると解される。

　そこで検討するに、本件においては次の諸事情が認められ、それらを総合的に考慮すると、本件特約は、控訴人と被控訴人との間に信義則上看過し難い不衡平をもたらす程度に控訴人の保護法益を侵害しているとまではいえず、同法10条後段には該当するとは認められない。

ア　前記認定のとおり、本件特約の内容及び契約経過年数により控除される保証金の額は、本件賃貸借契約書に具体的に明記され、本件賃貸借契約締結の4週間前に控訴人に説明のうえ交付された重要事項説明書にも、保証金解約引として本件賃貸借契約書と同様に保証金控除額が記載されていたのであるから、控訴人は、本件賃貸借契約締結に際し、本件特約の存在及び内容を十分告知され、明確に認識していたと認められる。

イ　本件特約により通常損耗についての原状回復費用に充当される保証金控除額は、契約経過年数1年未満18万円、同2年未満21万円、同3年未満24万円、同4年未満27万円、同5年未満30万円、同5年以上34万円と定められ、実際に必要な通常損耗についての原状回復費用の額に相応しているか否かは不明であり、それを超える場合もあると考えられ、実質敷引き特約の内容を伴っていると解される。しかし、本件建物の賃料は、月額9万6000円（別途共益費月額1万円）であり、本件建物の場所、専有面積、間取り、設備等からすれば、不当に高額とはいえないこと、本件賃貸借契約締結時に保証金以外に礼金等の名目で本件賃貸借契約終了時に一切返還されない一時金の授受がなされていないことを勘案すれば、上記保証金控除額が、控訴人と被控訴人との衡平を著しく失するほど控訴人に不相当な負担を課すものとは認められない。

ウ　本件賃貸借契約当時の社会情勢や住宅事情によると、居住用賃貸建物が不足している状況ではなく、賃貸建物の契約条件等に関する情報は、不動産仲介業者やインターネット等を通じて短時間で豊富に検索することができたと推測される。殊に、控訴人は、その年齢、職業からすれば、容易にインターネット等を駆使して上記検索をすることができたと推認され、また、前記アのとおり、本件賃貸借契約締結の4週間前に重要事項説明書の説明を受け、それを受領したのであるから、本件賃貸借契約を締結するまでに、他の賃貸建物の契約条件と比較して本件賃貸借契約が有利か不利かを検討する期間も十分あり、本件建物を賃借するか他の建物を賃借するかを熟慮のうえ選択する可能性があったと認められる。そうすると、控訴人は、本件賃貸借契約締結にあたり、その情報収集能力や交渉力において、格段に被控訴人に劣っていたとはいえない。

エ　なお、控訴人は、本件賃貸借契約当時は極めて限られた時間で物件を探す必要に迫られており、また、本件賃貸借契約締結段階になって新たに別物件を探すことは非常に厳しい状況下にあり、本件特約を意識した段階では既に手遅れの感があって、本件特約について妥協せざるを得なかったなどとも主張するが、そのような控訴人個人に関わる主観的事情が本件特約の効力に影響を与えるものではない。

(4)　したがって、本件特約は、消費者契約法10条により無効ということはできず、有効と解するほかはない。

判決の特徴と意義

　本件は、賃借人が明渡しの後は契約経過年数に応じて決められた一定額の金員（敷引金）を控除する、通常損耗、自然損耗の回復費用は敷引金で賄う旨の特約で、保証金を交付して建物を賃借し、契約の終了後、建物を明け渡し、賃貸人が保証金の敷引をしたため、賃借人が賃貸人に対して残額の返還を請求した控訴審の事件である。本件は、敷引特約が消費者契約法10条により無効であるかが争点になった事件である。

　本判決は、第1審判決と同様に、敷引特約が消費者契約法10条の要件に該当しないとし、敷引特約が有効であるとしたものであり、敷引特約を有効とした控訴審の判決として参考になる。

裁判例11

【裁判例】　京都地判平21・7・23判時2051号119頁・判タ1316号192頁・金商1327号26頁
〔消費者契約法10条：敷引特約、更新料特約〕

【事案の特徴】

　Xは、平成18年4月、Yからマンションの1室を賃料月額5万8000円、保証金35万円、敷引特約（敷引金30万円）、賃貸期間2年間、更新料賃料2カ月分の特約で賃借し、保証金を支払い、更新時には更新料11万6000円を支払ったが、本件建物を明け渡した後、XがYに対して敷引特

約、更新料特約が消費者契約法10条により無効であると主張し、保証金、更新料の返還を請求したものである。

本判決は、敷引特約、更新料特約が消費者契約法10条により無効であるとし、請求を認容したものである。

〔判決文省略〕

判決の特徴と意義

本件は、賃借人が敷引特約、更新料特約で保証金を交付して建物を賃借し、更新時に更新料を支払い、建物を明け渡したことから、保証金（敷金）、更新料の返還を請求した事件である。本件は、敷引特約、更新料特約の効力が問題になったこと（敷金の性質を有する保証金が問題になっている）、消費者契約法10条の適用が問題になったことに特徴がある。

本判決は、敷引特約、更新料特約についていずれも消費者契約法10条に該当するとし、各特約を無効としたものである。本判決は、後記の最高裁の判例（最判平23・7・15民集65巻5号2269頁・判時2135号38頁（裁判例24））に照らし、法的な意義を有しないものである。

裁判例12

【裁判例】　京都地判平21・7・30金商1378号50頁
　　　　　〔消費者契約法10条：敷引特約〕

【事案の特徴】

Xは、平成14年5月23日、A株式会社との間で、マンションの1室を賃貸期間を平成16年5月31日まで、賃料月額7万5000円、保証金100万円（預託分40万円、敷引分60万円）とし、明渡しを完了したときは預託分を返還する旨の特約で賃借した後、Y株式会社にAの賃貸人の地位が移転し、契約が更新され、更新時、賃料額を月額17万円とする合意がされ、平成20年5月、賃貸借契約が終了し、Xは、本件建物を明け渡した

ところ、Yが敷引金60万円を控除し、原状回復費用等20万8074円を控除し、19万1926円を返還したため、Xが敷引特約が消費者契約法10条により無効であると主張し、Yに対して未返還分の保証金の返還を請求したものである。

本判決は消費者契約法10条により敷引特約が無効であるとし、原状回復費用として16万3996円を控除し、残額の範囲で請求を認容したものである。

〔判決文省略〕

判決の特徴と意義

本件は、賃借人が敷引特約で保証金を交付して建物を賃借し、更新し、賃貸借を終了させ、建物を明け渡したことから、保証金（敷金）の返還を請求した事件である。本件は、敷引特約の効力が問題になったこと、消費者契約法10条の適用が問題になったことに特徴がある。

本判決は、敷引特約が消費者契約法10条所定の要件を満たすとし、無効としたものである。本判決は、後記の最高裁の判例に照らし、法的な意義を有しないものである。

裁判例13

【裁判例】 大阪高判平21・8・27判時2062号40頁・金法1887号117頁
〔消費者契約法10条：更新料特約〕

【事案の特徴】

前記の京都地判平20・1・30判時2015号94頁・金商1327号45頁（裁判例4）の控訴審判決であり、Xが控訴したものである。

本判決は、更新料が更新拒絶権の放棄の対価、賃借権強化の対価であるとはいえず、法律的には容易に説明することが困難で、対価性の乏しい給付である等とし、民法1条2項の規定する基本原則に反し、消費者

の利益を一方的に害するものであり、消費者契約法10条に違反し、無効であるとし、原判決を変更し、請求を認容したものである。

〔判決文省略〕

判決の特徴と意義

　本件は、賃借人が更新料、敷引特約で敷金を交付して建物を賃借した後、解約し、建物を明け渡したため、更新料、敷金の返還を請求した控訴審の事件である。本件は、主として更新料特約の効力が問題になったこと、消費者契約法10条の適用が問題になったことに特徴がある。

　本判決は、更新料は更新拒絶権の放棄の対価、賃借権強化の対価であるとはいえないとしたこと、更新料は法律的には容易に説明することが困難で、対価性の乏しい給付であるとしたこと、更新料特約は消費者契約法10条前段、後段の各要件を満たすとし、無効としたことに特徴がある。本判決の説示する更新料の性質は、従前の実務の多くの見解に反するものであるが、本判決が更新料特約を無効とした判断は、第１審判決と比較対照しても、第１審判決の論理が合理的であると考えられるとともに、後記の最高裁の判例に照らし、法的な意義を有しないものである。

裁判例14

【裁判例】　京都地判平21・9・25判時2066号81頁
　　　　　〔消費者契約法10条：更新料特約〕

【事案の特徴】

　大学生Ｘは、平成18年3月、Ａ株式会社の仲介により、Ｙ株式会社から学生用のアパートの１室を賃貸期間を１年間とし、更新料を旧賃料の２カ月分として賃借し、保証金33万円（保証金解約引き28万円）を支払い、入居したところ、平成19年1月、更新料として11万6000円を支払い、合意更新をした後、同年11月、ＹがＸにおいて男友達を宿泊させる

9　住居用建物の賃貸借契約（借家契約）

等したことをXの親に伝えたことをきっかけにして（Yは、防犯カメラを設置していた）、X、その父親、Aの従業員、Yが協議をし、Xが本件部屋を退去したため、XがYに対して保証金等の支払、更新料条項が消費者契約法10条に違反して無効であると主張し、支払済みの更新料につき不当利得の返還、プライバシーの侵害による損害賠償を請求したものである。

本判決は、更新料条項が消費者契約法10条に該当して無効であるとし、防犯カメラでアパートへの出入りを監視する等したことが不法行為にあたるとはいえない等とし、不法行為を否定したが、保証金等の支払い、不当利得の返還請求を認容したものである。

〔判決文省略〕

判決の特徴と意義

本件は、賃借人が更新料特約で保証金を交付して建物を賃借し、更新料を支払って合意更新したが、使用方法違反による賃貸人とのトラブルが発生し、親を交えて協議をし、建物を退去したことから、更新料等の返還、プライバシーの侵害による不法行為に基づき損害賠償を請求した事件である。本件は、主として更新料特約の効力が問題になったこと、消費者契約法10条の適用が問題になったことに特徴がある。

本判決は、更新料特約が消費者契約法10条前段、後段の各要件に該当するとし、無効としたことに特徴があるが、後記の最高裁の判例に照らし、法的な意義を有しないものである。

裁判例15

【裁判例】　京都地判平21・9・25判時2066号95頁・判タ1317号214頁
　　　　　〔消費者契約法10条：更新料特約、定額補修分担金特約〕

〔第2部〕 契約類型別の消費者契約と裁判例の検証

―――【事案の特徴】―――

　Xは、平成15年4月、Yから共同住宅の1室を賃貸期間を1年間、賃料月額3万8000円、更新料を月額賃料の2カ月分、定額補修分担金を12万円として賃借し、Zが連帯保証をし、その後、Xは、平成18年まで3回にわたり更新の合意をし、更新のつど、更新料として7万6000円を支払ったが、平成19年4月以降、Xが本件建物の使用を継続したことから、更新したものとみなされていたところ（更新料の支払はしなかった）、XがYに対して更新料支払条項が消費者契約法10条または借地借家法30条により、定額補修分担金の支払に関する特約が消費者契約法10条によりいずれも無効であると主張し、不当利得返還請求権に基づき支払済みの更新料22万8000円、定額補修分担金12万円の返還を請求し、Yが反訴としてXに対して未払の更新料の支払を請求するとともに、Zに対して保証債務の履行を請求したものである。

　本判決は、更新料条項、定額補修分担金条項が消費者契約法10条に該当して無効であるとし、Xの不当利得返還請求を認容し、確認請求に係る訴えを却下し、Yの反訴請求を棄却したものである。

〔判決文省略〕

判決の特徴と意義

　本件は、賃借人が更新料特約、定額補修分担金特約で定額補修分担金を交付して建物を賃借し、更新料を支払って合意更新をし、さらに法定更新したが、支払済みの更新料、定額補修分担金につき不当利得の返還、未払の更新料の支払債務の不存在確認を請求したのに対し、賃貸人が反訴として更新料の支払を請求した事件である。本件は、更新料特約、定額補修分担金特約の効力が問題になったこと、消費者契約法10条の適用が問題になったことに特徴がある。

　本判決は、更新料特約、定額補修分担金特約が消費者契約法10条前段、後段の要件を満たすとし、各特約を無効としたことに特徴があるが、更新料特

約に関する判断については、後記の最高裁の判例に照らし、法的な意義を有しないものである。

裁判例16

【裁判例】　京都地判平21・9・30判時2068号134頁・判夕1319号262頁
　　　　　〔消費者契約法10条：定額補修分担金特約〕

【事案の特徴】

　不動産賃貸業を営むＹ株式会社は、不特定多数の消費者との間で定額補修分担金条項の入った契約書を利用して賃貸借契約を締結していたところ、適格消費者団体であるＸ・ＮＰＯ法人がＹに対して消費者契約法12条に基づき契約の申込み等の禁止、契約書用紙の破棄等を請求したものである。

　本判決は、定額補修分担金条項が消費者契約法10条により無効である等とし、契約締結時における定額補修分担金条項を含む契約の申込み等の禁止請求を認容し、他の請求を棄却し、却下したものである。

〔判決文省略〕

判決の特徴と意義

　本件は、不動産賃貸業者が定額補修分担金条項の入った契約書を利用して賃貸借契約を締結していたところ、適格消費者団体がその条項による契約の申込み等の差止めを請求した事件である。本件は、定額補修分担金特約の効力が問題になったこと、消費者契約法10条の適用が問題になったこと、適格消費者団体の契約書の利用差止請求の当否が問題になったことに特徴がある。

　本判決は、定額補修分担金特約が消費者契約法10条前段、後段の要件を満たすとし、無効としたこと、適格消費者団体の契約書の利用差止請求を認容したことに特徴があり、その旨の事例判断を提供するものである。

〔第2部〕 契約類型別の消費者契約と裁判例の検証

裁判例17

【裁判例】 大阪高判平21・10・29判時2064号65頁
〔消費者契約法10条：更新料特約〕

―――【事案の特徴】―――

前記の大津地判平21・3・27判時2064号70頁（裁判例8）の控訴審判決であり、Xが控訴したものである。

本判決は、更新料特約が消費者契約法10条前段に該当するとし、同条後段の意義は、消費者と事業者の間にある情報、交渉力の格差を背景にして、事業者の利益を確保し、あるいはその不利益を阻止する目的で、本来は法的に保護されるべき消費者の利益を信義則に反する程度にまで侵害し、双方の利益状況に合理性のない不均衡を生じさせるような不当条項を意味するものとしたうえ、本件では、更新料は賃貸借期間の長さに相応して支払われるべき賃借権設定の対価の追加分ないし補充分と解するのが相当であり、賃貸人にとって必要かつ合理的な理由のある収益ということができ、賃貸借契約の締結時に支払うべき礼金の金額に比較して相当程度抑えられているなど適正な金額にとどまっている限り、直ちに合理性のない不均衡を招来させるものではない等とし、賃借人が信義則に反する程度にまで一方的に不利益を受けていたということはできないとし、同条後段の要件に該当しないとし、また、更新料特約が暴利行為に該当すると認める余地はないとし、民法90条違反を否定し、第1審判決が相当であるとして控訴を棄却したものである。

判決文

したがって、前記認定判示のとおり、賃貸人が、賃貸借契約を締結するにあたり、賃借人に対し、賃貸借期間の長さに応じた賃借権設定の対価の支払いを求めようとすることには一定の必要性と合理性が認められ、法的に許されないものでもない（賃借人としては、それに納得できないのであれば、契約を締結しなければよいのであって、これを契約条項の押し付けであるとは認められない。）ことを併せ考えると、更新料支払条項によって支払いを義務付けられる更新料が、賃貸借契約の締結時に支払うべき礼金の金額に比較して相当程度抑えられているなど

適正な金額にとどまっている限り、直ちに賃貸人と賃借人との間に合理性のない不均衡を招来させるものではなく、仮に、賃借人が、賃貸借契約の締結時において、来るべき賃貸借契約の更新時において直面することになる更新料の支払いという負担について、それほど現実感がなかったとしても、そもそも更新料を含めた負担額を事前に計算することが特段困難であるとはいえないのであるから、更新料の金額及び更新される賃貸借期間等その他個別具体的な事情によっては、賃借人にとって信義則に反する程度にまで一方的に不利益になるものではないというべきである。

エ　以上のような観点から、本件について検討すると、前記認定事実（前記第2の3において補正及び追加した原判決記載の前提事実）によれば、本件賃貸借契約の契約締結時に定められた賃貸借期間は2年であり、その際に支払うべき礼金は20万円（当時の月額賃料5万2000円の4か月分弱）とされ、2年後に賃貸借期間を2年更新する場合の更新料を旧賃料の2か月分とし、その後も同様とする旨の本件更新料支払条項が定められたというのである。

　そうすると、本件更新料支払条項により、賃貸人である被控訴人としては、賃貸借期間の長さに相応した賃借権設定の対価を取得することができる一方で、賃借人である控訴人は、2年後の更新時において、賃貸借期間をさらに2年延長するにあたり、旧賃料の2か月分の更新料の支払義務が生じることになるものの、支払うべき更新料は、礼金よりも金額的に相当程度抑えられており、適正な金額にとどまっているということができるのであって、賃貸借契約書（甲1）を精査しても、賃貸借契約の更新という名の下で実質的に新たな賃貸借契約を締結させられるような事情があったとは到底認めることができない。

判決の特徴と意義

本件は、賃借人が更新料特約で建物を賃借し、更新料を支払って合意更新をし、賃貸借契約を解約し、更新料の返還を請求した控訴審の事件である。

本判決は、更新料特約が消費者契約法10条前段の要件を満たすとしたこと、同条後段の要件については賃貸借契約の締結時に支払うべき礼金の金額に比較して相当程度抑えられているなど適正な金額にとどまっている限り、直ちに合理性のない不均衡を招来させるものではない等とし、賃借人が信義則に反する程度にまで一方的に不利益を受けていたということはできないとし、その要件を満たさないとしたこと、更新料特約が民法90条に反しないとしたことに特徴があり（第1審判決と同様の判断を示した）、高裁段階におい

て重要な判断を示したものとして参考になる。

裁判例18

【裁判例】　大阪高判平21・12・15金商1378号46頁
　　　　　〔消費者契約法10条：敷引特約〕

―【事案の特徴】―

　前記の京都地判平21・7・30金商1378号50頁（裁判例12）の控訴審判決であり、Yが控訴したものである。
　本判決は、敷引特約が消費者契約法10条により無効であるとし、控訴を棄却したものである。

〔判決文省略〕

判決の特徴と意義

　本件は、賃借人が敷引特約で保証金を交付して建物を賃借し、更新し、賃貸借を終了させ、建物を明け渡したことから、保証金（敷金）の返還を請求した控訴審の事件である。
　本判決は、第1審判決と同様に、敷引特約が消費者契約法10条所定の要件を満たすとし、無効としたものであるが、説得力の乏しいものであり、後記の最高裁の判例に照らし、法的な意義を有しないものである。

裁判例19

【裁判例】　大阪高判平22・2・24金商1372号14頁
　　　　　〔消費者契約法10条：更新料特約、定額補修分担金特約〕

―【事案の特徴】―

　前記の京都地判平21・9・25判時2066号95頁・判タ1317号214頁（裁判例15）の控訴審判決であり、Yが控訴したものである。

本判決は、更新料支払条項、定額補修分担金の特約が消費者契約法10条により無効であるとし、Xの請求を認容すべきものとし、Yの請求をいずれも棄却すべきものとし、控訴を棄却したものである。

〔判決文省略〕

判決の特徴と意義

本件は、賃借人が更新料特約、定額補修分担金特約で定額補修分担金を交付して建物を賃借し、更新料を支払って合意更新をし、法定更新したが、支払済みの更新料、定額補修分担金につき不当利得の返還、未払の更新料の支払債務の不存在確認を請求したのに対し、賃貸人が更新料の支払を請求した控訴審の事件である。

本判決は、第1審判決と同様に、更新料特約、定額補修分担金特約につき消費者契約法10条により無効とした事例判断を提供するものであるが、後記の最高裁の判例により破棄されたものである。

裁判例20

【裁判例】　京都地判平22・10・29判タ1334号100頁
〔消費者契約法10条：更新料特約〕

【事案の特徴】

Xは、平成18年11月、賃貸用マンションの1室をYから賃料月額4万8000円、賃貸期間1年間、敷金30万円（敷引25万円）、更新料10万円の約定で賃借し、その後、3回更新をし、更新料を支払ったところ、更新料特約が消費者契約法10条に違反すると主張し、Yに対して更新料の返還を請求したものである。

本判決は、更新料は、賃貸人が、賃貸借契約が解約され、空室となって賃料が入らなくなるリスクを軽減するためのものである等とし、消費者契約法10条後段の該当性を否定し、本件では解約されていないから、

更新料は賃料の前払にあたるとし、請求を棄却したものである。

〔判決文省略〕

判決の特徴と意義

　本件は、賃借人が敷引特約、更新料特約で敷金を交付して建物を賃借し、3度更新料を支払って更新したことから、更新料の返還を請求した事件である。本件は、更新料特約の効力が問題になったこと、消費者契約法10条の適用が問題になったことに特徴がある。

　本判決は、更新料は賃貸人が賃貸借契約が解約され、空室となって賃料が入らなくなるリスクを軽減するためのものである等としたこと、更新料特約につき消費者契約法10条後段の該当性を否定したこと、本件では賃貸借契約が解約されていないことから、更新料が賃料の前払にあたるとしたことに特徴があり、更新料特約が無効でないとした事例判断として参考になる。

裁判例21

【裁判例】　神戸地尼崎支判平22・11・12判夕1352号186頁
　　　　　〔消費者契約法10条：敷引特約〕

【事案の特徴】

　Xは、平成13年2月、ビル経営等を業とするY株式会社からマンションの1室を賃貸期間3年間、賃料月額17万7000円、敷金150万円、敷引として10年未満には40％控除、10年以上全額返還の約定で賃借し、平成21年9月、解約を申し入れ、同年10月、賃貸借契約が終了したため（約定どおりに控除され、残額がXに返還された）、XがYに対して敷引特約が消費者契約法10条に違反して無効であると主張し、控除に係る敷金の返還を請求したものである。

　本判決は、敷引特約が契約書に明記され、賃借人も認識しており、賃貸建物の美装に相当程度の費用を要することから、信義則に反し消費者

である賃借人の利益を侵害すると認めることはできない等とし、消費者契約法10条の該当性を否定し、請求を棄却したものである。

判決文

(4) 全国的に見れば、礼金等の特約が行われている地域もあるが、京阪神では敷引の特約が多く、兵庫県では9割以上で敷引特約が行われている（乙18）。

以上の事実からすれば、敷引特約は一般に行われているものであって、本件建物の所在する地域でもこの特約が受け入れられていたことがうかがわれる。また、本件建物について見れば、美装費用として50万円程度を要するところ、これは自然損耗を超える部分もあると考えられ、また、業として賃貸する建物であるから、やむを得ないものといえる。ところが、短期間で契約が終了した場合には、それまでの賃料だけではこの費用をまかなうことが困難である場合もあると考えられ、そのために敷金の一部を充てることも不当とはいえない。そして、原告は、本件敷引特約を理解した上で本件賃貸借契約を締結したものといえる。これらの事情からすれば、本件敷引特約が、不当な条項であって、消費者の法的に保護されている利益を信義則に反する程度に両当事者間の衡平を損なう形で侵害すると認めることはできない。

判決の特徴と意義

本件は、賃借人が敷引特約で敷金を交付して建物を賃借し、解約した後、敷引金を控除されたため、敷引金の返還を請求した事件である。本件は、敷引特約の効力が問題になったこと、消費者契約法10条の適用が問題になったことに特徴がある。

本判決は、敷引特約が信義則に反し消費者である賃借人の利益を侵害すると認めることはできないとしたこと、消費者契約法10条の要件に該当しないとしたことに特徴があり、敷引特約が無効でないとした事例判断として参考になる。

〔第2部〕 契約類型別の消費者契約と裁判例の検証

【裁判例】 最判平23・3・24民集65巻2号903頁・判時2128号33頁・金商1378号28頁
〔消費者契約法10条：敷引特約〕

――【事案の特徴】――

前記の大阪高判平21・6・19金商1378号34頁（裁判例10）の上告審判決であり、Xが上告受理を申し立てたものである。

本判決は、敷引特約は、敷引特約があながち不合理なものとはいえず、信義則に反して賃借人の利益を一方的に害するものとはいえないものの、建物に生ずる通常損耗等の補修費用として通常想定される額、賃料の額、礼金等他の一時金の授受の有無およびその額等に照らし、敷引金の額が高額にすぎると評価すべきものである場合には、当該賃料が近傍同種の建物の賃料相場に比して大幅に低額であるなど特段の事情のない限り、信義則に反して消費者である賃借人の利益を一方的に害するものであって、消費者契約法10条により無効となると解するのが相当であるとしたうえ、本件では無効とはいえないとし、上告を棄却したものである。

判決文

(1) まず、消費者契約法10条は、消費者契約の条項が、民法等の法律の公の秩序に関しない規定、すなわち任意規定の適用による場合に比し、消費者の権利を制限し、又は消費者の義務を加重するものであることを要件としている。

本件特約は、敷金の性質を有する本件保証金のうち一定額を控除し、これを賃貸人が取得する旨のいわゆる敷引特約であるところ、居住用建物の賃貸借契約に付された敷引特約は、契約当事者間にその趣旨について別異に解すべき合意等のない限り、通常損耗等の補修費用を賃借人に負担させる趣旨を含むものというべきである。本件特約についても、本件契約書19条1項に照らせば、このような趣旨を含むことが明らかである。

ところで、賃借物件の損耗の発生は、賃借という契約の本質上当然に予定されているものであるから、賃借人は、特約のない限り、通常損耗等についての原状回復義務を負わず、その補修費用を負担する義務も負わない。そうすると、賃借

人に通常損耗等の補修費用を負担させる趣旨を含む本件特約は、任意規定の適用による場合に比し、消費者である賃借人の義務を加重するものというべきである。

(2) 次に、消費者契約法10条は、消費者契約の条項が民法1条2項に規定する基本原則、すなわち信義則に反して消費者の利益を一方的に害するものであることを要件としている。

賃貸借契約に敷引特約が付され、賃貸人が取得することになる金員（いわゆる敷引金）の額について契約書に明示されている場合には、賃借人は、賃料の額に加え、敷引金の額についても明確に認識した上で契約を締結するのであって、賃借人の負担について明確に合意されている。そして、通常損耗等の補修費用は、賃料に含ませてその回収が図られているのが通常だとしても、これに充てるべき金員を敷引金として授受する旨の合意が成立している場合には、その反面において、上記補修費用が含まれないものとして賃料の額が合意されているものとみるのが相当であって、敷引特約によって賃借人が二重に負担するということはできない。また、上記補修費用に充てるために賃貸人が取得する金員を具体的な一定の額とすることは、通常損耗等の補修の要否やその費用の額をめぐる紛争を防止するといった観点から、あながち不合理なものとはいえず、敷引特約が信義則に反して賃借人の利益を一方的に害するものであると直ちにいうことはできない。

もっとも、消費者契約である賃貸借契約においては、賃借人は、通常、自らが賃借する物件に生ずる通常損耗等の補修費用の額については十分な情報を有していない上、賃貸人との交渉によって敷引特約を排除することも困難であることからすると、敷引金の額が敷引特約の趣旨からみて高額に過ぎる場合には、賃貸人と賃借人との間に存する情報の質及び量並びに交渉力の格差を背景に、賃借人が一方的に不利益な負担を余儀なくされたものとみるべき場合が多いといえる。

そうすると、消費者契約である居住用建物の賃貸借契約に付された敷引特約は、当該建物に生ずる通常損耗等の補修費用として通常想定される額、賃料の額、礼金等他の一時金の授受の有無及びその額等に照らし、敷引金の額が高額に過ぎると評価すべきものである場合には、当該賃料が近傍同種の建物の賃料相場に比して大幅に低額であるなどの特段の事情のない限り、信義則に反して消費者である賃借人の利益を一方的に害するものであって、消費者契約法10条により無効となると解するのが相当である。

(3) これを本件についてみると、本件特約は、契約締結から明渡しまでの経過年数に応じて18万円ないし34万円を本件保証金から控除するというものであって、本件敷引金の額が、契約の経過年数や本件建物の場所、専有面積等に照らし、本件建物に生ずる通常損耗等の補修費用として通常想定される額を大きく超えるとまではいえない。また、本件契約における賃料は月額9万6000円であって、本件敷引金の額は、上記経過年数に応じて上記金額の2倍弱ないし3・5倍強にとどまっていることに加えて、上告人は、本件契約が更新される場合に1か月分の賃料相当額の更新料の支払義務を負うほかには、礼金等他の一時金を支払う義務を

負っていない。

そうすると、本件敷引金の額が高額に過ぎると評価することはできず、本件特約が消費者契約法10条により無効であるということはできない。

判決の特徴と意義

　本件は、賃借人が明渡しの後は契約経過年数に応じて決められた一定額の金員（敷引金）を控除する、通常損耗、自然損耗の回復費用は敷引金で賄う旨の特約で、保証金を交付して建物を賃借し、契約の終了後、建物を明け渡し、賃貸人が保証金の敷引をしたため、賃借人が賃貸人に対して残額の返還を請求した上告審の事件である。本件は、既に紹介しているように、居住用の建物の賃貸借契約の敷引特約が問題になったこと、消費者契約法10条の適用が問題になったことに特徴がある。

　本判決は、敷引特約が消費者契約法10条に該当しないとして有効とした控訴審判決を維持したものであるが、その論理は同種の事案の検討、判断にあたって重要であるので、若干詳しく紹介したい。

　本判決の論理は、賃貸借契約に敷引特約が付され、賃貸人が取得することになる敷引金の額につき契約書に明示されている場合には、賃借人は、賃料の額に加え、敷引金の額についても明確に認識したうえで契約を締結するのであって、賃借人の負担について明確に合意されているとしたこと、通常損耗等の補修費用は、賃料に含ませてその回収が図られているのが通常だとしても、これに充てるべき金員を敷引金として授受する旨の合意が成立している場合には、その反面において、補修費用が含まれないものとして賃料の額が合意されているものとみるのが相当であり、敷引特約によって賃借人が二重に負担するということはできないとしたこと、補修費用に充てるために賃貸人が取得する金員を具体的な一定の額とすることは、通常損耗等の補修の要否やその費用の額をめぐる紛争を防止するといった観点から、あながち不合理なものとはいえず、敷引特約が信義則に反して賃借人の利益を一方的に害するものであると直ちにいうことはできないとしたこと、もっとも、消費者契約である賃貸借契約においては、賃借人は、通常、自らが賃借する物件

に生ずる通常損耗等の補修費用の額については十分な情報を有していないうえ、賃貸人との交渉によって敷引特約を排除することも困難であるから、敷引金の額が敷引特約の趣旨からみて高額にすぎる場合には、賃貸人と賃借人との間に存する情報の質および量並びに交渉力の格差を背景に、賃借人が一方的に不利益な負担を余儀なくされたものとみるべき場合が多いといえるとしたこと、消費者契約である居住用建物の賃貸借契約に付された敷引特約は、建物に生ずる通常損耗等の補修費用として通常想定される額、賃料の額、礼金等他の一時金の授受の有無およびその額等に照らし、敷引金の額が高額にすぎると評価すべきものである場合には、当該賃料が近傍同種の建物の賃料相場に比して大幅に低額であるなどの特段の事情のない限り、信義則に反して消費者である賃借人の利益を一方的に害するものであり、消費者契約法10条により無効となると解するのが相当であるとしたことを明らかにしたものであり、理論的にも、事例的にも重要な判断を示したものである。

　本判決は、消費者契約に該当する居住用の建物の賃貸借契約における敷引特約について、原則として消費者契約法10条の要件に該当しないとしつつ、例外的に敷引金の額が高額にすぎると評価すべきものである場合には信義則に反して消費者である賃借人の利益を一方的に害するものであり、消費者契約法10条により無効となるとするものである。なお、さらに、本判決は、敷引特約が例外的に消費者契約法10条に該当する場合であっても、その例外として、賃料が近傍同種の建物の賃料相場に比して大幅に低額であるなどの特段の事情がある場合には、無効にならないことも明らかにするものでもある。

裁判例23

【裁判例】　最判平23・7・12判時2128号43頁・金商1378号41頁
　　　　　〔消費者契約法10条：敷引特約〕

---【事案の特徴】---

　前記の大阪高判平21・12・15金商1378号46頁（裁判例18）の上告審判決であり、Yが上告受理を申し立てたものである。

本判決は、本件特約が信義則に反してＹの利益を一方的に害するものということはできず、消費者契約法10条により無効であるということはできないとし、原判決中、Ｙの敗訴部分を変更し、Ｙの控訴に基づき第１審判決を変更し、４万4078円の範囲で請求を認容したものである（１名の裁判官の反対意見、２名の裁判官の補足意見が付されている）。

判決文

　本件特約は、本件保証金のうち一定額（いわゆる敷引金）を控除し、これを賃貸借契約終了時に賃貸人が取得する旨のいわゆる敷引特約である。賃貸借契約においては、本件特約のように、賃料のほかに、賃借人が賃貸人に権利金、礼金等様々な一時金を支払う旨の特約がされることが多いが、賃貸人は、通常、賃料のほか種々の名目で授受される金員を含め、これらを総合的に考慮して契約条件を定め、また、賃借人も、賃料のほかに賃借人が支払うべき一時金の額や、その全部又は一部が建物の明渡し後も返還されない旨の契約条件が契約書に明記されていれば、賃貸借契約の締結に当たって、当該契約によって自らが負うこととなる金銭的な負担を明確に認識した上、複数の賃貸物件の契約条件を比較検討して、自らにとってより有利な物権を選択することができるものと考えられる。そうすると、賃貸人が契約条件の一つとしていわゆる敷引特約を定め、賃借人がこれを明確に認識した上で賃貸借契約の締結に至ったのであれば、それは賃貸人、賃借人双方の経済的合理性を有する行為として評価すべきものであるから、消費者契約である居住用建物の賃貸借契約に付された敷引特約は、敷引金の額が賃料の額等に照らし高額過ぎるなどの事情があれば格別、そうでない限り、これが信義則に反して消費者である賃借人の利益を一方的に害するものということはできない（最高裁平成21年（受）第1679号同23年３月24日第一小法廷判決・民集65巻２号登載予定）。

　これを本件についてみると、前記事実関係によれば、本件契約書には、１か月の賃料の額のほかに、被上告人が本件保証金100万円を契約締結時に支払う義務を負うこと、そのうち本件敷引金60万円は本件建物の明渡し後も被上告人に返還されないことが明確に読み取れる条項が置かれていたのであるから、被上告人は、本件契約によって自らが負うこととなる金銭的な負担を明確に認識した上で本件契約の締結に及んだものというべきである。そして、本件契約における賃料は、契約当初は月額17万5000円、更新後は17万円であって、本件敷引金の額はその３・５倍程度にとどまっており、高額に過ぎるとはいい難く、本件敷引金の額が、近傍同種の建物に係る賃貸借契約に付された敷引特約における敷引金の相場に比して、大幅に高額であることもうかがわれない。

　以上の事情を総合考慮すると、本件特約は、信義則に反して被上告人の利益を一方的に害するものということはできず、消費者契約法10条により無効であると

いうことはできない。

判決の特徴と意義

　本件は、賃借人が敷引特約で保証金を交付して建物を賃借し、更新し、賃貸借を終了させ、建物を明け渡したことから、保証金（敷金）の返還を請求した上告審の事件である。本件は、基本的には、前記の最判平23・3・24民集65巻2号903頁・判時2128号33頁・金商1378号28頁（裁判例22）と同様に敷引特約の効力が争点になったことに特徴がある。

　本判決は、前記の最高裁の判例と同様な判断を示し、本件につき敷引特約が消費者契約法10条に該当せず、無効でないとしたものであり（なお、本件の第1審判決、控訴審判決は、ともに敷引特約を無効としたものである）、敷引特約を無効としなかった重要な事例として参考になるものである。なお、本判決には、3名の裁判官の意見が付され、そのうち2名の裁判官の補足意見は、敷引特約、敷引金の実務、賃貸借一時金等に関する考察を加えたものであり、建物賃貸借の実務に参考になるものであるのに対し、1名の裁判官の反対意見は、賃貸借一時金、敷金の趣旨・機能、実務・慣行を軽視するものであり、賛同し難いものである。

裁判例24

【裁判例】　最判平23・7・15民集65巻5号2269頁・判時2135号38頁
　　　　　〔消費者契約法10条：更新料特約〕

【事案の特徴】

　前記の大阪高判平22・2・24金商1372号14頁（裁判例19）の上告審判決であり、Yが上告、上告受理の申立てをしたものである。
　本判決は、更新料が一般に賃料の補充ないし前払い、賃貸借契約を継続するための対価等の趣旨を含む複合的な性質を有するものと解するのが相当であるとしたうえ、賃貸借契約書に一義的かつ具体的に記載された更新料条項は、更新料の額が賃料の額、賃貸借契約が更新される期間

189

等に照らし高額にすぎるなどの特段の事情がない限り、消費者契約法10条にいう「民法第1条第2項に規定する基本原則に反して消費者の利益を一方的に害するもの」にはあたらないと解するのが相当であるとし、本件については特段の事情が存するとはいえない等とし、更新料支払条項が無効であるとはいえないとし、原判決中、Xの更新料の返還請求に関する部分を破棄し、この部分の第1審判決を取り消し、Xのこの部分の請求を棄却し、Yのその余の上告を却下し、さらにYの更新料の支払請求、保証債務の履行請求を認容したものである。

判決文

(1) 更新料は、期間が満了し、賃貸借契約を更新する際に、賃借人と賃貸人との間で授受される金員である。これがいかなる性質を有するかは、賃貸借契約成立前後の当事者双方の事情、更新料条項が成立するに至った経緯その他諸般の事情を総合考量し、具体的事実関係に即して判断されるべきであるが(最高裁昭和58年(オ)第1289号同59年4月20日第2小法廷判決・民集38巻6号610頁参照)、更新料は、賃料と共に賃貸人の事業の収益の一部を構成するのが通常であり、その支払により賃借人は円満に物件の使用を継続することができることからすると、更新料は、一般に賃料の補充ないし前払、賃貸借契約を継続するための対価等の趣旨を含む複合的な性質を有するものと解するのが相当である。

(2) そこで、更新料条項が、消費者契約法10条により無効とされるか否かについて検討する。

ア　消費者契約法10条は、消費者契約の条項を無効とする要件として、当該条項が、民法等の法律の公の秩序に関しない規定、すなわち任意規定の適用による場合に比し、消費者の権利を制限し、又は消費者の義務を加重するものであることを定めるところ、ここにいう任意規定には、明文の規定のみならず、一般的な法理等も含まれると解するのが相当である。そして、賃貸借契約は、賃貸人が物件を賃借人に使用させることを約し、賃借人がこれに対して賃料を支払うことを約することによって効力を生ずる(民法601条)のであるから、更新料条項は、一般的には賃貸借契約の要素を構成しない債務を特約により賃借人に負わせるという意味において、任意規定の適用による場合に比し、消費者である賃借人の義務を加重するものに当たるというべきである。

イ　また、消費者契約法10条は、消費者契約の条項を無効とする要件として、当該条項が、民法1条2項に規定する基本原則、すなわち信義則に反して消費者の利益を一方的に害するものであることをも定めるところ、当該条項が信義則に反して消費者の利益を一方的に害するものであるか否かは、消費者契約法の

趣旨、目的（同法 1 条参照）に照らし、当該条項の性質、契約が成立するに至った経緯、消費者と事業者との間に存する情報の質及び量並びに交渉力の格差その他諸般の事情を総合考量して判断されるべきである。

　更新料条項についてみると、更新料が、一般に賃料の補充ないし前払、賃貸借契約を継続するための対価等の趣旨を含む複合的な性質を有することは、前記(1)に説示したとおりであり、更新料の支払にはおよそ経済的合理性がないなどということはできない。また、一定の地域において、期間満了の際、賃借人が賃貸人に対し更新料の支払をする例が少なからず存することは公知であることや、従前、裁判上の和解手続等においても、更新料条項は公序良俗に反するなどとして、これを当然に無効とする取扱いがされてこなかったことは裁判所に顕著であることからすると、更新料条項が賃貸借契約書に一義的かつ具体的に記載され、賃借人と賃貸人との間に更新料の支払に関する明確な合意が成立している場合に、賃借人と賃貸人との間に、更新料条項に関する情報の質及び量並びに交渉力について、看過し得ないほどの格差が存するとみることもできない。

　そうすると、賃貸借契約書に一義的かつ具体的に記載された更新料条項は、更新料の額が賃料の額、賃貸借契約が更新される期間等に照らし高額に過ぎるなどの特段の事情がない限り、消費者契約法10条にいう「民法第1条第2項に規定する基本原則に反して消費者の利益を一方的に害するもの」には当たらないと解するのが相当である。

(3)　これを本件についてみると、前記認定事実によれば、本件条項は本件契約書に一義的かつ明確に記載されているところ、その内容は、更新料の額を賃料の2か月分とし、本件賃貸借契約が更新される期間を1年間とするものであって、上記特段の事情が存するとはいえず、これを消費者契約法10条により無効とすることはできない。また、これまで説示したところによれば、本件条項を、借地借家法30条にいう同法第3章第1節の規定に反する特約で建物の賃借人に不利なものということもできない。

判決の特徴と意義

　本件は、賃借人が更新料特約、定額補修分担金特約で定額補修分担金を交付して建物を賃借し、更新料を支払って合意更新をし、法定更新したが、支払済みの更新料、定額補修分担金につき不当利得の返還、未払の更新料の支払債務の不存在確認を請求したのに対し、賃貸人が更新料の支払を請求した上告審の事件である。

191

本判決は、更新料特約が消費者契約法10条に該当するとして無効とした控訴審判決を破棄したものであるが、その論理は更新料の性格も絡んで議論を呼んでいたものであり、重要であるので、若干詳しく紹介したい。

本判決は、更新料は、期間が満了し、賃貸借契約を更新する際に、賃借人と賃貸人との間で授受される金員であるとしたこと、更新料の性質は、賃貸借契約成立前後の当事者双方の事情、更新料条項が成立するに至った経緯その他諸般の事情を総合考量し、具体的事実関係に即して判断されるべきであるとしたこと、更新料は、賃料と共に賃貸人の事業の収益の一部を構成するのが通常であり、その支払により賃借人は円満に物件の使用を継続することができることからすると、一般に賃料の補充ないし前払、賃貸借契約を継続するための対価等の趣旨を含む複合的な性質を有するものと解するのが相当であるとしたこと、消費者契約法10条は、消費者契約の条項を無効とする要件として、当該条項が、民法等の法律の公の秩序に関しない規定、すなわち任意規定の適用による場合に比し、消費者の権利を制限し、または消費者の義務を加重するものであることを定めるところ、ここにいう任意規定には、明文の規定のみならず、一般的な法理等も含まれると解するのが相当であるとしたこと、賃貸借契約は、賃貸人が物件を賃借人に使用させることを約し、賃借人がこれに対して賃料を支払うことを約することによって効力を生ずるから、更新料条項は、一般的には賃貸借契約の要素を構成しない債務を特約により賃借人に負わせるという意味において、任意規定の適用による場合に比し、消費者である賃借人の義務を加重するものにあたるとしたこと、消費者契約法10条は、消費者契約の条項を無効とする要件として、当該条項が、民法1条2項に規定する基本原則、すなわち信義則に反して消費者の利益を一方的に害するものであることをも定めるところ、当該条項が信義則に反して消費者の利益を一方的に害するものであるか否かは、消費者契約法の趣旨、目的に照らし、当該条項の性質、契約が成立するに至った経緯、消費者と事業者との間に存する情報の質および量並びに交渉力の格差その他諸般の事情を総合考量して判断されるべきであるとしたこと、更新料条項については、更新料の支払にはおよそ経済的合理性がないなどということはできないとしたこと、賃借人と賃貸人との間に、更新料条項に関する情報の質およ

び量並びに交渉力について、看過し得ないほどの格差が存するとみることもできないとしたこと、賃貸借契約書に一義的かつ具体的に記載された更新料条項は、更新料の額が賃料の額、賃貸借契約が更新される期間等に照らし高額にすぎるなどの特段の事情がない限り、消費者契約法10条にいう「民法第1条第2項に規定する基本原則に反して消費者の利益を一方的に害するもの」にはあたらないと解するのが相当であるとしたこと、本件の更新料条項については、本件条項は本件契約書に一義的かつ明確に記載されているところ、その内容は、更新料の額を賃料の2カ月分とし、本件賃貸借契約が更新される期間を1年間とするものであって、特段の事情が存するとはいえず、これを消費者契約法10条により無効とすることはできないとしたことを明らかにしたものであり、理論的にも、事例的にも重要な判断を示したものである。

裁判例25

【裁判例】 東京地判平24・7・5判時2173号135頁・金商1409号54頁
〔消費者契約法9条1号、10条：更新料条項、損害賠償額予定条項〕

【事案の特徴】

　不動産業を営むY株式会社は、建物の賃貸借契約を締結するにあたって、契約の更新の際に賃料等の1カ月相当額を更新料として支払う旨の条項、明渡しが遅延した場合には賃料等相当額の2倍の損害賠償額の予定を定めた条項、これを上回る損害が発生した場合には特別損害として支払う旨の条項が記載された契約書を利用していたことから、適格消費者団体であるX・NPO法人がYに対して前記契約条項を内容とする意思表示を行ってはならないなどの差止めを請求したものである。

　本判決は、前記各条項が消費者契約法10条、9条1号に該当しないとし、請求を棄却したものである。

2 争点②(本件倍額賠償予定条項が、消費者契約法9条1号又は10条に規定する消費者契約の条項に該当し、無効であるか)について

(1) 消費者契約法9条1号該当性

ア 消費者契約法9条1号は、事業者が消費者契約の解除に伴い高額な損害賠償の予定又は違約金の定めをして消費者に不当な金銭的負担を強いる場合があることに鑑み、消費者が不当な出捐を強いられることのないように、消費者契約の解除の際の損害賠償額の予定又は違約金の定めについて、一定の限度を超える部分を無効とする規定である。

この点、本件倍額賠償予定条項は、約定解除権又は法定解除権が行使されて契約が終了する場合のみならず、契約が更新されずに期間満了により終了する場合も含め、賃貸借契約が終了する場合一般に適用されるものであり、その条項上の文言としても、契約の解除ではなく契約が終了した日以降の明渡義務の不履行を対象としていることからすれば、本件倍額賠償予定条項は、契約が終了したにもかかわらず賃借人が賃借物件の明渡義務の履行を遅滞している場合の損害に関する条項であって、契約の解除に伴う損害に関する条項ではないと解すべきである。

確かに、賃貸借契約が解除により終了する場合には、解除の効力発生日と契約終了の日が一致するから、解除によって本件倍額賠償予定条項が直ちに適用されるかのように見えなくもない。しかしながら、賃借人は、自ら賃貸借契約を解除する場合には終了時期を任意に選択することにより本件倍額賠償予定条項の適用を免れることが可能であり、賃貸人から解除される場合であっても、賃借人は、解除権の行使あるいはその原因となる債務不履行の原因事実を事前に認識しているのが通常であって、やはり約定に従って明渡義務を履行することにより本件倍額賠償予定条項の適用を免れることが可能であると考えられるから、解除権の行使によって本件倍額賠償予定条項が直ちに適用される関係にあるとはいえない。

そうすると、本件倍額賠償予定条項により発生する賠償金は、解除に伴って発生するものとはいえず、また、その発生や支払金額が解除又はその事由若しくは時期等に関連づけられているものでもない。

(略)

(2) 消費者契約法10条該当性

(略)

イ 消費者契約法10条後段該当性

(ア) (略)

以上の諸点に鑑みると、建物賃貸借契約書に記載された契約終了後の目的物明渡義務の遅滞に係る損害賠償額の予定条項については、その金額が、上記のような賃貸人に生ずる損害の填補あるいは明渡義務の履行の促進という

観点に照らし不相当に高額であるといった事情が認められない限り、消費者契約法10条後段にいう「民法第1条第2項に規定する基本原則に反して消費者の利益を一方的に害するもの」には当たらないと解するのが相当である。
(イ) これを本件についてみると、乙42号証及び弁論の全趣旨によれば、被告が管理する賃貸物件全体の月額賃料額は、5万円を下回るものから150万円程度のものまであり、その平均は10万円程度（平成23年12月末日時点）であることが認められるところ、契約終了後も任意の明渡しがされない場合に、被告が新たな賃借人に対し支払わなければならない代替物件の使用料や、強制執行手続等に要する費用は、月額賃料の額を超えることが少なくないことが容易に推定される。また、そのような賃貸人に生ずる損害は、当該物件の月額賃料の額にある程度比例すると考えられるから、損害賠償額の予定を月額賃料に比例させることにも一定の合理性が認められる。そして、証拠（甲14〜19、乙43〜53、59）によれば、平成22年10月から平成23年9月までの1年間の仲介件数ないし同年3月頃当時の全国の管理戸数で上位にランキングされている企業のうち、証拠上明らかなものだけでも、賃料等の毎月の支払金額の2倍の金額を損害賠償の予定額と定めているものが少なくとも4社、1.5倍の金額を損害賠償の予定額と定めているものが少なくとも1社あるほか、公的性格を有する独立行政法人都市再生機構及び東京都住宅供給公社が使用している賃貸借契約書でも1.5倍を損害賠償の予定額として定めていることが認められる。

　以上のような諸事情を総合考慮すると、本件倍額賠償予定条項における賃料等の2倍の額という賠償額の定めは、賃貸人に生ずる損害の填補あるいは明渡義務の履行の促進という観点に照らし不相当に高額であるということはできない。
(ウ) また、本件特別損害賠償条項は、賃借物件の明渡しが遅滞することにより、賃料等の1か月分相当額を超えた損害が特別に発生する場合には、これを特別損害として、本件損害賠償予定条項に基づく損害金に加えて、当該特別損害を賠償することも規定しているが（同条2項）、特別損害が賃料等の1か月分相当額を超えないときは、被告が損害賠償を請求できないとの趣旨を含むものであるし、上記特別損害は賃貸人である被告に特別に発生した実損害であることからすると、本件特別損害賠償条項が、消費者の利益を一方的に害するものと認めることはできず、本件倍額賠償予定条項と併せてみても、これらを消費者契約法10条により無効とすることはできない。

判決の特徴と意義

　本件は、不動産業者が契約の更新の際に賃料等の1カ月相当額を更新料と

して支払う旨の条項、明渡しが遅延した場合には賃料等相当額の2倍の損害賠償額の予定を定めた条項、これを上回る損害が発生した場合には特別損害として支払う旨の条項（特約）を内容とする建物の賃貸借契約書を利用していたところ、適格消費者団体がその利用の差止めを請求した事件である。本件は、更新料条項（更新料特約）の効力が問題になったこと（賃料等の1カ月相当額の更新料を内容とするもの）、明渡しが遅延した場合には賃料等相当額の2倍の損害賠償額の予定を定め、これを上回る損害が発生した場合には特別損害として支払う旨の条項（損害賠償額予定特約）の効力が問題になったこと、適格消費者団体が差止請求をしたこと、消費者契約法9条1号、10条の適用が問題になったことに特徴がある。

本判決は、前記の各条項について消費者契約法9条1号、10条による無効を否定したものであり、社会通念上、常識的な判断を示したものとして参考になる。

裁判例26

【裁判例】 大阪地判平24・11・12判時2174号77頁・判タ1387号207頁・金商1407号14頁
〔消費者契約法9条、10条：解除条項、損害金条項〕

―【事案の特徴】―

不動産業を営むY株式会社は、賃貸借契約を締結するにあたって、解散、破産、民事再生、会社整理、会社更生、競売、仮差押え、仮処分、強制執行、成年被後見人、被保佐人の宣告や申立てを受けたときは、賃貸人が直ちに解除できる旨の解除条項、賃貸借が終了したときは賃料の2倍の損害金を支払う旨の損害金条項、賃借人が家賃を滞納したときは定額の催告料を支払うなどの旨の条項が記載された契約書を利用していたことから、適格消費者団体であるX・NPO法人がYに対して前記契約条項につき消費者契約法9条、10条に該当する等と主張し、当該契約条項を利用する意思表示を行ってはならないなどの差止めを請求したものである。

本判決は、本件解除条項のうち後見開始または保佐開始の審判や申立てがあったときに解除を認めることは消費者契約法10条に該当するとしたものの、他の条項については賃借人の負担を加重していても、信義則に反するものではない等とし、同法10条、9条の適用を否定し、請求を一部認容したものである。

判決文

　(4)　争点(4)（別紙契約条項目録記載の契約条項が法9条各号又は10条に該当するか）について
　ア　本件解除条項について
　本件解除条項のうち、解散、破産、民事再生、会社整理、会社更生、競売、仮差押、仮処分及び強制執行の決定又は申立てについては、賃借人の支払不能状態、経済的破綻を徴表する事由であり、賃貸借契約当事者間の信頼関係を破壊する程度の賃料債務の履行遅滞が確実視される事由ということができる。したがって、本件解除条項のうち、上記の事由が発生した場合に賃貸借契約の解除を認める部分は信義則に反するものではなく、法10条後段に該当しない。よって、法12条3項に基づく上記部分の差止めは認められない。
　他方、成年被後見人及び被保佐人の開始審判や申立てについては、賃借人の資力とは無関係な事由であり、申立てによって財産の管理が行われることになるから、むしろ、賃料債務の履行が確保される事由ということができる。したがって、この点については、法10条前段及び後段に該当するから、法12条3項に基づく差止めが認められる。
　イ　本件損害金条項について
　(ア)　法10条該当性
a　本件損害金条項は、契約終了後の明渡義務の履行が遅滞した場合の損害賠償額の予定であって、具体的な損害の発生や金額の主張立証を要せずに賃借人に対する損害賠償を可能とする点において、任意規定の適用による場合に比べ、消費者である賃借人の義務を加重するものといえる。
　よって、本件損害金条項は、法10条前段に該当する。
b　本件損害金条項の法10条後段該当性、すなわち本件損害金条項が信義則違反に当たるかどうかを検討するには、本件損害金条項が適用されるのは、賃借人が、賃貸借契約の終了にもかかわらず、明渡義務という基本的な義務の履行を怠っている場合であることを前提としなければならない。
　賃借人が明渡義務を怠っていながら、本件損害金条項が適用されないとすると、賃借人は、基本的な義務を怠っているにもかかわらず、契約締結期間中と何ら変わらない経済的負担によって賃借物件の利用を継続できることになり、何ら明渡義務の懈怠に対する不利益がない以上、明渡義務の履行促進が期待で

きず不合理である。
　また、賃借人は、本件損害金条項の適用を回避するには、明渡しという基本的義務を履行することで足りる。他方、賃貸人は、賃借人の明渡義務の履行が懈怠されている場合には、賃借人の明渡しのために相当の費用及び時間をかけて訴訟手続及び強制執行手続をとらなければならず、その費用の回収も確実とはいい難く、回収に至るまでの時間を金額的に評価すると相当なものになることは容易に想定され、賃貸人に通常生ずべき損害は賃料相当額にとどまるものではない。
　以上によれば、本件損害金条項において、賃料の２倍の損害金を損害賠償額の予定として定めることは、信義則に反するとはいえず、本件損害金条項は、法10条後段に該当しない。
c　この点、原告は、賃借人が明渡義務を履行しない場合に、どこまでの損害を消費者に負担させることが許されるかという議論をしているのに、当該義務を履行すれば損害を負担しなくてよいなどというのは、論理的に破綻していると主張する。しかし、賃借人が明渡義務を履行しない場合に消費者が負担する損害の範囲について定めた条項が信義則違反に当たるかどうかを検討するには、その負担額の妥当性を検討するだけでなく、その義務の性質や義務を免れるための賃借人の負担の内容についても併せて検討するのが当然であり、原告の主張は失当である。
　また、原告は、賃借人が明渡義務の履行ができないのは、新居の確保ができなかったり、引越費用が捻出できないなど、賃借人の経済的な事情によるものであるから、本件損害金条項が明渡義務の履行のインセンティブになるものではないと主張する。しかし、賃借人が、賃借物件の占有を継続した場合と明渡義務を履行した場合との経済的負担を比較して経済的に有利な方を選択することは明らかであり、本件損害金条項により占有を継続した場合の経済的負担を増やすことにより、明渡義務を履行する方が相対的に有利になって、新居の確保などの賃借人の行動に影響を及ぼし、明渡義務の履行が促進されるから、原告の主張は採用できない。
d　以上によれば、本件損害金条項は、法10条前段には該当するものの、同条後段には該当しないから、法12条３項に基づく同条項の差止めは認められない。
　(イ)　法９条１号該当性
本件損害金条項は、解除権が行使されて契約が終了する場合のみならず、賃貸借契約が終了する場合一般に適用されるものであり、その文言に照らしても、契約が終了したものの賃借人が賃借物件の明渡義務の履行を遅滞している場合の損害に関する条項であって、契約の解除に伴う損害に関する条項ではない。
　よって、本件損害金条項は、法９条１号に該当しないから、法12条３項に基づく同条項の差止めは認められない。

9　住居用建物の賃貸借契約（借家契約）

判決の特徴と意義

　本件は、不動産業者が解散、破産、民事再生、会社整理、会社更生、競売、仮差押え、仮処分、強制執行、成年被後見人、被保佐人の宣告や申立てを受けたときは、賃貸人が直ちに解除できる旨の解除条項、賃貸借が終了したときは賃料の２倍の損害金を支払う旨の損害金条項、賃借人が家賃を滞納したときは定額の催告料を支払うなどの旨の条項（特約）が記載された契約書を利用していたところ、適格消費者団体がその利用の差止めを請求した事件である。本件は、解散、破産、民事再生、会社整理、会社更生、競売、仮差押え、仮処分、強制執行、成年被後見人、被保佐人の宣告や申立てを受けたときは、賃貸人が直ちに解除できる旨の解除条項、損害金条項、賃借人が家賃を滞納したときは定額の催告料を支払うなどの旨の条項の効力が問題になったこと、消費者契約法9条、10条の適用が問題になったこと、適格消費者団体の差止請求の当否が問題になったことに特徴がある。

　本判決は、消費者契約法9条による無効の主張を排斥したこと、解除条項のうち、後見開始または保佐開始の審判や申立てがあったときは、賃貸人が直ちに解除できる旨の条項は消費者契約10条に該当するとし、無効であるとしたこと、その他の解除条項は賃借人の負担を加重していても、信義則に反するものではないとし、無効ではないとしたこと、損害金条項、賃借人が家賃を滞納したときは定額の催告料を支払うなどの旨の条項が無効ではないとしたことに特徴があり、その旨の事例判断として参考になるものである。

裁判例27

【裁判例】　東京高判平25・3・28判時2188号57頁
　　　　　〔消費者契約法9条、10条：更新料条項、損害賠償額予定条項〕

【事案の特徴】

前記の東京地判平24・7・5判時2173号135頁・金商1409号54頁（裁

199

〔第2部〕 契約類型別の消費者契約と裁判例の検証

判例25）の控訴審判決であり、Xが控訴したものである。
　本判決は、更新料条項、倍額賠償予定条項が消費者契約法9条1号、10条に該当しないとし、控訴を棄却したものである。

　2　争点②について
　(略)
　(2)　当審における控訴人の補充主張について
　　ア　本件倍額賠償予定条項の消費者契約法9条1号該当性について
　本件倍額賠償予定条項は、契約終了の原因がいかなるものであるかにかかわらず、契約が終了した後において、賃借人が明渡し義務を履行せずに賃借物件の明渡しを遅延した場合における使用料相当の損害金一般について定めた規定であり、その対象となる損害は、契約の解除後に賃借人が賃借物件の返還義務を履行せずに使用を継続することによって初めて発生するものであって、契約の解除時においては、損害発生の有無自体が不明なものである。
　したがって、このような損害について賠償の予定額を定めた本件損害賠償予定条項を、消費者契約法9条1号に規定する消費者契約の解除に伴う損害賠償の額を予定し又は違約金を定める条項であると解することは相当でないというべきである。
　なお、控訴人は、割賦販売法6条1項1号、特定商取引法10条1項1号と立法趣旨が同じであるから、消費者契約法9条1号についても、解除により通常想定される明渡しまでを規制しているものと解すべきであると主張するが、消費者契約法9条1号は、割賦販売法6条1項1号、特定商取引法10条1項1号とは明らかに規定の仕方を異にし、その対象となる条項を「消費者契約の解除に伴う損害賠償の額を予定し、又は違約金を定める条項であって、…」と定めているのであるから、控訴人の上記主張のように解することはできない。
　　イ　本件倍額賠償予定条項及び本件特別損害賠償条項の消費者契約法10条該当性について
　本件倍額賠償予定条項は、契約終了の原因がいかなるものであるか否かを問うことなく、賃借人が契約が終了した後において、明渡し義務に違反して賃借物件の明渡しを遅延した場合における使用料相当の損害金一般について定めた規定であることは前記のとおりであり、本件特別損害賠償条項と併せ読めば、本件倍額賠償予定条項は、明渡し遅延によるいかなる損害が生じても、被控訴人の請求し得る損害を賃料等相当額の2倍相当額に限定する趣旨を含むものではなく、本件特別損害賠償条項は、賃料等1か月分相当額を上回る損害が特別に発生したときには、その賠償を別途に特別損害分として請求することができる旨を定めている

ものと解される。

　控訴人は、これらの条項は、賃借人にのみ賃料等相当額の2倍もの損害金の支払という極めて大きな不利益を強いるものであり、賃借人は、倍額相当額以下の損害しか発生していないことを立証しても免責されないものであって、民法1条2項に規定する基本原則に反して消費者である賃借人の利益を一方的に害するものであるから、消費者契約法10条に該当し、無効であると主張する。

　しかし、本件倍額賠償予定条項は、賃貸借契約が終了しているにもかかわらず、賃借人が当該契約の目的たる建物を明け渡さないために賃貸人がその使用収益を行えない場合に適用が予定されている条項であって、賃貸借契約終了後における賃借物件の円滑な明渡しを促進し、また、明渡しの遅延によって賃貸人に発生する損害を一定の限度で補填する機能を有するものである。このように、一方当事者の契約不履行が発生した場合を想定して、その場合の損害賠償額の予定又は違約金をあらかじめ約定することは、消費者契約に限らず、一般の双務契約においても行われていることであって、その適用によって賃借人に生じる不利益の発生の有無及びその範囲は、賃借人自身の行為によって左右される性質のものである。これらのことからすれば、本件倍額賠償予定条項は、賠償予定額が上記のような目的等に照らして均衡を失するほどに高額なものでない限り、特に不合理な規定とはいえず、民法1条2項に規定する信義誠実の原則に反するものとは解されない。

　そこで、本件倍額賠償予定条項の賠償予定額についてみると、賃借人が明渡しを遅滞した場合、当該目的建物を他に賃貸して収益を上げることができなくなるほか、賃借人との交渉や明渡し訴訟の提起、強制執行などに要する費用の負担の発生などの損害が発生することが容易に想定されること、本件倍額賠償予定条項の予定する目的のための使用料相当損害金には、明渡し義務履行の促進の機能を有するための違約金としての要素も含まれることなどを考慮すれば、本件倍額賠償予定条項において使用料相当損害金の額を賃料等の2倍と定めることは、高額に過ぎるとか、同条項の目的等に照らして均衡を失するということはできない。

　控訴人は、すべての場合に強制執行手続にまで進むわけでなく、手続のために要する弁護士費用を賃借人に請求することは認められないし、明渡し予定日を前提に新たな賃借人と契約を締結することはほとんどなく、賃貸人に通常生ずべき損害は賃料相当損害金だけであって、仮に損害が生じた場合には、それを立証することは容易であるとして、本件倍額賠償予定条項を設けなくても、賃貸人に不都合はないと主張する。

　しかし、賃借人の履行遅滞によって賃貸人が当該目的建物を自由に使用収益する権利が侵害されている以上、従前の賃料相当額を超える損害が発生していることは優に推認できるというべきであって、すべての場合に上記のような損害が生じるわけではないからといって、このような損害の発生を想定すること自体が不合理であるとはいえないし、また、本件倍額賠償予定条項が、前記のとおり、専

〔第2部〕 契約類型別の消費者契約と裁判例の検証

ら損害賠償の填補としてのみ機能するものではなく、賃貸借契約終了後における賃借物件の円滑な明渡しを促進することも意図したものと解されることからすれば、本件倍額賠償予定条項において、使用料相当損害金の額を賃料等の2倍と定めることが不当であるとはいえない。

　さらに、控訴人は、本件では倍額賠償予定条項のほかに特別損害賠償条項が定められており、賃貸人は、賃料の倍額を超えて損害賠償を求められるのに対して、賃借人は、倍額相当額以下の損害しか発生していないことを立証しても免責されず、主張立証責任という面でも賃借人に一方的に不利益な条項であると主張するが、本件特別損害賠償条項自体は、前記のとおり、本来賃借人が負うべき責任を特に加重するものではなく、また、倍額賠償予定条項が設けられた趣旨及びその適用の前提を考慮すれば、倍額賠償予定条項だけをとらえて、賃借人側に一方的に不利益を強いるだけの条項であると認めることは相当でないというべきである。

判決の特徴と意義

　本件は、不動産業者が契約の更新の際に賃料等の1カ月相当額を更新料として支払う旨の条項、明渡しが遅延した場合には賃料等相当額の2倍の損害賠償額の予定を定めた条項、これを上回る損害が発生した場合には特別損害として支払う旨の条項（特約）を内容とする建物の賃貸借契約書を利用していたところ、適格消費者団体がその利用の差止めを請求した控訴審の事件である。

　本判決は、倍額賠償予定特約等の特約について消費者契約法9条1号、10条による無効を否定したものであり、第1審判決と同様に、社会通念上、常識的な判断を示した高裁の判決として参考になる。

❿ 自動車の売買契約

契約の特徴

　売買は、その対象が多種多様であるだけでなく、日常的に膨大な数の取引が行われており、その中には消費者が当事者である売買も膨大な数に及ぶものである。消費者が当事者となる売買の中には、契約書が作成されないものも多いし、約款を利用して契約が締結される事例もまた多い。日常的にみられる売買の多くは、代金額も少ない等の事情から、後日問題が生じるおそれが低いものも多い。

　日常的に多数行われている消費者契約に当たる売買について消費者契約法が適用されることはいうまでもないが、裁判例に登場する事例は少ない。消費者契約法4条の勧誘規制とか、同法8条、9条の特約の効力、さらに同法10条の一般規定は、売買契約の締結の勧誘とか、契約の内容の交渉において留意すべき規定である。

【裁判例】　大阪地判平14・7・19金商1162号32頁
〔消費者契約法9条1号：損害賠償金特約〕

【事案の特徴】

　Yは、平成13年6月23日、X有限会社の店舗において、自動車の注文をし、自動車注文書を作成し、提出したが（Yの都合で契約を撤回した場合には、損害賠償金（車両価格の15／100）および損害作業金（実費）を請求されても異議はない旨の記載があった）、翌24日、Yは、注文を撤回する旨を伝えたところ、XがYに対して損害金の支払を請求したものである。

　本判決は、本件では売買契約が成立したと認め、本件契約には消費者契約法が適用されるとし、同法9条1号の平均的な損害は事業者側に主張責任があるとし、本件では契約の解除によってXには現実に損害が生

じたとは認められず、販売によって得られたであろう利益が平均的な損害にあたらず、電話代や通信費も日常的に支出する経費であり、平均的な損害とはいえないとし、請求を棄却したものである。

判決文

2　争点(3)（本件売買契約と消費者契約法9条の適用）について

(1)　本件売買契約が、消費者契約法（平成13年4月1日施行）2条3項に定める消費者と事業者との間で締結される契約であり、同法の適用があることは明らかである。

そして、消費者契約法9条1項に定める「当該事業者に生ずべき平均的な損害の額」は、同法が消費者を保護することを目的とする法律であること、消費者側からは事業者にどのような損害が生じ得るのか容易には把握しがたいこと、損害が生じていないという消極的事実の立証は困難であることなどに照らし、損害賠償額の予定を定める条項の有効性を主張する側、すなわち事業者側にその立証責任があると解すべきである。

(2)　これを前提として本件について検討するに、本件では、被告による本件売買契約の撤回（解除）がなされたのは契約締結の翌々日であったこと、弁論の全趣旨及び証拠（被告本人）によれば、原告担当者は、本件売買契約締結に際し、被告に対し、代金半額（当初全額と言っていたが、被告が難色を示したため、半額に訂正した）の支払を受けてから車両を探すと言っていたことが認められることなどからすれば、被告による契約解除によって事業者である原告には現実に損害が生じているとは認められないし、これら事情のもとでは、販売業者である原告に通常何らかの損害が発生しうるものとも認められない。

原告は、本件売買契約の対象車両は既に確保していたとするが、それを認定するに足りる証拠はない上、仮にそうであったとしても、被告に対してそのことを告げていたとは認められないし、また、被告の注文車両は他の顧客に販売できない特注品であったわけでもなく、被告は契約締結後わずか2日で解約したのであるから、その販売によって得られたであろう粗利益（得べかりし利益）が消費者契約法9条の予定する事業者に生ずべき平均的な損害に当たるとはいえない。

もっとも、厳密に言えば、原告が取引業者との間で対象車両の確保のために使用した電話代などの通信費がかかっているといえないこともないが、これらは額もわずかである上、事業者がその業務を遂行する過程で日常的に支出すべき経費であるから、消費者契約法9条の趣旨からしてもこれを消費者に転嫁することはできないというべきである。

判決の特徴と意義

　本件は、自動車の売買契約について買主が注文を撤回した場合、損害賠償額の予定の特約が問題になった事件である（消費者契約法9条1号）。

　本判決は、自動車の売買契約の成立を認め、消費者契約法の適用を認めたうえ、消費者契約法9条1号の平均的な損害の主張責任が事業者側にあるとし、販売上の逸失利益、電話代、通信費が平均的な損害にあたらないとしたものである。本判決は、消費者契約法9条1号所定の平均的な損害の立証責任は、法文の構造、意義に照らし、消費者が負うと解するのが合理的であるところ（最高裁の判例の立場も同様である）、これを根本的に誤ったものである。

　また、本判決は、本件では契約の解除によって事業者に現実の損害が発生せず、逸失利益等が平均的な損害にあたらないとした判断は、基本的に平均的な損害に関する考え方を誤ったものであるうえ、結論を急ぐ余り、判決全体的に粗雑な印象を免れず、重大な疑問が残るものである。

⓫ マンションの分譲契約（売買契約）

契約の特徴

　売買の中で、不動産、特に住宅用の建物の売買は、消費者にとっては重大な関心事であり、重要な取引の1つである。多くの消費者にとっては、住宅用の建物の売買（その敷地である土地の売買も併せて行われることが通常である）は一生に一度経験するか、しないかの取引である。住宅用の建物の売買は、一戸建て住宅の売買もあるが、分譲されたマンションの区分所有建物の売買もあるし、新築建物の売買もあれば、中古住宅の売買もある。マンションの区分所有建物の売買は、専有部分と敷地利用権（通常は、敷地の共有持分である）が対象になる。

　マンションの分譲契約（売買契約）の締結、履行にあたっては、売買代金の調達、住宅ローン等の他の取引も関連することが多いうえ、建物の瑕疵等が問題になることもあるし（改正民法においては、瑕疵の概念がなくなり、契約不適合性の概念が採用されている）、売買代金が分割払のときは、代金の不払、違約金の支払等が問題になることもある。マンションの分譲契約においては、手付け特約、違約金特約、ローン特約、売主の責任の全部または一部の免責特約等の特約が利用されることが多く、この分野の消費者契約法の適用が問題になることがある。

裁判例 1

【裁判例】　福岡地判平19・2・16判時2024号35頁
　　　　　〔消費者契約法10条：違約金特約〕

──────【事案の特徴】──────
　Xは、平成16年12月、Y株式会社との間で、Yからマンションの区分所有建物を代金3640万円で購入する契約を締結し（違約金特約もあわせ

11 マンションの分譲契約（売買契約）

て締結された）、同日、手付金200万円を支払ったが、耐震性の問題等を指摘し、残代金を支払わなかったことから、Yが平成17年12月に本件契約を解除する等したため（Yは、解除後、1カ月が経たないうちに本件建物部分を他に売却した）、XがYに対してYの債務不履行による違約金の支払を請求したのに対し、Yが反訴としてXの債務不履行により残代金の支払を請求したものであり、Xにおいて残代金の支払が先履行になっていることは消費者契約法10条に違反すると主張したものである。

本判決は、Yの債務不履行がうかがえないとし、Xの残代金の支払の債務不履行があり、Xの消費者契約法10条に係る主張を排斥し、Xの本訴請求を棄却し、Yの反訴請求を認容したものである。

判決文

原告は、本件契約書の残代金の支払が先履行となることについて、消費者契約法1条、10条に違反するなどと主張する。しかし、証拠（証人戌田31項、110項）によれば、残代金の支払期日は原告に資金繰りを確認した上で定められたものと認められるから、本件契約において代金支払債務の弁済期を先履行として定めたことも民法1条2項に定める信義則に反するものということはできず、また、買主である原告の利益を一方的に害するものということはできないから、原告の主張は採用できない。

判決の特徴と意義

本件は、マンションの区分所有建物につき違約金特約で売買契約を締結し、買主が手付金を支払ったものの、残代金を支払わず、売主が売買契約を解除し、他に区分所有建物を売却したことから、買主が違約金の支払を請求し、売主が反訴として残代金の支払を請求をした事件である。本件における消費者契約法10条の主張は、その内容が判然としないところがあるが、買主が残代金の先履行の合意につき消費者契約法10条により無効であると主張したものである。

本判決は、マンションの売買における残代金の先履行の合意につき消費者契約法10条により無効であるとの主張について、信義則に反しないし、買主

207

〔第2部〕 契約類型別の消費者契約と裁判例の検証

の利益を一方的に害するものではいえないとし、同条の適用を否定したことに特徴があり、その旨の事例判断を提供するものである。

裁判例2

【裁判例】 福岡高判平20・3・28判時2024号32頁
〔消費者契約法9条1号、10条、11条：違約金特約〕

【事案の特徴】

　前記の福岡地判平19・2・16判時2024号35頁（裁判例1）の控訴審判決であり、Xが控訴したものである。

　本判決は、違約金特約については宅地建物取引業法38条に違反するものではなく、消費者契約法11条2項により同法9条、10条が適用されないとしたが、Yが解除後間もなく建物部分を他に売却したこと、約定の違約金が728万円であること等の事情を考慮し、信義則上、違約金として請求することができるのは、手付金200万円とこれに加えて200万円であるとし、原判決中反訴請求部分を変更し、反訴請求を一部認容したものである。

判決文

　4　争点(3)本件違約金特約の有効性、同(4)信義則違反について
　(1)ア　まず、控訴人は、本件違約金特約は、消費者契約法9条1項及び10条に違反し無効である旨主張する（争点(3)）。
　イ　ところで、本件契約は、宅建業者である被控訴人が自ら売主となる本件建物の売買契約であるところ、宅建業法38条は、このような場合、違約金等の額は代金額の10分の2を超える定めをしてはならず、これに反する特約はこれを超える部分について無効とする旨規定しているから、売買代金の2割と定めた本件違約金特約は宅建業法38条に違反するものではない。

　そして、消費者契約法11条2項は、消費者契約の条項の効力等について民法及び商法以外の他の法律に別段の定めがあるときは、その定めるところによると規定しているから、本件契約については、同法9条1項及び10条は適用されない。

　この点、控訴人は、宅建業法38条の規定は単なる取締規定である旨主張するが、同規定が消費者の利益保護という見地から契約内容の適正化を図るために私法上の効力に対して直接規制をしたいわゆる効力規定であることは、この規

定の仕方自体からも明らかであるから、控訴人の主張は採用し難い。
ウ　そうすると、本件違約金特約は、消費者契約法9条1項及び10条に違反する旨の控訴人の主張は理由がない。
(2)　次に、信義則違反の主張（争点(4)）について検討する。
ア　本件違約金特約は、損害賠償額の予定と推定される（民法420条3項）ところ、控訴人において本件契約の不履行があり、被控訴人がこれを理由に本件契約を解除したことは前記のとおりであるから、被控訴人は、控訴人に対し、損害の発生、損害額を証明することなく、約定の違約金の支払を請求することができ、裁判所は違約金の額（損害賠償の額）を増減することができない（同条1項）ものとされる。

　しかしながら、約定の内容が当事者にとって著しく苛酷であったり、約定の損害賠償の額が不当に過大であるなどの事情のあるときは、公序良俗に反するものとして、その効力が否定されることがあり、また、公序良俗に反するとまではいえないとしても、約定の内容、約定がされるに至った経緯等の具体的な事情に照らし、約定の効力をそのまま認めることが不当であるときは、信義誠実の原則により、その約定の一部を無効とし、その額を減額することができるものと解するのが相当である。

イ　これを本件についてみるに、前記認定の事実、証拠（甲17ないし19）及び弁論の全趣旨によれば、本件マンションは、平成18年1月18日ころまでには完成していること（全部事項証明書の表題部の登記が同日付けでなされている。）、被控訴人が平成17年12月28日に控訴人に対し残代金の支払を催告するとともにいわゆる停止期限付解除の意思表示をしたことは前記のとおりであるから、同18年1月上旬ころに本件契約解除の効力が生じたところ、本件建物は、その後に売却され、同月31日に、甲田松夫名義で同日付け売買を原因とする所有権保存登記がされたこと、また、本件マンションのうち本件建物の隣室である1402号については、同年3月29日に乙野竹夫名義で同日付け売買を原因として、1301号については、同年12月28日丙山梅夫名義で、同年5月3日付け売買を原因として各所有権保存登記がされたことが認められる。

　上記事実によれば、本件建物は、解除の効力が生じて1か月も経たないうちに売却され、しかも、本件マンションの他の物件と比較しても早期に売却されたものということができる。そうすると、控訴人の違約金により、被控訴人に損害が生じたとしても、その程度は比較的軽微なものと推認すべきところ、本件違約金特約が全面的に有効であるとすれば、違約金の額は728万円にものぼることになる。

　このような結果をそのまま容認することは、たとえ、控訴人がいったん本件契約を締結したものの、夫の理解が得られず、本件マンションの耐震性の問題等を口実に契約の解消を求めたという本件の経緯を十分に考慮に入れても、信義則に照らし許されないというべきである。

〔第2部〕 契約類型別の消費者契約と裁判例の検証

以上の事情のほか本件に顕れた諸般の事情を考慮すれば、被控訴人が控訴人に対し違約金として請求できるのは、信義則上、既に授受されている手付金200万円及びこれに加え200万円と認めるのが相当である。

判決の特徴と意義

本件は、マンションの区分所有建物につき違約金特約で売買契約を締結し、買主が手付金を支払ったものの、残代金を支払わず、売主が売買契約を解除し、他に区分所有建物を売却したことから、買主が違約金の支払を請求し、売主が反訴請求をした控訴審の事件であるが、控訴審においては、マンションの売買における違約金特約（損害賠償額の予定も同じである）について消費者契約法9条、10条が該当するかが問題になった事件である。なお、違約金特約は、不動産の売買においては通常利用されている特約であり、問題は、違約金の額であるが（なお、宅地建物取引業法が適用される場合には、同法38条に制限がある）、本件では、売買代金の2割の違約金特約の効力が問題になったものである。

本判決は、売買代金の2割と定めた違約金特約は宅地建物取引業法38条に違反するものではないとしたこと、消費者契約法11条2項は、消費者契約の条項の効力等について民法および商法以外の他の法律に別段の定めがあるときは、その定めるところによると規定しているから、本件の違約金特約には消費者契約法9条および10条は適用されないとしたこと、信義則による違約金額の制限を認めたことに特徴があり、宅地建物取引業法38条が消費者契約法11条2項にいう法律の別段の定めにあたるとし、その一事例を明らかにするとともに、違約金の額を信義則により制限した一事例を提供するものである（民法420条参照）。

裁判例3

【裁判例】　札幌地判平22・4・22判時2083号96頁
　　　　　〔消費者契約法4条1項：誤認〕

11 マンションの分譲契約（売買契約）

【事案の特徴】

　不動産業を営むY株式会社は、A株式会社にマンションの設計を依頼し、構造計算を二級建築士Bが担当し、建築確認を受け、マンションを建築し、X_1、X_2らにマンションを分譲したが、Bの構造計算の偽装が発覚したため、X_1、X_2ら（合計14名）がYに対して錯誤無効、消費者契約法4条1項1号による取消しを主張し、売買代金の返還等を請求したものである。

　本判決は、錯誤無効を認め、不当利得返還請求を認容し、その余の請求を棄却したものである。

判決文

誤認に関する判断が留保されている。

判決の特徴と意義

　本件は、マンションの分譲契約（売買契約）の効力が問題になったこと、マンションの建築にあたって構造計算が偽装されていたこと、錯誤無効、消費者契約法4条1項1号による取消しが問題になったことに特徴がある。

　本判決は、錯誤無効を認め、分譲契約を無効としたものであり、消費者契約法所定の取消しと選択的に主張された錯誤無効を認めたものとして参考になる。

〔第2部〕 契約類型別の消費者契約と裁判例の検証

⓬ 食品の売買契約

契約の特徴

　食品の売買も、消費者が行う日常的な取引の1つであり、食品といっても、生鮮食品、加工食品があるし（食事用の食品もあれば、嗜好用の食品もある）、健康食品もある。加工食品は、年々加工の内容、態様が多種多様になっており、日々その開発が行われ、新製品も日々販売されている。消費者が食品を購入する場合、手付け特約とか、違約金特約が問題になることは少ないと推測されるが、売主の責任制限特約、勧誘規制が問題になることがある。特に健康食品、これに類似の食品については、売主の各種の広告宣伝によって購入することがあり、勧誘規制をめぐる問題が生じることがある。

裁判例 1

【裁判例】　京都地判平27・1・21判時2267号83頁
　　　　　〔景表法10条1項、消費者契約法12条：チラシ広告の差止請求〕

【事案の特徴】

　X・NPO法人は、消費者契約法に基づく適格消費者団体であるところ、健康食品の製造、販売等を業とするY株式会社がクロレラを含有する健康食品を製造、販売し、販売にあたってA研究会名義のクロレラ等の摂取により疾病が改善した等の体験談等を記載した新聞折込みチラシを頒布する等したため、XがYに対して不当景品類及び不当表示防止法（景表法）所定の優良誤認表示、有利誤認表示に関する差止請求権、消費者契約法12条に基づきチラシ頒布の差止めを請求したものである。
　本判決は、チラシはA名義であるものの、作成頒布主体はYであると認め、医薬品としての承認を受けていない商品につき医薬品的効用があ

る旨を示すまたは示唆する表示は、一般消費者に対して当該会社の取扱商品があたかも国により厳格に審査され承認を受けて製造販売されている医薬品であるとの誤認を引き起こすおそれがあるとし、景表法10条1項1号所定の優良誤認表示に該当するとし、請求を認容したものである。

判決文

第4　研究会チラシの優良誤認表示該当性について
（略）
4　研究会チラシのうち、細胞壁破砕クロレラ粒等を服用したことにより、「腰部脊柱管狭窄症（お尻からつま先までの痛み、痺れ）」「肺気腫」「自律神経失調症・高血圧」「腰痛・坐骨神経痛」「糖尿病」「パーキンソン病・便秘」「間質性肺炎」「関節リウマチ・貧血」「前立腺がん」等の症状が改善したとの体験談を記載した部分については、人の疾病を治療又は予防する効能効果があることを暗示するものであり、一般の消費者に対し、細胞壁破砕クロレラ粒等が医薬品であるとの誤認を引き起こすおそれがあるから、医薬品的な効能効果があると表示するものである。

また、それ以外の記載、すなわち「薬効のある食品であること」や「病気と闘う免疫力を整える」「神経衰弱・自律神経失調症改善作用」等の効用があることを記載した部分についても、人の疾病の治療又は予防を目的とする効能効果があることや、単なる栄養補給や健康維持を超え、身体の組織機能の意図的な増強増進を主たる目的とする効能効果があることを標榜するものであることは明らかであり、一般の消費者に対し、細胞壁破砕クロレラ粒等が医薬品であるとの誤認を引き起こすおそれがあるから、医薬品的な効能効果があると表示するものである。

判決の特徴と意義

本件は、健康食品の製造・販売業者が研究会名義のクロレラ等の摂取により疾病が改善した等の体験談等を記載した新聞折込みチラシを頒布する等したため、適格消費者団体が不当景品類及び不当表示防止法（景表法）10条1項1号、消費者契約法12条に基づき研究会名義のチラシ頒布の差止めを請求した事件である。

本判決は、景表法10条1項1号に基づく差止請求を認容したものであり、

〔第2部〕 契約類型別の消費者契約と裁判例の検証

その旨の事例判断を提供するものである。

裁判例2

【裁判例】 大阪高判平28・2・25判時2296号81頁
〔景表法10条1項、消費者契約法12条：チラシ広告の差止請求〕

【事案の特徴】

前記の京都地判平27・1・21判時2267号83頁（裁判例1）の控訴審判決であり、Yが控訴したものである。

本判決は、Yが第1審判決後、チラシの配布を行っておらず、今後も配布の予定がないとし、差止めの必要性がないとし、景表法10条に基づく差止請求には理由がないとしたうえ、消費者契約法12条に基づく差止請求については、同条1項、2項所定の勧誘には、不特定多数の消費者に向けて広く行う働きかけは含まれない等とし、理由がないとし、原判決を取り消し、請求を棄却したものである。

判決文

4 消費者契約法12条1項及び2項に基づく請求

(1) 消費者契約法12条1項は、適格消費者団体は、事業者等が、消費者契約の締結について勧誘をするに際し、不特定かつ多数の消費者に対して、同法4条1項から3項までに規定する行為（同条1項1号の不実告知を含む。）を現に行い、又は行うおそれがあるときは、その事業者等に対し、当該行為の停止若しくは予防又は当該行為に供した物の廃棄若しくは除去その他の当該行為の停止若しくは予防に必要な措置をとることを請求することができる旨を定め、同法12条2項は、適格消費者団体は、受託者等、事業者の代理人又は受託者等の代理人が、消費者契約の締結について勧誘をするに際し、1項と同様の行為を現に行い、又は行うおそれがあるときは、当該受託者等に委任した事業者等に対し、是正の指示又は教唆の停止その他の当該行為の停止又は予防に必要な措置をとることを請求することができる旨を定めている。

消費者契約法が、消費者と事業者との間の情報の質及び量並びに交渉力の格差に鑑み、事業者の一定の行為により消費者が誤認し、又は困惑した場合について契約の申込み又はその承諾の意思表示を取り消すことができることとすること等を目的とする（同法1条参照）法律であること、すなわち、消費者について一定

の状況下で契約が締結され、又は承諾の意思表示がされた場合にその契約の申込み又はその承諾の意思表示の取消しを認めることを目的とする法律であることに照らせば、規制の対象となる同法12条1項及び2項にいう「勧誘」には、事業者が不特定多数の消費者に向けて広く行う働きかけは含まれず、個別の消費者の契約締結の意思の形成に影響を与える程度の働きかけを指すものと解される。そうすると、特定の者に向けた勧誘方法であれば規制すべき勧誘に含まれるが、不特定多数向けのもの等、客観的に見て特定の消費者に働きかけ、個別の契約締結の意思の形成に直接影響を与えているとは考えられないものについては、勧誘に含まれないと解するのが相当である。

これを、研究会チラシについてみると、研究会チラシの配布は、新聞を購読する一般消費者に向けたチラシの配布であり、特定の消費者に働きかけたものではなく、個別の消費者の契約締結の意思の形成に直接影響を与える程度の働きかけとはいうことができない。したがって、上記各項が規制する勧誘に当たるとは認められない。

(2) 被控訴人は、控訴人によるチラシの配布、控訴人から消費者への資料送付、控訴人から消費者への控訴人商品の販売という一連の予定された経過を全体としてみれば、消費者は商品購入を誘引されるから、研究会チラシの配布が「勧誘」に当たると主張する。

しかし、研究会チラシの配布主体が控訴人であるとしても、研究会チラシは新聞に折り込まれて配布されるものであるから、不特定多数の新聞購読者に向けた発信にすぎず、この時点で特定の者に向けた勧誘を行ったということは困難である。研究会チラシを見てクロレラ研究会に問い合わせを行う者は不特定多数の新聞購読者の一部であるところ、これらの者については、クロレラ研究会に対する問合せをきっかけとして、その後控訴人から商品購入の勧誘を受けたのであれば、その時点で上記各項の勧誘を受けたことになるというべきである。研究会チラシの配布を行った時点で控訴人が特定の消費者に対する勧誘行為を行ったとみることはできない。

判決の特徴と意義

本件は、健康食品の製造・販売業者が研究会名義のクロレラ等の摂取により疾病が改善した等の体験談等を記載した新聞折込みチラシを頒布する等したため、適格消費者団体が景表法10条1項1号、消費者契約法12条に基づきチラシ頒布の差止めを請求した控訴審の事件である。

本判決は、第1審判決後、事業者がチラシの配布を行っておらず、今後も

配布の予定がないとし、差止めの必要性がないとしたこと、景表法10条に基づく差止請求には理由がないとしたこと、消費者契約法は、消費者について一定の状況下で契約が締結され、または承諾の意思表示がされた場合にその契約の申込みまたはその承諾の意思表示の取消しを認めることを目的とする法律であることに照らせば、規制の対象となる同法12条1項および2項にいう勧誘には、事業者が不特定多数の消費者に向けて広く行う働きかけは含まれず、個別の消費者の契約締結の意思の形成に影響を与える程度の働きかけを指すとしたこと、不特定多数向けのもの等、客観的にみて特定の消費者に働きかけ、個別の契約締結の意思の形成に直接影響を与えているとは考えられないものについては、勧誘に含まれないと解するのが相当であるとしたこと、本件の研究会チラシの配布は、新聞を購読する一般消費者に向けたチラシの配布であり、特定の消費者に働きかけたものではなく、個別の消費者の契約締結の意思の形成に直接影響を与える程度の働きかけとはいうことができないとしたこと、本件の研究会チラシの配布は消費者契約法12条1項、2項が規制する勧誘にあたるとは認められないとしたこと、消費者契約法12条1項、2項に基づく差止請求には理由がないとしたことに特徴がある。本判決は、主として消費者契約法12条1項、2項等の勧誘の意義を明らかするとともに、研究会名義のチラシの配布が勧誘に該当しないとしたものであり、重要な解釈・判断を示したものとして参考になる。

裁判例3

【裁判例】　最判平29・1・24判時2332号16頁
〔消費者契約法4条、5条、12条：チラシ広告の差止請求〕

【事案の特徴】

　前記の大阪高判平28・2・25判時2296号81頁（裁判例2）の上告審判決であり、Xが上告受理を申し立てたものである。

　本判決は、事業者等による働きかけが不特定多数の消費者に向けられたものであるとしても、そのことから直ちに消費者契約法12条1項、2項の勧誘にあたらないということはできないとしたが、本件ではチラシ

の配付が同法12条1項、2項にいう「現に行い又は行うおそれがある」とはいえないとし、原審の判断が結論において是認することができるとし、上告を棄却したものである。

判決文

　　　　　　法は、消費者と事業者との間の情報の質及び量並びに交渉力の格差に鑑み、消費者の利益の擁護を図ること等を目的として（1条）、事業者等が消費者契約の締結について勧誘をするに際し、重要事項について事実と異なることを告げるなど消費者の意思形成に不当な影響を与える一定の行為をしたことにより、消費者が誤認するなどして消費者契約の申込み又は承諾の意思表示をした場合には、当該消費者はこれを取り消すことができることとしている（4条1項から3項まで、5条）。そして、法は、消費者の被害の発生又は拡大を防止するため、事業者等が消費者契約の締結について勧誘をするに際し、上記行為を現に行い又は行うおそれがあるなどの一定の要件を満たす場合には、適格消費者団体が事業者等に対し上記行為の差止め等を求めることができることとしている（12条1項及び2項）。
　ところで、上記各規定にいう「勧誘」について法に定義規定は置かれていないところ、例えば、事業者が、その記載内容全体から判断して消費者が当該事業者の商品等の内容や取引条件その他これらの取引に関する事項を具体的に認識し得るような新聞広告により不特定多数の消費者に向けて働きかけを行うときは、当該働きかけが個別の消費者の意思形成に直接影響を与えることもあり得るから、事業者等が不特定多数の消費者に向けて働きかけを行う場合を上記各規定にいう「勧誘」に当たらないとしてその適用対象から一律に除外することは、上記の法の趣旨目的に照らし相当とはいい難い。
　したがって、事業者等による働きかけが不特定多数の消費者に向けられたものであったとしても、そのことから直ちにその働きかけが法12条1項及び2項にいう「勧誘」に当たらないということはできないというべきである。
　5　以上によれば、本件チラシの配布が不特定多数の消費者に向けて行う働きかけであることを理由に法12条1項及び2項にいう「勧誘」に当たるとは認められないとした原審の判断には、法令の解釈適用を誤った違法がある。
　しかしながら、前記事実関係等によれば、本件チラシの配布について上記各項にいう「現に行い又は行うおそれがある」ということはできないから、上告人の上記各項に基づく請求を棄却した原審の判断は、結論において是認することができる。

判決の特徴と意義

　本件は、健康食品の製造・販売業者が研究会名義のクロレラ等の摂取により疾病が改善した等の体験談等を記載した新聞折込みチラシを頒布する等したため、適格消費者団体が不当景品類及び不当表示防止法10条1項1号、消費者契約法12条に基づき研究会名義のチラシ頒布の差止めを請求した上告審の事件である。

　本判決は、消費者契約法上、勧誘については、たとえば、事業者が、その記載内容全体から判断して消費者が当該事業者の商品等の内容や取引条件その他これらの取引に関する事項を具体的に認識し得るような新聞広告により不特定多数の消費者に向けて働きかけを行うときは、当該働きかけが個別の消費者の意思形成に直接影響を与えることもあり得るとしたこと、事業者等が不特定多数の消費者に向けて働きかけを行う場合を消費者契約法上勧誘に当たらないとしてその適用対象から一律に除外することは相当とは言い難いとしたこと、事業者等による働きかけが不特定多数の消費者に向けられたものであったとしても、そのことから直ちにその働きかけが消費者契約法12条1項及び2項の勧誘にあたらないということはできないとしたこと、本件のチラシの配布は、消費者契約法12条1項および2項にいう「現に行い又は行うおそれがある」ということはできないとしたことに特徴がある。

　本判決は、消費者契約法上の勧誘の概念についてその意義を明らかにするとともに、事業者等による働きかけが不特定多数の消費者に向けられたものである場合にも、勧誘に該当し得るとした先例を提供するものである。また、本判決は、適格消費者団体の消費者契約法12条に基づく差止請求における「現に行い又は行うおそれがある」との要件の該当性を否定した重要な事例判断を提供するものである。

⓭ 絵画の売買契約

契約の特徴

　絵画等の芸術品が売買の対象になることはいうまでもないが、芸術品の売買の大きな特徴の１つは、芸術品の価値・価格の把握が困難であり（一般的には、高価品を対象とする取引であると考えられている）、評価者、関係者によって異なる基準の異なる評価が通常みられるし、時代によってもその評価が大きく異なることがあることである。また、芸術品の売買においては、本物の売買として行われていたとしても、偽物（コピー商品、贋作等がある）や、本物であることの証拠が信用できないか、信用性に乏しいものもあり（鑑定書が付されていたとしても、鑑定書の評価が問題になることがあるし、鑑定書そのものが偽造、変造されていることもある）、真贋をめぐるトラブルが生じることもある。さらに、芸術品の売買は、店舗等の公開の場で行われることもあるが、相対で行われたり、オークションを利用して行われることも少なくない。

　絵画等の芸術品の売買も、消費者契約にあたる場合には、消費者契約法が適用されるものであるから、同法所定の勧誘規制や免責特約、違約金特約等が問題になり得る。芸術品が高価品であると認識されていることが多いから、売買の勧誘、取引交渉においては相当な慎重さが重要であるし、契約書を取り交わす場合にも、特約の有無・内容に十分な検討が重要である。

【裁判例】　東京地判平27・2・5判時2298号63頁
　　　　　〔消費者契約法４条１項：不実の告知、断定的判断の提供〕

―【事案の特徴】―

　Xは、長年夫Aと会社を経営し、経営を退いていたが、知人の紹介により絵画に興味をもち始め、日本画を制作し、ギャラリーを開いていたYのギャラリーを訪れるようになり、Yの制作に係る絵画について、平

成24年12月から平成25年2月までの間、絵画のレンタルを構想しつつ、Yから販売を委託されたBから6点の絵画を購入したところ、レンタルの見込みがつかなかったこと等から、代金の一部の支払を拒絶し、XがYに対して、売買契約につき消費者契約法4条1項に基づき取り消し、不当利得に基づき、市場価格の約7倍から12倍の客観的価格があるかのように装い売買契約を締結させた等と主張し、不法行為に基づき損害賠償等を請求したものである。

　本判決は、Xが絵画のレンタル事業を構想していたとしても、具体的な事業の準備とはいえず、事業ということはできないとし、消費者契約法の適用を肯定し、絵画の価格は専門業者に依頼しなければ算定の困難な業者買取価格を示す必要はないとし、不実の告知を否定し、断定的判断の提供に係る証拠がない等とし、売買契約の取消しを否定する等し、請求を棄却したものである。

判決文

3　争点(1)イ（不実告知の有無）について
(1)　原告は、本件各絵画の各市場価値は、「物品の質ないしその他の内容」に該当し、かつ消費者の判断に通常影響を及ぼすべきものであるから、「重要事項」に該当するところ、本件絵画1は250万、同2は35万円、同3は15万、同4は250万、同5は35万及び同6は80万円にしかならないのに、被告はCを介して、原告に対し、それぞれ3000万、400万円、180万、3000万、240万円及び900万円の価値があると事実と異なることを告げ、原告を誤認させて本件各売買契約を締結させたと主張する。

　原告が主張する本件各絵画の市場価値とは、原告鑑定価格を指しており、前記認定の事実によれば、原告鑑定価格は、本件各絵画が一旦制作者（画家）から消費者に販売された後に購入者がこれを処分する場合の業者買取価格（以下「業者買取価格」という。）であることが認められるが、そのような価格が消費者の購買の意思形成にとって重要な事項ということはできない。

　すなわち、絵画については、一般に使用価値や原材料費等のみに基づく客観的な価格設定は想定し難く、主観的かつ相対的な価値判断が加わって価格設定がされるものと解されるから、買主にとっての価値も、それが一般にどのような価格で販売されているかという事実に依拠し、その購買の意思の形成は絵画に対する主観的な価値判断と販売価格を衡量するなどして行われるものと解される。そうすると、当該絵画が流通を繰り返して一定の評価が固まっていれば格別、そうでない場合は、画家が顧客に販売する際に設定している価格、すなわちデパート価

格あるいは公表価額に基づいて算定された価格が示されれば足り、専門業者に依頼しなければ算定の困難な業者買取価格が示される必要はないというべきである。

前記認定の事実経過、証拠(乙13、証人Ｃ)及び弁論の全趣旨によれば、本件各絵画はそれまで販売されたことがなく一定の評価が定まっているとはいえないこと、Ｃが本件各売買契約に際して原告に告げた売買価格は、被告と画商とで話し合って決めた金額であって、デパート価格に相当する価格であり公表価額を踏まえたものであることが認められる。

そうすると、Ｃは本件各売買契約に際して原告にデパート価格に相当する代金額を告げているのであるからこれを以って足りるというべきであり、業者買取価格としてその金額を告げたと認めるに足りる証拠はないから、重要事項について不実の告知をしたということはできない。

判決の特徴と意義

本件は、買主が絵画のレンタル事業を企画し、ギャラリーを開いて絵画を販売していた事業者から6点の絵画を購入したものの、レンタルの見通しがつかなくなり、売買契約を取り消し、支払済みの代金につき不当利得の返還等を請求した事件であり、消費者契約法4条1項所定の取消しの成否が問題になったことに特徴がある。

本判決は、絵画のレンタル事業を構想していたとしても、具体的な事業の準備とはいえず、事業ということはできないとし(消費者契約法2条1項参照。買主が事業者とはいえないとした)、消費者契約法の適用を肯定したこと、絵画については、一般に使用価値や原材料費等のみに基づく客観的な価格設定は想定し難く、主観的かつ相対的な価値判断が加わって価格設定がされるものと解されるとしたこと、買主にとっての絵画の価値も、一般にどのような価格で販売されているかという事実に依拠し、その購買の意思の形成は絵画に対する主観的な価値判断と販売価格を衡量するなどして行われるとしたこと、絵画の価格は専門業者に依頼しなければ算定の困難な業者買取価格を示す必要はないとしたこと、不実の告知を否定したこと、断定的判断の提供に係る証拠がないとしたことに特徴がある。本判決は、絵画の価値判断の実態を踏まえ、絵画の売買について不実の告知、断定的判断の提供を否定した事例判断として参考になるものである。

⑭ 割賦販売契約

契約の特徴

　売買の中でも、代金の分割支払が内容になる類型の取引も多数みられるが、割賦販売契約もその1つである。もっとも、割賦販売契約は、取引全体の観点からみると、買主と販売業者との間の売買契約だけでなく、代金の立替払を行う信販業者と販売業者（加盟店）との間の加盟店契約、信販業者と買主との間の立替払契約によって構成されていることが多いものであり、単純な売買契約と比べると法律問題が相当に複雑になっている。割賦販売契約であっても、消費者と事業者との間の契約であれば、他の法律に別段の定めがない限り（消費者契約法11条2項）、消費者契約法が適用される。

　割賦販売契約には、割賦販売法が適用されるから、前記の割賦販売を構成するどの契約に割賦販売法が適用されるかの問題が生じるし、これを前提としてどの契約に消費者契約法が適用されるかの問題が生じる。割賦販売法は、昭和36年に施行された古い歴史のある法律であるうえ、経済事情、取引事情の変化に対応して改正が行われてきたし、判例、裁判例も多数公表されているところであり、これらの動向も考慮することが重要である。

【裁判例】　最判平23・10・25判時2133号9頁
〔消費者契約法7条1項：取消権の消滅時効〕

【事案の特徴】

　Xは、信販業を営むY有限会社の加盟店Aの従業員の勧誘を受け、指輪等の宝飾品の売買契約を締結し、Y有限会社との間で、購入代金に係る立替払契約を締結したが、Xが本件売買契約につき公序良俗違反により無効であり、本件立替払契約も無効である、本件立替払契約につき不実告知による誤認、退去妨害による困惑の取消し（消費者契約法5条1項が準用する4条1項、3項2号）であると主張し、不当利得の返還（既

払割賦金の返還)、加盟店の行為の調査義務違反による不法行為に基づき損害賠償を請求したのに対し、Y有限会社が反訴として未払割賦金の支払いを請求したものである（第1審において、Z株式会社がY有限会社から事業譲渡を受け、いっさいの債権債務を承継し、当事者参加し、Y有限会社は訴訟から脱退した)。

　第1審判決（津地判平20・7・18金商1378号24頁）は、Xの主張をすべて排斥し、Xの本訴請求を棄却し、Z株式会社の反訴請求を認容したため、Xが控訴したものである。

　控訴審判決（名古屋高判平21・2・19判時2047号122頁）は、本件売買契約は公序良俗に反して無効であり、割賦販売法30条の4第1項により、Xは、未払割賦金の支払を拒むことができるとし、Z株式会社のXに対する反訴請求を棄却し、本件売買契約が無効であることにより、本件立替払契約も目的を失って失効するとし、XのZ株式会社に対する既払割賦金返還請求を認容し、不法行為を否定し、損害賠償請求を棄却したため、Z株式会社が上告受理を申し立てたものである。

　本判決は、個品割賦購入あっせんにおいて、購入者と販売店との間の売買契約が公序良俗に反し無効とされる場合であっても、販売店による公序良俗に反する行為の結果を信販会社に帰せしめ、売買契約と一体的に立替払契約についてもその効力を否定することが信義則上相当とする特段の事情があるときでない限り、売買契約と別個の契約である立替払契約が無効となる余地はないとし、本件では特段の事情があるということはできないとし、本件立替払契約は無効とならないし、本件立替払契約の取消しについては、消費者が取消権を追認することができる時から6カ月以内に行使したとはいえず、消費者契約法7条1項により取消権が消滅時効により消滅したとしたうえ、不法行為も認められないとし、原判決中、Xの請求に関するZ株式会社の敗訴部分を棄却し、その余の上告を棄却したものである。

〔第2部〕 契約類型別の消費者契約と裁判例の検証

判決文

五 （略）

（略）

そして、前記事実関係によれば、被上告人が消費者契約法の規定による取消権を追認をすることができる時から6箇月以内に行使したとはいえないから、同法7条1項により、その取消権は時効によって消滅したことが明らかであり、被上告人の消費者契約法の規定による取消しを理由とする本件既払金の返還請求は理由がない。

判決の特徴と意義

本件は、立替払を利用して、指輪等の宝飾品の売買契約を締結して購入した者が売買の無効、取消しを主張し、支払済みの代金につき不当利得の返還等を請求する等した上告審の事件である。本件は、宝飾品の個品割賦購入あっせん取引が問題になったこと、販売業者と消費者との間の売買契約の公序良俗違反による無効が問題になったこと、信販会社（あっせん業者）と購入者（消費者）との立替払契約の不実告知による誤認、退去妨害による困惑の取消し（消費者契約法5条1項が準用する4条1項、3項2号）が問題になったことに特徴がある。

本判決は、最判平2・2・20判時1354号76頁を引用したこと、売買契約が公序良俗に反して無効であるとしても、特段の事情のない限り、別個の契約である立替払契約が無効となる余地はないとしたこと、本件では特段の事情がないとしたこと、立替払契約の取消しについては、消費者が取消権を追認することができる時から6カ月以内に行使したとはいえず、消費者契約法7条1項により取消権が消滅時効により消滅したとしたことに特徴がある。本判決は、消費者契約法7条1項所定の同法に基づく取消権の短期消滅時効による消滅を肯定した重要な事例判断として参考になるものである。

15 金融商品販売契約

契約の特徴

　現代社会は、取引の観点からみると、投資取引が基本的な取引になっている投資社会であるということができるが、様々な投資商品が開発され、取引社会に提供されている。投資の対象になる商品は多種多様であり、毎年様々な投資商品が開発され、一般人にとってその全容を理解することは不可能である。投資取引には、開発業者、販売業者、管理業者、アドバイスを提供する業者、格付業者、投資業者、投資家等の様々な者が関与し、世界的な規模で投資取引が行われている。投資取引には、消費者が関与する事例もあり、消費者の積極的な参加が期待されているが、過去における多数の損失事例の発生や損失体験等もあり、日本の社会においては、笛が盛んに鳴っているものの、踊る人はさほど多くないのが実情である。

　投資取引は、損失の発生が事情によって不可避であることから（程度の差はあっても、投資元本の損失が発生するリスクのある取引である）、従来から証券取引法等の法律によって業者規制、勧誘規制等の規制が行われてきたが、現在は、金融商品取引法、金融商品の販売等に関する法律、商品先物取引法等の法律が施行されている。本項では、金融商品取引法所定の金融商品に限らず、広く投資取引を取り上げ、消費者契約法の適用が問題になった裁判例を紹介するものである。金融商品取引法が適用される投資取引については、これらの法律に関する判例、裁判例も参照する必要がある。

　投資取引に関する契約書は、比較的分厚いものであり、多数の事項につき詳細な内容が記載されているうえ、添付の文書もある等し、一般人が理解することは容易ではない。事業者の担当者が顧客である消費者に金融商品の販売を勧誘する場合には、法令上の勧誘規制があるほか、消費者契約法上の勧誘規制（法的な効果は契約の取消権の付与である）があり、また、契約書には、事業者の責任の免責等を内容とする記載もあり、消費者契約法9条、10条の

〔第2部〕 契約類型別の消費者契約と裁判例の検証

適用が問題になることもある。

裁判例1

【裁判例】 名古屋地判平17・1・26判時1939号85頁
〔消費者契約法4条1項、2項：不実の告知、不利益事実の不告知、断定的判断の提供〕

【事案の特徴】

　Yは、有限会社の経営者であり、商品先物取引の経験がなかったところ、商品先物取引業を営むX株式会社の従業員から勧誘され、平成14年8月、商品先物取引の受託契約を締結し、灯油の先物取引を行い、その数日後、建玉を全部仕切り、差損金433万円余りが発生したため、XがYに対して差損金の支払を請求したのに対し、Yが反訴として主位的には、消費者契約法4条1項、2項により取引を取り消し、不当利得を、予備的には、断定的判断の提供、新規委託者保護義務違反、説明義務違反等に基づく損害賠償を請求したものである。

　本判決は、一部の取引につき消費者契約法4条1項2号所定の断定的判断の提供があったとし、その余の取引については断定的判断の提供、不実の告知、不利益事実の不告知もなく、新規委託者保護義務違反等も認められない等とし、Xの本訴請求を一部認容し、Yの反訴請求のうち不当利得返還請求を一部認容したものである。

【判決文】

(2) 断定的判断の提供について
ア　村山らの勧誘について
　被告は、平成14年8月6日、原告の担当者村山から、「今回紹介させていただくのは、1000万円預けていただければ、1ヶ月後には1億になる。そういった商品を紹介させていただきますから。」などと、翌7日、村山と小池から、「今が1番高くて、これから値は必ず下がる一方で、上がる要因とか、要素とか、そういうことは何もないんで、下げを勧めてるんです」、「1番先に私たちがそういう情報を得られるから、売りから入ることを勧めてます。」などと断定的判断の提供を受けたと供述し、乙4（陳述書）、5（メモ）も

ほぼこれに沿うものである。

　しかしながら、被告の上記供述等を裏付ける証拠はない。灯油の動きは、甲23のとおりであるところ、その値段の下限は、1万8570円で、当時の価格2万6000円との差額は7430円である。そして、証拠金は1枚10万5000円で、1000万円を証拠金にすれば95枚ということになり、東京灯油は倍率100倍であるから、7430×95×100＝7058万円ということになり、1億円にはならない。そうすると、上記内容の話は、客観的事実に整合しないことになる。さらに、被告が小池からガイドの商品先物取引の危険性という赤枠について説明を受けたことを認める旨の供述をし、被告が追証についてくわしく尋ねて、その後、取引の枚数も村山らの勧める30枚から減らして10枚にして、取引について、用心をしていること、被告が、村山らから、東京灯油の値が下がる一方であることの根拠として聞いたことを具体的に供述しているわけではないことに照らせば、村山らが、東京灯油の値段が下がる一方であるとか1番先に私たちがそういう情報を得られるとかの断定的判断を提供したものとは言い難い。被告の上記供述、乙4、5の一部は採用できず、他に村山らの断定的判断の提供を認めるに足りる証拠はない。

　イ　山本の勧誘について

　前1(5)認定事実によれば、山本は、被告に売増しの勧誘に際し、「灯油は必ず下げてくる、上がることはあり得ないので、50枚売りでやって欲しい。」、「上場企業の部長の私を信用して30枚やってもらえませんか。」、「当たりの宝くじを買うみたいなものですよ。」、「責任を持って利益をとって、お盆休み明けには、私が現金を持っていきます。」、「銀行に預けておくより、山本銀行にお金を預けて欲しい。」、「万が一上げた時でも追証拠金を出さずに、取引を続けるやり方があるので、私に任せて欲しい。」などと断定的判断を提供し、被告はこれを信じ、東京灯油20枚を売増したことが認められる。

　これに対し、証人山本は、上記文言をもって被告を勧誘したことがないと供述する。しかしながら、前1(3)認定のとおり、前日において、被告は、追証のことをくわしく尋ねたり、取引の枚数を制限して警戒していたのであるから、上記勧誘文言がなければ、売注文が成立してから、同じ日にさらに前回の倍の20枚を売り増しすることは考えにくいこと、前1(8)、(9)認定のとおり、被告は、追証となってからも、菱田に指示をすることなく、旅行に出掛け、山本を信用していたこと、被告が取引終了後程なく作成したメモの山本の勧誘に関する部分は具体的かつ詳細に記載されており、信用できることに照らせば、山本の上記供述は、採用できない。

　(3)　不実の告知について

　被告は、小池は、被告に対し、追証が発生した時点で取引の継続が出来なくなる、その段階で、取引を継続するか決済するかを判断すればいいと説明しており、これによれば、この段階で委託者が取引の決済をすれば、損金は預託した証拠金の半分で済むというもので、虚偽の事実を告げるものであると主張し、その供述

及び乙4はこれに沿うものである。しかしながら、被告は、小池からガイドの商品先物取引の危険性という赤枠について説明を受けたと供述し、これには、預託した証拠金以上の多額の損失となる危険性もあると書かれていること、被告が、後に苦情処理のために記載したメモにも、小池から追証となって仕切った場合、損失が証拠金の2分の1となるとの説明を受けたとの記載がなされておらず、前1(8)認定のとおり、菱田に対し、追証に対しては、山本の言うように処理して欲しいとの話のみを持ち出し、追証で自動的に取引が終了しているとの態度を取っていないことなどに照らせば、被告の上記供述、乙4の一部は採用できず、他に追証に関する不実告知を認めるに足る証拠はない。

(4) 不利益事実の告知について

被告は、先物取引はリターンが大きい反面損失は証拠金が半分になった時点で取引を継続するか決済するかの選択をできるなどと先物取引の優位性を告げられる反面、取引の損失が証拠金を上回ることもあるという不利益を告げなかったもので、不利益事実の不告知があると主張し、その供述及び乙4はこれに沿うものである。しかしながら、前1(3)認定のとおり、原告の従業員小池は、被告にガイドを見せて、先物取引の危険性について説明したのであり、ガイドの4頁には、預託した証拠金以上の多額の損失となる危険性もあると記載されていることに照らせば、被告の上記供述、乙4の一部は採用できず、他に不利益事実の不告知があったものと認めるに足る証拠はない。

(5) 消費者契約法に基づく取消しについて

前(2)の検討によれば、山本による東京灯油20枚売増に関する勧誘行為は、断定的判断の提供に当たり、被告はこれにより、売増をしたのであるから、消費者契約法4条1項2号により、取り消すことができる。したがって、被告の上記抗弁は理由がある。そして、村山らの基本契約締結及び10枚の売り注文に際しては、断定的判断の提供も、不実の告知及び不利益事実の不告知も認められないから、これらを理由とする被告の取消しには、理由がない。

判決の特徴と意義

本件は、個人（会社の経営者）が商品先物取引を勧誘され、先物取引を行い、損失を被ったため、断定的判断の提供、不実の告知、不利益事実の不告知、契約の取消しを主張し、支払済みの代金につき不当利得の返還を請求する等した事件であり、商品先物取引にあたって消費者契約法4条1項、2項に定められた取消原因の有無が問題になったものである。

本判決は、一部の取引につき消費者契約法4条1項2号所定の断定的判断

の提供を認め、消費者による取消しを肯定し、その余の取引につき断定的判断の提供、不実の告知、不利益事実の不告知を否定したものであり、その旨の事例判断を提供するものである。

裁判例2

【裁判例】 大阪高判平19・4・27判時1987号18頁
〔消費者契約法4条1項：不実の告知、断定的判断の提供〕

―【事案の特徴】―

Xは、外国為替取引業者であるY₁株式会社と外国為替証拠金取引を平成17年1月から10月まで行い、約507万円の預託金を有していたところ、同月26日、Y₁の従業員Y₂がXの自宅を訪問し、Y₁が関東財務局の監査を受けていること、Y₁が営業停止、倒産するおそれがあること、営業停止を受ける前に和解をしたほうが得策であることを告げられ、和解を勧められ、Y₁との間で、和解金として150万円の分割支払の和解契約を締結し、分割支払を受けたが、Y₁がその後営業停止を受けることなく営業を行っていたため、XがY₁に対して消費者契約法4条1項1号、2号による取消し等を主張し、預託金残額の支払、Y₂に対して不法行為に基づき損害賠償を請求したものである。

第1審判決は、Y₂の発言が不実の告知、断定的判断の提供にあたらないとし、請求を棄却したため、Xが控訴したものである。

本判決は、業者に行政処分、倒産、預託金の返還可能性という不確実な事項につき断定的判断の提供があったとし、消費者契約法4条1項2号による取消しを認め、原判決中、Y₁に関する部分を取り消し、Xの請求を認容し、Y₂に対する控訴を棄却したものである。

判決文

(2) 以上認定の事実によれば、事業者である被控訴人会社の担当者であった被控訴人乙山は、被控訴人会社が外国為替証拠金取引の営業停止の行政処分を受け、その結果倒産し、控訴人に本件預託金のほとんどが返還されなくなるかどうか確実でない、将来

における変動が不確実な事項（現に、被控訴人会社は、上記行政処分を受けたが、現在でも倒産していない。）について、消費者である控訴人に対し、消費者契約法4条1項2号所定の断定的判断を提供したことが認められるから、前記前提となる事実(6)のとおり、このことを理由に控訴人が被控訴人会社に対して平成17年11月4日到達の通知書でした同条1項による本件和解契約の取消しの意思表示は、効力があるというべきである。

判決の特徴と意義

　本件は、個人の顧客が外国為替証拠金取引を行い、事業者とトラブルが発生し、和解契約を締結したことから、顧客が和解契約につき不実の告知、断定的判断の提供を主張し、預託金の返還を請求する等した控訴審の事件である（第1審判決は、不実の告知、断定的判断の提供を否定したものである）。本件は、外国為替証拠金取引に関する和解契約について、消費者契約法4条1項1号、2号による取消しの当否が問題になった事件である。また、外国為替証拠金取引という投資取引に係る契約の取消しが問題になったものではなく、契約をめぐるトラブルにつき締結された和解契約の取消しが問題になった珍しい内容の事件である。

　本判決は、外国為替証拠金の事業者との和解交渉において、行政処分、倒産、預託金の返還可能性という不確実な事項につき断定的判断の提供を肯定したものであり、事例判断として参考になるものである。

裁判例3

【裁判例】　札幌高判平20・1・25判時2017号85頁
　　　　　〔消費者契約法4条1項、2項：不実の告知、断定的判断の提供、不利益事実の不告知〕

【事案の特徴】

　Xは、商品先物取引業者であるY株式会社の外務員Aの勧誘を受け、平成17年11月24日、基本契約を締結し、Aが金相場が上昇傾向にあり、この傾向が年内続くとの判断を告げ、金の先物取引を勧誘し、Xは、同

年12月12日、金の先物取引を行ったところ、その翌日、金相場が急落し、同月14日、手仕舞いをしたところ、3139万円の差損金が生じたため、XがYに対して不法行為に基づき損害賠償を請求し、Yが差損金の立替金の支払を請求したものである。

第1審判決（札幌地判平19・5・22金商1285号53頁）は、違法な勧誘を否定し、Xの請求を棄却し、Yの請求を認容したため、Xが控訴したものである（Xは、控訴審において消費者契約法4条1項2号、2項本文による取消しを主張し、不当利得の返還請求を追加した）。

本判決は、説明が断定的判断の提供にはあたらないとしたものの、金の相場、将来における価格の上下は、契約の目的となるものの質に該当するとし、消費者契約法4条2項本文の不利益事実の不告知による取消しを認め、原判決を変更し、不当利得返還請求を認容し、Yの請求を棄却したものである。

判決文

ウ　消費者契約法4条2項に基づく取消しについて

一般の個人が、自己資金を遙かに上回る取引が予定される商品先物取引を行う目的は、相場の変動による差金取得にあると認められるから、本件取引において、金の相場、すなわち将来における価格の上下は、消費者契約たる本件取引の「目的となるものの質」（消費者契約法4条4項1号）であり、かつ、消費者たる顧客が当該契約を「締結するか否かについての判断に通常影響を及ぼすべきもの」（同項柱書）であるから、消費者契約法4条2項の重要事項というべきである。したがって、商品先物取引業者の外務員が顧客に対して、現在の価格状況等を根拠に金の相場が上昇するとの自己判断を告げて買注文を勧めることは、消費者契約の締結について勧誘するに際して、「重要事項又は当該重要事項に関連する事項について当該消費者の利益となる旨告げ」ることに該当する。そして、その場合、将来の金相場の暴落の可能性を示す事実は、買注文を出す顧客にとって売買差損を生じさせるおそれのあることを示す事実であるから、「当該消費者の不利益となる事実」に該当する。そして、金相場上昇に関する外務員の上記告知は、それを告げることによって、顧客が金相場の暴落の可能性を示す事実は存在しないと考えるのが通常であるから、上記不利益事実は、「当該告知により当該事実が存在しないと消費者が通常考えるべきもの」に該当する。

かかる観点から本件をみるに、前記認定のとおり、丙山らは、再三にわたり、金価格が上昇基調に当たり将来的にはさらに高騰するとの自己の相場予測を控訴

人に告げて金の買注文を勧誘しており、これは上記利益告知に該当することは明らかである。他方、前記認定のとおり、本件取引時点である平成17年12月の時点において、ロコ・ロンドン市場と東京市場の金の価格差は過去に例を見ないほど大きくなり、東京市場の独歩高が連続する状況にあったのだから、早晩東京価格が下落する形で両者の乖離が解消されることが予測された。そして、その状況を踏まえて、東京工業品取引所では、同月9日に臨時の委員会が開催され、市場動向を注意深く監視することを確認するなど、金市場の過熱への対策を講じ始め、同月12日の本件取引がなされた直後に、臨時増証拠金の預託が決定されている。そして、本件取引の対象となった平成18年10月限定の金先物の総取組高は過去に例を見ないほどの大量のものであり、その買玉の大部分を一般の委託者が有していたことからすると、いったん金価格が下落するとともに上記臨時増証拠金が課されると、資金力のない買いポジションの一般委託者は差金決済をして取引から離脱せざるを得ず、これがさらなる買玉の仕切注文を誘発し、価格暴落をもたらすことが予想される状況にあり、このような状況に至れば、仕切注文を出してもストップ安が連続して仕切りができず、損失が拡大する可能性があったと認められる。かかる事実は、まさしく、消費者契約法4条2項が予定する「不利益事実」に該当し、被控訴人の外務員である丙山らは、控訴人に対し、そのような相場暴落の可能性を示す事実に何ら言及することなく、相場上昇の相場観のみを控訴人に伝えており、これによって、控訴人は、相場暴落の可能性を認識することなく相場上昇を信じて本件取引を行ったと認められる。

　なお、消費者契約法4条2項は、取消しのためには、さらに事業者側に故意があることを要件としているところ、以上の事実のうち、臨時増証拠金の決定自体は本件取引の後に行われたものであるが、その他の事実は、臨時増証拠金決定の可能性を含めて、海外取引を含む商品先物取引の専門業者である被控訴人が、当然に認識していたものと認められるから、被控訴人には、上記不利益事実の不告知について故意があったと認めるのが相当である。

　よって、控訴人は、消費者契約法4条2項に基づき、本件取引を取り消すことができる。

判決の特徴と意義

　本件は、個人の顧客が商品先物取引を勧誘され、先物取引を行い、相場が急落し、損失を被ったことから、損害賠償を請求し、請求棄却の判決を受け、控訴審において不実の告知、断定的判断の提供、契約の取消しを主張し、不当利得の返還請求を追加した控訴審の事件である。本件は、商品先物取引について、消費者契約法4条1項1号、2号、2項による取消しの当否

が問題になった事件であり（控訴審において不当利得の返還請求の根拠として主張されたものである）、投資取引の取消しが問題になったものである。

本判決は、商品先物における金の相場、将来における価格の上下は、契約の目的となるものの質に該当するとし、重要事項にあたるとしたうえ、消費者契約法4条2項の取消し（不利益事実の不告知）を肯定したものであるが、本判決については商品先物取引業者が上告受理の申立てをし、後日、後記の上告審である最高裁の判決（最判平22・3・30判時2075号32頁（裁判例5））が本判決を破棄しているから、本判決は参考にならないものである。

裁判例4

【裁判例】 奈良地判平22・3・26消費者法ニュース84号293頁
〔消費者契約法4条1項：不実の告知、断定的判断の提供〕

―【事案の特徴】―

Xは、株式取引を行っていたところ、平成20年6月、投資助言業を営むY株式会社の投資相談等のウェブサイトを見つけ、電話をし、翌日、Yの従業員がXに電話をし、勧誘を受け、投資顧問契約を締結し、Yの指定に係る銀行の預金口座に登録費、会費を振り込んだ後、Yの助言に従って株式取引を行ったが、9万円余の損失となり、同年8月、投資顧問契約を解除し、XがYに対して断定的判断の提供、不実の告知による契約の取消し等を主張し、支払に係る金銭の返還を請求したものである。

本判決は、Xは、Yの会員になれば株式取引で損をした500万円、会費を含めて700万円を取り戻すことができると勧誘され、投資顧問契約を締結したものであり、700万円の利益を上げることができるというのは、契約の目的たる役務の内容に関わることで、不確実な株式取引の結果につき断定的判断を提供するものであるとし、消費者契約法4条1項2号に該当するものとし、契約の取消しを肯定し、請求を認容したものである。

判決文

　2　前記1⑴認定によれば、原告はAから、被告の会員になればこれまでの株式取引で損した500万円、被告の会費も含めると700万円を取り戻すことができると勧誘されて、本件契約締結に至ったものであると認めることができる。
　本件契約は投資顧問契約であって、原告の株式取引につき被告が助言することを内容とするものであるが、株式取引に絶対はないことは被告も指摘するとおりであり、700万円の利益を上げることができるというのは、本件契約の目的たる被告の提供する役務の内容に関わることで、不確実な株式取引の結果につき断定的な判断を提供するものである。そして上記のとおり、原告はこの断定的判断が確実であると誤認することにより本件契約を締結する意思表示をしたものであるから、消費者契約法4条1項2号に該当するとの原告の主張は理由がある。
　3　前記第2の1⑺のとおり、原告は本件契約締結の意思表示を取り消したものであり、原告が本件契約に基づき被告に支払った、登録費及び会費の200万円及び成功報酬の7万6000円につき、被告においてこれを保持すべき法律上の理由はない。しかし、甲5により被告の助言により生じた取引損と認められる9万3180円は、被告が利得したものではないから、被告に対して返還請求することはできず、原告が被告に対して不当利得返還請求ができるのは、上記207万6000円にとどまる。ただし、前記第2の1⑻のとおり、被告が既に75万6164円を支払ったことにより、残存する利得は131万9836円である。
　そして、この断定的判断を提供したのが被告の担当者であることから、被告はこのことにつき悪意であるということはできるが、上記断定的判断の提供が不法行為に該当するとの主張・立証はないから、上記不当利得の返還を請求するために生じた弁護士費用は、民法704条の損害に該当するとはいえない。

判決の特徴と意義

　本件は、個人が投資助言業者の投資相談に関するウェブを見て関心をもち、電話をかけ、投資顧問契約を締結し、助言を受けて株式取引を行い、損失を被ったため、消費者契約法4条1項1号、2号による取消し、特定商取引に関する法律によるクーリングオフ等を主張し、契約に基づき支払った金員等につき不当利得の返還等を請求した事件であり、消費者契約法4条1項1号、2号の適用が問題になったものである。
　本判決は、個人が株式取引で500万円の損していたところ、投資助言業者への会費も含め700万円を取り戻すことができると勧誘され、投資助言業者と投資顧問契約を締結したとし、断定的判断の提供を認めたこと、消費者契

約法4条1項2号による契約の取消しを肯定したことに特徴がある。本判決は、投資取引につき消費者契約法4条1項2号所定の取消しを肯定した事例判断を提供するものである。

裁判例5

【裁判例】　最判平22・3・30判時2075号32頁
〔消費者契約法4条1項、2項：不実の告知、断定的判断の提供〕

【事案の特徴】

前記の札幌高判平20・1・25判時2017号85頁（裁判例3）の上告審判決であり、Yが上告受理を申し立てたものである。

本判決は、消費者契約法4条2項本文の重要事項は、将来における変動が不確実な事項を含意するような文言は用いられていない等とし、将来における金の価格は重要事項にあたらないとし、原判決中、Yの敗訴部分を破棄し、Xの主位的請求を棄却し、Xの予備的請求、Yの請求につき本件を札幌高裁に差し戻したものである。

判決文

消費者契約法4条2項本文にいう「重要事項」とは、同条四項において、当該消費者契約の目的となるものの「質、用途その他の内容」又は「対価その他の取引条件」をいうものと定義されているのであって、同条1項2号では断定的判断の提供の対象となる事項につき「将来におけるその価額、将来において当該消費者が受け取るべき金額その他の将来における変動が不確実な事項」と明示されているのとは異なり、同条2項、4項では商品先物取引の委託契約に係る将来における当該商品の価格など将来における変動が不確実な事項を含意するような文言は用いられていない。そうすると、本件契約において、将来における金の価格は「重要事項」に当たらないと解するのが相当であって、上告人が、被上告人に対し、将来における金の価格が暴落する可能性を示す前記2(6)のような事実を告げなかったからといって、同条2項本文により本件契約の申込みの意思表示を取り消すことはできないというべきである。

これと異なる原審の判断には、判決に影響を及ぼすことが明らかな法令の違反がある。論旨はこの趣旨をいうものとして理由がある。

235

〔第2部〕 契約類型別の消費者契約と裁判例の検証

5 また、前記事実関係によれば、上告人の外務員が被上告人に対し断定的判断の提供をしたということはできず、消費者契約法4条1項2号に基づく取消しの主張に理由がないとした原審の判断は正当として是認することができるから、被上告人の同法に基づく取消しの各主張は、いずれも理由がない。したがって、原判決中上告人敗訴部分は破棄を免れず、被上告人の主位的請求は棄却すべきである。

判決の特徴と意義

　本件は、個人の顧客が商品先物取引を勧誘され、先物取引を行い、相場が急落し、損失を被ったことから、損害賠償を請求し、請求棄却の判決を受け、控訴審において不実の告知、断定的判断の提供、契約の取消しを主張し、不当利得の返還請求を追加した上告審の事件である。本件は、商品先物取引に係る契約が問題になったこと、消費者契約法4条1項2号、2項本文の適用が問題になったこと、控訴審判決が同法4条1項2号所定の断定的判断を否定したものの、同条2項本文の不利益事実の不告知を肯定したことに特徴がある。なお、当職は、上告審において上告受理申立人の依頼により意見書を作成したことがある。

　本判決は、消費者契約法4条2項本文所定の重要事項は、将来における変動が不確実な事項を含意するような文言は用いられていないとしたこと、将来における金の価格は重要事項にあたらないとしたこと、同項の適用を否定し、契約の取消しを否定したことに特徴があり、同項所定の重要事項の意義を明らかにした判断として参考になる。

裁判例6

【裁判例】　広島地判平23・4・26金商1399号41頁
　　　　　〔消費者契約法4条1項、2項：不利益事実の不告知、断定的判断の提供〕

【事案の特徴】
　会社の役員Xは、証券業を営むY株式会社の従業員に勧誘され、ユー

ロ円建て債券（ノックインプット・エクイティリンク債）を１億円で購入したところ、一時期利子の支払いを受けたものの、売却により損失を被ったため、XがYに対して適合性原則違反、説明義務違反、断定的判断の提供、不利益事実の不告知を主張し、損害賠償を、売買契約の公序良俗違反、錯誤詐欺、消費者契約法４条違反により不当利得の返還を請求したものである。

本判決は、Xの各主張を排斥し、請求を棄却したものである。

判決文

2　争点について
（略）
(7)　争点(2)、ウ（詐欺ないし消費者契約法４条）について
　ア　民法96条１項の詐欺及び重要事項の不告知について
　前記認定事実のとおり、乙山は、本件債券につき、１銘柄でもノックインしたら元本保証されないことは説明していたから、この点に虚偽の説明があったとは認められない。また、満期前売却の場合、元本保証されないという点も、乙山は、満期前売却の場合に元本保証されると説明したわけではなく、乙山がした「ノックインしない限り元本保証される」という説明と満期前売却もできるという説明があったというにとどまり、ノックインしない限り元本保証されるという点も、満期前売却できるという点もその内容に何ら虚偽があったわけではない。なお、満期前売却の場合に元本保証されないことは、前記同様、原告が知らなかったとは考えられないし、債券の客観的価値が不明という点は前記のとおり、原告が、本件債券の客観的価値を１億円であると信じていたとは考えられないから、詐欺や重要事項の不告知があったということはできない。
　イ　断定的判断の提供について
　原告は、乙山が、株価が将来値上がりし、損はしないと説明した旨主張するが、前記認定のとおり、乙山がそのような説明をしたとの事実が認められないから、断定的判断の提供があったとする原告の主張は採用できない。
　ウ　不利益事実の不告知について
　原告は、乙山が本件債券につき、ランクCであり元本毀損のおそれが高いことを説明しなかったというが、前記認定事実のとおり、乙山は参照対象株式が１銘柄でもノックインし、参照ポートフォリオに損失が生じた場合には、元本が毀損することを説明していたから、原告の主張は前提を欠き認められない。原告はランクCが、ランクA、Bと比較して元本毀損のおそれが高いことを問題視しているが、乙山は、ランクCを前提に元本毀損の可能性を説明している以上、これに加えてランクAやBの場合の元本毀損の可能性との比較をしなくとも、原告が購

入した本件債券の条件は、説明されていたといえるのだから、不利益事実の不告知があったということはできない。

判決の特徴と意義

　本件は、個人の顧客（会社の役員）が証券業者の従業員の勧誘により外貨建ての債券取引を行い、損失を被ったことから、消費者契約法4条違反（断定的判断の提供、不利益事実の不告知）等を主張し、支払済みの代金につき不当利得の返還を請求した事件である。本件は、投資目的の債券取引が問題になったこと、消費者契約法4条1項、2項の適用が問題になったことに特徴がある。投資取引については、取引の種類・内容等によって金融商品取引法等において投資家の保護が図られているところであり、必ずしも消費者契約法を利用する必要がないことが多いが、本件では、消費者契約法4条が援用されたものである。

　本判決は、前記のとおり、断定的判断の提供、不利益事実の不告知を認めず、消費者契約法4条1項、2項の適用を否定したことに特徴があり、その旨の事例判断を提供するものである。

裁判例7

【裁判例】　東京地判平23・9・14判タ1397号168頁
〔消費者契約法4条1項、2項：不実の告知、断定的判断の提供、不利益事実の不告知〕

【事案の特徴】

　Xは、A株式会社の取締役であったところ、銀行業を営むY株式会社との間で、平成18年9月、Y株式会社から2億5000万円を借り入れ（本件ローン）、同時に、このうち2億円につきトリガー付利息為替連動型・最終満期日米ドル償還タイプの名称の預金契約を締結し（本件仕組預金）、本件仕組預金、Xの保有する株式に質権を設定し、Xの所有する建物に根抵当権を設定したが、その後、本件仕組預金の担保としての評

価額が低下する等し、本件ローン契約に基づく債務に担保割れが生じたことから、平成21年2月、Xは、本件仕組預金契約の解約を申し入れ、Y株式会社との間で合意解約し、1億300万円の払戻しを受け、1億150万円が前記債務に充当され、Y株式会社が株式につき質権を実行する等したため、Xが本件仕組預金契約につき消費者契約法4条1項、2項の取消し（不実の告知、断定的判断の提供、不利益事実の不告知）、各契約の一体性、説明義務違反等を主張し、Yに対して根抵当権の設定登記手続、貸金債務の不存在、損害賠償を請求したものである。

本判決は、Xの主張に係る取消事由を否定する等し、請求を棄却したものである。

判決文

1 争点(1)（本件仕組預金契約についての消費者契約法上の取消事由の存否）について
（略）
(2) 消費者契約法上の取消事由について
ア 不実告知について
(ｱ) 原告は、Pが、本件仕組預金について、原則中途解約禁止であると説明し、元本欠損が契約期間中には表面化しないかのような事実と異なる説明をした旨主張するところ、本件仕組預金は、原則として中途解約ができないものであり、前記(1)イ(ｱ)④のとおり、Pは、原告に対し、その旨を説明しており、本件案内冊子（甲4の1）、「エクステンダブル預金（トリガー付利息為替連動型）最終満期日米ドル償還タイプに関する約定書」と題する書面（前記(1)ウ(ｲ)ｂ）（甲4の3）等にも、同旨の記載がある。

しかしながら、Pは、原告に対し、中途解約の原則禁止についての上記説明と同様に、本件ローン債務担保である本件株式や本件仕組預金の担保評価額が下がり、担保割れが生じた場合には、追加担保又は内入弁済の必要が生じ、原告が、上記担保割れから1週間以内に担保割合を110パーセント以上に戻さない場合には、本件株式や本件仕組預金について担保権が実行されてしまう可能性があること、上記担保権の実行がなされれば、本件仕組預金は中途解約されることとなるため、払戻金が元本を大きく下回る可能性があることについて説明をしており（上記(1)イ(ｳ)）、本件補足商品説明書や本件預金担保差入証にも同旨の記載があるから（甲6、乙9）、原告が主張するように、Pの説明が、あたかも元本欠損が契約期間中には表面化しないかのようなものとなっていたとは認められず、本件仕組預金の中途解約による元本欠損が生ずるおそれについての不実告知があったとはいえない。

(イ) 以上に対し、原告は、本件仕組預金について中途解約されることがある旨の説明を受けたことはなく、そのような認識はなかった旨供述する。しかしながら、本件補足商品説明書には、「本件ローンをご利用され仕組預金を投資される場合のリスクについて」との見出しの下に、「担保処分時の元本割れのリスク」として、「仕組預金を担保として差し入れた場合、時価評価による担保価値が不足し、内入れまたは追加担保の差入れを求める当行の請求に応じていただけないときは、当行はその仕組預金を中途解約し元本の返済に充当いたします。この場合、仕組預金の返戻金については、当初預入元本が著しく下回る場合があります。」との記載があり（甲6）、また、本件預金担保差入証にも、原告が約定に違反し、追加担保の差し入れを怠った場合には、被告は、本件仕組預金の満期日及び据置期間の如何にかかわらず、その払戻しを受けることができ、払戻しを受けた金額から本件仕組預金の再構築額及びそれに伴う費用を差し引いた残額を本件ローン債務の弁済に充当することができる旨の記載がある（甲5）のであって、原告が、本件ローン契約及び本件仕組預金契約を締結するに当たって自らシミュレーションを行うなど積極的に堅実な行動をとっていたこと（前記(1)イ(エ)）に照らせば、原告が上記の記載内容を認識していなかったとの供述は不自然であって採用できず、Ｐによる説明の状況についての前記(1)イの認定を覆すに足りない。

(ウ) 以上によれば、原告主張の不実告知の事実を認めることはできない。

イ 断定的判断の提供について

原告は、本件仕組預金に関して、Ｐが、今後は円安傾向が継続するため、本件仕組預金により多額の利息を得られるとの断定的な判断を提供した旨主張する。

しかしながら、上記(1)イ(エ)のとおり、Ｐは、本件仕組預金の金利をどのように設定するかについて、原告本人と相談しながら具体的に検討しており、その際、原告は、自らノートパソコンを用いて円高・株安局面での損益分岐等についてシミュレーションを行っていたのであるから、Ｐが原告の主張のような断定的判断を提供したとは到底考えられず、他に原告主張の断定的判断の提供の事実を認めるに足りる証拠はない。

ウ 不利益事実の不告知について

(ア) 原告は、本件仕組預金の中途解約による元本欠損が生ずるおそれについて、Ｐは、故意に上記不利益事実を告げなかった旨主張するが、上記アのとおり、Ｐは、本件仕組預金の中途解約による元本欠損が生ずるおそれについて十分な説明を行っているのであるから、原告の主張は理由がない。

(イ) なお、Ｐは、原告に対し、本件仕組預金の時価評価額の算定方式及び中途解約が行われた場合の損害金の算定方式について、具体的な説明が行っておらず、むしろ上記算定方式は説明できない旨回答しているが（上記(1)イ(オ)）、上記各算定方式自体、極めて複雑な計算を要するものであって（証人Ｐ、弁論の全趣旨）、そのような算定方式は、消費者たる原告が、本件仕組預金契約及び本件ローン契約を締結するか否かを判断するに当たっては必ずしも必要でなく、かえって合理的

な判断を妨げる事由ともなりかねないと考えられるから、上記算定方式自体は消費者契約法4条2項における「重要事項」に該当しないと解するのが相当である。そして、Pは、上記算定方式における考慮要素や要因（為替相場や日米金利差等）を説明し（上記(1)イ(ア)）、中途解約による元本欠損が生ずるおそれがあることを説明しているのであるから、原告が本件ローン債務及び本件仕組預金契約を締結するか否かを判断するために不十分な説明をしたとはいえない。

(ウ) 以上のとおり、原告主張の不利益事実の不告知の事実を認めることはできない。

判決の特徴と意義

本件は、個人の顧客（会社の役員）が担保を提供し、融資を受けてデリバティブ取引である仕組預金を行い、損失を被ったことから、不実告知、断定的判断の提供、不利益事実の不告知等を主張し、貸金債務の不存在の確認等を請求した事件である。本件は、デリバティブ取引である仕組預金契約が問題になったこと、銀行が販売した仕組預金契約であったこと、顧客が銀行から融資を受けて仕組預金契約を締結したこと、顧客が融資につき担保を提供したこと、仕組預金の運用が悪化し、担保割れが生じ、顧客が仕組預金契約を解約したこと、顧客と銀行が合意解約し、担保の実行等により取引を清算したこと、仕組預金契約につき不実の告知、断定的判断の提供、不利益事実の不告知が主張され、消費者契約法4条1項、2項の取消しが問題になったことに特徴がある。

本判決は、仕組預金契約につき不実告知、断定的判断の提供、不利益事実の不告知を否定したものであり、消費者契約法4条1項、2項による仕組預金契約の取消しを否定した事例判断として参考になる。

〔第2部〕 契約類型別の消費者契約と裁判例の検証

裁判例8

【裁判例】 福岡地判平23・11・8金法1951号137頁
〔消費者契約法4条1項、2項：不利益事実の不告知、不実の告知〕

【事案の特徴】

Xは、銀行業を営むY₁株式会社の従業員の勧誘により、投資信託を購入し、年金受取総額保証付変額年金保険を購入し、証券業を営むY₂株式会社、Y₃株式会社の売出しに係る仕組債を購入し、株式投資信託を購入し、外貨預金を行ったが、損失を被ったため、Xが錯誤無効、消費者契約法4条の取消し（不利益事実の不告知、不実の告知）を主張し、Y₂株式会社、Y₃株式会社に対して仕組債の購入金額の不当利得の返還、Y₁株式会社に対して適合性の原則違反、説明義務違反による債務不履行、不法行為に基づき損害賠償等を請求したものである。

本判決は、不利益事実の不告知、不実の告知を否定する等し、請求を棄却したものである。

3 争点(2)（本件各仕組債の売買契約は、消費者契約法4条に基づき取消し得るか。）について
（略）
(2) （略）

（略）

ア まず、原告は、本件各仕組債の満期が30年である旨の説明を受けておらず、満期が30年であることを認識していなかった旨指摘し、それに沿う供述をする（証拠《略》、原告）。

しかし、前記1のとおり、Jから原告に対し、本件各仕組債の販売用資料、契約締結前交付書面及び目論見書（《証拠略》）がそれぞれ交付されている事実が認められる。

そして、販売用資料及び目論見書については、最初の頁に満期が30年後（いずれも2037年）であることが明確に記載されており、これらの書類を受領した原告が満期を誤解するとは考えられないところである。

また、原告も、Jが販売用資料等を読み上げたことについては認めているところであり、その中には本件各仕組債の満期に関するものも含まれていたと解する

のが相当である。
　さらに、最長30年間保有することになる可能性があることは、投資家にとってはリスクと考えられるから、Ｊがその点について全く説明しないという事態も考えにくい（なお、満期について、Ｊは、原告が「30年は長過ぎる。30年だったら私死んでいるわ。」等の反応をしたと述べるが、当時の原告の年齢（59歳）に鑑みれば、十分考えられる対応であるから、上記Ｊの証言部分は信用できる。）のであって、満期の認識に関する原告の供述部分は信用できない。
　したがって、この点に関する原告の主張は採用できない。
　イ　また、原告は、Ｊの説明が、本件各仕組債につき遅くとも10年で元金が償還される安全確実な債券であると誤解させるものであった旨主張する。
　しかし、上記のとおり、Ｊが原告に対し、最長30年間保有することになる債券であることを説明した事実が認められる。
　また、早期償還についても、Ｊは、5、6年で償還されている商品があるとの認識で原告に説明しているところ、為替相場の変動で円安状態が長く続けば、高額の金利を支払い続けることに耐え切れなくなった発行体が早期償還に踏み切ることは十分に考えられることであり、現に証拠（《略》）及び弁論の全趣旨によれば、Ｊが原告に初めて仕組債の説明を行った平成19年11月12日の時点で実際に早期償還がなされていた仕組債が複数あること、それらの保有期間は6月から3年程度であったことが認められるから、Ｊの説明が虚偽であったと直ちに認めることもできない。
　そうすると、Ｊの説明が原告の誤解を招くものであったと認めることもできないから、この点に関する原告の主張も採用できない。
　(3)　以上によれば、本件各仕組債について、原告に対する不利益事実不告知（消費者契約法4条2項）、不実告知（同条1項1号）に該当する事実はいずれも認められないから、同法による本件各仕組債の売買契約の取消しはいずれも理由がないというべきである。

判決の特徴と意義

　本件は、個人の顧客が銀行、証券業者との間で、年金受取総額保証付変額年金保険、仕組債等の取引を行い、損失を被ったことから、不利益事実の不告知、不実の告知等を主張し、不当利得の返還を請求した事件である。本件は、銀行との間の変額年金保険契約が問題になったこと、証券会社との間の仕組債購入契約、株式投資信託購入契約が問題になったこと、錯誤無効、消費者契約法4条の取消し（不利益事実の不告知、不実の告知）が問題になった

〔第2部〕 契約類型別の消費者契約と裁判例の検証

ことに特徴がある。

本判決は、顧客の主張に係る消費者契約法4条の取消し（不利益事実の不告知、不実の告知）を否定したことに特徴があり、その旨の事例判断を提供するものである。

裁判例9

【裁判例】 東京地判平23・11・9金法1961号117頁
〔消費者契約法4条2項：不利益事実の不告知〕

【事案の特徴】

Xは、金融資産800億円を有し、年収が12億円であったところ、証券業を営むY株式会社の従業員から勧誘され、5億口の証券投資信託受益権（プライベート・エクエティを対象とするものであり、売却が困難で、10年間解約できない内容のものであった）を購入し、代金等合計5億1575万円を支払ったが、ハイリスクな商品であったこと等から、XがYに対して適合性原則の違反、説明義務違反による債務不履行、不法行為に基づき損害賠償、消費者契約法4条2項所定の不利益事実の不告知を主張し、本件契約の取消しによる不当利得の返還を請求したものである。

本判決は、適合性の原則違反を否定し、説明義務が尽くされていた等とし、不利益事実の不告知を否定する等し、請求を棄却したものである。

3 争点2（不利益事実の不告知）について
(1)ア 前記争いのない事実等及び上記1(2)認定事実によれば、本件投資信託には、受益者が信託期間である10年間途中解約を請求することができないとの本件解約制限が存するものと認められ、このことは消費者契約法4条4項の重要事項に当たるものと認められる。
イ しかしながら、上記1(3)認定事実によれば、Lらは、平成19年3月8日、原告に対し、本件解約制限を説明したものと認められるから（また、同認定事実によれば、やむを得ず途中売却を希望する場合でも、売却が困難であり、純資産価額を相当程度下回る価額での取引となる可能性もあることの説明もされたことが

認められる。)、Ｌらが消費者の不利益となる事実を故意に告げなかったものとは認められない。

(2) 原告は、Ｌらから本件解約制限の存在について説明を受けず、平成19年10月5日に初めて聞かされた旨主張するので検討するに、上記1(4)認定事実によれば、原告は、初めて被告に本件契約の解約を求めるに当たり、同年5月ころ、交渉を有利に運ぶため、あえて投資銀行の勤務経験を有するＴに同席を求めた上で、同月29日、Ｍに対して解約の申入れをしたものと認められ、また、本人尋問において、Ｔを同席させた理由についての質問に対して合理的な理由を説明していないことなどに照らせば、原告は、当初から本件契約の解約ができないことを認識しつつ、解約を可能にするべく交渉するためにＴを同席させたものとうかがえるのであって、その他上記1(1)(3)(4)認定の原告の知識経験、本件案内書の記載内容、原告が経済的困窮に陥った時期、原告が本件確認書に署名押印をしたことなどに照らせば、原告が本件契約の締結前に上記説明を受けなかったものとは認め難いから、原告の上記主張は採用することができない。

判決の特徴と意義

本件は、個人の顧客が5億口の証券投資信託受益権を購入し、損失を被ったことから、不当利得の返還、損害賠償を請求した事件である。本件は、高額な投資取引が問題になったこと、プライベート・エクエティを対象とする投資取引であること、個人が資産家であり、高額所得者であったこと、ハイリスクの投資商品の売買であったこと、個人が投資取引によって損失を被ったこと、個人が損害賠償のほか、消費者契約法4条2項所定の不利益事実の不告知が問題になったことに特徴がある。

本判決は、適合性の原則違反、説明義務違反を否定したこと、不利益事実の不告知を否定したことに特徴があり、消費者契約法4条2項の適用を否定した事例判断として参考になるものである。

裁判例10

【裁判例】 広島高判平23・11・25金商1399号32頁
〔消費者契約法4条1項、2項：断定的判断の提供、不利益事実の不告知〕

〔第2部〕 契約類型別の消費者契約と裁判例の検証

【事案の特徴】

前記の広島地判平23・4・26金商1399号41頁（裁判例6）の控訴審判決であり、Xが控訴したものである。

本判決は、Xの各主張を排斥し、控訴を棄却したものである。

7　争点(2)ウ（詐欺ないし消費者契約法4条）について

原判決「事実及び理由」中の「第3　当裁判所の判断」の「2」の「(7)」と同じであるからこれを引用する。

判決の特徴と意義

本件は、個人の顧客（会社の役員）が証券業者の従業員の勧誘により外貨建ての債券取引を行い、損失を被ったことから、消費者契約法4条1項、2項（断定的判断の提供、不利益事実の不告知）等を主張し、支払済みの代金につき不当利得の返還を請求した控訴審の事件である。

本判決は、第1審判決と同様に、断定的判断の提供、不利益事実の不告知を認めず、消費者契約法4条1項、2項の適用を否定したものであり、その旨の事例判断を提供するものである。

裁判例11

【裁判例】　大阪地判平23・12・19判時2147号73頁
〔消費者契約法4条1項、2項：不実の告知、不利益事実の不告知、断定的判断の提供〕

【事案の特徴】

Xは、退職間際であったところ、退職金の投資について、証券業を営むY株式会社の従業員に相談し、複数の従業員らから他社株転換社債を勧誘され、これを購入したが、その後、発行体の保証者であるリーマン・ブラザーズが倒産し、損失を被ったため、XがYに対して錯誤、消

費者契約法4条1項、同条2項、適合性の原則違反、説明義務違反、断定的判断の提供を主張し、不当利得の返還、損害賠償を請求したものである。

本判決は、錯誤、消費者契約法上の取消事由を否定したが、説明義務違反を肯定し、損害賠償請求を認容したものである。

判決文

3 【争点2】(消費者契約法違反) について

原告は、丙川課長が、本件勧誘の際、①早期の元利償還が確実であるとの不実告知ないし断定的判断を提供し(消費者契約法4条1項1号又は2号)、②本件最悪文言をもって本件仕組み債の購入が原告に利益になる旨告げ、かつ、リーマンの信用不安が高まっていることや、発行体の信用性が失われた場合には償還されない可能性があるという原告にとって不利益となる事実を故意に告げず(同法4条2項)、原告がそれぞれ誤認したため、同法4条1項、2項の取消事由に該当する旨主張する。

しかしながら、まず、上記①の点については、前記1の認定事実によると、本件勧誘の際、丙川課長が原告に対し、早期の元利償還が見込まれる旨繰り返し強調して原告を勧誘していた事実は認められるものの、本件全証拠によっても、丙川課長が「必ず早期償還する」旨の断定的判断を提供したとまで評価することはできないし、本件勧誘の時点において「早期の元利償還が見込まれる」ことが真実でなかったと認めるには足りない。また、上記②の点については、前記1の認定事実によると、本件勧誘の際、丙川課長が原告に対し、リーマンの信用不安が高まっていることや、発行体の信用性が失われた場合には償還されないことがあることを告げていなかったことは事実であるが、本件全証拠によっても、丙川課長が上記各事実を故意に告げなかったと認めるに足りない。かえって、前者の点に関しては、丙川課長は、本件勧誘当時、リーマンはサブプライムローンの影響を受けておらず、信用不安の問題も落ち着いたとの認識をしており(乙12の5［1頁、9頁］、証人丙川［27頁、28頁］)、リーマンに関する負の情報(株価の大幅下落、格付け見通しの引き下げ等)は把握していた(証人丙川［28頁、29頁］)ものの、リーマンが破綻するとは考えていなかった(証人丙川［10頁、11頁、28頁］)ものである。また、後者の点に関しても、本件最悪文言につき、原告がリーマンの破綻した場合も含まれると解釈していることを被告担当者に明示したのは、リーマンの破綻が明らかとなった9月16日以降である(前記2(2)参照))。

したがって、本件勧誘が消費者契約法4条1項1号、2号、同条2項の取消事由に該当するとの原告の主張は、いずれも採用することができない。

〔第2部〕 契約類型別の消費者契約と裁判例の検証

判決の特徴と意義

　本件は、個人の顧客が他社株転換社債を購入し、損失を被ったことから、断定的判断の提供、不実の告知、不利益事実の不告知等を主張し、不当利得の返還、損害賠償を請求した事件である。本件は、消費者の退職金を利用した投資取引が問題になったこと、他社株転換社債の売買が問題になったこと、発行体の保証者が倒産し、消費者が損失を被ったこと、消費者が取引を勧誘した証券会社に対して損害賠償、不当利得の返還請求をしたこと、錯誤、適合性の原則違反、説明義務違反、断定的判断の提供、不実告知、不利益事実の不告知が主張されたこと、消費者契約法4条1項1号、2号、同条2項の適用が問題になったことに特徴がある。

　本判決は、錯誤、断定的判断の提供、不実の告知、不利益事実の不告知を否定したこと、説明義務違反を肯定したことに特徴があり、消費者契約法4条1項1号、2号、同条2項の適用を否定した事例として参考になるものである。

⓰ 金銭消費貸借契約・保証委託契約

契約の特徴

　金銭の借入、これに伴う保証、保証委託といった契約は、様々な用途のための資金が必要な場合には、個人も利用する契約である。金銭の借入については、利息・損害金の割合、額が問題になることが多いが、利息制限法、貸金業法等の法律が適用される。保証の場合には、保証人が代位弁済したことによる求償権（主たる債務者にとっては求償債務）の利息・損害金の割合、額が問題になることがある。消費者契約法9条は、損害賠償額の予定等に関する規定であり、金銭消費貸借契約・保証委託契約との関係においても注意が必要である。

裁判例1

【裁判例】　東京地判平16・2・5判タ1153号277頁
　　　　　〔消費者契約法9条2号：遅延損害金の約定〕

―【事案の特徴】―

　X株式会社は、Yが銀行業を営むA株式会社に対する金銭の借入れにつき保証委託を受け、Aとの間で連帯保証契約を締結したが、Yが弁済を怠ったため、Aに代位弁済した後、Yに対して求償金の支払と約定の年18.25％の遅延損害金の支払を請求したものである。
　本判決は、保証委託契約は消費者契約であるとし、消費者契約法9条2号により、遅延損害金の約定の14.6％を超える部分が無効であるとし、請求を一部認容したものである。

249

〔第2部〕 契約類型別の消費者契約と裁判例の検証

判決文

もっとも、請求原因(1)及び(3)によれば、本件保証委託契約は、消費者契約法の施行期日である平成13年4月1日以後に、消費者である被告と事業者である原告との間で締結されたものであるから、消費者契約法が適用され、同契約中遅延損害金についての定めのうち、同法9条2号所定の14.6パーセントを超える部分は無効となる。

判決の特徴と意義

本件は、消費者が銀行から金銭を借り受ける際における保証委託に係る遅延損害金特約（求償債務の遅延損害金を年18.25％とする特約）の効力が問題になったこと、消費者契約法9条2号の適用が問題になったことに特徴がある。

本判決は、消費者契約法9条2号が適用されるとし、年14.6％を超える部分が無効であるとしたものであり、同条同号の適用事例として参考になり、賠償額の予定、違約金に関する契約実務に影響を与えるものである。

裁判例2

【裁判例】　東京高判平16・5・26判タ1153号275頁
　　　　　〔消費者契約法9条2号：遅延損害金の約定〕

――――【事案の特徴】――――

前記の東京地判平成16・2・5判タ1153号277頁（裁判例1）の控訴審判決であり、Xが控訴したものである。

本判決は、消費者契約法9条2号により、遅延損害金の約定の14.6％を超える部分が無効であるとし、控訴を棄却したものである。

判決文

1　当裁判所も、本件保証委託契約については、消費者契約法が適用され、同契約中遅延損害金についての定めのうち、同法9条2号所定の14.6パーセントを超える部分は無効であるから、控訴人の本件請求は、被控訴人に対し、求償金元金191万9515円及びこれに対する平成15年9月25日から支払済みまで年14.6パーセント（年365日の日割計算）の割合による約定遅延損害金の支払いを求める限度で理由があるが、

その余の請求は、理由がないものと判断する。
（略）
　また、控訴人は、当審において、代位弁済に基づき取得する原債権と本件保証委託契約に基づく求償権とが実態的に同じものであって、保証人と債務者の特約といえども利息制限法による制約を排除できない旨主張するが、控訴人は、そもそも、本件保証委託契約に基づく求償金元金及び約定遅延損害金請求債権に基づいて本件請求をするものであるところ、保証人と債務者の特約といえども利息制限法の制約を排除できない旨の控訴人の主張は、本件保証委託契約に基づく求償金元金及び約定遅延損害金請求債権の法律的性質に根ざさない、独自の見解といわざるを得ず、かつ、消費者契約法9条2項の規定の効力をないがしろにするものといわざるを得ないのであって、到底採用することはできない。

判決の特徴と意義

　本判決は、前記の第1審判決と同様な判断を示したものであり、契約実務に影響を与えるものである。

裁判例3

【裁判例】　京都地判平21・4・23判時2055号123頁
　　　　　〔消費者契約法10条：早期完済違約金条項〕

【事案の特徴】

　貸金業を営むY株式会社は、貸金について、借主が期限前に貸付金を完済する場合、返済する残元金に対して3％の違約金を支払う旨の条項（早期完済違約金条項）を規定する借用証書を利用しているところ、X・NPO法人は、Yに対して前記条項が消費者契約法10条に該当すると主張し、同法12条に基づき契約締結の停止、借用証書の用紙の廃棄等を請求したものである。

　本判決は、早期完済違約金条項は、利息制限法上の制限利率を超える約定利息を定めた金銭消費貸借契約が存在する場合には、消費者の義務を加重するものである等として、消費者契約法10条に該当するとし、請

求を一部認容したものである。

三　本件条項Aは消費者契約法10条に該当する条項か（争点(3)）
(1)ア　本件条項Aが利息付金銭消費貸借契約における民法・商法に定める消費者の義務を加重するかについて検討する。
イ(ア)　借主は同種・同等・同量の物を返還する義務（民法587条）及び元本の存在を前提とした利息の支払義務を負う。
(イ)　また、借主は期限前に期限の利益を放棄して返済する場合には、元本に対する期限までの利息を支払う義務を負う（民法136条2項但し書）。
(ウ)　もっとも、利息制限法1条1項及び2条は、金銭消費貸借上の貸主には、借主が実際に利用することが可能な貸付額とその利用期間とを基礎とする利息制限法所定の制限内の利息の取得のみを認める趣旨の規定である。この趣旨に照らせば、利息制限法を適用した結果過払金が発生し、かつ、他に借入金債務が存在した場合は、特段の事情のない限り、民法489条及び491条の規定に従って、弁済当時存在する他の借入金債務に充当されるものと解される。そして、借入金債務の利率が利息制限法所定の制限を超えるために過払金が生じ、他方で、他の借入金債務の利率が利息制限法所定の制限利率を超える場合には、貸主は充当されるべき他の借入金の元本に対する約定の期限までの利息を取得することができないと解するのが相当である（最高裁平成15年7月18日第二小法廷判決・民集57巻7号895頁）。以上のことから、当該他の借入金債務の利率が制限利率を超える場合、利息制限法は、当該他の借入金債務について民法136条2項但書の適用を排除する趣旨と解するのが相当であるから、この限りで、他の借入金債務についての貸主の期限の利益は保護されるものではなく、充当されるべき元本に対する期限までの利息の発生は認めることはできないというべきである。
このように、上記最高裁判例は、金銭消費貸借契約一般について、民法136条2項但書の適用を排除したものではないのであって、約定利率が利息制限法所定の制限利率を上回っているか否かに関係なく金銭消費貸借一般について同但書が適用されないかのごとき原告の主張は、採用できない。
しかしながら、貸付利率が利息制限法所定の制限利率を超える利息付金銭消費貸借契約が存在する場合に、本件条項Aを含んだ金銭消費貸借契約書用紙を用いて他の金銭消費貸借契約が締結されると、当該他の金銭消費貸借について、上記最高裁判例の趣旨に反して充当されるべき元本に対する期限までの利息の取得を認めるのと等しいような内容の合意が成立したことになり、本件条項Aは民法の規定による消費者の義務を加重するものとして機能することになる。
ウ　原告は利息付金銭消費貸借における期限の利益は借主についてのみ存する旨主張する。しかし、上記イ(イ)のとおり、利息付金銭消費貸借契約の貸主は原則

として、期限までの利息を得る利益があるといえ、これは貸主が事業者であっても異なることはなく、同(ウ)のとおり、上記最高裁判例もそのような金銭消費貸借契約について一般的に民法136条2項但書の適用を排除したものではないから、原告の上記主張は採用できない。

(2) 本件条項Aが消費者の義務を加重する場合にそれが信義則に反して消費者の利益を一方的に害するかについて検討する。

ア 前記(1)イ(ウ)に説示したとおり、利息制限法所定の制限利率を超える約定利息を定めた金銭消費貸借契約が存在する場合は、本件条項Aは消費者の義務を加重するものと評価せざるを得ず、そのような場合、本件条項Aは消費者が法律上支払義務を負わない金員を支払うことを内容とする条項として、信義則に反して消費者の利益を一方的に害するものと評価せざるを得ない。

イ 被告は借主が任意の意思に基づいて早期に完済するときに本件条項Aによって高率の利息支払を余儀なくされても、それは割賦弁済を続けることができるのに、あえて一括弁済を選択した結果によるものであるから信義則に反しないと主張する。しかし、上記アのとおり、本件条項Aが義務を加重する場合は借主である消費者が法律上の支払義務がない金員を支払わざるを得ない内容を定めるのであるから、被告の上記主張は採用できない。

判決の特徴と意義

本件は、貸金業者が貸金につき借主が期限前に貸付金を完済する場合、返済する残元金に対して3％の違約金を支払う旨の条項（早期完済違約金条項）を含む借用書を利用して貸金業務を行っていたことから、適格消費者団体がその差止めを請求した事件である。本件は、貸金業者の金銭消費貸借契約が問題になったこと、金銭消費貸借契約上の早期完済違約金特約（借主が期限前に貸付金を完済する場合、返済する残元金に対して3％の違約金を支払う旨の条項）の効力が問題になったこと、消費者契約法10条の該当性が問題になったこと、適格消費者団体が原告になった差止請求訴訟であることに特徴がある。なお、一般的には、金融機関との金銭消費貸借契約においては、金利に関する特約等によって、返済期間の途中で早期完済を制約する特約が締結されることがある。

本判決は、早期完済違約金条項は、利息制限法上の制限利率を超える約定利息を定めた金銭消費貸借契約が存在する場合には、消費者の義務を加重す

〔第2部〕 契約類型別の消費者契約と裁判例の検証

るものであること等から、消費者契約法10条の前段、後段の各要件を満たすとし、無効としたものであり、その旨の事例判断を提供するものである。なお、本判決が指摘する事態は、本判決が前提とする利息制限法上の制限利率を超える約定利息を定めた金銭消費貸借契約が存在する場合に限られるものであるから、本判決の射程には限界がある。

裁判例4

【裁判例】 東京高判平23・12・26判時2142号31頁
〔消費者契約法9条2号、11条2項：債務弁済の和解契約〕

──【事案の特徴】──

　Yは、Aと貸金業を営むX株式会社との間の金銭消費貸借契約につき、Aの債務を連帯保証したところ、弁護士Bに委任し、Xとの間で、保証債務として貸金契約の残元金、未収損害金および残元金に対する年21.9％の割合による遅延損害金の支払義務があることを認めること、このうち480万円を分割して支払うこと、分割金の支払を2回怠った場合には、当然に期限の利益を喪失し、残額を直ちに支払うことを内容とする和解契約を締結したが、Yが分割金の支払を怠ったため、XがYに対して和解契約に基づく残金全額等の支払を請求したものである。

　第1審判決は、請求を認容したため、Yが控訴し、本件和解契約には消費者契約法9条2号の適用があり、遅延損害金の上限は年14.6％であり、これを超える部分は無効であるなどと主張したものである。

　控訴審判決は、公序良俗違反、消費者契約法10条の該当性を否定したが、本件和解契約は保証契約とは別に締結された契約であり、金銭を目的とする消費貸借契約に該当せず、消費者契約法11条2項の適用はないとし、同条9条2号により、年14.6％を超える違約金または賠償額の予定の定めは無効であるとし、原判決を変更し、請求を一部認容したため、Yが上告したものである。

　本判決は、本件和解契約は利息制限法の適用のある貸金契約に基づき貸金債務について保証した保証契約に基づく債務の額を確認し、その弁

済方法等を定めたものであり、保証契約と同一性を有する等とし、消費者契約法11条2項により、同法9条2号は適用されないとし、本件和解契約の遅延損害金の利率の上限は年21.9％になるとしつつ、原判決をYに不利益に変更することができないとし、上告を棄却したものである。

判決文

原判決が、本件和解契約は、本件貸金契約及び本件保証契約とは別に創設的に締結された和解契約であり、それ自体として『金銭を目的とする消費貸借契約』（利息制限法1条）に該当しないから、消費者契約法11条2項の適用はなく、同法9条2号の適用は排除されない」と判断したことは是認できない。なぜなら、「本件和解契約は、利息制限法の適用がある本件貸金契約に基づく貸金債務について保証した本件保証契約に関して、その債務の額を利息制限法の制限利率内で確認すると共に、その弁済方法及び条件付一部債務免除等を定めたものであって、消費貸借上の債務と取扱いを異にして利息制限法上の制限利率の適用を排除すべき実質的な理由はないというべきだからである。原審は、被上告人が本件訴状において、平成18年1月6日付の合意のことを『和解契約』と称したことから、同合意のことを『本件和解契約』とし、民法696条を適用して、従前の保証契約は消滅したものと判断したが、同合意は、本件保証契約上の債務の額の確認、一部分割弁済の方法及び条件付一部債務免除について合意したものであって、本件保証契約と同一性を有していることは明らかであり、利息制限法は適用されるものというべきである。

以上のとおり、本件和解契約について、消費者契約法11条2項により、利息制限法4条1項の適用があり、消費者契約法9条2号は適用されないと解すべきであるから、その適用があることを前提とする論旨は採用できない。

判決の特徴と意義

本判決は、個人が第三者と貸金業者との間の貸金債務を連帯保証をした後、弁護士に依頼し、保証債務として貸金契約の残元金、未収損害金および残元金に対する年21.9％の割合による遅延損害金の支払義務があることを認めること、この一部を分割して支払うこと等を内容とする和解契約を締結したことから、貸金業者が和解契約の履行を請求した上告審の事件である。本件は、消費者の金銭消費貸借契約に伴う連帯保証契約、保証に係る和解契約が問題になったこと、保証人が貸金業者との間で保証債務につき和解契約を

締結したこと、和解において遅延損害金を年21.9％とする合意をしたこと、保証人が分割支払を怠り、貸金業者が和解契約に基づく残金全額、遅延損害金の支払を請求したこと、保証人が消費者契約法9条2号の適用があり、遅延損害金の上限は年14.6％であると主張したこと、同法9条2号、11条2項の適用が問題になったこと、控訴審である東京地裁の判決は、和解契約は保証契約とは別に締結された契約であり、金銭を目的とする消費貸借契約に該当しないとし、同法11条2項の適用はないとしたうえ、同法9条2号により、年14.6％を超える違約金または賠償額の予定の定めは無効であるとしたことに特徴がある。

　本判決は、消費者が金銭消費貸借契約につき連帯保証をし、保証債務につき和解契約を締結した場合、和解契約は利息制限法の適用のある貸金契約に基づき貸金債務について保証した保証契約に基づく債務の額を確認し、その弁済方法等を定めたものであり、保証契約と同一性を有するとしたこと、本件の和解契約には消費者契約法11条2項により、同法9条2号は適用されないとしたこと、本件の和解契約の遅延損害金の利率の上限は、年14.6％ではなく年21.9％になるとしたこと、もっとも、民事訴訟法313条、304条により、原判決を不利益変更することができないとしたことに特徴があり、前記内容の和解契約につき消費者契約法11条2項により、同法9条2号は適用されないとした理論的な意義を有するものであり、その旨の事例としても参考になるものである。本判決を読むと、控訴審である東京地裁の判決の不合理さが目立っている。

⑰ 老人ホーム利用契約

契約の特徴

　日本の社会は、既に本格的な高齢社会になり、高齢化がますます進行しているところであり、高齢社会が提起する様々な課題に直面している。高齢社会の課題の1つに、高齢者の住宅確保の問題があり、自宅、公的な福祉施設のほか、高齢者用の賃貸住宅、ケア付住宅、高齢者用のシェアハウス、有料老人ホーム等の様々な形態の高齢者用の住宅が提供されている。老人ホームも高齢者用の住宅確保のための重要な対策の1つとして運営されているが、高齢社会の到来する相当前から、老人ホームの運営の在り方、契約関係、入居者の保護等につき議論が提起され、検討が行われてきたところである。老人ホームについては、特に利用権設定の対価（高額な一時金等の金員の交付）、利用権の内容・保護の程度、途中解約の負担（違約金特約等）、事業者の倒産対策等が重大な問題として取り上げられることが多く、現在でも明確に対応、解決されているとは言い難い問題も少なくない。老人ホームの利用契約の勧誘、締結交渉、契約の内容等につき消費者契約法が適用されることはいうまでもないが、具体的な適用の仕方、解決の内容をめぐる議論は今後の課題である。

裁判例1

【裁判例】　東京地判平21・5・19判時2048号56頁
　　　　　〔消費者契約法9条1号、10条：終身利用権金等の不返還特約〕

【事案の特徴】

　Aとその妻X_1は、平成16年11月、介護付有料老人ホームを経営するY株式会社との間で、それぞれ老人ホームの入居契約を締結し、Aが終

〔第2部〕 契約類型別の消費者契約と裁判例の検証

身利用権金189万円、入居一時金66万1500円、X₁が終身利用権金210万円、入居一時金を73万5000円を支払ったが（終身利用権金については、不返還の合意、入居一時金については、均等償還の合意があった）、Aは、他の施設に移動し、X₁は、入院の長期化によって契約を解除し、ホームを退去したものの、不返還合意、償還合意によって一部の返還しか受けなかったため、X₁、Aの死亡による相続人X₂ないしX₅がYに対して不返還合意、償還合意が消費者契約法9条1号、10条により無効であると主張し、終身利用権金等につき不当利得の返還を請求したものである。

本判決は、終身利用権金は、不当に高額であるなどの特段の事情もうかがわれないうえ、老人ホームの居室を原則として終身にわたって利用し、各種サービスを受けうる地位を取得するための対価であるとし、消費者契約法9条1号、10条の適用の前提を欠くとし、入居一時金は、入居者の入居のための人的物的設備の維持等に係る諸費用の一部を補うものであり、同条等の要件を欠くとし、請求を棄却したものである。

判決文

(2) 本件終身利用権金について
上記認定の事実関係によれば、本件老人ホームの入居契約は、老人ホームの建物の一部である居室を専用し、更に共用施設も利用することを重要な要素とするものであるが、占有使用期間の定めがなく、入居者からの契約解除又は被告からの前記の厳格な要件の下での契約解除がされない限り、入居者が死亡するまで当該居室等を利用することができるというのであるから、入居者は、原則として退去を求められることのない安定した地位を確保することができるものといえる。一方、被告としては、本件終身利用権金を納付して入居契約を締結した者については、終身にわたって本件老人ホームの居室等を利用させ、各種サービスを提供すべき者として扱い、このための準備を行うことになる。

以上の事情及び終身利用権金という名称に照らすと、本件終身利用権金は、その額が不相当に高額であるなど他の性質を有するものと認められる特段の事情のない限り、入居予定者が本件老人ホームの居室等を原則として終身にわたって利用し、各種サービスを受け得る地位を取得するための対価としての性質を有するものであり、被告が当該入居予定者に対して終身にわたって居室等を利用させるための準備に要する費用にも充てることが予定されているものというべきである。そして、別紙埼玉県有料老人ホーム一覧表記載の各有料老人ホームの入居金、月

額利用料などに照らせば、本件終身利用権金が不相当に高額であるなどの特段の事情もうかがわれないから、本件終身利用権金は、太郎及び原告花子が本件老人ホームの居室等を原則として終身にわたって利用し、各種サービスを受け得る地位を取得するための対価であったものというべきである。

そうすると、本件終身利用権金については、その納付後に入居契約が解除され、あるいは失効しても、その性質上被告はその返還義務を負うものではないから、本件終身利用権金の不返還合意は注意的な定めにすぎないというべきであり、「入居契約の解除に伴う損害賠償の額を予定し、又は違約金を定める条項」には該当しないので、消費者契約法9条1号の適用の要件を欠き、また、同法10条にいう「民法、商法その他の法律の公の秩序に関しない規定の適用による場合に比し、消費者の権利を制限し、又は消費者の義務を加重する消費者契約の条項」にも該当しないから、同条適用の要件をも欠くものというべきである。

（略）

以上によれば、平成18年の簡易生命表による80歳及び85歳の同年の平均余命等を勘案しても、上記償却の期間が不当に短いとか埼玉県の前記指導指針から逸脱しているといった事情は認められないから、本件入居一時金の償却合意は、それが入居者の入居のための人的物的設備の維持等に係る諸費用として費消される前に入居契約が解除され、あるいは失効した場合には、費消されていない部分について被告がその返還義務を負うものと解される。一方、本件入居一時金が費消された後に入居契約が解除され、あるいは失効しても、その性質上被告はその返還義務を負うものではないから、本件入居一時金の償却合意は注意的な定めにすぎないというべきであり、「入居契約の解除に伴う損害賠償の額を予定し、又は違約金を定める条項」には該当しないので、消費者契約法9条1号適用の要件を欠き、また、同法10条にいう「民法、商法その他の法律の公の秩序に関しない規定の適用による場合に比し、消費者の権利を制限し、又は消費者の義務を加重する消費者契約の条項」にも該当しないから、同条適用の要件をも欠くものというべきである。

判決の特徴と意義

本件は、高齢者が終身利用権金、入居一時金等を支払って老人ホームに入居した後（終身利用権金については、不返還の合意、入居一時金については、均等償還の合意があった）、老人ホームを退去したものの、不返還合意、償還合意によって一部の返還しか受けなかったことから、不返還合意、均等償還の合意の無効を主張し、それらの返還を請求した事件である。本件は、老人

〔第2部〕 契約類型別の消費者契約と裁判例の検証

ホームの入居契約（利用契約）が問題になったこと、入居契約上の終身利用権金の不返還合意、入居一時金の均等償還の合意の効力が問題になったこと、消費者契約法9条1号、10条による無効が問題になったことに特徴がある。

本判決は、本件の終身利用権金は、不当に高額であるなどの特段の事情もうかがわれないこと、本件の終身利用権は、老人ホームの居室を原則として終身にわたって利用し、各種サービスを受けうる地位を取得するための対価であること、本件の終身利用権金の不返還合意は、消費者契約法9条1号、10条の適用の前提を欠き、無効ではないこと、本件の入居一時金は、入居者の入居のための人的物的設備の維持等に係る諸費用の一部を補うものであること、入居一時金の均等償還の合意は、消費者契約法9条1号、10条の適用の前提を欠き、無効ではないことを判示している。

高齢者の住居、介護、看護等のサービスを提供する老人ホーム等、様々な形態・内容の契約が提供され、利用されているが、入居者が施設を運営する法人に対して支払う金員の名称、額、支払時期、サービスの内容、利用契約の内容は様々である。本判決は、前記の名称・内容の金員について判断したものであり、本件の事案を前提とした事例判断ということができる。

裁判例2

【裁判例】 東京地判平22・9・28判時2104号57頁
〔消費者契約法10条：入居金の返還特約〕

【事案の特徴】

Xは、母Aの介護等のため、平成19年2月、有料老人ホームを経営するY株式会社との間で、介護付き有料老人ホームの入居契約を締結し、入居契約金1365万円（入会金105万円、施設協力金105万円、一時入居金1155万円）を支払うとともに（一時入居金の20％は、契約締結時に償却し、残る80％は5年間で償却する旨の特約があった）、Aは、同時に、Yとの間で介護利用契約を締結したところ、Aが本件ホームで数回転倒し、平成20年11月、自室トイレで転倒し、左大腿部頸部骨折の傷害を受け、翌日

病院に入院したが、同年12月、死亡したため、XがYに対して介護義務違反、再発防止義務等の違反による入居契約の解除、錯誤無効、入居金につき消費者契約法10条による無効を主張し、返還を受けた入居金を控除した金額の返還を請求したものである。

本判決は、入居契約上死亡が終了原因であり、Aの死亡により入居契約が終了し、錯誤無効の主張も排斥し、入居金の額、使途、償却基準等が東京都の有料老人ホーム設置運営指導指針に従ったものであること等から、消費者契約法10条に該当しないとし、請求を棄却したものである。

判決文

(2) 消費者契約法10条による無効の主張について

ア 《証拠略》によれば、①本件入居金の支払について定めた条項（甲1の6条1項）の内容は、原告が、本件入居契約の締結に際して、被告に対し、入会金（利用者とその家族のための情報提供及び広報活動等に要する費用）として105万円、施設協力金（施設に関する設備の導入及び維持管理に伴う費用）として105万円、一時入居金（一般居室、介護居室及び共用部分の利用のための家賃相当額に充当される費用）として1155万円の合計1365万円を、月額利用料23万8500円（管理費17万8500円、食費6万円）及び毎月の介護費等とは別に支払うというものであること、②一時入居金の償却について定めた条項（甲1の6条4項、36条）の内容は、一時入居金1155万円のうち20パーセント（231万円）を契約締結時に償却し、残りの80パーセント（924万円）を5年間（60か月間）で償却するため、本件入居契約が入居者の死亡又は原告の解除通告（債務不履行による解除ではない。甲1の33条）により終了した場合は、「924万円×（60か月－実際の入居月数）÷60か月」により算定される額の一時入居金のみを返還するというものであることがそれぞれ認められる。

イ しかるところ、《証拠略》によれば、①本件入居金の額、使途及び償却基準等は、いずれも東京都の有料老人ホーム設置運営指導指針（乙4）に従ったものであり、被告は、これらについて届出をした上で東京都知事から事業者指定を受けていること、②原告が特に問題視する次の各点、すなわち、月額利用料（管理費、食費）及び毎月の介護費等とは別に本件入居金を徴収する点並びに一時入居金の20パーセントを契約締結時に償却する点は、いずれも上記指導方針がこれを前提とする内容の定めを設けていること（乙4の9項。特に、同(3)イ、(1)ウ(ウ)）がそれぞれ認められる。

そして、《証拠略》によれば、被告は、本件入居契約を締結する際、原告に対し、①本件入居金1365万円のうち入会金105万円は、利用者とその家族のための情

報提供及び広報活動等に要する費用であること、②施設協力金105万円は、施設に関する設備の導入及び維持管理に伴う費用であること、③一時入居金1155万円は、一般居室、介護居室及び共用部分の利用のための家賃相当額に充当される費用であること、④一時入居金の額は、被告の初期投資額、入居者の年齢及び平均入居期間を考慮して算定したものであること、⑤一時入居金は、その20パーセント（231万円）を契約締結時に償却し、残りの80パーセント（924万円）を5年間（60か月間）で償却すること、⑥本件入居金は、契約締結時から90日以内に本件入居契約が終了した場合は、その終了原因が入居者の死亡であるか原告の解除通告であるかを問わず、支払済みの金員全額が返還されることについて、重要事項説明書（乙3）を用いて説明をし、同説明書に原告の署名を得ていることが認められるのであり、また、上記各条項のうち一時入居金の償却について定めた条項（甲1の6条4項、36条）は、本件入居契約が被告の債務不履行により解除された場合や当初より無効であった場合についてまで、一時入居金の既償却分を返還対象外とするものとは認められず、むしろ、甲1の45条1項によれば、本件入居金は、契約締結日から90日以内に本件入居契約が終了した場合は、その終了原因が入居者の死亡であるか原告の解除通告（債務不履行による解除ではない。甲1の33条）であるかを問わず、支払済みの金員全額が返還されるものと定められているのであるから、一時入居金の償却は民法、商法その他の規定が適用される場合に比して消費者の利益を害するものではない。

　これらの事情に照らせば、上記各条項は、いずれも「民法、商法その他の法律の公の秩序に関しない規定の適用による場合に比し、消費者の権利を制限し、又は消費者の義務を加重する消費者契約の条項であって、民法第1条第2項に規定する基本原則に反して消費者の利益を一方的に害するもの」（消費者契約法10条）には当たらないというべきである。

　確かに、本件においては、一時入居金を契約時に20パーセント償却することの合理性や居室及び共用部分の家賃相当額に充当される費用の内訳（計算根拠）も明らかでなく、介護費用とは別に管理費用（月額17万8500円）をいかなる積算により徴収しているのかも明らかではない。しかも、実際にそのような費用に充当されているのかの証明も本件においては存しない。しかし、上記は、少なくとも、東京都の有料老人ホーム設置運営指導指針に従ったものであるから、その内容が公序良俗に違反するとまでいうことは困難であるし、消費者としては、被告から事前の説明を受けて、他の施設と比較検討をした上で入居契約を締結することが可能なのであるから（これが困難であることを窺うべき事情はない。）、上記事情は、本件において消費者契約法10条を適用すべき理由にはならない。

判決の特徴と意義

　本件は、個人が高齢の母親のため、入居契約金1365万円（入会金105万円、施設協力金105万円、一時入居金1155万円）を支払って（一時入居金の20％は、契約締結時に償却し、残る80％は5年間で償却する旨の特約があった）、母親が介護付老人ホームに入居したところ、老人ホーム内で転倒する等し、死亡したことから、損害賠償を請求するとともに、入居金につき消費者契約法10条による無効を主張し、返還を受けた入居金を控除した金額の返還を請求した事件である。本件は、介護付き有料老人ホームの入居契約が問題になったこと、入居金の返還に関する特約の効力が問題になったこと、入居者が老人ホームに入居中に事故で死亡し、遺族が老人ホームの事業者に対して入居金の返還を請求したこと、消費者契約法10条の適用が問題になったことに特徴がある。

　本判決は、入居金の返還に関する特約が入居金の額、使途、償却基準等につき東京都の有料老人ホーム設置運営指導指針に従ったものであること等から、消費者契約法10条に該当しないとしたこと、特約が無効でないとしたことに特徴があり、その旨の事例判断として参考になる。

〔第2部〕 契約類型別の消費者契約と裁判例の検証

⓲ 保険契約

契約の特徴

　現代社会においては、事業者だけでなく、個人も、生活上、事業遂行上様々な出来事に遭遇することに備えて多種類の保険に加入することが通常の取引になっている。危険、リスクへの対応手段の1つとして各種の保険商品が設計され、販売されているし、社会事情、経済環境の変化に伴って新しい保険商品が設計され、販売に提供されることも多い。保険業者が提供する保険商品は、保険業者によって積極的に勧誘されることが通常であるが、大部の説明資料、契約書、約款が利用される。保険商品を勧誘される個人にとっては、保険の細部にわたって正確に理解することは困難であるが、契約内容のうち特に特約が多用されていることに十分な注意が必要である。保険契約上の特約は、説明資料に概要が記載されていたとしても、保険商品が勧誘される個人にとっては、実際に保険事故に遭遇した経験がない場合には、正確に特約の内容、機能を理解することは容易ではない。このような実情に照らすと、保険契約の締結交渉、内容については、消費者契約法の勧誘規制、8条ないし10条の規定が適用される可能性があるし、保険業者もこの事態の回避に努めることが保険事業を遂行するうえで重要である。

裁判例1

【裁判例】 横浜地判平20・12・4 金商1327号19頁
〔消費者契約法10条：無催告失効条項〕

【事案の特徴】
　Xは、平成16年8月、生命保険業を営むY株式会社との間で、医療保険契約を締結し、平成17年3月、Yとの間で、生命保険契約を締結し（各契約の約款には、保険料が一定期間未払の場合には、無催告で保険契約が

失効する旨の規定がある）、平成19年2月、Xが2カ月分の保険料の支払を怠ったものの（口座振替が予定されていたが、振替がされなかった）、同年3月、3カ月分の保険料相当額を添えて保険契約の復活を申し込んだが、Yがこれを拒否したため（なお、Xは、従来、再々同様な失効、復活を繰り返していた）、XがYに対して各保険契約の存在の確認を請求したものである。

本判決は、無催告失効条項が公序良俗に反せず、信義則に反せず、消費者契約法10条の要件にも該当しない等とし、無催告失効条項が有効であるとし、請求を棄却したものである。

判決文

(2) 消費者契約法10条の該当性について

本件各条項が消費者契約法10条に該当して無効となるかについて検討する。

ア 前記のとおり、本件各条項は、猶予期間の経過により保険者からの催告や解除の意思表示を要することなく保険契約を失効させることを定める（前記第2、1、(3)、イ及びウ）ものであり、「当事者の一方がその債務を履行しない場合において、相手方が相当の期間を定めてその履行の催告をし、その期間内に履行がないときは、相手方は、契約の解除をすることができる」と定める民法541条と比べ、保険契約者の権利を制限しているものと考えられるから、消費者契約法10条前段の定める「民法、商法その他の法律の公の秩序に関しない規定の適用による場合に比し、消費者の権利を制限」「する消費者契約の条項」との要件を満たすものであり、同法10条後段に規定する「民法第1条第2項に規定する基本原則に反して消費者の利益を一方的に害するもの」に該当する場合には、無効となるというべきである。

イ そこで、消費者契約法10条後段の「民法第1条第2項に規定する基本原則に反して消費者の利益を一方的に害するもの」との要件を満たすかについて検討すると、① 本件各条項は、本来の振込期限である払込期月内に保険料の払込みがない場合にも直ちには保険契約を失効させず、猶予期間内に保険料が払い込まれた場合には契約を継続するとしている（前記第2、1、(3)、ウ）こと、② 猶予期間は払込期月の翌月1か月（同イ）であり、通常、金員の不払を理由とする契約解除についての催告の場合におかなければならないと考えられる期間よりも長めに設定されていること、③ 本件各約款上は、保険料の払込みがないまま猶予期間が過ぎた場合であっても、払い込むべき保険料とその利息の合計額が、解約返戻金額を超えない間は、自動的に保険料相当額を貸し付けて保険料の払込みに充当し、保険契約を有効に継続させること（同オ）及び契約失効の日から本件

〔第2部〕 契約類型別の消費者契約と裁判例の検証

第1約款では1年以内、本件第2約款では3年以内であれば、被告の承諾により契約を復活させることができること（同カ）がそれぞれ定められており、契約を簡単には失効させずに存続させるように一定程度の配慮がされていることを考慮すると、本件各条項により保険契約の失効という保険契約者にとって重大な不利益が生じること、本件各条項がどちらかといえば、保険者側の利益に配慮して定められたものであることなどの原告主張の事実及び本件に現れた一切の事情を考慮しても、本件各条項が消費者契約法10条後段の要件を満たすとはいえないものというべきである。

判決の特徴と意義

　本件は、個人が医療保険契約、生命保険契約を締結し（各契約の約款には、保険料が一定期間未払の場合には、無催告で保険契約が失効する旨の規定がある）、保険料の支払を怠った後、保険料相当額を添えて保険契約の復活を申し込んだものの、保険事業者がこれを拒否したことから、各保険契約の存在の確認を請求した事件である。本件は、医療保険、生命保険に加入した者が2カ月分の保険料の支払を怠り、保険契約の復活を保険会社に申し込んだが、これを拒否され、保険会社に各保険契約の存在の確認を請求し、保険料が一定期間未払の場合には、無催告で保険契約が失効する旨の規定（無催告失効条項）の効力が問題になったものである。本件では、保険契約の特約である無催告失効条項の効力が、公序良俗、消費者契約法10条等との関係で問題になったものである。

　本判決は、無催告失効条項が公序良俗に反しないとしたこと、信義則に反しないとしたこと、消費者契約法10条の要件にも該当しないとしたこと、無催告失効条項が有効であるとしたことに特徴があり、無催告失効条項が有効であるとした事例判断として参考になる。

　なお、日本の取引社会において約款は、広い分野で利用されているし、消費者契約についても約款が広く利用されているところ、判例中、最高裁の判例において約款に関するものとしては、①最判平13・4・20判時1751号171頁（普通傷害保険契約）、②最判平13・4・20民集55巻3号682頁・判時1751号163頁（生命保険契約の災害割増特約）、③最判平15・7・18民集57巻7号

838頁・判時1838号145頁（税理士職業賠償責任保険）、④最判平15・12・11民集57巻11号2196頁・判時1846号106頁（生命保険契約の保険金請求権の消滅時効の起算点に関する特約）、⑤最判平16・3・25民集58巻3号753頁・判時1856号150頁（生命保険契約の自殺による免責特約）、⑥最判平16・12・13民集58巻9号2419頁・判時1882号153頁（火災保険契約）、⑦最判平18・3・28民集60巻3号875頁（自家用自動車総合保険契約）、⑧最判平18・6・1民集60巻5号1887頁・判時1943号11頁（自家用自動車保険契約）、⑨最判平18・6・6判時1943号14頁（自動車保険契約）、⑩最判平18・9・14判時1948号164頁（テナント総合保険契約）、⑪最判平19・4・17民集61巻3号1026頁・判時1970号32頁（一般自動車総合保険）、⑫最判平19・4・23判時1970号106頁（一般自動車総合保険契約）、⑬最判平19・5・29判時1989号131頁（自家用自動車保険契約）、⑭最判平19・10・19判時1990号144頁（自動車総合保険契約）があり、参考になる。

裁判例2

【裁判例】 大阪地判平21・3・23金商1334号42頁
〔消費者契約法10条：不慮の事故条項〕

【事案の特徴】

　弁護士Aは、損害保険業を営むY₁株式会社との間で、傷害特約付所得補償保険契約を締結し、生命保険業を営むY₂株式会社との間で、災害保障付生命保険契約を締結していたところ、AがJR駅のホームから転落し、電車と衝突し、死亡したことから（死体検案書には、直接死因として、れき死と記載され、死因の種類として、その他および不詳の外因と記載されていた）、Aの長男X（Aと妻は離婚）は、Y₁らに対して各保険契約に基づき傷害保険金、災害保険金の支払を請求したものである（Y₂は、死亡保険金は支払済みである）。

　本判決は、保険約款上の「急激かつ偶然の事故」「不慮の事故」という傷害の偶然性の主張立証責任はXが負うとし、保険約款上、被保険者が不慮の事故による傷害を直接の原因として死亡したときは災害保険金

を支払う旨の規定につき信義則または消費者契約法10条による無効の主張を排斥し、Aの死亡は自殺による等と認め、請求を棄却したものである。

判決文　(2) ところで、原告は、本件保険1の約款のうち、被保険者が「急激かつ偶然な外来の事故」により身体に被った傷害に対して保険金（死亡保険金及び後遺障害保険金）を支払う旨の規定及び本件保険2の約款のうち、被保険者が「不慮の事故」による傷害を直接の原因として死亡したときは災害保険金を支払う旨の規定は、いずれも信義則ないし消費者契約法10条により無効であると主張する。

しかしながら、保険事故が発生したときに保険金を支払うという本件保険1及び2の性質からすれば、上記各規定が信義則に反する規定であるということはできない。また、消費者契約法10条は、民法、商法その他の法律の公の秩序に関しない規定の適用による場合に比し、消費者の権利を制限し、又は消費者の義務を加重する消費者契約の条項であって、民法1条2項に規定する基本原則に反して消費者の利益を一方的に害するものは、無効とすると定めているところ、上記各規定が公の秩序に関しない規定の適用による場合に比し、消費者の権利を制限し、又は消費者の義務を加重するものと認めることはできないし、民法1条2項に規定する基本原則に反して消費者の利益を一方的に害するものと認めることもできない。

したがって、原告の上記主張は採用することができない。

判決の特徴と意義

本件は、個人（弁護士）が傷害特約付所得補償保険契約、災害保障付生命保険契約を締結していたところ、鉄道の駅のホームから転落し、電車と衝突し、死亡し、個人の相続人が各保険契約に基づき保険金の支払を請求した事件である。本件は、傷害特約付所得補償保険契約、災害保障付生命保険契約が問題になったこと、弁護士が契約の当事者であったこと、弁護士が死亡し、遺族が保険会社に保険金の支払を請求したこと、保険約款上、被保険者が不慮の事故による傷害を直接の原因として死亡したときは災害保険金を支払う旨の規定につき消費者契約法10条の該当性が問題になったことに特徴がある。なお、弁護士が当事者である傷害特約付所得補償保険契約は、弁護士

の所得補償を保険給付とするものであるが、弁護士が事業者であることに照らすと、消費者契約にあたるかが一応問題になろう。

本判決は、保険約款上、被保険者が不慮の事故による傷害を直接の原因として死亡したときは災害保険金を支払う旨の規定につき消費者契約法10条に該当しないとしたことに特徴があり、事例判断を提供するものである。

裁判例3

【裁判例】 大阪高判平21・9・17金商1334号34頁
〔消費者契約法10条：不慮の事故条項〕

【事案の特徴】

前記の大阪地判平21・3・23金商1334号42頁（裁判例2）の控訴審判決であり、Xが控訴したものである。

本判決は、最高裁の判決の補足意見が約款改訂を求めているとしても、保険金の支払要件である傷害の定義として「急激かつ偶然の事故」、「不慮の事故」と定める保険約款は、保険事故が偶然的なものであることについて保険金請求者が主張立証責任を負うことを約款の文言上明確化するものであるというにすぎず、このことから信義則ないし消費者契約法10条の適用により無効をきたすものではない等とし、控訴を棄却したものである。

判決文

(ア) 控訴人は、本件保険約款1、2において、保険金支払要件である傷害の定義として、「急激かつ偶然の外来の事故」、「不慮の事故」などと定め、保険金請求者側にその主張立証責任があるかのような条項を定める一方で、保険契約者及び被保険者の故意、重過失による傷害の場合などを保険者の免責事由と定めており、相矛盾する条項となっているため、保険契約者にとって、事故の偶然性の主張立証責任の所在を容易に判別できないところ、このような相矛盾する約款の条項を長年放置してきた保険者側の責任は重く、本件約款1、2のうち、保険金支払要件について定めた「急激かつ外来の」、「不慮の事故」の部分は、いずれも信義則ないし消費者契約法10条により無効であるから、保険者である被控訴人らに、免責事由である保険契約者又は被保険者の故意又は重大な過失による事故であることを主張、

立証する責任があり、控訴人は、太郎の本件死亡事故の偶然性について主張立証責任を負わない旨を主張している。そして、控訴人の上記主張が、前記二つの平成13年4月20日の最高裁判決（以下「平成13年最高裁判決」という。）における補足意見が約款改訂を求めていることに依拠していることは明らかである。しかしながら、控訴人が指摘する本件約款1、2における事故の偶然性に関する主張立証責任の問題は、平成13年最高裁判決によってひとまず決着がついたのであるから、もはや保険契約者にとって事故の偶然性の主張立証責任の所在を容易に判別できない状況にあるとはいえないこと、上記補足意見が求める約款改訂は、主張立証責任の所在を約款上明確にさせる趣旨であり、そこにいう改訂の具体的内容は、同補足意見があくまで法廷意見に賛成の立場を前提とするものである以上、保険事故が偶発的なものであったことについて保険金請求者が主張立証責任を負うことを約款の文言上明確化するものであると解すべきであること、疑義のない約款条項の作成が容易にできるものであるかは疑問であることなどを総合勘案するならば、保険者側である被控訴人らが、控訴人の指摘にかかる本件約款1、2の条項を改訂してこなかったからといって、そのことから、本件約款1、2のうち保険金支払要件について定めた「急激かつ偶然の」、「不慮の事故」の部分が信義則ないし消費者契約法10条により無効をきたすものであると解することはできない。よって、この点に関する控訴人の主張は、その前提を欠き採用することができない。

判決の特徴と意義

本件は、個人（弁護士）が傷害特約付所得補償保険契約、災害保障付生命保険契約を締結していたところ、鉄道の駅のホームから転落し、電車と衝突し、死亡し、個人の相続人が各保険契約に基づき保険金の支払を請求した控訴審の事件である。

本判決は、傷害特約付所得補償保険契約、災害保障特約付団体定期保険契約の各約款が信義則に反しないとしたこと、消費者契約法10条所定の要件を満たさず、無効とはいえないとしたことに特徴があり、その旨の事例判断を提供するものである。

裁判例4

【裁判例】 東京高判平21・9・30判タ1317号72頁・金商1327号10頁
〔消費者契約法10条：無催告失効条項〕

【事案の特徴】

　前記の横浜地判平20・12・4金商1327号19頁（裁判例1）の控訴審判決であり、Xが控訴したものである。

　本判決は、無催告失効条項は、無催告であり、解除の意思表示を要しないとしていることから、保険契約者の権利を制限しているし、医療保険、生命保険においてはその意に反して契約が終了することの不利益は極めて大きいなどとし、消費者契約法10条に該当し、無効であるとし、原判決を取り消し、請求を認容したものである。

判決文

　　　イ　他方、本件無催告失効条項を無効とした場合に被る被控訴人の不利益としては、保険者である被控訴人は、多数の保険契約者を相手方としていることから、民法の原則に従って催告や解除の意思表示を要することになると、大量処理のため手間とコストがかかることが挙げられる。

　しかしながら、被控訴人は、上記ア(エ)のとおり、保険料の口座振替ができないまま振込期月が経過した場合に、約款上の根拠はないものの、実務上、保険契約者に対して保険料の振替ができなかったこと及び猶予期間内の振替予定日に2箇月分の振替を行うことを通知する運用をしているのである。この運用を前提とすると、民法の原則に従って催告等することによる手間やコストの問題はさしたる問題ではないということが十分うかがえるのである。もっとも、この点に関し、保険者である被控訴人は、民法の原則に従って催告等を要することになると、それは配達証明付き内容証明郵便であることが必要となり、しかも、現実に保険契約者に到達するまで何度も繰り返さなくてはならないとして、そのための費用の増大を懸念していることがうかがわれる。しかしながら、その点は、約款において、保険契約者に対してその住所を保険者に届け出ることを義務付け、保険者が保険契約者に対してする催告等は、その届出がされた住所にあてて発すれば足り、当該住所あてに発送された催告等は、それが通常到達すべきであった時に到達したものとみなす旨の定めを置けば、容易に回避することができるものである（なお、本件医療保険約款38条、本件生命保険約款35条には実際にその趣旨の定めがある（甲4、5）。なお、会社法126条1項及び2項等を参照）。そして、催告等に

関しそのような定めを置くことには大量処理の観点等からして十分合理性があるから、催告等の方法についてそのような定めを約款に置いたからといって消費者契約法10条の規定によりその有効性に疑問が生ずるということにはならないと考えられる。
　ウ　以上のような点を総合すると、本件無催告失効条項は、消費者である保険契約者側に重大な不利益を与えるおそれがあるのに対し、その条項を無効にすることによって保険者である被控訴人が被る不利益はさしたるものではないのである（現状の実務の運用に比べて手間やコストが増大するという問題は約款の規定を整備することで十分回避できる。）から、民法1条2項に規定する基本原則である信義誠実の原則に反して消費者の利益を一方的に害するものであるといわざるを得ない。
　(4)　ア　以上によれば、本件無催告失効条項は、消費者契約法10条の規定により無効になるというべきであり、本件無催告失効条項によって本件各保険契約が失効することはないというべきである。

判決の特徴と意義

　本件は、個人が医療保険契約、生命保険契約を締結し（各契約の約款には、保険料が一定期間未払の場合には、無催告で保険契約が失効する旨の規定がある）、保険料の支払を怠った後、保険料相当額を添えて保険契約の復活を申し込んだものの、保険事業者がこれを拒否したことから、各保険契約の存在の確認を請求した控訴審の事件である。
　本判決は、無催告失効特約は、無催告であり、解除の意思表示を要しないとしていることから、保険契約者の権利を制限しているとしたこと、医療保険、生命保険においては契約者の意に反して契約が終了することの不利益は極めて大きいとしたこと、無催告失効特約が消費者契約法10条前段、後段の各要件に該当し、無効であるとしたことに特徴があり、その旨の事例判断を提供するものであるが、後記の最高裁の判例（最判平24・3・16民集66巻5号2216頁・判時2149号135頁・判タ1370号115頁・金商1389号14頁（裁判例7））により、破棄されているので、本判決は法的な意義はないものである。

裁判例 5

【裁判例】 東京地判平23・8・10金法1950号115頁
〔消費者契約法 4 条 1 項、 2 項：不実の告知等〕

【事案の特徴】

　生命保険業を営むY₁株式会社は、保証金額付特別勘定年金特約（終身型）付変額個人年金保険を販売し、銀行業を営むY₂株式会社が販売代理店であったところ、Y₂株式会社の従業員がXを勧誘し、平成20年 4 月、Xが1800万円を交付し、保険契約を締結したが、平成21年 4 月、Xが本件契約を解約したことから、払戻金として1383万90円の払戻しを受けたため、Xが解約時には払込金額に利子を付加した金額である1908万円から支払済みの年金額を差し引いた残額が返戻金額になる旨の不実の説明を行った等と主張し、錯誤無効、消費者契約法 4 条 1 項、 2 項による取消しに基づく不当利得の返還、適合性の原則違反、説明義務違反による債務不履行、不法行為に基づく損害賠償を請求したものである。

　本判決は、勧誘の際の説明に説明義務違反があったとはいえないし、不実の告知があったとはいえない等とし、Xの主張を排斥し、請求を棄却したものである。

判決文

(4) 適合性原則違反及び説明義務違反

　上記説示のほか、証拠《略》、証人 P によれば、P は、証拠《略》のパンフレットを読み上げて原告に説明しており、一時払保険料が1800万円であった場合における本件保険契約の初期費用、管理費用等の具体的な金額に基づく説明まではしていないものの、率についての説明はしたと述べている。また、本件保険の特長として中途解約が最も大きいリスクであるので特に重点的に説明したとの証人Pの供述にも本件保険の内容に即した合理性を認めることができる。Pの原告に対する説明に説明義務違反があったと認めることができない。

　本件保険は、一時払保険料の元本保証をした商品ではないが、一時払保険料に基づく積立金を原資として終身年金を受け取れば、受取金額が一時払保険料を下回ることはなく、死亡保障にも最低保障があり、一時払保険料の運用実績が良ければ年金原資が一時払保険料を上回る可能性があるなど終身年金を考えている者

にとっては、中途解約による損失や長期の年金支払期間になることによる保険会社の破綻等のリスクはあるものの、初期費用、保険契約管理費の負担があるとはいえ、運用成績が良くなれば利益を得ることができる可能性もある商品である。原告の経歴、財産の状況は上記認定のとおりであり、本件保険契約締結時に、退職金が支給されたことで、原告は、退職金をどのように運用するかを検討する状況にあり、住宅ローンを退職金で完済した後、残金の約2900万円を現金、定期預金等に1050万円振り分けていることからしても、終身年金を選択肢の一つとして考えることには十分な合理性があったことなどを考慮すれば、被告銀行が本件保険を原告に紹介したことが不適当な勧誘であるとまでは認めることができず、本件保険契約の締結が適合性原則に違反するということができない。

判決の特徴と意義

　本件は、個人が保証金額付特別勘定年金特約（終身型）付変額個人年金保険に加入した後、解約し、払戻しを受けたものの、払戻額が少なかったことから、保険契約の無効、取消し等を主張し、不当利得の返還を請求する等した事件である。本件は、保証金額付特別勘定年金特約（終身型）付変額個人年金保険契約が問題になったこと、生命保険会社が販売し、銀行が販売代理店であったこと、銀行の従業員が消費者を勧誘したこと、消費者が保険契約を締結したこと、消費者が保険契約を解約したこと、錯誤無効、消費者契約法4条1項、2項による取消し、適合性の原則違反、説明義務違反が問題になったことに特徴がある。

　本判決は、不実の告知を否定する等し、消費者契約法4条1項、2項による取消しを否定したこと、錯誤無効、適合性の原則違反、説明義務違反をいずれも否定したことに特徴があり、その旨の事例判断を提供するものである。

裁判例6

【裁判例】　東京地判平23・8・18金商1399号16頁
　　　　　〔消費者契約法10条：無催告失効条項〕

【事案の特徴】

　Aは、平成18年11月、生命保険業を営むY株式会社との間で、責任開始期から2年以内の自殺は免責される、保険契約が失効後、復活した場合の責任開始期は保険会社が延滞保険料を受け取った日とする旨の条項を含む生命保険契約を締結したが、平成19年6月分の保険料が口座の残高不足により振り替えられなかったこと等から、保険契約が失効した後、平成19年10月、Aが保険契約の復活を申し込み、Y株式会社がこれを承諾し、Aが延滞保険料を支払ったところ、平成21年7月22日、自殺し、妻Bが本件契約に基づく保険金支払請求権を取得したとし、Xに同請求権を譲渡し、XがY株式会社に対して本件失効条項が消費者契約法10条により無効である等と主張し、保険金の支払を請求したものである。

　本判決は、本件失効条項は、保険料の履行の催告および解除の意思表示を不要とするものであり、特段の事情のない限り、消費者契約法10条により無効になるとし、本件では猶予期間を定め、自動振替貸付制度の定め、復活条項は特段の事情を肯定する事情として足りず、ほかにも特段の事情を根拠づける事情は認められないとし、本件失効条項が無効であるとし、請求を認容したものである。

判決文

　2　争点(1)（本件失効条項が消費者契約法10条により無効となるか）について
　（略）
　　そうすると、消費者契約である生命保険契約に付された履行の催告及び解除の意思表示を不要とする特約は、通知コストの軽減という付随的な利益のために保険保護の継続という保険契約における本質的な利益を制限するものであり、保険料の支払が口座振替によりなされる旨合意されている場合には、保険契約者が履行遅滞にあることや保険契約が失効したことを確定的に認識しうる措置等保険保護された状態を維持しうるような措置がとられているなどの特段の事情のない限り、信義則に反して消費者である保険契約者の利益を一方的に害するものとして、消費者契約法10条により無効となると解するのが相当である。
　イ(ア)　これを本件についてみると、前提事実のとおり、本件保険契約には、保険料の払込方法を口座振替とする合意があり、本件失効条項は、保険料の履行の

催告及び解除の意思表示を不要とするものであるため、上記特段の事情がない限り、本件失効条項は消費者契約法10条により無効となる。
　(イ)　そこで、前記特段の事情の有無を検討する。
　前提事実のとおり、本件保険契約には、履行期後に1か月の猶予期間があるが、猶予期間が長期であることは、履行のためにかけられる期間が長期になるにすぎず、履行遅滞の事実を認識しうる措置とはならない。また、保険契約者は猶予期間中、催告解除されない利益を与えられているが、一定期間解除されない利益を与えられても、履行遅滞の事実を認識しうる措置とはならない。
　前提事実のとおり、本件保険契約には、自動振替貸付制度の定めがあるが、解約返戻金がない限り自動振替貸付制度により保険料が支払われることとはならないのであり、また解約返戻金があっても、自動的に貸付と保険料の支払がなされるにすぎず、保険契約者はその事実を認識することなく解約返戻金を使い切って履行遅滞に陥り猶予期間を徒過することがありうる以上、これを保険保護された状態を維持する措置として重視することはできない。
　前提事実のとおり、本件保険契約には本件復活条項があるが、いわゆる逆選択を回避する必要上、保険者に復活の申込につき承諾する義務があると解することはできず、履行遅滞の事実を認識することなく猶予期間を徒過した保険契約者が復活を望んでも保険者が承諾しない場合がある以上、これを保険保護された状態を維持する措置として重視することはできない。
　したがって、猶予期間の定め、自動振替貸付制度の定め、本件復活条項は前記特段の事情を肯定する事情として足りず、本件全証拠を検討しても、他に前記特段の事項を根拠付ける事情は認められない。
　(ウ)　被告は、保険契約者に任意解除権が認められて保険料の支払の履行の確保ができない中、モラル・ハザードを防止する必要から、本件失効条項には正当な理由がある旨主張するが、契約関係からの離脱に履行の催告を要求しても、保険者は保険料の支払のないまま危険を負担する状態から離脱することはできるのであるから、これを本件失効条項を有効と解する事情として斟酌することはできない。
　被告は、被告において履行の催告の実質を有する被告督促通知書を送付する社内体制となっていることを重視すべきである旨主張するが、履行の催告が到達しているかどうかが明らかではない場合に、一般的に履行の催告を発信していることが履行の催告を不要とする根拠となるとは考えがたく、これを本件失効条項の有効性を支える保険者に有利な事情として斟酌することはできない。
　被告は、本件失効条項について亡四郎に対して十分に説明していることを考慮すべきである旨主張するが、条項の内容が十分に説明されていない場合にそれが当該条項を無効と解する事情として斟酌されることはともかくとして、不当な条項の内容が十分に説明されているからといって、それが当該条項を有効と解する事情として斟酌されるものではない。

被告は、簡保法上の失効規定が無効とならないにもかかわらず、本件失効条項が無効と解されるのは法秩序としてバランスを欠く旨主張するが、前記のとおり本件失効条項が信義則に反して消費者である亡四郎の利益を一方的に害するものである以上、本件失効条項と同趣旨の法律の規定があるからといって、本件失効条項が有効となるものでないことは明らかである。

ウ　したがって、本件失効条項は、信義則に反して消費者である亡四郎の利益を一方的に害するものとして、消費者契約法10条により無効となると解するのが相当である。

判決の特徴と意義

本件は、個人が生命保険契約を締結し（責任開始期から2年以内の自殺は免責される、保険契約が失効後、復活した場合の責任開始期は保険会社が延滞保険料を受け取った日とする旨の条項がある）、保険料が口座の残高不足により振り替えられなかったこと等から、保険契約が失効した後、保険契約者が保険契約の復活を申し込み、保険業者がこれを承諾し、延滞保険料を支払った後自殺し、保険契約者の妻が保険金請求権を第三者に譲渡し、第三者が保険金の支払を請求した事件である。本件は、生命保険契約が問題になったこと、保険契約には、責任開始期から2年以内の自殺は免責される、保険契約が失効後、復活した場合の責任開始期は保険会社が延滞保険料を受け取った日とする旨の条項（本件失効条項）があったこと、保険契約が保険料の不払によりいったんは失効したこと、保険契約者が保険契約の復活を申し込み、保険会社が承諾したこと、保険契約者が延滞保険料の支払日から2年以内に自殺したこと、保険契約者の妻が保険金支払請求権を第三者に譲渡したこと、第三者が保険金の支払を請求したこと、本件失効条項につき消費者契約法10条の該当性が問題になったことに特徴がある。本件の主要な争点は、保険契約者の責任開始期から2年以内の自殺に該当するかどうかであり、そのために責任開始期が本件失効条項によるものでないと主張する前提として、本件失効条項の無効が主張されたものである。

本判決は、本件失効条項は、保険料の履行の催告および解除の意思表示を不要とするものであり、特段の事情のない限り、消費者契約法10条により無

効になるとしたこと、本件では特段の事情が認められないとしたこと、本件失効条項が消費者契約法10条に該当し、無効であるとしたことに特徴があるが、いささか性急な論理と結論ではないかの疑問が残るものである。

裁判例 7

【裁判例】 最判平24・3・16民集66巻5号2216頁・判時2149号135頁・判夕1370号115頁・金商1389号14頁
〔消費者契約法10条：無催告失効条項〕

【事案の特徴】

前記の東京高判平21・9・30判夕1317号72頁・金商1327号10頁（裁判例4）の上告審判決であり、Yが上告受理を申し立てたものである。

本判決は、本件約款において保険契約者が保険料の不払をした場合にも、一定の配慮をした定めがおかれていることに加え、保険会社において督促をする運用を確実にしたうえで本件約款を適用していることが認められるのであれば、本件失効条項は信義則に反して消費者の利益を一方的に害するものにあたらないとし、消費者に配慮した事情につき審理判断させるため、原判決を破棄し、本件を東京高裁に差し戻したものである。

【判決文】

(2) 本件失効条項は、上記のように、保険料の払込みがされない場合に、その回数にかかわらず、履行の催告（民法541条）なしに保険契約が失効する旨を定めるものであるから、この点において、任意規定の適用による場合に比し、消費者である保険契約者の権利を制限するものであるというべきである。

(3) そこで、本件失効条項が信義則に反して消費者の利益を一方的に害するものに当たるか否かについて検討する。

ア 民法541条の定める履行の催告は、債務者に、債務不履行があったことを気付かせ、契約が解除される前に履行の機会を与える機能を有するものである。本件各保険契約のように、保険事故が発生した場合に保険給付が受けられる契約にあっては、保険料の不払によって反対給付が停止されるようなこともないため、保険契約者が保険料支払債務の不履行があったことに気付かない事態が生ずる可

能性が高く、このことを考慮すれば、上記のような機能を有する履行の催告なしに保険契約が失効する旨を定める本件失効条項によって保険契約者が受ける不利益は、決して小さなものとはいえない。

　イ　しかしながら、前記事実関係によれば、本件各保険契約においては、保険料は払込期月内に払い込むべきものとされ、それが遅滞しても直ちに保険契約が失効するものではなく、この債務不履行の状態が一定期間内に解消されない場合に初めて失効する旨が明確に定められている上、上記一定期間は、民法541条により求められる催告期間よりも長い1か月とされているのである。加えて、払い込むべき保険料等の額が解約返戻金の額を超えないときは、自動的に上告人が保険契約者に保険料相当額を貸し付けて保険契約を有効に存続させる旨の本件自動貸付条項が定められていて、長期間にわたり保険料が払い込まれてきた保険契約が1回の保険料の不払により簡単に失効しないようにされているなど、保険契約者が保険料の不払をした場合にも、その権利保護を図るために一定の配慮がされているものといえる。

　ウ　さらに、上告人は、本件失効条項は、保険料支払債務の不履行があった場合には契約失効前に保険契約者に対して保険料払込みの督促を行う実務上の運用を前提とするものである旨を主張するところ、仮に、上告人において、本件各保険契約の締結当時、保険料支払債務の不履行があった場合に契約失効前に保険契約者に対して保険料払込みの督促を行う態勢を整え、そのような実務上の運用が確実にされていたとすれば、通常、保険契約者は保険料支払債務の不履行があったことに気付くことができると考えられる。多数の保険契約者を対象とするという保険契約の特質をも踏まえると、本件約款において、保険契約者が保険料の不払をした場合にも、その権利保護を図るために一定の配慮をした上記イのような定めが置かれていることに加え、上告人において上記のような運用を確実にした上で本件約款を適用していることが認められるのであれば、本件失効条項は信義則に反して消費者の利益を一方的に害するものに当たらないものと解される。

　(4)　そうすると、原審が本件約款に定められた猶予期間の解釈を誤ったものであることは明らかである。

判決の特徴と意義

　本件は、個人が医療保険契約、生命保険契約を締結し（各契約の約款には、保険料が一定期間未払の場合には、無催告で保険契約が失効する旨の規定がある）、保険料の支払いを怠った後、保険料相当額を添えて保険契約の復活を申し込んだものの、保険事業者がこれを拒否したことから、各保険契約の存在の確認を請求した上告審の事件である。

本判決は、本件失効条項が消費者契約法10条前段の要件を満たすとしたこと、同条後段については、保険契約が１回の保険料の不払により簡単に失効しないようにされているなど、保険契約者が保険料の不払をした場合にも、その権利保護を図るために一定の配慮がされているとしたこと、保険契約の締結当時、保険料支払債務の不履行があった場合に契約失効前に保険契約者に対して保険料払込みの督促を行う態勢を整え、そのような実務上の運用が確実にされていたかをも考慮して判断すべきであるとしたこと、この事情をも審理判断して消費者契約法10条による無効かどうかを判断すべきであるとしたこと、本件失効条項を無効と判断した控訴審判決を破棄したことに特徴がある。特に本判決が消費者契約法10条後段の要件の判断にあたって、特約の内容そのものだけでなく、実務上の運用も考慮することができ、あるいは事情によっては考慮すべきであると判示し、その旨の判断基準を明らかにしたことは、今後の実務に与える影響が大きいものである。

裁判例8

【裁判例】　東京高判平24・7・11金商1399号8頁
　　　　　〔消費者契約法10条：無催告失効条項〕

――――【事案の特徴】――――

　前記の東京地判平23・8・18金商1399号16頁（裁判例6）の控訴審判決であり、Yが控訴したものである。
　本判決は、本件契約締結当時、保険料支払債務の不履行があった場合、契約失効前に保険契約者に保険料払込みの督促を行う態勢を整え、事実上の運用が確実にされていたとすれば、通常、保険契約者は保険料支払債務の不履行に気づくことができると考えられるから、本件失効条項は信義則に反して消費者の利益を一方的に害するものにあたらないとし、消費者契約法10条に該当しないとし、原判決を取り消し、請求を棄却したものである。

第3　当裁判所の判断
1　争点(1)　(本件失効条項が消費者契約法10条により無効となるか)
(略)

上記認定事実によれば、控訴人は、本件保険契約の締結当時、保険料支払債務の不履行があった場合に契約失効前に保険契約者に対して保険料払込みの督促を行う態勢を整え、そのような実務上の運用が確実にされていたと認められ、通常、控訴人の保険契約者は、保険料支払債務の不履行があったことに気付くことができると認められる。したがって、本件失効条項は、信義則に反して消費者の利益を一方的に害するものには当たらないというべきである。

判決の特徴と意義

本件は、個人が生命保険契約を締結し (責任開始期から2年以内の自殺は免責される、保険契約が失効後、復活した場合の責任開始期は保険会社が延滞保険料を受け取った日とする旨の条項がある)、保険料が口座の残高不足により振り替えられなかったこと等から、保険契約が失効した後、保険契約者が保険契約の復活を申し込み、保険業者がこれを承諾し、延滞保険料を支払った後自殺し、保険契約者の妻が保険金請求権を第三者に譲渡し、第三者が保険金の支払を請求した控訴審の事件である。

本判決は、最判平24・3・16民集66巻5号2216頁・判時2149号135頁・判タ1370号115頁・金商1389号14頁 (裁判例7) の判断基準を採用したこと、本件失効条項は信義則に反して消費者の利益を一方的に害するものにあたらないとしたこと、消費者契約法10条後段の要件に該当しないとしたこと、本件失権条項が無効でないとしたことに特徴があり、前記の最高裁の判例を具体的に適用し、本件失効条項を無効でないとした事例判断として参考になる。

〔第2部〕 契約類型別の消費者契約と裁判例の検証

裁判例9

【裁判例】 東京地判平24・9・12判タ1387号336頁
〔消費者契約法10条：無催告失効条項〕

【事案の特徴】

　Aは、生命保険業を営むY株式会社との間で、平成16年8月、5年ごと利差配当付定期保険契約を締結したが（保険の保険料の支払は月払とされ、約款には、保険料の払込期月の翌月の初日から末日までを猶予期間とし、猶予期間内に保険料の払込みがないときは、猶予期間満了の日の翌日から効力を失う、保険契約者は、保険契約が効力を失った日から起算して3年以内であれば、保険者の承諾を得て保険契約を復活させることができるなどの旨の条項があったが、自動貸付制度はなかった）、Aは、平成22年3月分の保険料を支払わなかったことから、Yは、保険契約が平成22年5月1日に失効したとし、Aの支払に係る保険料をX（Aの子）の銀行口座に振り込んで返金し、Xは、Yが保険料の支払を受領しないとし、供託したが、Aが平成22年9月に死亡したため、死亡保険金の受取人であるXがYに対して本件失効条項が消費者契約法10条に該当する等と主張し、保険金の支払を請求したものである。

　本判決は、本件失効条項が消費者契約法10条に該当せず、無効ではないとし、請求を棄却したものである。

判決文

　2　争点1（本件失効条項の消費者契約法10条該当性）について
　（略）
　(2)　そこで、本件失効条項が信義則に反して消費者の利益を一方的に害するものに当たるか否かについて判断する。
ア　民法541条の定める履行の催告は、債務者に、債務不履行があったことを気付かせ、契約が解除される前に履行の機会を与える機能を有するものである。本件保険契約のように、保険事故が発生した場合に保険給付が受けられる契約にあっては、保険料の不払によって反対給付が停止されるようなこともないため、保険契約者が保険料支払債務の不履行があったことに気付かない事態が生ずる可能性が高く、このことを考慮すれば、上記のような機能を有する履行の催告なし

に保険契約が失効する旨を定める本件失効条項によって保険契約者が受ける不利益は、決して小さなものとはいえない。

イ　しかしながら、本件保険契約においては、保険料は払込期月内に払い込むべきものとされ、それが遅滞しても直ちに保険契約が失効するものではなく、この債務不履行の状態が一定期間内に解消されない場合に初めて失効する旨が明確に定められている上、上記一定期間は、民法541条により求められる催告期間よりも長い1か月とされていることは前示のとおりである。

ウ　さらに、被告は、本件保険契約締結時に、保険料の支払状況を払込期月の翌月の10日頃に把握することができるシステムを構築し、保険契約者が保険料を予定どおり支払わない場合には、原則として振替結果確認通知（未入通知）を送付する（ただし、保険料の支払が恒常的に月遅れになっており、毎月入金が継続されている保険契約者の場合には、自らの保険料支払が遅れていることを承知していることから、例外的に未入通知を送付しない。）態勢を整えており、これに加え、被告には平成18年4月1日時点で全国102か所（平成24年3月末日時点で84か所）の支社及び1641か所（平成24年3月末日時点で1263か所）の営業オフィス（ただし、平成18年当時の呼称は支部）が存在し、平成17年3月末日時点で約4万5000人（平成24年3月末時点で4万4000人）の営業職員が在籍しており、営業職員が保険契約者に対し、電話、訪問等の方法で注意喚起を行う態勢を整えていたこと、実際に、Cに対しても未入通知の送付や営業職員であるFらによる注意喚起が行われていたことは前記1認定のとおりである。そうすると、被告においては上記態勢に沿った運用が確実に行われていたということができ、保険契約者は上記の態勢の確実な運用により保険料支払義務の不履行があったことに気付くことができるものと考えられる。多数の保険契約者を対象とするという保険契約の特質をも踏まえると、本件約款において、保険契約者が保険料の不払をした場合にも、権利保護を図るために一定の配慮をした猶予期間の定めが置かれていることに加え、被告において上記の運用を確実にした上で本件約款を適用していることが認められるから、本件失効条項は信義則に反して消費者の利益を一方的に害するものに当たらないと解される。

判決の特徴と意義

本件は、個人が利差配当付定期保険契約を締結したが（保険の保険料の支払は月払とされ、約款には、保険料の払込期月の翌月の初日から末日までを猶予期間とし、猶予期間内に保険料の払込みがないときは、猶予期間満了の日の翌日から効力を失う、保険契約者は、保険契約が効力を失った日から起算して3年以内であれば、保険者の承諾を得て保険契約を復活させることができるなどの旨の

条項があったが、自動貸付制度はなかった)、保険料を支払わなかったことから、保険業者により失効したとされる等したことから、保険契約者の死亡後、受取人が保険金の支払を請求した事件である。本件は、生命保険契約(利差配当付定期保険契約)が問題になったこと、保険契約には、保険料の払込期月の翌月の初日から末日までを猶予期間とし、猶予期間内に保険料の払込みがないときは、猶予期間満了の日の翌日から効力を失う、保険契約者は、保険契約が効力を失った日から起算して3年以内であれば、保険者の承諾を得て保険契約を復活させることができるなどの旨の条項(本件失効条項)があったこと、保険契約者が保険料の支払を怠り、保険契約が失効したこと、保険会社が支払に係る保険料を返金したところ、供託されたこと、保険契約者が死亡し、受取人である相続人が死亡保険金の支払を請求したこと、本件失効条項につき消費者契約法10条の適用が問題になったことに特徴がある。

本判決は、本件失効条項が消費者契約法10条後段の要件のに該当しないとし、無効ではないとしたことに特徴があり、その旨の事例判断を提供するものである。

裁判例10

【裁判例】 東京高判平24・10・25判タ1387号266頁
　　　　〔消費者契約法10条：無催告失効条項〕

―【事案の特徴】―

前記の最判平24・3・16民集66巻5号2216頁・判時2149号135頁・判タ1370号115頁・金商1389号14頁(裁判例7)の差戻控訴審判決である。

本判決は、保険料払込督促態勢を整えていること等を認定し、失効を防ぐシステムとして確実に運営していたとし、本件失効条項が消費者契約法10条に該当しないとし、承諾を拒むことは従前の経過を踏まえると、信義則違反、権利の濫用にあたらないとし、控訴を棄却したものである。

判決文

1 争点1（本件失効条項の効力）について
(略)
　一般私法の任意規定によれば、契約の当事者の一方がその債務を履行しない場合、相手方が相当の期間を定めて履行の催告をし、その期間内に履行がないときに、解除をすることができる（民法540条、541条）とされているから、これと対比すると、本件失効条項は、履行の催告を要しないこと及び解除の意思表示を要しないことの2点で解除の要件を緩和しており、消費者である保険契約者にとってはその権利を制限されることになるため、信義則に反して消費者の利益を一方的に害するものであるか否かが問題となる。

　この点、保険契約は、通常は長期間にわたって保険料を払い込むことによって保険事故が発生した場合に一時に多額の保険給付を請求できる権利を確保するという性質を有するので、契約が保険契約者の意に反して中途で終了した場合の不利益は大きいということができるばかりでなく、契約期間中に不払が生ずる可能性を否定しきれない以上、中途では保険者からの反対給付がないため不払の事態を認識し難い面があることから、履行の催告の有する意義を軽視することはできないというべきである。

　もっとも、前判示のとおり、本件各保険契約においては、保険料の不払により直ちに契約が失効するものではなく、本件猶予期間条項により払込期月の翌月の末日までの1か月間に債務不履行が解消されない場合に初めて当然失効すること、その猶予期間も、金銭債務の不履行について民法541条を適用する場合に通常求められる催告期間が通常は数日から1週間程度にとどまるのに対比して、1か月と長く定められていること、不払のまま上記猶予期間が経過しても、払い込むべき保険料と利息の合計額が解約返戻金を超えない場合には本件自動貸付条項により契約の存続を図るなど、保険契約者の保護のための方策が採られているのであって、一概に履行の催告を不要としている点だけを捉えて、保険契約者の利益を一方的に害するとするのは相当でない。

　そして、履行の催告は、債務者に対して債務不履行の状態にあることを知らしめてその履行を促し、契約の存続を図る機会を与えるための制度であるから、保険契約者に対して上記のような契約の失効を防ぐための配慮をする一方、形式的には催告に当たらなくとも、その前段階である債権管理の場面で保険料の支払を怠った保険契約者に対して債務不履行の状態にあることを知らしめて契約の失効を防ぐための方策を講じていることになるので、本件失効条項をもって信義則に反するものとすることはできないと考えられる。

(2)　そこで、次に、上記の観点から保険料払込督促の態勢及び実務上の運用について検討することとする。
(略)
(3)　以上によると、被控訴人においては、本件各保険契約締結当時、同契約の中で保険契約者が保険料の支払を怠った場合についてその権利保護のために配慮

がされている上、保険料の払込みの督促を行う態勢が整えられており、かつ、その実務上の運用が確実にされていたとみることができるから、本件失効条項が信義則に反して消費者の利益を一方的に奪うものとして消費者契約法10条後段により無効であるとすることはできない。

判決の特徴と意義

　本件は、個人が医療保険契約、生命保険契約を締結し（各契約の約款には、保険料が一定期間未払の場合には、無催告で保険契約が失効する旨の規定がある）、保険料の支払を怠った後、保険料相当額を添えて保険契約の復活を申し込んだものの、保険事業者がこれを拒否したことから、各保険契約の存在の確認を請求した差戻控訴審の事件である。本件は、生命保険会社との間の医療保険契約、生命保険契約が問題になったこと、無催告失効特約の効力が問題になったこと、消費者契約法10条の該当性が問題になったこと、最高裁の破棄差戻判決による差戻控訴審判決であることに特徴がある。

　上告審判決（裁判例7）は、本件約款において保険契約者が保険料の不払をした場合にも、一定の配慮をした定めがおかれていることに加え、保険会社において督促をする運用を確実にしたうえで本件約款を適用していることが認められるのであれば、本件失効条項は信義則に反して消費者の利益を一方的に害するものにあたらないとし、消費者に配慮した事情につき審理判断させるため、原判決を破棄し、本件を東京高裁に差し戻したものである。

　本判決は、生命保険会社が保険料払込督促態勢を整えていること等を認定し、失効を防ぐシステムとして確実に運営していたとしたこと、本件失効条項が消費者契約法10条後段の要件に該当しないとしたこと、承諾を拒むことは従前の経過を踏まえると、信義則違反、権利の濫用にあたらないとしたことに特徴があり、生命保険会社の事務処理の実情を踏まえて、本件失効条項が消費者契約法10条に該当しないとした重要な事例判断である。

裁判例11

【裁判例】 東京地判平27・3・26判タ1421号246頁
〔消費者契約法10条：無催告失効条項〕

【事案の特徴】

　A有限会社は、平成6年9月、生命保険業を営むY株式会社との間で、被保険者をX、死亡保険金等の受取人をA、高度障害保険金等の受取人をXとする生命保険契約を締結していたところ（約款上、保険料は払込期月の間に振り込むこと、払込期月の翌月初日から末日までの猶予期間内にも保険料の支払がないときは、保険契約は失効すること、口座振込の方法により保険料を支払うこと等が定められていた）、XとYは、平成21年12月、本件保険契約の契約者をXに、死亡保険金の受取人をBとする変更に合意したが、Xは、平成25年8月、口座の残高不足により保険料の払い込みがされず、同年10月、約款上の復活を求めたものの、現在の健康状態を理由に不承諾の通知を受けたため、XがYに対して保険契約上の失効条項が消費者契約法10条、公序良俗違反等により無効であると主張し、生命保険契約の存在の確認を請求したものである。

　本判決は、失効条項の内容を検討し、信義則に反して消費者の利益を一方的に害するものにはあたらない等とし、消費者契約法10条に該当しない等とし、請求を棄却したものである。

判決文

1　本件失効条項の無効（争点(1)）について
(2)ア　（略）
（略）
エ　そうすると、被告において、本件保険契約の更新及び契約者の変更当時、保険料支払債務の不履行があった場合に契約失効前に保険契約者に対して保険料払込みの督促を行う態勢を整え、そのような実務上の運用が確実にされていたといえるから、通常、保険契約者は、保険料支払債務の不履行があったことに気付くことができると考えられる。多数の保険契約者を対象とするという保険契約の特質をも踏まえると、本件失効条項は、信義則に反して消費者の利益を一方的に害するものに当たらないものと解するのが相当である（最高裁判所平成22年（受）第332号平成24年3月16日第二小法廷判決・民集66巻5号2216

頁参照)。

判決の特徴と意義

　本件は、有限会社が個人を被保険者として生命保険契約を締結していたところ（約款上、保険料は払込期月の間に振り込むこと、払込期月の翌月初日から末日までの猶予期間内にも保険料の支払がないときは、保険契約は失効すること、口座振込の方法により保険料を支払うこと等が定められていた）、その後、個人を保険契約者とする変更の合意をしたが、保険料の支払を怠り、失効したとされたことから、保険契約者が生命保険契約の存在の確認を請求した事件である。本件は、有限会社が個人を被保険者とする生命保険契約を締結し、生命保険契約が問題になったこと、約款上、保険料は払込期月の間に振り込むこと、払込期月の翌月初日から末日までの猶予期間内にも保険料の支払がないときは、保険契約は失効すること、口座振込の方法により保険料を支払うこと等を内容とする条項（失効条項）があったこと、保険契約の契約者を個人とする契約に変更する合意がされたこと、保険契約者が口座の残高不足により保険料の払込みをしなかったこと、保険業者は失効条項により失効したとしたこと、保険契約者が約款上の復活を求めたものの、現在の健康状態を理由に不承諾の通知を受けたこと、保険契約者が生命保険契約の存在の確認を請求したこと、失効条項が消費者契約法10条、公序良俗違反等により無効であるかが問題になったことに特徴がある。

　本判決は、前記の最判平24・3・16民集66巻5号2216頁・判時2149号135頁・判タ1370号115頁・金商1389号14頁（裁判例7）を引用したこと、保険料支払債務の不履行があった場合に契約失効前に保険契約者に対して保険料払込みの督促を行う態勢を整え、そのような実務上の運用が確実にされていたといえ、通常、保険契約者は、保険料支払債務の不履行があったことに気付くことができると考えられるとしたこと、多数の保険契約者を対象とするという保険契約の特質をも踏まえると、本件失効条項は、信義則に反して消費者の利益を一方的に害するものにあたらないとしたこと、公序良俗に反しないとしたことに特徴があり、生命保険契約上の失効条項（失効特約）につ

き消費者契約法10条、民法90条により無効ではないとした事例判断を提供するものである。

⑲ 携帯電話利用契約

契約の特徴

　軽量で手軽に利用できる携帯電話が開発、販売されてから20年余を経過したにすぎないが、コンピュータの急激な拡大、高機能化、通信システムの著しい発展等の変化を背景として、携帯電話は、現代社会における重要な通信手段、情報の収集・交換手段、娯楽の手段だけでなく、金融等を含む広範な取引の交渉、実行の手段にもなっている。携帯電話の機械的、機能的な開発、発展はいうまでもなく、携帯電話を利用する広範なシステムが開発され、発展しているものであり、携帯電話の利用者の激増、日常生活、経済活動等の劇的な変化が生じているということができる。

　携帯電話の運用事業者は、日本国内だけであっても、少なくとも3社が熾烈な競争を行っているところであり、携帯電話の購入等の勧誘にあたって様々な特典を提示しつつ購入者を増やそうとしているが、携帯電話の利用契約においては、購入時の使用料金をできるだけ低額に押さえたようにみせ、一定期間内に解約するような場合には、比較的高額の解約金等の名目の負担を負わせる条項を約款に規定していることから、トラブルが発生する等している。携帯電話の運営事業者のこのような営業方法、約款を含む契約の実情は、携帯電話の利用者（契約者）にわかりにくいこと等が指摘されたり、政治、行政の分野においても問題視されてきたところである。

　携帯電話の利用は、今後も、携帯電話の機械・機能の開発・発展、利用システムの開発・拡大等によって大きく変化することは確実であり、我々を取り巻く社会全体を大きく変貌させることが予想されるが、携帯電話の利用契約についても、その使用料、使用期間、解約、違約金（解約金等の名目の金員）、運営事業者の責任等の内容も常に見直し、改訂が必要になることも予想することができる。

> 裁判例1

【裁判例】 京都地判平24・3・28判時2150号60頁
〔消費者契約法9条1号、10条：解約金条項〕

【事案の特徴】

　電気通信事業を営むY株式会社は、契約期間を2年間とする定期契約とし、基本使用料金を通常の契約の半額とし、期間内に解約する場合には、消費者の死亡後の一定期間内に解約する場合等を除き、9975円の解約金（消費税込み）を支払う、契約締結から2年が経過すると、自動的に更新され、以後、消費者は解約に際して、更新時期となる2年に一度の1カ月間に解約を申し出ない限り、前記と同額の解約金を支払うとの条項を含む携帯電話利用サービスを提供する等して携帯電話事業を行っていたところ、適格消費者団体であるX_1・NPO法人がYに対して解約金条項が契約期間内の損害賠償額の予定または違約金にあたるとし、消費者契約法9条1号、10条に該当すると主張し、前記条項を含む契約の締結の差止めを請求し、Yと利用契約を締結し、前記条項に基づき違約金を支払ったX_2、X_3らがYに対して前記条項が無効であると主張し、不当利得の返還を請求したものである。

　本判決は、消費者契約法9条1号については、平均的な損害は個々の事業者に生じる損害について契約の類型ごとに算出すべきであるとし、本件契約については平均的な損害は基本使用料金の割引分の契約期間開始時から中途解約時までの累積額が算定基礎となり、更新前の中途解約による平均的な損害は合計3万240円であるとし、更新後も同様であるとし、同法10条については、前段に該当するものの、後段の消費者の利益を一方的に害するものとはいえず、Yが消費者に解約金条項の性質を明確に説明すること等から、同条に該当しないとし、請求を棄却したものである。

〔第2部〕 契約類型別の消費者契約と裁判例の検証

2　争点(2)（本件当初解約金条項の法9条1号該当性）について
（略）
(3)　本件契約の中途解約に伴う「平均的な損害」について
（略）
エ　そうすると、本件契約の更新前の中途解約による「平均的な損害」は、上記ウ(ア)の2160円に(イ)の14か月を乗じた3万0240円であると認められ、本件当初解約金条項に基づく支払義務の金額である9975円はこれを下回るものであるから、本件当初解約金条項が法9条1号に該当するということはできない。
（略）
3　争点(3)（本件更新後解約金条項の法9条1号該当性）について
（略）
(5)　以上の検討を踏まえれば、更新後においても基本使用料金の割引額（標準基本使用料金と割引後基本使用料金との差額）の平均額には何ら差がないと考えられるから、本件契約の更新後の中途解約による「平均的な損害」も、上記2(3)ウ(ア)の2160円に2(3)ウ(イ)の14か月を乗じた3万0240円であると認められ、原告らの主張するように更新後の中途解約に際して解約金を徴収することがその金額に関わらず法9条1号に該当するとはいえないし、本件更新後解約金条項に基づく支払義務の金額である9975円は上記の3万0240円を下回るものであるから、本件更新後解約金条項が法9条1号に該当するということはできない。

判決の特徴と意義

　本件は、携帯電話の利用サービス契約が問題になったこと、携帯電話の使用料金は基本使用料金を低く抑え、途中解約の解約金が高額であるとの印象を社会に与えていたこと、途中解約による解約金等を内容とする解約金条項の効力が問題になったこと、適格消費者団体が差止請求をしたこと、携帯電話の利用者が不当利得の返還請求をしたこと、消費者契約法9条1号、10条の適用が問題になったことに特徴がある。
　本判決は、平均的な損害は基本使用料金の割引分の契約期間開始時から中途解約時までの累積額が算定基礎となるとしたこと、更新前の中途解約による平均的な損害は合計3万240円であり、更新後も同様であるとしたこと、本件では平均的な損害を超えないとし、消費者契約法9条1号による無効を否定したこと、同法10条前段の要件を満たすとしたこと、同条後段の要件に

ついては、消費者の利益を一方的に害するものとはいえず、事業者が消費者に解約金条項の性質を明確に説明したこと等から、その該当性を否定したこと、同条による無効を否定したことに特徴があり、注目された携帯電話の利用サービス契約上の解約金条項を無効でないとした参考になる裁判例である。

裁判例2

【裁判例】　京都地判平24・7・19判時2158号95頁
〔消費者契約法9条1号、10条：解約金条項〕

―――【事案の特徴】―――

　電気通信事業を営むY株式会社は、契約期間を2年間とする定期契約とし、基本使用料金を通常の契約の半額とし、自動更新する前に期間内に解約する場合には、9975円の解約金（消費税込み）を支払うなどの条項を含む携帯電話利用サービスを提供する等して携帯電話事業を行っていたところ、適格消費者団体であるX_1・NPO法人がYに対して解約金条項が契約期間内の損害賠償額の予定または違約金にあたるとし、消費者契約法9条1号、10条に該当すると主張し、前記条項を含む契約の締結の差止めを請求し、Yと利用契約を締結し、前記条項に基づき違約金を支払ったX_2、X_3らがYに対して前記条項が無効であると主張し、不当利得の返還を請求したものである。

　本判決は、本件解約金条項は損害賠償額の予定または違約金に該当するところ、消費者契約法9条1号の平均的な損害は、本件契約が締結または更新された日の属する日から数えて22カ月目の月の末日までに解約がされた場合、解約者に支払義務があることを定める部分は有効であるものの、23カ月目以降に解約した場合、その一部が無効であるとし、同法10条については、前記と同様な範囲で同条に該当するとし、X_1の請求を一部認容し、X_2らの一部の請求を認容したものである。

〔第2部〕 契約類型別の消費者契約と裁判例の検証

　1　本件解約金条項が法9条1号により無効であるか否か（争点(1)）
（略）
⑶　本件定期契約の解約に伴う平均的損害の算定方法について
（略）
カ　小括
　以上によれば、中途解約により被告に生じる平均的損害は別紙2のとおりであり、本件解約金条項中、①本件定期契約が締結又は更新された日の属する月から数えて22か月目の月の末日までに解約がされた場合に解約金の支払義務があることを定める部分は有効であるが、②本件定期契約が締結又は更新された日の属する月から数えて23か月目以降に解約した場合に別紙2の「平均的損害の額」欄記載の各金額を超過する解約金の支払義務があることを定める部分は、上記超過額の限度で、法9条1号により、無効である。

判決の特徴と意義

　本件は、携帯電話の利用サービス契約が問題になったこと、携帯電話の使用料金は基本使用料金を低く抑え、途中解約の解約金が高額であるとの印象を社会に与えていたこと、途中解約による解約金等を内容とする解約金条項（自動更新する前に期間内に解約する場合には、9975円の解約金（消費税込み）を支払うなどの条項）の効力が問題になったこと、適格消費者団体が差止請求をしたこと、携帯電話の利用者が不当利得の返還請求をしたこと、消費者契約法9条1号、10条の適用が問題になったことに特徴がある。
　本判決は、本件解約金条項は損害賠償額の予定または違約金に該当するとしたこと、消費者契約法9条1号の平均的な損害は、本件契約が締結または更新された日の属する日から数えて22カ月目の月の末日までに解約がされた場合、解約者に支払義務があることを定める部分は有効であるものの、23カ月目以降に解約した場合、その一部が無効であるとしたこと、消費者契約法10条については、前記と同様な範囲で同条に該当するとしたこと、本件解約金条項の一部を無効としたことに特徴がある。本判決は、携帯電話の利用サービス契約上の解約金条項を一部無効であるとした裁判例であり、その旨の事例を提供するものであるが、判断の内容には疑問が残るものである。な

お、事案が若干異なるとはいえ、前記の京都地判平24・3・28判時2150号60頁（裁判例1）とは異なる姿勢の判断を示している。

裁判例3

【裁判例】 京都地判平24・11・20判時2169号68頁
〔消費者契約法9条1号、10条：解約金条項〕

―【事案の特徴】―

　移動体通信事業を営むY株式会社は、契約期間を2年間とする定期契約とし、2年経過後は自動更新し、更新月の翌月、翌々月の基本使用料金は無料とする、契約期間内に解除する場合には、9975円の解除料を徴収する、更新月に解約した場合には解除料の支払いを要しないとの条項を含む携帯電話利用サービスを提供する等して携帯電話事業を行っていたところ、適格消費者団体であるX・NPO法人がYに対して解除料条項が契約期間内の損害賠償額の予定または違約金にあたるとし、消費者契約法9条1号、10条に該当すると主張し、前記条項を含む契約の締結の差止めを請求したものである。

　本判決は、消費者契約法9条1号について、平均的な損害を超えるかは、逸失利益の考慮が許されるのが原則であり、本件につきこれを修正する法律上の明文の規定はないから、逸失利益を考慮することができるとし、通信料等に関する収入と費用を除き、基本使用料、オプション料、保証料等の固定的な費用を基礎に逸失利益を算定する等し、当初の解除料、更新後の解除料が平均的な損害を超えないとして同条1号に反しないとしたうえ、同法10条について、信義則に反して消費者の利益を一方的に害するとはいえないとし、同条の該当を否定し、請求を棄却したものである。

4　本件当初解除料が平均的損害（法9条1号）を超えるか（争点(3)）

（略）

(2)ア(ア) 法9条1号の趣旨は、事業者と消費者との合意により損害賠償の予定や違約罰が自由に定められることになると、消費者に過大な義務を課されるおそれがあるため、損害賠償の予定と違約金の合計について、事業者に生じる平均的損害の賠償の額を超えてはならないとすることにより消費者を保護しようとすることにあると解する。

そうだとすれば、法9条1号は、民法の一般原則通りに損害賠償の予定や違約罰の全額を認めると不当な場合に、平均的損害という一定の枠を設けて、消費者保護を図る規定にすぎず、特別の規定なく、それ以上の制限を課すものではないと解すべきである。

そして、民法上、損害賠償の予定ないし違約罰を請求する際には、逸失利益の考慮が許されるのが原則であり、本件契約が解除された場合も民法の原則上は逸失利益の考慮が許されること、逸失利益の請求が不当な類型とされるものについては、特定商取引法10条1項4号や25条1項4号、49条4項3号、同条6項3号、58条の3第1項4号、割賦販売法6条1項3号及び同項4号など民法の一般原則を修正するための要件が明文で定められているが、法9条1号には何らそのような定めはないことからすれば、本件当初解除料条項について逸失利益の考慮が許されないとする理由はない。

(略)

(エ) そこで、本件逸失利益を検討するに当たり、通信料等に関する収入と費用を除き、基本使用料やオプション料、保証料金などの固定的な費用を基礎に算定することとする。

具体的には、基本料金、Wホワイト料金、あんしん保証パックの加入料金の平均から、固定的なコストを控除してみると、証拠（乙23）によれば、ホワイトプランN加入者のARPUとしては、2011年度5月分の資料が出されているところ、本件逸失利益は、基本料金○○円、Wホワイト料金○○円、あんしん保証パック料金○○円の合計○○円から、被告が本件固定費用等についてサービスを中途で提供する必要がなくなったことにより免れた役務の提供の対価といえる継続手数料○○円、請求コスト等○○円、ポイント費用○○円、売掛貸倒引当費用○○円の合計559円のうちARPUに占める固定費用の割合（○○／○○）に対応した○○円及びあんしん保証パック原価○○円を控除した○○円となる。

これに契約残期間○○か月を乗じた1万2964円が通信料等を除外してもなお、本件契約の平均的損害として生ずる金額であるといえる。

エ そうすると、契約残期間や本件逸失利益が1割程度変動しうることを考慮しても、本件契約の平均的損害は、本件当初解除料9975円を上回るというべきである。

(3) よって、本件当初解除料9975円は、本件契約が解除されることにより被告に生じる平均的損害を超えることはないため、本件当初解除料条項は法9条1号に反しない。

5　本件更新後解除料が平均的損害を超えるか（争点(4)）

(1)ア　上記第3、1記載の事実及び証拠（乙14ないし17）によれば、重要事項説明書に、「ホワイトプランは2年単位での契約となります（自動更新）更新月（契約期間満了の翌請求月。初回更新月のみ契約期間満了の翌請求月から2カ月間）以外の解約等には契約解除料（9,975円）がかかります」との記載があること、カタログの本件プランの説明の図には「24ヵ月目」「自動更新」「25ヵ月目（1ヵ月目）」、「48ヵ月目（24ヵ月目）」「自動更新」「49ヵ月目（1ヵ月目）」との記載があり、同図の下に「2年契約（自動更新）。更新月（契約期間満了の翌請求月・初回のみ翌々月を含む2カ月間）以外の解約等には契約解除料（9,975円）がかかります」と記載があることが認められるのであり、消費者は、本件契約は2年契約であり自動更新されること及び本件更新後解除料条項の存在を十分認識していたといえる。

このようなことからすれば、本件契約は2年契約の繰り返しというべきであり、更新後の契約についての平均的損害の計算方法は、更新前の契約についての平均的損害の計算方法と同様に解するべきである。

イ　この点に関して被告は、新規顧客獲得手数料平均単価を回収できていることなどを主張するが上述のように、同額を損害算定の根拠とすべきではなく妥当でない。

(2)　ホワイトプランNは、平成22年4月から提供されているものであるため更新者が少なく、更新後の平均的解約期間等や本件逸失利益は推測せざるを得ないことになるが、更新前の期間と更新後の期間においてこれらの数値が大きく変わるといった特段の事情もなく、本件当初解除料が通信料等を除外してもなお平均的損害を超えるものではないことからすれば、基本使用料2か月無料分を考慮に入れたとしても、本件更新後解除料が平均的損害を超えることはないことが推測される。

(3)　したがって、本件更新後解除料9975円は、本件契約が解除されることにより被告に生じる平均的損害は超えることはないと推測されるため、本件更新後解除料条項は法9条1号に反しない。

判決の特徴と意義

本件は、携帯電話の利用サービス契約が問題になったこと、携帯電話の使用料金は基本使用料金を低く抑え、途中解約の解約金が高額であるとの印象を社会に与えていたこと、途中解約による解約金等を内容とする解約金条項（2年経過後は自動更新し、更新月の翌月、翌々月の基本使用料金は無料とする、契約期間内に解除する場合には、9975円の解除料を徴収する、更新月に解約した

場合には解除料の支払を要しないとの条項）の効力が問題になったこと、適格消費者団体が差止請求をしたこと、消費者契約法9条1号、10条の適用が問題になったことに特徴がある。

　本判決は、本件解約金条項は損害賠償額の予定または違約金に該当するとしたこと、消費者契約法9条1号の平均的な損害については、平均的な損害を超えるかは、逸失利益の考慮が許されるのが原則であるとしたこと、本件につきこれを修正する法律上の明文の規定はないから、逸失利益を考慮することができるとしたこと、通信料等に関する収入と費用を除き、基本使用料、オプション料、保証料等の固定的な費用を基礎に逸失利益を算定する等したこと、当初の解除料、更新後の解除料が平均的な損害を超えないとし、消費者契約法9条1号に反しないとしたこと、消費者契約法10条については、信義則に反して消費者の利益を一方的に害するとはいえないとし、同条に該当しないとしたこと、解約金条項が無効ではないとしたことに特徴がある。本判決は、事案が若干異なるとはいえ、前記の京都地判平24・3・28判時2150号60頁（裁判例1）と同様に解約金条項が無効ではないとしたものであり、その内容も基本的に合理的であり、参考になるものである。

裁判例4

【裁判例】　高松高判平24・11・27判時2176号42頁
　　　　　〔消費者契約法4条2項、9条1号：不利益事実の不告知、
　　　　　解約金条項〕

【事案の特徴】

　電気通信事業を営むY株式会社は、契約期間を2年間とする定期契約とし、基本使用料金を通常の契約の半額とし、期間内に解約する場合には、消費者の死亡後の一定期間内に解約する場合等を除き、9975円の解約金（消費税込み）を支払う、契約締結から2年が経過すると、自動的に更新され、以後、消費者は解約に際して、更新時期となる2年に一度の1カ月間に解約を申し出ない限り、前記と同額の解約金を支払うとの条項を含む携帯電話利用サービスを提供する等して携帯電話事業を行っ

ていたところ、Xは、Yと利用契約を締結した後、期間途中で本件契約を解約し、前記条項に基づき違約金を支払ったため、XがYに対して解約金の説明が消費者契約法4条2項（不利益事実の不告知）による取消し、同法9条1号による無効、公序良俗違反による無効を主張し、解約金につき不当利得の返還を請求したものである。

　第1審判決は、Xの主張を排斥し、請求を棄却したため、Xが控訴したものである。

　本判決は、第1審判決を引用し、不利益事実の不告知を否定し、控訴を棄却したものである。

〔判決文省略〕

判決の特徴と意義

　本件は、携帯電話の利用サービス契約が問題になったこと、携帯電話の使用料金は基本使用料金を低く抑え、途中解約の解約金が高額であるとの印象を社会に与えていたこと、途中解約による解約金等を内容とする解約金条項の効力が問題になったこと、携帯電話の利用者が不当利得の返還請求をしたこと、消費者契約法4条2項・9条1号、民法90条の適用が問題になったこと、控訴審判決であること（第1審判決は、携帯電話の利用者の主張をすべて排斥した）に特徴がある。

　本判決は、第1審判決を基本的に引用したこと、消費者契約法4条2項の不利益事実の不告知による契約の取消しを否定したこと、同法9条1号による解約金条項の無効を否定したこと、民法90条の公序良俗違反を否定したことに特徴があり、その旨の事例判断を提供するものである。

裁判例5

【裁判例】　大阪高判平24・12・7判時2176号33頁
　　　　　〔消費者契約法9条1号、10条：解約金条項〕

〔第2部〕 契約類型別の消費者契約と裁判例の検証

【事案の特徴】

　前記の京都地判平24・3・28判時2150号60頁（裁判例1）の控訴審判決であり、X_1らが控訴したものである。

　本判決は、基本的に第1審判決を引用し、消費者契約法9条1号の平均的な損害は2万4800円であるとし、当初解約金条項、更新後解約金条項がこれを下回るから、同号に該当しないとし、同法10条に該当しないとし、控訴を棄却したものである。

判決文

（略）

　ウ　そこで、基本使用料金の割引分の契約期間開始時から中途解約時までの累積額を基準として、消費者が本件契約を契約期間の中途で解約する場合の「平均的な損害」について検討すべきところ、証拠（乙25）によれば、次の各事実が認められる。

　(ｱ)　被控訴人と本件契約を締結した契約者につき、料金プランごとの平成23年4月から平成24年3月までの月ごとの稼働契約者数（前月末契約者数と当月末契約者数を単純平均したもの）を単純平均し、それぞれに料金プランごとの割引額（標準基本使用料金と割引後基本使用料金との差額）（税込）を乗じて加重平均した金額は、1837円となる。

　(ｲ)　被控訴人と本件契約を締結した契約者のうち、平成23年4月1日から平成24年3月末日までの間に本件契約（更新前のものと1回更新のものを含む。）を解約した者について、本件契約に基づく役務の提供が開始された月からの経過月数ごとの解約者数に、それぞれの経過月数を乗じて加重平均した月数は、13.5か月となる。

　これによれば更新前のもののみの期間及び1回更新のもののみの期間については明らかではないが、証拠（乙19）によれば、平成21年8月1日から平成22年2月28日までの間において、更新前のものについて同様に加重平均した月数は14か月となるのであるから、更新前のものの中途解約時点までの平均経過月数を13.5か月としても大きな誤差はないものといえる。また、証拠（乙25）によれば、1回更新のものについて、17か月目以降に解約者数が増加していることが明らかであるから、1回更新のものの更新から中途解約までの平均経過月数を全体の平均である13.5か月としても、長期間にすぎるということはないといえる。

　エ　したがって、本件契約の更新前の中途解約による「平均的な損害」は、上記ウ(ｱ)の1837円に(ｲ)の13.5か月を乗じた2万4799円（1円未満切捨て）であると認められ、本件当初解約金条項に基づく支払義務の金額である9975円はこれを下回るものであるから、本件当初解約金条項が法9条1号に該当するということはで

きない。

判決の特徴と意義

本件は、携帯電話の利用サービス契約が問題になったこと、携帯電話の使用料金は基本使用料金を低く抑え、途中解約の解約金が高額であるとの印象を社会に与えていたこと、途中解約による解約金等を内容とする解約金条項の効力が問題になったこと、適格消費者団体が差止請求をしたこと、携帯電話の利用者が不当利得の返還請求をしたこと、消費者契約法9条1号、10条の適用が問題になったこと、控訴審判決であることに特徴がある。

本判決は、第1審判決を基本的に引用したこと、消費者契約法9条1号の平均的な損害は2万4800円であるとしたこと、当初解約金条項、更新後解約金条項はこの金額を下回るとし、同号に該当せず、無効ではないとしたこと、同法10条に該当しないとし、無効ではないとしたことに特徴がある。

本判決の認定・算定した平均的な損害は、第1審判決の認定・算定した平均的な損害が合計3万0240円であることに照らすと、議論は残るが、いずれの判決も、注目された携帯電話の利用サービス契約上の解約金条項を無効でないとした参考になる裁判例である。

裁判例6

【裁判例】 大阪高判平25・3・29判時2219号64頁
〔消費者契約法9条1号、10条：解約金条項〕

【事案の特徴】

前記の京都地判平24・7・19判時2158号95頁（裁判例2）の控訴審判決であり、X₁ら、Yが控訴したものである。

本判決は、本件解約金条項は、消費者契約法9条1号については、逸失利益を損害額に含める等したうえ、中途解約した契約者の平均解約時期は契約締結時または更新時から11.59カ月が経過した時点であり、2年間の契約期間から前記期間を控除した月数は12.41カ月であると認め、

301

> 平均的損害は、1カ月ごとの逸失利益4000円に12.41カ月を乗じた4万9640円であり、解約金条項所定の9975円は平均的な損害を超過しない範囲にとどまるとし、同法9条1号に該当せず、同法10条については、同条後段の要件に該当しないとし、X₁らの控訴を棄却し、Yの控訴に基づき原判決中Yの敗訴部分を取り消し、請求を棄却したものである。

判決文

1 本件解約金条項が法9条1号により無効であるか否か（争点(1)）
（略）
(2) 法9条1号にいう「平均的な損害」の意義について

ア 法9条1号が、解除に伴う損害賠償の予定等を定める条項につき、解除に伴い事業者に生ずべき平均的な損害の額を超過する損害賠償の約定を無効としたのは、事業者が消費者契約において、契約の解除等に伴い高額な損害賠償等を請求することを予定し、消費者に不当な金銭的負担を強いることを許さない趣旨である。

事業者は、契約の相手方の債務不履行があった場合、民法416条により、損害の賠償を求めることができるが、この場合損害の発生及びそれが賠償範囲にあること（因果関係）を立証しなければならず、その証明の負担を回避するために、民法420条は、事業者があらかじめ損害賠償額を予定することを認める。法9条1号は、この予定額が本来認められる損害額に近いものであることを要請し、定型的な基準として「平均的な損害の額」を超える違約金等の定めを許さない。

このように、法9条1号は、債務不履行の際の損害賠償請求権の範囲を定める民法416条を前提とし、その内容を定型化するという意義を有するから、同号の損害は、民法416条にいう「通常生ずべき損害」であり、逸失利益を含むと解すべきである。なお、本件解約金条項が定めるのは、消費者に留保された解約権の行使に伴う損害賠償の予定であり、債務不履行による損害賠償の予定ではない。しかし、このような消費者の約定解除（解約）権行使に伴う損害賠償の範囲も、契約が履行された場合に事業者が得られる利益の賠償と解され、結局民法416条が規定する相当因果関係の範囲内の損害と同様であると解される。

イ 同号が、「平均的な損害」としたのは、消費者契約は不特定かつ多数の消費者との間で締結されるという特徴を有し、個別の契約の解除に伴い事業者に生じる損害を算定・予測することは困難であること等から、同一の区分に分類される多数の同種契約における平均値を用いて、解除に伴い事業者に生じる損害を算定することを許容する趣旨である。

そして、法9条1号は、「当該条項において設定された解除の事由、時期等の区分に応じ」て事業者に生ずべき平均的な損害を算定することを定めているから、

区分は、当該条項により設定されたもの、すなわち事業者が定め消費者がこれに同意した契約内容に従うと解すべきである。1審原告らは、解除の事由、時期等により事業者に生ずべき損害に著しい差異がある契約類型においては、適宜同一の区分に分類される複数の同種の契約ごとに、事業者に生じる損害を算定すべきであると主張する。しかし、法の文言は前記のとおりであり、当事者が設定した区分を裁判所がさらに細分化することを認める趣旨であるとは解されない。ただし、その区分の平均的な損害と比較して、実損害が著しく低額となる例が同区分中に多数生じる場合は、そのような区分の定め自体が不当であり、法10条により無効となるものと解される。

ウ　したがって、法9条1号の平均的な損害は、民法416条に基づく損害の算定方法を前提とし、当該条項すなわち契約に定められた解除事由、時期等により同一の区分に分類される同種の契約における違約による損害の平均値を求めることによって算定すべきである。

　本件定期契約は、2年間の期間の定めのある契約であり、証拠（乙7）及び弁論の全趣旨によれば、2年間継続して使用されることを基本的条件として、基本使用料、通話料等が設定されているものと認められる。本件定期契約にはもとより契約者数の制限はなく、各通信事業者は、利益を上げるべくより多くの契約の獲得を目指して競争しており、中途解約者が生じたことによる損害について、次の契約がこれを埋め合わせるという関係には立たない。本件解約金条項は2年間という期間を一つの区分とし、その契約が解約されたことによる損害をてん補するものは本件解約金条項のほかにはないということができる。

(3)　本件定期契約の解約に伴う平均的な損害の算定方法について

　2年間を区分とする本件定期契約の解約に伴い1審被告に生じる平均的な損害は以下のとおり算定するのが相当である。

ア　平均的な損害の算定の基礎となる損害額について

　契約締結後、当事者の債務不履行があった場合、相手方の請求できる損害賠償の範囲は、契約が約定どおり履行されたであれば得られたであろう利益（逸失利益）に相当する額である。1審被告が2年間の継続契約を期待して契約を締結し、本件解約金条項を設定したことからして、本件定期契約の中途解約に伴い1審被告に生じる平均的な損害を算定する際にも、中途解約されることなく契約が期間満了時まで継続していれば被告が得られたであろう通信料収入等（解約に伴う逸失利益）を基礎とすべきである。

判決の特徴と意義

　本件は、携帯電話の利用サービス契約が問題になったこと、携帯電話の使

〔第2部〕 契約類型別の消費者契約と裁判例の検証

用料金は基本使用料金を低く抑え、途中解約の解約金が高額であるとの印象を社会に与えていたこと、途中解約による解約金等を内容とする解約金条項（自動更新する前に期間内に解約する場合には、9975円の解約金（消費税込み）を支払うなどの条項）の効力が問題になったこと、適格消費者団体が差止請求をしたこと、携帯電話の利用者が不当利得の返還請求をしたこと、消費者契約法9条1号、10条の適用が問題になったこと、控訴審判決であることに特徴がある。

　本判決は、第1審判決と異なり、本件解約金条項所定の解約金は携帯電話サービス利用契約を中途解約した契約者の平均的損害を超えるものではないとし、消費者契約法9条1号に該当せず、本件解約金条項が無効ではないとしたこと、本件解約金条項は同法10条後段に該当せず、無効ではないとしたこと、第1審判決の携帯電話の事業者の敗訴部分を取り消したことに特徴がある。本判決の第1審判決である京都地判平24・7・19判時2158号95頁（裁判例2）につき指摘したように、第1審判決の論理と結論に疑問があったところ、本判決はその疑問な判断を是正したものとして参考になる。

⑳ 情報提供契約

契約の特徴

　社会においては、様々な内容・形態の情報が有料、無料で提供され、あるいは交換されているが、情報の提供を事業として行っている事業者も多岐にわたっている。情報の提供は、書籍、雑誌、週刊誌、日刊紙、調査報告書等の紙の媒体のものもあるが、口頭のものもあるし、現代社会においてはインターネットを介して行われる事例も激増している。情報の提供は、その受け手を基準としてみると、広く一般に提供されるもの、特定の範囲の会員に提供されるもの、特定の依頼に応じて特定の者に提供されるもの等がある。書籍、雑誌等による情報の提供は、書籍等の購入によって情報の提供を受けるものであり、売買契約として位置付けられているが、情報の提供の観点からみると、実質的には情報提供契約と評価することもできよう。

　情報が提供されたものの、情報の内容が誤っていたり、不十分であったりしたような場合、情報の提供者（出版者、執筆者等）が法的な責任を負うかが問題になることがあるが、このような事態に備えて責任の全部または一部の免責特約が設けられていることがあり、その効力が問題になることがある。また、提供される情報につき宣伝広告、勧誘が行われることもあるが、この勧誘に虚偽の内容があったり、行き過ぎた表現、言動があったりしたような場合、情報利用契約、あるいは書籍等の売買契約等につき取消し等の問題が生じることがある。情報提供契約の一方の当事者が消費者である場合には、消費者契約法が適用されるから、本書で紹介してきたような法律問題に直面することもある。

【裁判例】　東京地判平17・11・8判タ1224号259頁
　　　　　　〔消費者契約法4条1項：断定的判断の提供〕

〔第2部〕 契約類型別の消費者契約と裁判例の検証

20

【事案の特徴】

　Xは、パチンコ攻略雑誌を出版し、販売し、パチンコ攻略情報を販売するYの従業員から、確実に稼げる等と勧誘され、平成16年7月、パチンコ攻略情報を代金40万9500円で購入し、複数のパチンコ店においてYから提供された手順どおりに試みたが、成功しなかったため、XがYに対して消費者契約法4条1項1号、2号所定の取消しを主張し、代金の返還を請求したものである。

　第1審判決は、請求を棄却したため、Xが控訴したものである。

　本判決は、Yが雑誌上の広告に掲載していた情報は断定的判断の提供にあたるとし、消費者契約法4条1項2号所定の取消しを認め、原判決を取り消し、請求を認容したものである。

判決文

二　断定的判断の提供による誤信

(1)　本件第1契約及び本件第2契約（あわせて「本件契約」という。）は、いずれも被控訴人が控訴人に対し、常に多くの出球を獲得することができるパチンコの打ち方の手順等の情報を提供し、控訴人に経済的な利益を得させることを目的とする契約であるところ、一般的に、パチンコは、各個別のパチンコ台の釘の配置や角度、遊戯者の玉の打ち方や遊戯する時間、パチンコ台に組み込まれて電磁的に管理されている回転式の絵柄の組み合わせなどの複合的な要因により、出球の数が様々に変動する遊技機であり、遊戯者がどれくらいの出球を獲得するかは、前記のような複合的な要因による偶然性の高いものである。

したがって、本件契約において、被控訴人が控訴人に提供すると約した情報は、将来における変動が不確実な事項に関するものといえる。

(2)　前記第3、1(2)のとおり、本件広告には、『1本の電話がきっかけで勝ち組100％確定』などの記載があり、また、同広告の『戊田の一言』という欄の記載など、広告の読者において、被控訴人が一般には知られていない特別なパチンコ攻略の情報を有しており、読者がそれに従えば確実に利益を生み出すことができると思わせる内容になっていた。また、同(3)のとおり、丙川は本件広告に関心を持ち、その内容の真偽を問い合わせてきた控訴人に対し、『だれにでもできる簡単な手順、70歳のおばあちゃんでもできるほど簡単なもの』『毎回3000円から5000年で大当たりが引ける。』『100％絶対に勝てるし、稼げる。月収1000万円以上も夢ではない。目指せ年収1000万円プレーヤー』『お店1店につき滞在時間は約2時間で、平均5万円から8万円勝てる。』『パチンコ攻略情報代金は数日あれば全額回収で

きる。』などと将来の出球による利益が確実であるという趣旨の言葉を用いた。
　さらに、前記同(3)のとおり、丙川は、控訴人に対し、手順の内容の秘密が一般に広まることのないよう、情報はすべて口頭で伝えるなどと述べて、あたかも被控訴人が提供する情報が一般には知られていない特別なものであり、それによって控訴人が将来、利益を確実に獲得できるかのごとき印象を与えた。以上を総合すると、本件広告における前記表現及び丙川の控訴人に対する前記の勧誘は、本来予測することができない被控訴人がパチンコで獲得する出球の数について断定的判断を提供するものといえる。
　(3)　控訴人は、前記第3、1(1)のとおり、本件契約締結前に数回パチンコをして利益を得たことから、パチンコによって利益を出せる場合があることは認識していたといえるが、一方で、前記同(3)のとおり、控訴人が、丙川に対し、本件広告記載の100パーセント稼げるという内容が本当であるか尋ねていることからみて、丙川の勧誘を受ける前には、控訴人は、パチンコで常に利益を獲得する方法があることに対しては半信半疑の思いを抱いていたと認められる。したがって、前記のとおり、丙川による確実な利益を約束する言葉を用いた勧誘及び被控訴人が提供する情報が特別なものであるということの強調により、控訴人は、本件広告の記載内容を含めた被控訴人による前記断定的判断の内容が真実であると誤信したと認めるのが相当である。
　(4)　前記第3、1(7)のとおり、本件第2契約により、控訴人は、被控訴人に対し、26万2500円を支払っているが、この契約を締結したのも、前記同(6)の丙川の巧みな誘導により、さらに金員を支払えば確実にパチンコで稼ぐことができる方法についての情報を提供してもらえると控訴人が誤信したことに基づくものと認めるのが相当である。したがって、本件第2契約も断定的判断による誤信に基づきなされたものといえる。

判決の特徴と意義

　本件は、パチンコの利用者がパチンコ攻略雑誌の出版・販売業者の従業員から勧誘され、攻略情報を購入し、雑誌によって提供された手順でパチンコを試みたが、成功しなかったことから、契約を取り消し、支払済みの代金の返還を請求した事件である。本件は、パチンコ攻略雑誌を出版、販売する事業者がパチンコ攻略情報を販売していたこと、事業者が雑誌に事業を宣伝広告していたこと、個人が事業者の従業員から確実に稼げる等と勧誘されたこと、個人が事業者からパチンコ攻略情報を代金40万9500円で購入したこと、個人が複数のパチンコ店において提供された手順どおりに試みたものの、成

功しなかったこと、勧誘につき消費者契約法 4 条 1 項 1 号、2 号所定の取消しの成否が問題になったことに特徴がある。

本判決は、事業者が雑誌上の広告に掲載していた情報が断定的判断の提供にあたるとしたこと、消費者契約法 4 条 1 項 2 号所定の取消しを認めたことに特徴があるが、取引の内容、パチンコ遊戯の構造、取引上の通念を考慮すると、いずれの判断にも疑問がある。

21 ガス供給契約

契約の特徴

　日常の生活を送るにあたって、燃料としてガスを利用することは広く行われており、地域によって都市ガス、LPガス等のガスが利用されている。ガスの利用は、災害等において利用が途絶えると、そのありがたさが実感され、ライフラインの1つとして数えられている。そのうち、LPガスは、家庭、店舗、事務所等のガスの利用場所にボンベを設置する設備を設け（設備の所有権は、ガス事業者が有しているのが通常である）、LPガスを入れたボンベの提供を受け、ガスを利用することになるが、近年は、ガス事業者（販売業者）間の競争が激化する等し、裁判例にもLPガスの事業をめぐる問題が登場することがある。LPガスの利用に関する契約は、個々の事業者ごとに若干異なるところがあるが、設備の設置工事、設備の貸与、ガスの供給（ボンベの交換）に関する契約を締結することになる。また、この契約の中には、契約期間の途中でガス事業者を変更した場合（従前のガス事業者との契約を解消し、新たなガス事業者と契約を締結することをいう）の違約金特約が含まれていることが通常であり、トラブルが発生することがある。

裁判例1

【裁判例】 さいたま地判平15・3・26金商1179号58頁
〔消費者契約法9条1号：違約金条項〕

【事案の特徴】

　Xは、LPガスの販売業を営んでいたところ、平成14年3月、Yとの間で、LPガスの供給元を変更するためのガス切替工事の請負契約、LPガスの供給契約を締結し（契約上、ボンベ交換後1年未満でLPガス販売業者を変更した場合には、8万8000円の違約金を支払う旨の条項があった）、

〔第2部〕 契約類型別の消費者契約と裁判例の検証

その後、Yの自宅においてガス切替工事を実施し、ボンベを交換し、LPガスを供給したが、Yは、平成14年8月20日、本件契約を解約したため、XがYに対して違約金の支払を請求したものである。

本判決は、本件違約金条項については消費者契約法9条1号が適用されるところ、平均的な損害の立証責任は事業者が負うとし、Xが平均的な損害につき何ら具体的な主張・立証をしないとし、請求を棄却したものである。

判決文

3　そして、平均的な損害額の主張立証については、消費者契約法が消費者保護を目的とする法律であること、消費者は事業者にどのような損害が生じ得るのか把握し難いこと、損害が生じていないという消極的事実の立証は困難であることなどに照らすと、違約金条項の有効性を主張する側、すなわち事業者側が負担すべきものと解される。

したがって、事業者たる原告が、平均的な損害額について主張立証する必要があるところ、原告は、この点について何ら具体的な主張立証をしようとしない。

ところで、ガス切り替え工事のために一定の工事費用や通信費等の事務費用等がかかることは想定されるが、いずれも高額なものではなく、本件契約が締結されてから解約まで約5か月経過し、原告はガス料金により一定限度これら費用を回収していると考えられること等に照らすと、平均的な損害額について原告から具体的な主張立証がない以上、本件において「平均的な損害」やそれを超える部分を認定することは相当でないというべきである。

よって、原告の本件違約金条項に基づく本件違約金等請求は全部理由がない。

判決の特徴と意義

本件は、LPガスの事業者が個人との間でガス切替工事の請負契約、LPガスの供給契約を締結し（契約上、ボンベ交換後1年未満でLPガス販売業者を変更した場合には、8万8000円の違約金を支払う旨の違約金条項（違約金特約）があった）、その後、個人が供給契約を解約したことから、事業者が違約金の支払を請求した事件である。本件は、個人が既に他の事業者からガスの供給を受けていたこと、ガス事業者が個人との間でLPガスの供給元を変更するためのガス切替工事の請負契約、LPガスの供給契約を締結したこと、契

約上、ボンベ交換後1年未満でLPガス販売業者を変更した場合には、8万8000円の違約金を支払う旨の違約金条項（違約金特約）があったこと、ガス事業者は個人の自宅でガス切替工事を実施し、ボンベを交換し、LPガスを供給していたこと、個人がその後契約を解約したこと、違約金条項につき消費者契約法9条1号の適用が問題になったことに特徴がある。

本判決は、LPガス供給契約が消費者契約であること、違約金条項に消費者契約法9条1号が適用されるとしたこと、事業者が平均的な損害の立証責任を負うとしたこと、事業者が平均的な損害につき何ら具体的な主張・立証をしないとし、違約金条項が無効であるとしたことに特徴がある。本判決は、消費者契約法9条1号所定の平均的な損害の主張・立証責任の解釈を誤ったものであり、重大な疑問のあるものである。

裁判例2

【裁判例】　さいたま地判平17・11・22金商1313号49頁
　　　　　〔消費者契約法9条1号、10条：補償条項〕

―【事案の特徴】―

不動産業を営むA株式会社は、建物を建築、販売し、Y₁ないしY₁₁に建物と敷地を販売し、建物には、LPガス販売業を営むX株式会社によりLPガス供給設備が設置され（設備はXの所有であった）、Y₁らとの間で設備の開栓をするにあたって、LPガス供給契約、利用に関する合意を締結していたところ（契約書上、利用者が自己都合により契約を解約する場合には、給湯器の補償費を支払う旨の条項もあったが、その合意の成否が争点になっている）、Y₁らが供給契約を解約したため、XがY₁らに対して合意に基づく補償金の支払を請求したものである。

本判決は、合意の成立自体を否定し、請求を棄却したものである。

したがって、被告らは、A社との間の土地付建物の売買契約において、LPガス消費設備及び給湯器も売買契約の目的物に含まれていると認識していたというべきであるところ、被告らが、本件各貸与契約書に署名・捺印をしたり、本件各貸与契約書を原告の担当者から交付された日は、いずれもLPガスの開栓の日であって、原告の担当者による本件各貸与契約書への署名・捺印の依頼が、LPガスの開栓やガス機器の使用方法の説明と共になされているため、被告らにおいて、本件各貸与契約書が、原告からLPガスの供給を受ける契約自体の契約書であると誤解をした可能性があることに加え、本件各貸与契約書が、原告、被告ら及びA社の三者契約の形式を取っており、各条文には、LPガス消費設備及び給湯器の所有権が原告に帰属している旨の記載はなく、また、第10条及び第11条において、補償費の支払義務者が明示されておらず、かえって、第9条には、A社が、被告らに対する重要事項説明を怠った場合に、原告に対して損害を補償する義務を負うことが定められているなど、土地付建物の取引の経験の乏しい一般消費者にとっては、理解しにくい記載内容となっていることなどを考慮すれば、たとえ、本件各貸与契約書に署名・捺印をしているとしても、被告らは、この契約書の合意の中に、原告が主張するような「原告が先行投資として被告ら所有の建物に設置したLPガス消費設備及び給湯器を被告らが使用して他の業者からLPガスの供給を受けるという利害（不当利得関係）の調整を図ることを予定した合意」が含まれていることを理解することはできなかったと判断するのが相当である。

　以上のとおり、被告らには、原告との間で、LPガス消費設備及び給湯器に関して、原告と被告らとの間に生じた不当利得関係を調整する合意をする意思もなかったのであるから、原告と被告らとの間の利害を調整する合意はいずれも成立していないというべきである。

判決の特徴と意義

　本件は、個人らが建物、敷地を不動産業者から購入した際、LPガスの事業者との間でLPガスの供給契約等を締結したが（契約書上、利用者が自己都合により契約を解約する場合には、給湯器の補償費を支払う旨の条項もあったが、その合意の成否が争点になっている）、その後解約したことから、ガス事業者が合意に基づく補償金の支払を請求した事件である。本件は、不動産業者が個人らに建物と敷地を販売したこと、建物にはガス事業者によってLPガス供給設備が設置されていたこと（設備はガス事業者の所有とされていた）、個人らがガス供給設備の開栓をするにあたって、LPガス供給契約、利用に関

する合意を締結したこと、契約書上、利用者が自己都合により契約を解約する場合には、給湯器の補償費を支払う旨の条項もあり、その成否が争点になったこと、個人らが供給契約を解約したこと、合意の成否が問題になったこと（消費者契約法の観点からは、同法9条1号、10条の適用が問題になりうる）に特徴がある。

本判決は、前記の合意の成立自体を否定したものであり、その旨の事例判断を提供するものである。

裁判例3

【裁判例】　東京高判平20・12・17金商1313号42頁
　　　　〔消費者契約法9条1号：補償条項〕

【事案の特徴】

前記のさいたま地判平17・11・22金商1313号49頁（裁判例2）の控訴審判決であり、Xが控訴したものである。

本判決は、合意はLPガス供給のための消費設備の売買ではなく、合意に定める補償費は、消費設備貸与契約を解消した場合に当然に消費者に一方的に生じる性質のものであり、違約金にほかならないとし、消費者契約法9条1号の違約金にあたるとしたうえ、設備費用は元々LPガス供給のための消費設備貸与契約とは無関係に支出したものであること、解約によって新たな費用が生じないこと、原状回復の必要自体ないこと等から平均的な損害がないとし、合意が無効であるとし、控訴を棄却したものである。

判決文

ウ　翻って、控訴人の主張に従い控訴人側の意図を忖度してみるに、LPガス消費設備及び給湯器の貸与契約が中途解約になった場合に、控訴人があらかじめ建物の外壁を貫通させ床下等に敷設していたLPガス消費設備等が現に使用されている状態である以上は今更これを建物から撤去するのは現実問題として困難な場合が多いであろうことから、むしろその撤去に代えてその残存価値を実質上の売買代金相当額として回収すべく本件補償費を徴求することとしたものであるということになるので

313

あろうが、その意図どおりにこれを回収することができた場合であっても、当然にLPガス消費設備及び給湯器の所有権が被控訴人らに変動するとか、控訴人が被控訴人らに対して当然にこれを放棄するなどの定めは見当たらないのである。

そうであれば、本件の補償費の定めは、契約上はLPガス消費設備の価格補填の目的（控訴人のいうところの実質的な売買あるいは利益の調整）に出たものと解することはできず、単に被控訴人らが本件貸与契約を解約したときには何の対価もなく当然に被控訴人ら側に発生する金銭支払義務を定めたもので、その実体を直視する限りは、解約を原因として金銭の支払義務が一方的に発生するもの、すなわち解約に伴う違約金の定めと解すべきものである。

エ　そして、本件の各貸与契約が締結されたのは消費者契約法が施行された後であるところ、被控訴人らはいずれも同法所定の消費者と認められることは上記認定から明らかであるから、貸与契約についても同法の適用があり、本件補償費の実体が違約金と認められる以上は、同法9条1号により、貸与契約の解消により業者に生ずべき平均的な損害を超えて定められた違約金部分は無効というほかはない。

オ　進んで、貸与契約の解消により業者である控訴人に生ずべき平均的な損害について検討する。

控訴人は、被控訴人らとの間でLPガス消費設備及び給湯器の貸与契約を締結するに先立ち、自らの判断の下に各建物にそれらの設備を設置したのであるから、その設置に要した費用は被控訴人らとの間の解約解消による損害とはなり得ない。

また、契約締結に関する事務処理費用については、契約の中途解約により契約が遡って失効するわけではないし、解約後に格別の費用が発生するというわけでもないから、その費用を損害と認めることはできない。

次に、契約の解消に伴い上記各設備の撤去に要する費用が問題となり得るが、上記認定したLPガス消費設備の敷設状況に照らすと、それらは各建物に付着して独立性を失い、社会経済上も建物と一体となったものとみるのが相当で各建物に付合しており、その所有権は各建物を有償取得した被控訴人らに帰属するものというべきである。控訴人は、その撤去が容易であることなどから付合の成立を争うが、上記説示に照らし採用できない。また、給湯器については、上記認定のとおりLPガス消費設備に接続して居住の用に供する各建物に設置されたものであり、重要事項説明書にも特に異なる記載がなく、また共通仕様書には建物設備として具体的に明記されていることに照らしてみると、各建物を有償取得してその引渡しを受けた被控訴人らにおいて、それが各建物に付属する動産として取得したものと信じてその引渡しを受けてこれを取得したものであり、そう信じるについて過失はないと認めるのが相当である（その取得後に締結された本件貸与契約書には控訴人の所有に属する趣旨の記載があるからといって、善意無過失に関する上記判断を左右しない。）から、被控訴人らは、給湯器について即時取得によりその所有権を取得したものというべきである。

そうすると、控訴人にはLPガス消費設備及び給湯器の貸与に関する契約が終了した場合であっても、被控訴人らの所有に係る上記各設備を撤去すべき義務があるとはいえないから、その撤去に要する費用も控訴人に生ずべき損害ということはできない。
　そして、他に貸与契約の中途解約により控訴人に生ずべき損害の発生をうかがうべき資料もないから、本件各合意に定める補償費はその全額が消費者契約法9条1号の規定により無効というべきであって、被控訴人らにこれを請求することはできないものというべきである。

判決の特徴と意義

　本件は、個人らが建物、敷地を不動産業者から購入した際、LPガスの事業者との間でLPガスの供給契約等を締結したが（契約書上、利用者が自己都合により契約を解約する場合には、給湯器の補償費を支払う旨の条項もあったが、その合意の成否が争点になっている）、その後解約したことから、ガス事業者が合意に基づく補償金の支払を請求した控訴審の事件である。
　本判決は、合意に定める補償費は、消費設備貸与契約を解消した場合に当然に消費者に一方的に生じる性質のものであり、違約金であるとしたこと、消費者契約法9条1号の違約金にあたるとしたこと、設備費用は元々LPガス供給のための消費設備貸与契約とは無関係に支出したものであり、解約によって新たな費用は生じないし、原状回復の必要自体ないこと等から平均的な損害がないとしたこと、合意が消費者契約法9条1号により無効であるとしたことに特徴がある。本判決は、LPガスの供給事業者と消費者との間で供給契約の補償金に関する合意と消費者契約法9条1号との関係が問題になり、同条同号により無効であるとした事例判断を提供するものである。

〔第2部〕 契約類型別の消費者契約と裁判例の検証

㉒ 医療契約

契約の特徴

　医師は古くからの専門的な職業の1つであるが、個人が医師の診察、治療を受ける場合、医師個人、あるいは医師の属する病院（医療法人だけでなく、学校法人等の他の種類の法人の場合もある）との間で医療契約を締結し、医師の診察、治療等を受けたり、看護士等の他の従業員の看護等のサービスの提供を受けることになる。個人が治療を受ける場合、治療の内容によっては事前に説明を受けたり、特定の事態が発生したことにつき同意をする等の内容の書面を作成し、提供することが求められることがある。また、診療科目によっては医師、病院間の競争が激しく、様々な媒体を利用して医師、病院の宣伝広告が行われたり（テレビ、雑誌、インターネットが盛んに利用されている）、様々な機会を利用して勧誘も行われることもないではない。個人が医師等と締結する医療契約は、消費者契約にあたるから、消費者契約法所定の勧誘規定、効力規定の適用を受けるものである。

【裁判例】　東京地判平21・6・19判時2058号69頁
　　　　　〔消費者契約法4条1項、2項：不利益事実の不告知等〕

---【事案の特徴】---

　Yは、仮性包茎であったところ、A医院の包茎手術に興味をもち、A医院に赴き、医師、カウンセラーから包茎手術等の説明を受け、代金180万円で包茎手術を受けることとし、診療契約を締結するとともに、割賦購入あっせん業を営むX株式会社との間で立替払契約を締結し、Yが手術を受けたことから、Xが代金を支払い、Yに対して立替金の支払を請求したのに対し、Yが消費者契約法4条1項、2項による診療契約、立替払契約の取消し、詐欺による取消し、錯誤無効等を主張したものである。

本判決は、手術を受ける者は、特段の事情のない限り、手術が医学的に一般に承認された方法によって行われるものと考えるのが通常であり、医学的に一般的に承認されたものでないときは、消費者契約法4条2項の不利益事実に該当するところ、本件では亀頭コラーゲン注入術は医学的に一般に承認された術式であると認めることはできないところ、Aが故意にその事実を告げなかった結果、Yが医学的に一般に承認された術式であると誤認し、医療契約、立替払契約を締結したことを認め、医療契約、立替払契約の取消しを肯定し、請求を棄却したものである。

判決文

しかしながら、手術を受ける者は、特段の事情のない限り、自己が受ける手術が医学的に一般に承認された方法（術式）によって行われるものと考えるのが通常であり、特段の事情の認められない本件においては、本件診療契約の締結にあたり、被告もそのように考えていたものと認めることができる。そうすると、仮に亀頭コラーゲン注入術が医学的に一定の効果を有するものであったとしても、当該術式が医学的に一般に承認されたものとは言えない場合には、その事実は消費者契約法4条2項の「当該消費者の不利益となる事実」に該当するものと解するのが相当である。そして、原告が証拠提出した各種の文献によっても、コラーゲン注入術の実施例としては、顔面の外傷性瘢痕、術後瘢痕、にきび痕、水痘後瘢痕等に対するものがほとんどであり、包茎手術における亀頭コラーゲン注入術の実施例に関する文献は皆無であることに照らし、亀頭コラーゲン注入術が医学的に一般に承認された術式であると認めることは困難であるというべきである。

もっともこの点、訴外乙野医師は、亀頭直下術においてはコラーゲンの注入は不可避な術式である旨陳述するが、そのような不可避な術式に関し、実施例等に関する医学的な文献が証拠提出されないというのは不可解と言わざるを得ず、訴外乙野医師の同陳述はにわかに採用できない。また、原告は、訴外医院においては亀頭コラーゲン注入術が有用であると認識しており、また、訴外医院以外の大手医療機関でも同術式が採用されている旨主張するが、自己の医院の実施例のみで同術式が医学的に一般に承認されたものと認めることはできないし、原告主張の「大手医療機関」が大学病院等、公共的な性格を有し高度の医療水準を有する医療機関であれば別論、訴外丁原クリニックグループと類似の医療機関が同術式を採用していたとしても、それだけで同術式が医学的に一般に承認されているものと認めることはできないことは勿論である。かえって、《証拠略》によれば、亀頭コラーゲン注入術の有用性については疑問が提起され、消費者被害救済の対象とされているものと認められるのであって、かかる点も合わせ考慮すれば、亀頭コ

〔第2部〕 契約類型別の消費者契約と裁判例の検証

ラーゲン注入術が医学的に一般に承認された術式であると認めることはできない。したがって、この点に関する原告の主張には理由がない。

(3) 【まとめ】 以上によれば、亀頭コラーゲン注入術は医学的に一般に承認されたものではなく、訴外医院は、本件診療契約及び本件立替払契約の締結にあたり、同事実を認識しながら（同術式の実施例に関する医学的な文献がない以上、訴外医院が同事実を認識していたことは明らかである。）、同事実を被告に故意に告げなかった結果、被告は、亀頭コラーゲン注入術が医学的に一般に承認された術式であると誤認して本件診療契約及び本件立替払契約を締結したものであるから、被告は、消費者契約法4条2項により本件立替払契約を取り消すことができる（なお、包茎手術と亀頭コラーゲン注入術は一つの診療契約に基づく一体の手術と認められるから、亀頭コラーゲン注入術に関して被告に誤認があった以上、被告は本件立替払契約全部を取り消すことができると解するのが相当である。）。

判決の特徴と意義

本件は、個人がカウンセラーの説明を受け、医師と特定の手術につき診療契約を締結し、診療代金の支払につき割賦購入あっせん事業者と立替払契約を締結し、手術を受け、診療代金が支払われ、事業者が立替金の支払を請求した事件である。本件は、医師との間の診療契約が問題になったこと、個人が医師らから手術等の説明を受けたこと、診療代金につき割賦購入あっせん業者との間で立替払契約を締結したこと、個人が手術を受けたこと、個人が手術に不満をもったこと、事業者が診療代金を支払ったこと、診療契約・立替払契約につき消費者契約法4条1項、2項による取消しが問題になったことに特徴がある。

本判決は、消費者契約法4条2項の不利益事実の不告知について、手術を受ける者は、特段の事情のない限り、手術が医学的に一般に承認された方法によって行われるものと考えるのが通常であり、医学的に一般的に承認されたものでないときは、消費者契約法4条2項の不利益事実に該当すること、医院の故意による不利益事実の不告知があったこと、消費者が誤認した結果、医療契約・立替払契約を締結したとしたことに特徴があり、医師との間の医療契約および割賦購入あっせん業者との間の立替払契約につき消費者契約法4条2項による取消しを肯定した事例判断を提供するものである。

もっとも、医師の医療行為、治療行為については、行為の結果の的確な予測が困難であることがあること、医師の説明には行為の性質・内容に照らして限界があること、医療・治療には裁量的な判断、選択的な判断が相当にあること等の事情があり、不利益事実、不告知の各要件を判断することが困難であることが多いことから、不利益事実の不告知を肯定した本判決の前記判断の論理、結論には疑問が残る。また、本件では、直接の争点は割賦購入あっせん事業者と消費者との間の立替払契約の効力であり、医師と消費者との間の医療契約の不利益事実の不告知による取消しが立替払契約の無効の効果を生じさせるものではないところ、本判決は、消費者契約法5条1項または2項を適用し、医師を媒介の受託者または代理人として立替払契約の不利益事実の不告知による取消しの効果を生じさせようとするもののようであるが、医療契約と立替払契約とはそれぞれ重要事項が異なるから、この論理によって立替払契約の不利益事実の不告知を認めることには論理の飛躍があり、疑問が残るところである。

㉓ 弁護士の委任契約

契約の特徴

　弁護士は、個人、各種の会社、各種の法人の依頼に応じて法律相談、事件の受任・事務処理を行う専門的な職業であるが、依頼者、相談者との間で委任契約・準委任契約を締結して業務を行うものである（原則として契約書の作成が求められている）。弁護士が依頼を受け、助言をし、事務処理をした場合、その内容が誤っていたりすると、依頼者等に対して債務不履行等に基づき損害賠償責任を負うことがあるが、責任の全部または一部の免責等を内容とする特約を結ぶことがある。また、弁護士が依頼者から受任した事件等の事務処理を始めた後、依頼者が契約を解約する等し、弁護士の事務処理の結果（成果）が依頼者等によって利用されることがあり、このような事態に備えて報酬の支払、あるいは事前に受領した報酬の不返還を内容とする特約を結ぶこともある。さらに、最近は、弁護士、あるいは法律事務所間の競争が激化していること等の事情から、弁護士等が様々な媒体を利用しての宣伝広告が盛んに行う事例が目立つようであり、セミナー、講演会、相談会等の名目で勧誘が行われる等していることから、勧誘をめぐる問題も生じかねないところがある。個人のうち個人事業者でない者が弁護士と結ぶ委任契約・準委任契約は、消費者契約にあたるから、消費者契約法所定の勧誘規定、効力規定の適用を受けるものである。

【裁判例】　横浜地判平21・7・10判時2074号97頁
　　　　　〔消費者契約法9条1号、10条：みなし成功報酬特約〕

――――【事案の特徴】――――

　弁護士Xは、平成15年3月、Yから夫の死亡に伴う遺産分割に係る事務を口頭で受任し、着手金200万円を受領し、他の相続人らと交渉を行った後（別に、Xは、Yから相続税申告事務を受任し、報酬105万円を受

領した)、平成17年1月、家庭裁判所に遺産分割調停を申し立て、調停手続が行われたが、Yが手続の進行等に不満をもつようになり、XとYは、着手金500万円、報酬3000万円、YがXの責によらない事由で解任したときは、委任の目的を達したものとみなし、YはXに報酬の全額を支払う旨の特約(みなし成功報酬特約)の委任契約書を取り交わしたものの、平成17年7月、YがXを解任したため、XがYに対してみなし成功報酬特約による報酬の支払を請求したものである。

　本判決は、本件の解任は、Xの責に帰することができない事由によるものであるとしたものの、合意に係る報酬額が極めて高額であり、成功報酬的な意味合いが強い等とし、履行の割合に応じた報酬額および委任事務処理費用額はせいぜい300万円であるとし、みなし成功報酬特約は、弁護士委任契約が消費者契約であるとしたうえ、損害賠償額の予定または違約金にあたり、消費者契約法9条1号の平均的損害が存在せず、無効であるとし、成功報酬部分の請求を棄却し、未払の着手金の一部の範囲で請求を認容したものである。

判決文

(2)　そこで、本件特約が、消費者契約法9条1号に規定する「消費者契約の解除に伴う損害賠償の額を予定し、又は違約金を定める条項」に当たるかどうかを検討する。

　本件特約は、被告が原告をその責めによらない事由によって解任したときは、委任の目的を達したものとみなし、原告が被告に対し報酬の全額を請求することができる旨を定めるものであり、みなし成功報酬特約と呼ばれるものの一種ということができる(遺産分割事件においては、成功不成功の観念は相対的に希薄であるが、本件の3000万円の報酬は広い意味で成功報酬と呼んで差し支えないと解される。)。これは、直接的には、民法648条3項の特則と理解される条項であり、損害賠償額の予定又は違約金(以下「違約金等」という。)を定めるという形式をとるものではないが、実質的に考えれば、委任者が委任契約を解除した場合の違約金等として機能することは否定し得ないというべきである(みなし成功報酬特約が違約金等の定めとしての実質を有することにつき、栗栖三郎「契約法」545頁、福原忠男「判批」民商法雑誌71巻四号742頁参照)。そして、消費者契約法9条1号の適用上、違約金等の定めに該当するかどうかは、その実質、機能に着目して判断すべきであるから(特定商取引に関する法律49条2項1号に関するものであるが、最高裁平成19年4月3日判決・民集61巻3号967頁参照)、

〔第2部〕 契約類型別の消費者契約と裁判例の検証

本件特約は、「消費者契約の解除に伴う損害賠償の額を予定し、又は違約金を定める条項」に当たるというべきである。

ところで、委任が履行の中途で終了したときの履行の割合に応じた報酬（民法648条3項）及び委任事務処理費用（同法650条1項）の合計額が、着手金の額を超える場合には、当該超過額は、みなし成功報酬によって賄われることになると解される。そうすると、このような超過額が存在する場合に限っては、その限度で、みなし成功報酬特約は、違約金等の定めとしての性質が否定されるものと解されるが、本件に関していえば、履行割合に応じた報酬額及び委任事務処理費用を合わせても着手金の額を超えないことは前述のとおりであるから、本件特約が定める3000万円のみなし成功報酬は、その全額が違約金等としての性質を有することになる。

(3) 進んで、違約金等の性質を有する上記3000万円のみなし成功報酬が、消費者契約法9条1号にいう「平均的な損害の額」（本件委任契約と同種の消費者契約の解除に伴い当該事業者に生ずべき平均的な損害の額）を超えるかどうか、また、超えるとすればその範囲いかんについて、検討する。

ア 消費者契約法9条1号は、上記平均的な損害の額は、対象となる条項において設定された解除の事由、時期等の区分に応じて定めることを規定するところ、本件特約は、解除の事由を原告の責めによらない事由による解任等と定める一方、解除の時期については何の区分も設けていない。したがって、本件においては、遺産分割調停事件を受任した弁護士が、その責めによらない事由によって解任された場合に、当該弁護士に生ずべき損害としてどのようなものがあるかということを考える必要がある。

イ このような損害としては、①当該事件処理のために特別に出捐した代替利用の困難な設備、人員整備の負担、②当該事件処理のために他の依頼案件を断らざるを得なかったことによる逸失利益、③当該事件に係る委任事務処理費用の支出、④当該事件処理のために費やした時間及び労力、⑤本件委任契約の定める報酬を得ることができなかった逸失利益などが考えられる。

そこで、これらを上記「平均的な損害」に加えることができるかどうかを順次検討するに、まず、消費者契約法9条1号が典型的に想定しているのは、上記①、②のような損害であると解されるが、通常の弁護士の業務態勢を想定した場合に、本件遺産分割調停事件の受任のためにこのような損害が通常発生するとは言い難いから、これを平均的損害に加えることはできない。

次に、上記③、④は、通常、着手金によって賄うことが予定されているものと解されるから（本件においても、現実に着手金によって賄われる範囲に収まっている。）、みなし成功報酬によって賄われるべき損害に加えることはできないというべきである。

最後に、上記⑤は、これをそのまま平均的損害に加えてしまうと、中途解除に係る損害賠償額の予定又は違約金を適正な限度まで制限することを意図する消費

者契約法9条1号の趣旨が没却されてしまうことは明らかである。委任事務の大半が終了していながら、受任者の責めに帰することのできない事由により委任契約が解除されたというような場合に、別途、民法130条の適用があり得ることは格別、約定の報酬額を逸失利益として、これをそのまま平均的損害に含めるような扱いは許されないというべきである。

　ウ　以上によれば、本件において、消費者契約法9条1号が定める「平均的損害」は存在しないというべきであり、本件特約は、全部無効である。

判決の特徴と意義

　本件は、個人が弁護士に事件の処理を委任し、依頼者が弁護士の責めによらない事由で解任したときは、委任の目的を達したものとみなし、依頼者が報酬の全額を支払う旨の特約（みなし成功報酬特約）等を内容とする委任契約書を取り交わし、着手金を支払ったが、その後、弁護士を解任したことから、弁護士がみなし成功報酬特約に基づき報酬の支払を請求した事件である。本件は、弁護士と依頼者との間の委任契約が問題になったこと、依頼者が弁護士の責めによらない事由で解任したときは、委任の目的を達したものとみなし、依頼者は弁護士に報酬の全額を支払う旨の特約（みなし成功報酬特約）の効力が問題になったこと、消費者契約法9条1号による無効が問題になったことに特徴がある。弁護士が消費者である依頼者と締結する委任契約は、その内容に照らして消費者契約にあたることは明らかであり、本件は、委任契約中の報酬に関する特約の効力が消費者契約法との関係で問題になったものである。

　本判決は、弁護士の委任契約が消費者契約であるとしたこと、本件の弁護士の報酬額が極めて高額であるとしたこと、弁護士の報酬が成功報酬的な意味合いが強いとしたこと、みなし成功報酬特約は、損害賠償額の予定または違約金にあたり、消費者契約法9条1号の平均的損害が存在しないとしたこと、みなし成功報酬特約が無効であるとしたことに特徴がある。本判決は、弁護士の報酬に関する特約につき消費者契約法9条1号により無効としたものであり、弁護士の実務の現状に照らして、注目される判断を示したということができる。筆者の知る限り、弁護士が自分の業務に係る委任契約につい

て消費者契約法が適用されることを前提とし、同法違反に関するリスクを的確に意識して業務を遂行している者はいないようである。読者諸氏を含め、各種の専門職においては依頼者との間でさまざまな内容の委任契約を締結し、その中でサービスの提供の対価として報酬に関する特約を締結していると推測されるが、報酬の額、要件によっては消費者契約法9条1号、10条により無効とされる可能性があるから、契約締結前の説明、契約の内容につき十分な注意が必要である。

㉔ 放送受信契約

契約の特徴

　日本放送協会と視聴者との間には、放送法を基に放送受信契約を締結することになっているが、テレビを保有する者等の中にはこの契約の締結を拒否し、訴訟が提起される事態になっている事例も相当数を数えるようである。平成29年12月6日には、最高裁大法廷（最判平29・12・6民集71巻10号1817頁）で重要な判決が言い渡される等、公表された裁判例、判例も少なくないようである。放送受信契約の締結を拒否する視聴者の中には、自分の立場を根拠づけるために消費者契約法の問題を主張しているものもあるようであり、そのような裁判例を紹介しておきたい。

裁判例 1

【裁判例】　東京地判平21・7・28判時2053号57頁
　　　　　〔消費者契約法10条：放送受信規約〕

【事案の特徴】

　Y_1、Y_2は、それぞれテレビ受像機を設置していたところ、X協会が放送受信料の支払を求めたのに、これを拒否したため、XがY₁らに対して放送受信契約の成立を主張し、放送受信料の支払を請求したものである。

　本判決は、放送受信契約の成立を認め、Y₁らの主張に係る支払拒絶事由を排斥し、放送受信規約9条の内容、同条が総務大臣の認可を受けたことを考慮し、消費者契約法10条所定の消費者の利益を一方的に害するものとはいえないとし、請求を認容したものである。

325

判決文

(3) 本件各放送受信契約の解約（消費者契約法10条）について

被告らは、放送受信規約9条（原告の放送を受信することのできる受信機を廃止しない限り原告との放送受信契約の解除を禁止する規定）は、消費者契約法10条にいう「民法、商法その他の法律の公の秩序に関しない規定の適用による場合に比し、消費者の権利を制限し、又は消費者の義務を加重する」条項であって、「民法第1条第2項に規定する基本原則に反して消費者の利益を一方的に害するもの」であるから、消費者契約法10条により無効であるところ、被告らは、平成16年4月1日以降、本件各放送受信契約に基づく放送受信料の支払を拒絶することによって、原告に対し、本件各放送受信契約を解約する旨の意思表示をしたのであるから、本件各放送受信契約は、同日をもって解約済みである旨主張する。

しかし、①放送受信規約9条は、放送受信契約の解約を絶対に禁止するものではないこと、②放送受信規約は、あらかじめ総務大臣の認可を受けていること（放送法32条3項）、③放送受信規約は、官報や原告のウェブサイト等により一般に周知されていること（放送受信規約15条、公知の事実）等の各事情に照らせば、放送受信規約9条は、「民法第1条第2項に規定する基本原則に反して消費者の利益を一方的に害するもの」とまでいうことはできない。

したがって、被告らの上記抗弁は理由がない。

判決の特徴と意義

本件は、日本放送協会との間の放送受信契約が問題になったこと、放送受信規約につき消費者契約法10条の該当性が問題になったことに特徴がある。近年、日本放送協会が放送受信料の支払を拒否するテレビ受像機の保有者に対して同受信料の支払を請求する訴訟を多数提起しているようであり、法律雑誌にいくつかの裁判例が公表されており、各訴訟の主要な争点は、放送受信契約の成否であるが、本件は、契約の成否のほか、放送受信規約の消費者契約法10条の該当性が争点になったものである。

本判決は、放送受信契約の成立を認めたこと、放送受信規約が消費者契約法10条所定の消費者の利益を一方的に害するものとはいえないとし、同条の該当性を否定したこと、同規約を有効としたことに特徴があり、その旨の事例判断を提供するものであるが、後記〔裁判例2〕の東京高判平22・6・29判時2104号40頁参照。

> 裁判例2

【裁判例】 東京高判平22・6・29判時2104号40頁
〔消費者契約法10条、11条：放送受信契約・規約〕

―【事案の特徴】―

　前記の東京地判平21・7・28判時2053号57頁（裁判例1）の控訴審判決であり、Y₁らが控訴したものである。
　本判決は、放送受信規約9条は放送受信契約の締結を義務づける放送法32条と同趣旨のことを定めているところ、同条はこれと異なる合意をすることを禁止する強行規定として消費者契約法11条2項にいう法律の別段の定めに該当するとし、消費者契約法10条が適用されうる余地がない等とし、控訴を棄却したものである。

判決文

　オ　消費者契約法10条違反について
　控訴人らは、放送受信規約9条が被控訴人の放送を受信できる受信機を廃止しない限り、原告との放送受信契約の解約を禁止しているのは、消費者契約法10条に定める「民法、商法その他の法律の公の秩序に関しない規定の適用による場合に比し、消費者の権利を制限し、又は消費者の義務を加重する」条項であるから、無効である旨主張する。しかしながら、消費者契約法は、事業者と消費者との情報の質及び量ないし交渉力の格差にかんがみ、事業者と消費者との間で締結された契約について、消費者の利益を不当に害することとなる条項を無効としたり、取り消すことができること等を定めたものであるところ、法32条が放送受信契約の締結を義務づけ、放送受信規約9条はこのことと同趣旨のことを定めるものであって（法32条が適用されることは、消費者契約法11条2項）、法32条は、当事者間でこれと異なる合意をすることを禁止する強行規定と解されることからすれば、そもそも、法32条と異なる契約を締結することができない場合であって、消費者契約法10条が適用され得る余地はないといわなければならない。したがって、控訴人らの上記の主張は、その前提を欠き、採用することはできない。

〔第2部〕 契約類型別の消費者契約と裁判例の検証

判決の特徴と意義

　本件は、日本放送協会との間の放送受信契約が問題になったこと、放送受信契約・規約につき消費者契約法10条の該当性、11条2項の適用が問題になったこと、控訴審判決であることに特徴がある。

　本判決は、放送受信規約9条は放送受信契約の締結を義務づける放送法32条と同趣旨のことを定めているとしたこと、放送法32条はこれと異なる合意をすることを禁止する強行規定として消費者契約法11条2項にいう法律の別段の定めに該当するとしたこと、放送受信契約には消費者契約法10条が適用されうる余地がないとしたことに特徴がある。本判決は、消費者契約法11条2項の適用事例として、放送受信契約を認めたものであり、その旨の事例判断として参考になる。

㉕ 請負契約

契約の特徴

　請負契約は、当事者の一方（請負人、請負業者）がある仕事を完成することを約し、相手方（注文者、発注者）がその仕事の結果に対してその報酬を支払うことを約する類型の契約である。仕事の内容としては、建物の建築が代表的なものであり、様々な物の製作、製造、加工が内容となることも多い。消費者契約に該当する請負契約については、請負人が消費者であることは極めて稀であり、注文者が消費者であることが通常である。請負契約にも消費者契約法所定の勧誘規定、効力規定が適用されることはいうまでもない。

【裁判例】　大阪地判平23・3・4判時2114号87頁
　　　　　〔消費者契約法4条2項：不利益事実の不告知〕

――【事案の特徴】――
　X（大正4年生）は、梵鐘を製作して寺院に奉納することを希望し、平成11年頃以前から、Y株式会社と打合せが行われていたところ、平成19年3月、Yとの間で、「命の鐘」と称する梵鐘を代金2億9000万円で製作する旨の請負契約を締結し、契約金として2億円を支払ったが、Xがその後アルツハイマー型認知症に罹患し、Xにつき成年後見開始審判がされ、Xの子Aが後見人に選任されたことから、Aが後見人として、本件請負契約を取り消し、Yに対して既払いの2億円の返還を請求したものである。
　本判決は、本件請負契約が消費者契約に該当するとしたうえ、Yは、Xの既払金は契約解除の場合にはそのまま違約金になるにもかかわらず、そのことを故意に告げなかったことにより、Xをその旨誤信させ、本件請負契約を締結させたものであり、消費者契約法4条2項の取消事

〔第2部〕 契約類型別の消費者契約と裁判例の検証

由があるとし、本件請負契約の取消しを認め、請求を認容したものである。

判決文

2 消費者契約法4条の取消事由の存否（争点(1)ウ）について
(1) 本件請負契約は、消費者契約法2条の定める消費者契約に当たる。

同法は、その4条2項において、消費者は、事業者が消費者契約の締結について勧誘をするに際し、当該消費者に対してある重要事項又は当該重要事項に関連する事項について当該消費者の利益となる旨を告げ、かつ、当該重要事項について当該消費者の不利益となる事実（当該告知により当該事実が存在しないと消費者が通常考えるべきものに限る。）を故意に告げなかったことにより、当該事実が存在しないとの誤認をし、それによって当該消費者契約の申込み又はその承諾の意思表示をしたときは、これを取り消すことができると規定しているところ、その趣旨は、事業者が消費者に対し契約の締結を勧誘するに当たり、事業者から消費者に対し、当該消費者において契約を締結するという意思決定をするうえで必要な情報の提供が適切にされないまま契約が締結されるなど、消費者が事業者の不適切な勧誘行為に影響されて自らの欲求の実現に適合しない契約を締結した場合には、民法上の詐欺が成立しないときであっても、消費者が当該契約に拘束されることは衡平を欠くことから、消費者に当該契約の効力を否定する手段を与えたものである。

(2) 本件請負契約については、平成19年2月28日の時点で、CCを介して原告と被告との間で基本的な部分が約定され、同年3月1日は原告から被告に対し請負代金の一部として2億円が支払われている。

しかしながら、製作される梵鐘は、外口径11尺0寸（約3333mm）という巨大なものであること、寺院等でない一個人である原告が注文者であること、約定の期間の後には梵鐘が完成されるにもかかわらず、この時点で、完成した梵鐘を奉納し、設置する場所が未確定であるというのは、寺院等でない一個人が注文者となる契約であることも考えると極めて異例なことといわざるを得ない。そして、請負人である被告の側においても、そのような例は経験がなく、梵鐘の奉納場所が予め確保される前にこれを製作するのは無理なことであるとの認識が従前からあったことに鑑みると、本件請負契約において、完成した梵鐘を奉納し、設置する場所に係る約定は、仕事の内容、請負代金、製作期間等と同様に、契約内容のうち重要な部分をなすものというべきである。そうすると、原告と被告との間の本件請負契約は、本件契約書が作成された時点である同月16日において締結され、成立したものと認定するのが相当である。

そして、前記認定事実のとおり、同年3月1日に原告から被告に対し支払われた2億円について、本件契約書（5条）では、中途解約時の解約金ないし違約金

であることが初めて明確にされており、その名目が単なる契約金ないし前金とは異なるものに変更されているにもかかわらず、CC が原告にそのことを告げたとの事実は認められない。

　CC は、このようにして、原告から前払いされた 2 億円が契約解除の場合にはそのまま違約金になるにもかかわらず、そのことを故意に告げなかったことにより、原告にそのことを誤信させ、本件請負契約書に署名押印をさせ、本件請負契約の締結に至らせたものであるから、本件請負契約については消費者契約法 4 条 2 項の取消事由（重要事項に係る不利益事実の不告知）があるものというべきである。

判決の特徴と意義

　本件は、梵鐘製作の請負契約が問題になったこと、高齢者が締結した契約が問題になったこと、高額な契約が問題になったこと、契約の締結後、高齢者につき成年後見が開始されたこと、消費者契約法 4 条 2 項の適用が問題になったことに特徴がある。

　本判決は、消費者契約法 4 条 2 項所定の重要事項につき消費者に不利益な事実を故意に告げなかったことにより、消費者を誤認させたことを認め、取消事由を肯定したものであり、その旨の事例判断を提供するものであるが、高齢者の取引であること、常識外の高額な取引であることに特殊性があることに留意すべきである。

㉖ 悪質取引

契約の特徴

　個人が日常的に行う取引の中には、取引の勧誘形態、取引の内容、取引の目的・必要性、取引の方法、取引の履行状況、事業者の属性等の事情から、悪質取引と評価されるものがある（悪徳商法、悪質商法、不正取引などと呼ばれることもある）。悪質取引であっても、取引の当事者等を考慮して消費者契約に該当するものであれば、消費者契約法が適用され、勧誘規定、効力規定が適用されることはいうまでもないが、民法90条、709条等の従来利用されてきた法理によることがより効果的なことがある。悪質取引に対して消費者契約法がどの程度機能するかは、今後の利用状況を見守ることが重要である。

【裁判例】　名古屋高判平21・2・19判時2047号122頁
〔消費者契約法4条1項、3項：退去妨害による困惑、不実の告知〕

【事案の特徴】

　Xは、信販業を営むY有限会社の加盟店Aの従業員の勧誘を受け、指輪等の宝飾品の売買契約を締結し、Yとの間で、購入代金に係る立替払契約を締結したが、XがYに対して公序良俗違反、退去妨害による困惑、不実の告知による誤認に係る取消し（消費者契約法5条1項が準用する4条1項、3項2号）に基づく不当利得の返還（既払割賦金の返還）、加盟店の行為の調査義務違反による不法行為に基づき損害賠償を請求したのに対し、Yが反訴として未払割賦金の支払を請求したものである（第1審において、Z株式会社がYから事業譲渡を受け、いっさいの債権債務を承継し、当事者参加し、Yは訴訟から脱退した）。

　第1審判決は、Xの主張をすべて排斥し、Xの本訴請求を棄却し、Z

の反訴請求を認容したため、Xが控訴したものである。

本判決は、本件売買契約は女性販売員との交際が実現するような錯覚を抱かせ、高額な宝飾品を販売するいわゆるデート商法という著しく不公正な方法による取引であり、公序良俗に反して無効であり、割賦販売法30条の4第1項により、Xは、未払割賦金の支払を拒むことができるとし、原判決を変更し、ZのXに対する反訴請求を棄却し、本件売買契約が無効であることにより、本件立替払契約も目的を失って失効するとし、XのZに対する既払割賦金返還請求を認容し、不法行為を否定し、損害賠償請求を棄却したものである。

判決文

これらの背景事実、制度の仕組等を総合すると、本件売買契約の公序良俗違反の無効により、売買代金返還債務が発生したところ、本件の事情の下では、本件クレジット契約は目的を失って失効し、控訴人は、不当利得返還請求権に基づき、既払金の返還をその支払の相手先である斡旋業者（ジーシーを承継した被控訴人）に対して求めることができるというべきであり、これを斡旋業者側からいえば、斡旋業者は、この仕組みに具体的に一定程度関わりを持っていたのであるから、それにもかかわらず、売買契約の無効には無関係であるとか、本件クレジット契約は本件売買契約に原則として左右されない等として、既払金の返還請求を拒否することは本件の事情の下では理由のないことであるといわなければならない。

そうなると、斡旋業者は、シェルに既払いの立替金の返還を求めることになるところ、それは実効性が期待できないが、まさにこのような危険の負担を購入者だけ負わせるのは不都合であるということが出発点であるから、このような結果もやむを得ないと解される。翻ると、斡旋業者の手数料収入の中には、このような場合の損失への対応も折り込み済みであるとも考えられる。

オ　よって、控訴人は、被控訴人に対し、既払金の返還請求をすることが可能であるというべきである（したがって、消費者契約法5条1項に基づく本件クレジット契約の取消しの可否を論ずるまでもなく、控訴人の被控訴人に対する不当利得返還請求が認められる。）。

判決の特徴と意義

本件は、宝飾品の売買契約の締結に伴う購入代金に係る立替払契約について、公序良俗違反、退去妨害による困惑、不実の告知による誤認に係る取消

し（消費者契約法5条1項が準用する4条1項、3項2号）が問題になった控訴審の事件である。なお、第1審判決は、立替払契約の無効、取消しに関する主張を排斥したものである。

　本判決は、立替払契約の前提になっている宝飾品の売買契約は女性販売員との交際が実現するような錯覚を抱かせ、高額な宝飾品を販売するいわゆるデート商法という著しく不公正な方法による取引であるとしたこと、デート商法は公序良俗に反して無効であるとしたこと、消費者が割賦販売法30条の4第1項により、未払割賦金の支払を拒むことができるとしたこと、売買契約が無効であることにより、立替払契約も目的を失って失効するとしたこと、既払金の返還請求も認めたことに特徴がある。本判決は、消費者契約法所定の取消しを判断するまでもなく、デート商法に係る公序良俗違反を認めたものとして参考になる。

第 3 部

差止請求訴訟の動向と裁判例の実情

1　はじめに

　消費者契約をめぐるトラブルには、適格消費者団体が関係することがあり、既に紹介した裁判例の中には、適格消費者団体が原告になって提起した訴訟の裁判例もある。

　適格消費者団体や差止請求訴訟については、消費者契約法に関係する規定があり、適格消費者団体は、消費者契約法に基づき認定された団体であるが、適格消費者団体が原告となって提起する差止請求訴訟は、消費者契約法に関係するものに限られるものではない。たとえば、特定商取引に関する法律（特商法）においては、適格消費者団体は、訪問販売（特商法58条の18）、通信販売（同法58条の19）、電話勧誘販売（同法58条の20）、連鎖販売取引（同法58条の21）、特定継続的役務提供（同法58条の22）、業務提供誘引販売取引（同法58条の23）、訪問販売（同法58条の24）について差止請求権が認められ、不当景品類及び不当表示防止法においては、優良誤認表示等（同法30条）について差止請求権、食品表示法においては、食品表示基準違反（同法11条）について差止請求権が認められている。

　消費者契約法における差止請求制度の概要は、差止請求権の内容（消費者契約法12条、12条の2）、適格消費者団体の認定等（同法13条ないし22条）、差止請求関係業務等（同法23条ないし29条）、適格消費者団体に対する監督（同法30条ないし35条）、補則（同法36条ないし40条）、訴訟手続等の特例（同法41条ないし47条）の諸規定が設けられている。現在（平成31年4月現在）、全国で19団体が適格消費者団体の認定を受けている。

　適格消費者団体が差止請求権を行使する場合、どのような要件が必要であるか、どのような内容の差止めを請求することができるか、どのような手続によって差止請求をする必要があるかが主要な問題である。

2　差止請求の要件

　差止請求の要件については、消費者契約法12条、12条の2が定めるところであり、基本的な規定は、同法12条1項、3項であり、①事業者、受託者等又は事業者の代理人もしくは受託者等の代理人が、消費者契約を締結するに

際し、不特定かつ多数の消費者に対して4条1項から4項までに規定する行為（消費者契約法4条2項に規定する行為については、同項ただし書の場合に該当するものを除く）を現に行いまたは行うおそれがあるとき（同法12条1項。なお、同条2項参照）、あるいは②事業者またはその代理人が、消費者契約を締結するに際し、不特定かつ多数の消費者との間で8条から10条までに規定する消費者契約の条項（同法8条1項1号または2号に掲げる消費者契約の条項については、同条2項の場合に該当するものを除く）を含む消費者契約の申込みまたはその承諾の意思表示を現に行いまたは行うおそれがあるとき（同法12条3項。なお、同条4項参照）である。なお、いずれの場合であっても、民法および商法以外の他の法律の規定によれば当該行為を理由として当該消費者契約を取り消すことができないときは、差止請求をすることは認められない（同法12条1項ただし書、2項ただし書）。

　また、要件については、差止請求の制限として、消費者契約法12条の2第1項所定の事由が認められており、これらの事由がある場合には、差止請求をすることができないとされている。

　請求することができる差止めの内容については、当該行為の停止もしくは予防または当該行為に供した物の廃棄もしくは除去その他の当該行為の停止もしくは予防に必要な措置である（消費者契約法12条1項、3項。なお、同条2項、4項参照）。

　適格消費者団体が消費者契約の締結等を業とする事業者に対して差止請求をする場合、原則として、当該事業者を被告として訴訟を提起する前に、事前に書面によって差止めを請求をすることが必要であり、当該書面が当該事業者に到達した時から1週間を経過した後にはじめて訴訟を提起することができるとされている（消費者契約法41条1項本文。なお、同条項ただし書、同条2項参照）。また、そのほかにも、訴訟手続の特例が定められている（同法42条ないし47条）。

3　事業者としての対応

　適格消費者団体による差止請求については、前記の各要件を満たすことが必要であるが、事業者等が適格消費者団体から差止請求を受けたり、差止請

求訴訟を提起された場合にどのような対応をとるかは、もちろん、個々の事案ごとに検討し、判断するほかはない。適格消費者団体が差止請求をすることができる場合は、消費者契約法等の法律（前記のとおり、現在のところ、消費者契約法のほかには、特定商取引に関する法律、不当景品類及び不当表示防止法、食品表示法に限定されている。なお、本書では、消費者契約法を前提として説明している）が差止請求を認める事例（法律上認められている要件の場合）に限られている。事業者等としては、適格消費者団体が差止請求する内容等を踏まえ（適格消費者団体が通知する書面に、請求の要旨、紛争の要点等を記載することが必要である。消費者契約法41条1項）、差止請求に応じるか、拒否するかを検討し、判断することが必要であるが、この期間は、最短で1週間である（同法41条1項）。この1週間の期間が経過すると、適格消費者団体が即日差止請求訴訟を提起しなければならないわけではなく、事業者等の対応によっては適格消費者団体との協議の機会もあり得るし、協議による解決が図られる事例もある。

4　適格消費者団体としてのあるべき対応

　適格消費者団体が差止請求をするにあたっては、事前に請求が認められる蓋然性につき事実上、法律上の観点から検討を行い、差止請求が認められると判断して行われるはずである。しかし、実際には、本書で紹介しているように、適格消費者団体が原告になって提起した訴訟において、敗訴判決を受け、確定した事例も相当数公表されているから、事実上または、あるいはおよび法律上根拠がなかったと判断される事例が相当数あったことになる。事業者等にとっては、一般的に訴訟を提起され、応訴を余儀なくされると、相当の負担、損失を強いられるだけでなく、適格消費者団体から訴訟を提起されたことによる信用の毀損、事業価値の低下が生じることもあり得る。事業者等としては、従来から、訴訟の提起・追行が不法行為になり得る法理（民法709条を根拠とするものであり、従来から判例、多数の裁判例が公表されている）、仮処分の執行が不法行為になり得る法理（これも同様に、従来から判例、多数の裁判例が公表されており、仮処分が取り消されたような場合には、不法行為上の過失が事実上推定されるとの法理も認められている）を援用し、適格消費

者団体、差止請求を行うことに関与した者に対して損害賠償責任を追及することが可能である。また、適格消費者団体の差止請求には、法律上の制限が加えられているところであり（消費者契約法12条1項ないし4項の各ただし書、12条の2があり、特に12条の2の制限規定は重要である）、この制限に該当する場合には、差止請求の却下事由、棄却事由に該当するだけでなく、この制限規定の検討、判断の事情によっては不法行為に該当するものとして、損害賠償責任の根拠になり得るものである。さらに、適格消費者団体は、内閣総理大臣（消費者庁）の監督を受けることになっており（同法30条ないし35条）、監督等につき消費者庁によってガイドライン（「適格消費者団体の認定、監督等に関するガイドライン」）も作成、公表されているほか、罰則も設けられているところであり（同法49条ないし53条）、事情によってはこれらの諸規定の適用を求めることもあり得る。

5　特定適格消費者団体の今後

なお、本書においては紹介する裁判例が登場していないことから、裁判例を紹介していないが、消費者契約法については、消費者の財産的被害の集団的な回復のための民事の裁判手続の特例に関する法律（消費者裁判特例法）が制定、施行されていることは既に紹介したところである。消費者裁判特例法に基づき訴訟を提起することができるのは、特定適格消費者団体のみであるが、この認定、監督等に関する諸規定は、消費者契約法ではなく、消費者裁判特例法に設けられている（65条ないし87条）。現在（平成31年4月）のところ、特定適格消費者団体として認定されている消費者団体は、3団体である。今後、特定適格消費者団体の提起した訴訟による判決等につき裁判例として公表される事例も登場することがあろう。

6　裁判例一覧

適格消費者団体が原告となった裁判例も既に第2部の契約の類型別の箇所で紹介したところであるが、最後にまとめて差止請求に係る裁判例を紹介しておきたい。

【裁判例1】　京都地判平21・4・23判時2055号123頁（251頁参照）
〔事案の特徴〕　貸金業を営むY株式会社は、貸金について、借主が期限前に貸付金を完済する場合、返済する残元金に対して3％の違約金を支払う旨の条項（早期完済違約金条項）の規定される借用証書を利用しているところ、適格消費者団体であるX・NPO法人は、Yに対して前記条項が消費者契約法10条に該当すると主張し、同法12条に基づき契約締結の停止、借用証書の用紙の廃棄等を請求したものである。

　本判決は、早期完済条項は、利息制限法上の制限利率を超える約定利息を定めた金銭消費貸借契約が存在する場合には、消費者の義務を加重するものである等とし、消費者契約法10条に該当するとし、請求を一部認容したものである。

【裁判例2】　京都地判平21・9・30判時2068号134頁・判タ1319号262頁
　　　　　　（177頁参照）
〔事案の特徴〕　不動産賃貸業を営むY株式会社は、不特定多数の消費者との間で定額補修分担金条項の入った契約書を利用して賃貸借契約を締結していたところ、適格消費者団体であるX・NPO法人はYに対して消費者契約法12条に基づき契約の申込み等の禁止、契約書用紙の破棄等を請求したものである。

　本判決は、定額補修分担金条項が消費者契約法10条により無効である等とし、契約締結時における定額補修分担金条項を含む契約の申込み等の禁止請求を認容し、他の請求を棄却し、却下したものである。

【裁判例3】　京都地判平23・12・13判時2140号42頁（73頁参照）
〔事案の特徴〕　Y_1株式会社、Y_2株式会社は、それぞれ将来の冠婚葬祭に備え、月掛金を前払で積み立て、途中解約の際には支払金額から所定の手数料を差し引いた解約払戻金を請求することができるなどの旨の条項を含む約款を利用した互助会方式の冠婚葬祭事業を営んでおり、X_2、X_3らがそれぞれY_1、Y_2と互助会契約を締結していたところ、適格消費者団体であるX_1・NPO法人がY_1、Y_2に対して解約金条項につき消費者契約法9条1号、10条

に該当すると主張し、互助会契約の締結の差止め、契約書用紙の破棄、従業員への破棄の指示、X_2らがY_1らに対して解約金条項の無効を主張し、解約金相当額の返還を請求したものである。

本判決は、本件各解約金条項に消費者契約法が適用されるとしたうえ（同法11条2項、12条3項ただし書が適用されないとした）、冠婚葬祭事業者の会員募集費、会員管理費、物的設備費、逸失利益等の事情を考慮し、Y_1については月掛金を1回振り替えるごとにY_1が負担した58円の振替費用が同法9条1号所定の平均的な損害であるとし、これを超える部分が無効であり、Y_2については解約金条項は無効である等とし、X_1らの請求を認容したものである。

【裁判例4】　京都地判平24・3・28判時2150号60頁（291頁参照）

〔事案の特徴〕　電気通信事業を営むY株式会社は、契約期間を2年間とする定期契約とし、基本使用料金を通常の契約の半額とし、期間内に解約する場合には、消費者の死亡後の一定期間内に解約する場合等を除き、9975円の解約金（消費税込み）を支払う、契約締結から2年が経過すると、自動的に更新され、以後、消費者は解約に際して、更新時期となる2年に一度の1カ月間に解約を申し出ない限り、前記と同額の解約金を支払うとの条項を含む携帯電話利用サービスを提供する等して携帯電話事業を行っていたところ、適格消費者団体であるX_1・NPO法人がYに対して解約金条項が契約期間内の損害賠償額の予定または違約金にあたるとし、消費者契約法9条1号、10条に該当すると主張し、前記条項を含む契約の締結の差止めを請求し、Yと利用契約を締結し、前記条項に基づき違約金を支払ったX_2、X_3らがYに対して前記条項が無効であると主張し、不当利得の返還を請求したものである。

本判決は、消費者契約法9条1号については、平均的な損害は個々の事業者に生じる損害について契約の類型ごとに算出すべきであるとし、本件契約については平均的な損害は基本使用料金の割引分の契約期間開始時から中途解約時までの累積額が算定基礎となり、更新前の中途解約による平均的な損害は合計3万240円であるとし、更新後も同様であるとし、同法10条については、前段に該当するものの、後段の消費者の利益を一方的に害するものと

はいえず、Yが消費者に解約金条項の性質を明確に説明すること等から、同条に該当しないとし、請求を棄却したものである。

【裁判例5】 東京地判平24・7・5判時2173号135頁・金商1409号54頁（193頁参照）
〔事案の特徴〕 不動産業を営むY株式会社は、建物の賃貸借契約を締結するにあたって、契約の更新の際に賃料等の1カ月相当額を更新料として支払う旨の条項、明渡しが遅延した場合には賃料等相当額の2倍の損害賠償額の予定を定めた条項、これを上回る損害が発生した場合には特別損害として支払う旨の条項が記載された契約書を利用していたことから、適格消費者団体であるX・NPO法人がYに対して前記契約条項を内容とする意思表示を行ってはならないなどの差止めを請求したものである。

本判決は、前記各条項が消費者契約法10条、9条1号に該当しないとし、請求を棄却したものである。

【裁判例6】 京都地判平24・7・19判時2158号95頁（293頁参照）
〔事案の特徴〕 電気通信事業を営むY株式会社は、契約期間を2年間とする定期契約とし、基本使用料金を通常の契約の半額とし、自動更新する前に期間内に解約する場合には、9975円の解約金（消費税込み）を支払うなどの条項を含む携帯電話利用サービスを提供する等して携帯電話事業を行っていたところ、適格消費者団体であるX$_1$・NPO法人がYに対して解約金条項が契約期間内の損害賠償額の予定または違約金にあたるとし、消費者契約法9条1号、10条に該当すると主張し、前記条項を含む契約の締結の差止めを請求し、Yと利用契約を締結し、前記条項に基づき違約金を支払ったX$_2$、X$_3$らがYに対して前記条項が無効であると主張し、不当利得の返還を請求したものである。

本判決は、本件解約金条項は損害賠償額の予定または違約金に該当するところ、消費者契約法9条1号の平均的な損害は、本件契約が締結または更新された日の属する日から数えて22カ月目の月の末日までに解約がされた場合、解約者に支払義務があることを定める部分は有効であるものの、23カ月

目以降に解約した場合、その一部が無効であるとし、同法10条については、前記と同様な範囲で同条に該当するとし、Xの請求を認容した。

【裁判例7】　大阪地判平24・11・12判時2174号77頁・判夕1387号207頁・金商1407号14頁（196頁参照）
〔事案の特徴〕　不動産業を営むY株式会社は、賃貸借契約を締結するにあたって、解散、破産、民事再生、会社整理、会社更生、競売、仮差押え、仮処分、強制執行、成年被後見人、被保佐人の宣告や申立てを受けたときは、賃貸人が直ちに解除できる旨の解除条項、損害金条項、賃借人が家賃を滞納したときは定額の催告料を支払うなどの旨の条項が記載された契約書を利用していたことから、適格消費者団体であるX・NPO法人がYに対して前記契約条項につき消費者契約法9条、10条に該当する等と主張し、当該契約条項を利用する意思表示を行ってはならないなどの差止めを請求したものである。

　本判決は、本件解除条項のうち後見開始または保佐開始の審判や申立てがあったときに解除を認めることは消費者契約法10条に該当するとしたものの、他の条項については賃借人の負担を加重していても、信義則に反するものではない等とし、同法10条、9条の適用を否定し、請求を一部認容したものである。

【裁判例8】　京都地判平24・11・20判時2169号68頁（295頁参照）
〔事案の特徴〕　移動体通信事業を営むY株式会社は、契約期間を2年間とする定期契約とし、2年経過後は自動更新し、更新月の翌月、翌々月の基本使用料金は無料とする、契約期間内に解除する場合には、9975円の解除料を徴収する、更新月に解約した場合には解除料の支払を要しないとの条項を含む携帯電話利用サービスを提供する等して携帯電話事業を行っていたところ、適格消費者団体であるX・NPO法人がYに対して解除料条項が契約期間内の損害賠償額の予定または違約金にあたるとし、消費者契約法9条1号、10条に該当すると主張し、前記条項を含む契約の締結の差止めを請求したものである。

本判決は、消費者契約法9条1号について、平均的な損害を超えるかは、逸失利益の考慮が許されるのが原則であり、本件につきこれを修正する法律上の明文の規定はないから、逸失利益を考慮することができるとし、通信料等に関する収入と費用を除き、基本使用料、オプション料、保証料等の固定的な費用を基礎に逸失利益を算定する等し、当初の解除料、更新後の解除料が平均的な損害を超えないとして同条1号に反しないとしたうえ、同法10条について、信義則に反して消費者の利益を一方的に害するとはいえないとし、同条の該当を否定し、請求を棄却したものである。

【裁判例9】　大阪高判平24・12・7判時2176号33頁（299頁参照）

〔事案の特徴〕　前記の京都地判平24・3・28判時2150号60頁（裁判例4）の控訴審判決であり、X_1らが控訴したものである。

本判決は、基本的に第1審判決を引用し、消費者契約法9条1号の平均的な損害は2万4800円であるとし、当初解約金条項、更新後解約金条項がこれを下回るから、同号に該当しないとし、同法10条に該当しないとし、控訴を棄却したものである。

【裁判例10】　名古屋地判平24・12・21判時2177号92頁（147頁参照）

〔事案の特徴〕　Y学校法人は、A専門学校を運営し、学則、学費返金に関する規定において入学を許可された者は、授業料、教育充実費、施設・設備維持費各1年分、教材費を指定された日までに納入する、3月31日までに入学辞退を申し出、かつ返金手続をとった場合には返金するが、AO入試、推薦入試、専願での一般・社会人入試、編入学の場合には返金しない旨を定めていたため、適格消費者団体であるX・NPO法人がYに対してAO入試等の場合には学費を返金しない条項を含む契約の申込み、承諾の意思表示の差止め等を請求したものである。

本判決は、専門学校についても大学の場合と別異に解する理由がないとし、在学契約の解除が3月31日までになされる場合には、原則として平均的な損害は存しないから、不返還条項中、学費の返還を要しないとする部分は消費者契約法9条1号により無効であるとし、請求を認容したものである。

【裁判例11】　大阪高判平25・1・25判時2187号30頁（78頁参照）
〔事案の特徴〕　前記の京都地判平23・12・13判時2140号42頁（裁判例3）の控訴審判決であり、Y_1、Y_2が控訴し、Xが附帯控訴したものである。

　本判決は、Y_1の解約金条項については、消費者契約法9条1号の平均的な損害は、契約の締結および履行のために通常要する平均的な額であり、現実に生じた費用の額ではなく、同種契約において通常要する必要経費の額を指すものであり、必要経費とは契約の相手方である消費者に負担させることが正当化されるものであり、会員の募集・管理に要する人件費、会員募集に要するその他の費用、会員管理に要するその他の費用、親睦会費を検討し、月掛金を1回振り替えるたびにY_1が負担する振替費用60円、年2回の会誌、年1回の入金状況通知書の作成・送付費用14.27円が平均的な損害になるとし、これを超える部分は同号により無効であるとし、同法10条には該当しない等とし、Y_2の解約金条項については第1審判決を引用し、Y_1の控訴に基づきY_1に関する原判決を変更し、請求を認容し、Y_2の控訴を棄却したものである。

【裁判例12】　東京高判平25・3・28判時2188号57頁（199頁参照）
〔事案の特徴〕　前記の東京地判平24・7・5判時2173号135頁・金商1409号54頁の控訴審判決（裁判例5）であり、Xが控訴したものである。

　本判決は、更新料特約、賃料等の倍額賠償予定特約が消費者契約法9条1号、10条に該当しないとし、控訴を棄却したものである。

【裁判例13】　大阪高判平25・3・29判時2219号64頁（301頁参照）
〔事案の特徴〕　前記の京都地判平24・7・19判時2158号95頁（裁判例6）の控訴審判決であり、X_1ら、Yが控訴したものである。

　本判決は、本件解約金条項は、消費者契約法9条1号については、逸失利益を損害額に含める等したうえ、中途解約した契約者の平均解約時期は契約締結時または更新時から11.59カ月が経過した時点であり、2年間の契約期間から前記期間を控除した月数は12.41カ月であると認め、平均的損害は、1カ月ごとの逸失利益4000円に12.41カ月を乗じた4万9640円であり、解約

〔第3部〕　差止請求訴訟の動向と裁判例の実情

金条項所定の9975円は平均的な損害を超過しない範囲にとどまるとし、同法9条1号に該当せず、同法10条については、同条後段の要件に該当しないとし、X₁らの控訴を棄却し、Yの控訴に基づき原判決中Yの敗訴部分を取り消し、請求を棄却したものである。

【裁判例14】　大分地判平26・4・14判時2234号79頁（149頁参照）
〔事案の特徴〕　Y学校法人は、大学受験予備校を運営しており、予備校生と在学契約を締結し、入学規定において入学、入寮を辞退したときは、3月31日までに返金手続をとること（契約を解除すること）によって授業料、入学金、入寮費を含む全額を返金し、4月1日以降一定の日までに返金手続をとることになっていたところ、入学金、入寮費を除き返金するなどの内容が定められていたため（当該日以降の解除の場合には、授業料全額を返還しない条項があった）、適格消費者団体であるX・NPO法人がYに対して不返還条項が消費者契約法9条1号、10条に該当し、無効であると主張し、授業料全額を返還しない前記条項を含む契約の申込み、承諾の意思表示の差止め等を請求したものである。

本判決は、1人の希望者との間で在学契約を締結したために別の1人の希望者との在学契約締結の機会が失われたとの関係はおよそ認められないものであり、1人の消費者が在学生としての地位を取得した後にこれを解除した場合、予備校としていくらかの損害を被ることはありうるとしても、中途入学者を受け入れること、その他の事前の対策を講じることは十分に可能であり、少なくとも本件不返還条項が定めるような、当該消費者が納付した解除後の期間に対応する授業料全額について一般的、客観的に損害を被ることにはならないとし、平均的な損害を超えるものとして消費者契約法9条1号に該当する等とし、請求を認容したものである。

【裁判例15】　京都地判平26・8・7判時2242号107頁（62頁参照）
〔事案の特徴〕　婚礼、披露宴の企画、運営等を業とするY株式会社は、5店舗を経営し、挙式披露宴の1年以上前から挙式披露宴実施契約を締結していたが、契約の内容となる約款には、消費者は申込金10万円を支払い、消費者

346

の都合により契約を解除する場合には、所定のキャンセル料を支払う等の内容の規定（キャンセル条項。判決文の末尾に添付された別紙1に詳細に記載されている）があったところ、適格消費者団体であるX・NPO法人がYに対してキャンセル条項が消費者契約法9条1号に該当し、無効であると主張し、キャンセル条項を含む契約の申込み、承諾の意思表示の差止め等を請求したものである。

本判決は、消費者契約法9条1号の平均的な損害には逸失利益も含まれるところ、本件キャンセル条項の各項目を検討し、本件契約が解除されなかったとした場合の得べかりし利益であり、その算定は本件契約に係る粗利益率を乗じて行うことが合理的であるとし、解除された本件契約のうち再販売があったものの損益相殺を行い、本件キャンセル料が平均的な損害を超えないとし、無効とはいえないとし、請求を棄却したものである。

【裁判例16】 福岡地判平26・11・19判時2299号113頁（80頁参照）
〔事案の特徴〕 X・NPO法人は、適格消費者団体であり、Y株式会社は、冠婚葬祭諸儀式の施行を目的とする個人、法人を会員組織とし、会員の募集、管理、冠婚葬祭諸儀式の施行等を業とする事業者であり、Yは、会員が将来行う冠婚葬祭に備え、所定の月掛金を積み立て、冠婚葬祭に係る役務等の提供を受ける権利を取得し、Yが役務等を提供する義務を負う等の内容の契約（本件互助会契約）を締結し、事業を行っており、本件互助会契約は、役務等の内容ごとにいくつかのコースが設定され、コースごとに契約金額、払込回数（120回と90回のものがある）等が異なるが、会員が本件互助会契約を解除した場合には、月掛金残高から払込回数、コースごとに所定の手数料を差し引いた金額を支払う旨の条項（本件解約金条項）が定められているところ、XはYに対して平成24年11月29日、本件解約金条項に関し、消費者契約法41条1項所定の書面により差止請求をしたうえ、同法12条3項に基づき本件解約金条項を内容とする意思表示の差止め等を請求したものである。

本判決は、本件解約金条項について割賦販売法の適用、類推適用を否定したものの、訪問販売にあたる本件互助会契約には特定商取引法10条1項4号が消費者契約法9条1号に優先して適用されるとし、特定商取引法10条1項

4号の規定によって無効とされる必要があるとしたうえ、消費者契約法9条1号の該当性については、平均的な損害が具体的には解除の事由、時期等により同一の区分に分類される複数の同種の契約の解除に伴い、当該事業者に生じる損害の額の平均値をいうとし、役務の提供が請求される前に会員に本件互助会契約が解除される場合には、その損害賠償の範囲は、本件互助会契約の締結および履行のためにＹが支出する費用の原状回復を内容とするものに限定されるとし、本件では会員募集に要する費用のうち、人件費、営業用建物の使用に要する費用につき否定し、パンフレット、加入者証、約款等の作成費用につき肯定し（本件互助会契約1口あたり145円）、契約書印紙代（1件あたり200円）につき肯定し、加入者証郵送費用につき否定し、会員管理に要する費用のうち、月掛金の集金に要する費用につき肯定し（1口あたり年間174円）、前受金の保全に要する費用につき否定し、会報誌作成費用につき肯定し（1口あたり年間90円）、会報誌送付費用につき肯定し（1口あたり年間144円）、結婚式場および葬儀場の減価償却費につき否定し（結局、会員募集に要する費用の合計425円に当該会員の入会期間1年につき408円の会員管理に要する費用の合計を加えた額が平均的な損害と認定した）、消費者契約法10条の該当性を否定し、Ｘの請求を一部認容したものである。

【裁判例17】 京都地判平27・1・21判時2267号83頁（212頁参照）

〔事案の特徴〕 Ｘ・ＮＰＯ法人は、消費者契約法に基づく適格消費者団体であるところ、健康食品の製造、販売等を業とするＹ株式会社がクロレラを含有する健康食品を製造、販売し、販売にあたってＡ研究会名義のクロレラ等の摂取により疾病が改善した等の体験談等を記載した新聞折込みチラシを頒布する等したため、ＸがＹに対して不当景品類及び不当表示防止法（景表法）所定の優良誤認表示、有利誤認表示に関する差止請求権、消費者契約法12条に基づきチラシ頒布の差止めを請求したものである。

　本判決は、チラシはＡ名義であるものの、作成頒布主体はＹであると認め、医薬品としての承認を受けていない商品につき医薬品的効用がある旨を示すまたは示唆する表示は、一般消費者に対して当該会社の取扱商品があたかも国により厳格に審査され承認を受けて製造犯罪されている医薬品である

との誤認を引き起こすおそれがあるとし、景表法10条１項１号所定の優良誤認表示に該当するとし、請求を認容したものである。

【裁判例18】　福岡高判平27・11・５判時2299号106頁（84頁参照）

〔事案の特徴〕　前記の福岡地判平26・11・19判時2299号113頁（裁判例16）の控訴審判決であり、X、Yが控訴したものである。

　本判決は、第１審判決を引用しつつ、本件解約金条項への消費者契約法の適用については第１審判決と同様に肯定し、同法９条１号の平均的な損害については基本的には第１審判決と同様に解し、契約の解除によって事業者に生じる損失であれば、契約の解除との間に相当因果関係が認められる限り、平均的な損害になり得るとし、本件互助会契約の場合には、契約締結に要する費用、当該契約を締結したことによって生ずる費用および役務履行のための準備としてされる当該会員の管理に要する必要が含まれるとしたうえ、具体的な項目につき検討し、会員の募集に要する人件費につき肯定し（１口あたり３万4083円）、営業用建物の使用に関する費用につき肯定し（１口あたり202円）、加入者証、約款等の作成費用、契約書印紙代につき肯定し、会員募集に要する費用合計を１口あたり３万4712円と算定し、会員の管理のために必要な人件費につき肯定し（１口あたり月額125円）、前受金の保全に要する費用につき肯定し（１口あたり月額10円）、月掛金の集金に要する費用、会報誌作成費用、会報誌送付費用につき肯定し、会員管理に要する費用合計を１口あたり毎月195円と算定し、結局、平均的な損害が３万4712円（会員募集に要する費用の合計額）に当該会員の入会期間１月につき195円（会員管理に要する費用の合計額）を加えた額であり、本件互助会契約の解約手数料を上回っている等とし、同法９条１号による無効の主張を排斥し、10条の該当性を否定し、Xの控訴を棄却し、Yの控訴に基づき第１審判決を取り消し、Xの請求を棄却したものである。

【裁判例19】　大阪高判平28・２・25判時2296号81頁（214頁参照）

〔事案の特徴〕　前記の京都地判平27・１・21判時2267号83頁（裁判例17）の控訴審判決であり、Yが控訴したものである。

〔第3部〕 差止請求訴訟の動向と裁判例の実情

　本判決は、Yが第1審判決後、チラシの配布を行っておらず、今後も配布の予定がないとし、差止めの必要性がないとし、景表法10条に基づく差止請求には理由がなく、消費者契約法12条に基づく差止請求については、同条1項、2項所定の勧誘には、不特定多数の消費者に向けて広く行う働きかけは含まれない等とし、理由がないとし、原判決を取り消し、請求を棄却したものである。

【裁判例20】　最判平29・1・24判時2332号16頁（216頁参照）
〔**事案の特徴**〕　前記の大阪高判平28・2・25判時2296号81頁（裁判例19）の上告審判決であり、Xが上告受理を申し立てたものである。
　本判決は、事業者等による働きかけが不特定多数の消費者に向けられたものであるとしても、そのことから直ちに消費者契約法12条1項、2項の勧誘に当たらないということはできないとしたが、本件ではチラシの配付が同法12条1項、2項にいう「現に行い又は行うおそれがある」とはいえないとし、原審の判断が結論において是認することができるとし、上告を棄却したものである。

【判例索引】

〔最高裁判所〕

最判平 2・2・20判時1354号76頁‥‥‥‥‥‥‥‥‥‥‥‥‥‥‥‥ 224
最判平13・4・20判時1751号171頁‥‥‥‥‥‥‥‥‥‥‥‥‥‥‥ 266
最判平13・4・20民集55巻3号682頁・判時1751号163頁‥‥‥‥‥‥ 266
最判平15・7・18民集57巻7号838頁・判時1838号145頁‥‥‥‥‥‥ 266
最判平15・12・11民集57巻11号2196頁・判時1846号106頁‥‥‥‥‥ 267
最判平16・3・25民集58巻3号753頁・判時1856号150頁‥‥‥‥‥‥ 267
最判平16・12・13民集58巻9号2419頁・判時1882号153頁‥‥‥‥‥ 267
最判平18・3・28民集60巻3号875頁‥‥‥‥‥‥‥‥‥‥‥‥‥‥ 267
最判平18・6・1民集60巻5号1887頁・判時1943号11頁‥‥‥‥‥‥ 267
最判平18・6・6判時1943号14頁‥‥‥‥‥‥‥‥‥‥‥‥‥‥‥‥ 267
最判平18・9・14判時1948号164頁‥‥‥‥‥‥‥‥‥‥‥‥‥‥‥ 267
最判平18・11・27民集60巻9号3437頁・判時1958号12頁
　‥‥‥‥‥‥‥‥‥‥‥‥‥‥‥‥‥‥‥‥‥‥‥ 113, 115, 120, 132
最判平18・11・27民集60巻9号3597頁・判時1958号24頁‥‥‥‥‥‥ 130
最判平18・11・27民集60巻9号3732頁・判時1958号33頁‥‥‥‥‥‥ 133
最判平18・11・27判時1958号61頁‥‥‥‥‥‥‥‥‥‥‥‥‥‥‥ 135
最判平18・11・27判時1958号62頁‥‥‥‥‥‥‥‥‥‥‥‥‥‥‥ 136
最判平18・12・22判時1958号69頁‥‥‥‥‥‥‥‥‥‥‥‥‥‥‥ 143
最判平19・4・17民集61巻3号1026頁・判時1970号32頁‥‥‥‥‥‥ 267
最判平19・4・23判時1970号106頁‥‥‥‥‥‥‥‥‥‥‥‥‥‥‥ 267
最判平19・5・29判時1989号131頁‥‥‥‥‥‥‥‥‥‥‥‥‥‥‥ 267
最判平19・10・19判時1990号144頁‥‥‥‥‥‥‥‥‥‥‥‥‥‥‥ 267
最判平22・3・30判時2075号32頁‥‥‥‥‥‥‥‥‥‥‥‥‥ 233, 235
最判平22・3・30判時2077号44頁‥‥‥‥‥‥‥‥‥‥‥‥‥‥‥ 138
最判平23・3・24民集65巻2号903頁・判時2128号33頁・金商1378
　号28頁‥‥‥‥‥‥‥‥‥‥‥‥‥‥‥‥‥‥‥‥ 155, 158, 184, 189
最判平23・7・12判時2128号43頁・金商1378号41頁‥‥‥‥‥‥‥‥ 187
最判平23・7・15民集65巻5号2269頁・判時2135号38頁‥‥ 11, 45, 172, 189
最判平23・10・25判時2133号9頁‥‥‥‥‥‥‥‥‥‥‥‥‥‥‥‥ 222
最判平24・3・16民集66巻5号2216頁・判時2149号135頁・判タ
　1370号115頁・金商1389号14頁‥‥‥‥‥‥‥‥ 272, 278, 281, 284, 288

351

最判平29・1 ・24判時2332号16頁……………………………………216,350
最判平29・12・6 民集71巻10号1817頁……………………………………325

〔高等裁判所〕
東京高判平16・5 ・26判タ1153号275頁……………………………………250
大阪高判平16・9 ・10判時1882号44頁……………………………107,109,133,134
大阪高判平16・9 ・10判時1882号56頁……………………………………108
大阪高判平16・12・17判時1894号19頁……………………………………153
大阪高判平19・4 ・27判時1987号18頁……………………………………229
札幌高判平20・1 ・25判時2017号85頁……………………………………230,235
福岡高判平20・3 ・28判時2024号32頁……………………………………208
大阪高判平20・11・28判時2052号93頁……………………………………165
東京高判平20・12・17金商1313号42頁……………………………………313
名古屋高判平21・2 ・19判時2047号122頁………………………………223,332
大阪高判平21・4 ・9 消費者法ニュース80号222頁………………………139
大阪高判平21・6 ・19金商1378号34頁……………………………………169,184
大阪高判平21・8 ・27判時2062号40頁・金法1887号117頁………………173
大阪高判平21・9 ・17金商1334号34頁……………………………………269
東京高判平21・9 ・30判タ1317号72頁・金商1327号10頁………………271,278
大阪高判平21・10・29判時2064号65頁……………………………………178
大阪高判平21・12・15金商1378号46頁……………………………………180,187
大阪高判平22・2 ・24金商1372号14頁……………………………………180,189
東京高判平22・6 ・29判時2104号40頁……………………………………326,327
広島高判平23・11・25金商1399号32頁……………………………………245
東京高判平23・12・26判時2142号31頁……………………………………254
東京高判平24・7 ・11金商1399号8 頁……………………………………280
東京高判平24・10・25判タ1387号266頁……………………………………284
高松高判平24・11・27判時2176号42頁……………………………………298
大阪高判平24・12・7 判時2176号33頁……………………………………299,344
大阪高判平25・1 ・25判時2187号30頁……………………………………78,345
東京高判平25・3 ・28判時2188号57頁……………………………………199,345
大阪高判平25・3 ・29判時2219号64頁……………………………………301,345
福岡高判平27・11・5 判時2299号106頁……………………………………84,349
大阪高判平28・2 ・25判時2296号81頁……………………………214,216,349,350

〔地方裁判所〕

東京地判平14・3・25判タ1117号289頁‥‥‥‥‥‥‥‥‥‥‥‥‥‥‥‥‥51
大阪地判平14・7・19金商1162号32頁‥‥‥‥‥‥‥‥‥‥‥‥‥‥‥‥‥203
さいたま地判平15・3・26金商1179号58頁‥‥‥‥‥‥‥‥‥‥‥‥‥‥‥309
京都地判平15・7・16判時1825号46頁‥‥‥‥‥‥‥‥‥‥91,98,102,106
大阪地判平15・9・19判時1838号111頁‥‥‥‥‥‥‥‥‥‥96,102,106,107
大阪地判平15・10・6判時1838号104頁‥‥‥‥‥‥‥‥‥‥‥‥‥‥‥‥‥99
東京地判平15・10・23判時1846号29頁‥‥‥‥‥‥‥‥‥‥‥‥‥‥‥‥‥104
東京地判平15・11・10判時1845号78頁‥‥‥‥‥‥‥‥‥‥‥‥‥‥‥‥‥141
東京地判平16・2・5判タ1153号277頁‥‥‥‥‥‥‥‥‥‥‥‥‥‥249,250
東京地判平16・12・20判タ1194号184頁‥‥‥‥‥‥‥‥‥‥‥‥‥‥‥‥109
名古屋地判平17・1・26判時1939号85頁‥‥‥‥‥‥‥‥‥‥‥‥‥‥‥‥226
横浜地判平17・4・28判時1903号111頁‥‥‥‥‥‥‥‥‥‥‥‥‥‥‥‥111
神戸地判平17・7・14判時1901号87頁‥‥‥‥‥‥‥‥‥‥‥‥‥‥‥‥‥154
東京地判平17・7・21判タ1196号82頁‥‥‥‥‥‥‥‥‥‥‥‥‥‥‥‥‥113
東京地判平17・9・9判時1948号96頁‥‥‥‥‥‥‥‥‥‥‥‥‥‥‥‥‥‥59
東京地判平17・11・8判タ1224号259頁‥‥‥‥‥‥‥‥‥‥‥‥‥‥‥‥305
さいたま地判平17・11・22金商1313号49頁‥‥‥‥‥‥‥‥‥‥‥‥311,313
東京地判平18・6・27判時1955号49頁‥‥‥‥‥‥‥‥‥‥‥‥‥‥‥‥‥115
福岡地判平19・2・16判時2024号35頁‥‥‥‥‥‥‥‥‥‥‥‥‥‥206,208
大阪地判平19・3・30判タ1273号221頁‥‥‥‥‥‥‥‥‥‥‥‥‥‥‥‥155
札幌地判平19・5・22金商1285号53頁‥‥‥‥‥‥‥‥‥‥‥‥‥‥‥‥‥231
京都地判平20・1・30判時2015号94頁・金商1327号45頁‥‥‥‥‥158,173
京都地判平20・4・30判時2052号86頁・判タ1281号316頁・金商
　1299号56頁‥‥‥‥‥‥‥‥‥‥‥‥‥‥‥‥‥‥‥‥‥‥‥‥‥‥161,165
津地判平20・7・18金商1378号24頁‥‥‥‥‥‥‥‥‥‥‥‥‥‥‥‥‥‥223
東京地判平20・7・29判タ1291号273頁‥‥‥‥‥‥‥‥‥‥‥‥‥‥‥‥‥70
東京地判平20・10・17判時2028号50頁‥‥‥‥‥‥‥‥‥‥‥‥‥‥‥‥145
京都地判平20・11・26金商1378号37頁‥‥‥‥‥‥‥‥‥‥‥‥‥‥162,169
横浜地判平20・12・4金商1327号19頁‥‥‥‥‥‥‥‥‥‥‥‥‥‥264,271
大阪地判平21・3・23金商1334号42頁‥‥‥‥‥‥‥‥‥‥‥‥‥‥267,269
大津地判平21・3・27判時2064号70頁‥‥‥‥‥‥‥‥‥‥‥‥‥‥166,178
京都地判平21・4・23判時2055号123頁‥‥‥‥‥‥‥‥‥‥‥‥‥‥251,340
東京地判平21・5・19判時2048号56頁‥‥‥‥‥‥‥‥‥‥‥‥‥‥‥‥‥257

東京地判平21・6・19判時2058号69頁	316
横浜地判平21・7・10判時2074号97頁	320
京都地判平21・7・23判時2051号119頁・判タ1316号192頁・金商1327号26頁	171
東京地判平21・7・28判時2053号57頁	325, 327
京都地判平21・7・30金商1378号50頁	172, 180
京都地判平21・9・25判時2066号81頁	174
京都地判平21・9・25判時2066号95頁・判タ1317号214頁	175, 180
京都地判平21・9・30判時2068号134頁・判タ1319号262頁	177, 340
奈良地判平22・3・26消費者法ニュース84号293頁	233
札幌地判平22・4・22判時2083号96頁	210
東京地判平22・9・28判時2104号57頁	260
京都地判平22・10・29判タ1334号100頁	181
神戸地尼崎支判平22・11・12判タ1352号186頁	182
大阪地判平23・3・4判時2114号87頁	329
広島地判平23・4・26金商1399号41頁	236, 246
東京地判平23・7・28判タ1374号163頁	66
東京地判平23・8・10金法1950号115頁	273
東京地判平23・8・18金商1399号16頁	274, 280
東京地判平23・9・14判タ1397号168頁	238
福岡地判平23・11・8金法1951号137頁	242
東京地判平23・11・9金法1961号117頁	244
東京地判平23・11・17判時2150号49頁	55
京都地判平23・12・13判時2140号42頁	73, 78, 340, 345
大阪地判平23・12・19判時2147号73頁	246
京都地判平24・3・28判時2150号60頁	291, 295, 298, 300, 341, 344
東京地判平24・7・5判時2173号135頁・金商1409号54頁	193, 199, 342, 345
京都地判平24・7・19判時2158号95頁	293, 301, 304, 342, 345
東京地判平24・9・12判タ1387号336頁	282
大阪地判平24・11・12判時2174号77頁・判タ1387号207頁・金商1407号14頁	196, 343
京都地判平24・11・20判時2169号68頁	295, 343
名古屋地判平24・12・21判時2177号92頁	147, 344

大分地判平26・4・14判時2234号79頁……………………………………149,346
京都地判平26・8・7判時2242号107頁……………………………………62,346
福岡地判平26・11・19判時2299号113頁 ……………………80,84,347,349
京都地判平27・1・21判時2267号83頁………………………212,214,348,349
東京地判平27・2・5判時2298号63頁………………………………………219
東京地判平27・3・26判タ1421号246頁……………………………………287

〔簡易裁判所〕
名古屋簡判平21・6・4判タ1324号187頁…………………………………168

著者紹介

〔著者紹介〕

升田　純（ますだ　じゅん）

〔略歴〕昭和25年4月15日生まれ
　　　　昭和48年　　　国家公務員試験上級甲種・司法試験合格
　　　　昭和49年3月　京都大学法学部卒業
　　　　昭和52年4月　裁判官任官、東京地方裁判所判事補
　　　　昭和57年8月　最高裁判所事務総局総務局局付判事補
　　　　昭和62年4月　福岡地方裁判所判事
　　　　昭和63年7月　福岡高等裁判所職務代行判事
　　　　平成2年4月　東京地方裁判所判事
　　　　平成4年4月　法務省民事局参事官
　　　　平成8年4月　東京高等裁判所判事
　　　　平成9年4月　裁判官退官、聖心女子大学教授
　　　　平成9年5月　弁護士登録
　　　　平成16年4月　中央大学法科大学院教授

〔著書〕『詳解　製造物責任法』（商事法務研究会、平成9年）
　　　　『高齢者を悩ませる法律問題』（判例時報社、平成10年）
　　　　『現代社会におけるプライバシーの判例と法理』（青林書院、平成21年）
　　　　『モンスタークレーマー対策の実務と法〔第2版〕』（共著、民事法研究会、平成21年）
　　　　『警告表示・誤使用の判例と法理』（民事法研究会、平成23年）
　　　　『一般法人・公益法人の役員ハンドブック』（民事法研究会、平成23年）
　　　　『原発事故の訴訟実務』（学陽書房、平成23年）
　　　　『風評損害・経済的損害の法理と実務〔第2版〕』（民事法研究会、平成24年）
　　　　『不動産取引における契約交渉と責任』（大成出版社、平成24年）
　　　　『民事判例の読み方・学び方・考え方』（有斐閣、平成25年）
　　　　『現代取引社会における継続的契約の法理と判例』（日本加除出版、平成25年）
　　　　『インターネット・クレーマー対策の法理と実務』（民事法研究会、平成25年）
　　　　『変貌する銀行の法的責任』（民事法研究会、平成25年）
　　　　『名誉毀損の百態と法的責任』（民事法研究会、平成26年）
　　　　『最新PL関係判例と実務〔第3版〕』（民事法研究会、平成26年）
　　　　『自然災害・土壌汚染等と不動産取引』（大成出版社、平成26年）
　　　　『要約マンション判例170〔新版〕』（学陽書房、平成27年）
　　　　『実戦民事訴訟の実務〔第5版〕』（民事法研究会、平成27年）
　　　　『なぜ弁護士は訴えられるのか』（民事法研究会、平成28年）
　　　　『民法改正と請負契約』（大成出版社、平成29年）
　　　　『民法改正と賃貸借契約』（大成出版社、平成30年）
　　　　『判例にみる慰謝料算定の実務』（民事法研究会、平成30年）
　　　　『判例にみる損害賠償額算定の実務〔第3版〕』（民事法研究会、平成31年）

など

判例消費者契約法の解説

2019年6月15日　第1刷発行

定価　本体4,000円＋税

著　　者　升田　純
発　　行　株式会社　民事法研究会
印　　刷　文唱堂印刷株式会社

発行所　株式会社　民事法研究会
　〒150-0013　東京都渋谷区恵比寿3-7-16
　〔営業〕TEL 03(5798)7257　FAX 03(5798)7258
　〔編集〕TEL 03(5798)7277　FAX 03(5798)7278
　http://www.minjiho.com/　info@minjiho.com

落丁・乱丁はおとりかえします。　ISBN978-4-86556-282-8 C2032 ￥4000E
表紙デザイン：袴田峯男

■第3版では、「保育施設」「介護施設」「スポーツ団体」「事業再編の当事会社」「美容医療サービス」「歯科医師」などの類型を追録し改訂増補！

判例にみる
損害賠償額算定の実務〔第3版〕

升田 純 著　　　Ａ５判・598頁・定価 本体5400円＋税

損害賠償責任が問われた者の加害行為と、損害賠償責任を追及する者の受けた損害との間の因果関係の有無、損害賠償額の立証、算定、過失相殺等の法理を探究！

目次
- 序章 概説
  - 1 はじめに
  - 2 損害賠償額の立証・算定
  - 3 訴訟実務への指針
    - (1) 因果関係の立証
    - (2) 損害賠償額の立証
- 第1章 事業活動における損害額の認定・算定
- 第2章 加害行為に基づく損害額の認定・算定
- 第3章 権利侵害に基づく損害額の認定・算定

■慰謝料等請求実務の指針を示す好個の書！ 判例索引も収録！

判例にみる
慰謝料算定の実務

升田 純 著　　　Ａ５判・511頁・定価 本体5000円＋税

130件超の慰謝料等請求事件の裁判例を類型化して精緻に分析・検証し、説得的な主張・立証のあり方、認定・算定の判断基準と実務指針を示す！ 損害賠償実務における慰謝料請求の意義・機能を探究！

目次
- 第1章 慰謝料の認定・算定の考え方
- 第2章 離婚等による慰謝料
- 第3章 学校教育における慰謝料
- 第4章 いじめによる慰謝料
- 第5章 雇用関係による慰謝料
- 第6章 セクハラ・パワハラ等による慰謝料
- 第7章 ストーカー等による慰謝料
- 第8章 村八分による慰謝料
- 第9章 近隣迷惑行為による慰謝料
- 第10章 マンショントラブルによる慰謝料
- 第11章 契約締結・取引・サービス等による慰謝料
- 第12章 専門職のサービスによる慰謝料
- 第13章 外国人差別による慰謝料
- 第14章 悪質商法による慰謝料
- 第15章 不当請求・不当訴訟の提起等による慰謝料
- 第16章 自力救済等による慰謝料
- 第17章 原因究明に係る慰謝料
- 第18章 名誉毀損・プライバシー侵害による慰謝料

発行　民事法研究会

〒150-0013　東京都渋谷区恵比寿3-7-16
(営業) TEL. 03-5798-7257　FAX. 03-5798-7258
http://www.minjiho.com/　info@minjiho.com

最新実務に役立つ実践的手引書

Vチューバーとの業務委託契約、SNS上の権利侵害やエンタメ業界の労働問題など8設問を追録！

エンターテインメント法務Q&A〔第2版〕
――権利・契約・トラブル対応・関係法律・海外取引――

エンターテインメント・ロイヤーズ・ネットワーク　編　　（A5判・398頁・定価　本体4200円＋税）

民法(債権法)・民事執行法・商法等の改正を収録するとともに、船舶執行関連の法改正にも対応させ改訂！

書式　不動産執行の実務〔全訂11版〕
――申立てから配当までの書式と理論――

園部　厚　著　　（A5判・689頁・定価　本体6100円＋税）

宗教法人法・墓埋法・労働関係法・情報関連法・税法、その他日常業務に関連する書式例132件を収録！

宗教法人実務書式集

宗教法人実務研究会　編　　（A5判・345頁・定価　本体4000円＋税）

実務の留意点を具体事例に即して解説し、簡裁代理および書類作成による本人訴訟支援の執務指針を示す！

再考　司法書士の訴訟実務

日本司法書士会連合会　編　　（A5判・303頁・定価　本体3500円＋税）

遺産承継業務、法定相続情報証明制度、改正相続法を含めた実務全般に関する必須知識をQ&A形式で解説！

相続実務必携

静岡県司法書士会あかし運営委員会　編　　（A5判・326頁・定価　本体3500円＋税）

次代の決済法制度を横断的・包括的に規律するための立法政策のあり方を検討！

キャッシュレス決済と法規整
――横断的・包括的な電子決済法制の制定に向けて――

千葉惠美子　編　　（A5判上製・468頁・定価　本体8600円＋税）

発行　民事法研究会

〒150-0013　東京都渋谷区恵比寿3-7-16
(営業) TEL 03-5798-7257　FAX 03-5798-7258
http://www.minjiho.com/　info@minjiho.com

消費者問題関係の実践的手引書

適格消費者団体における実務経験を有する研究者が、実務上問題となりうる論点を中心に詳説！

詳解 消費者裁判手続特例法

町村泰貴 著　　　　　　　　　　　（Ａ５判上製・278頁・定価 本体3200円＋税）

平成30年までの法令等の改正と最新の判例や実務の動向を収録して大幅改訂！

詳解 特定商取引法の理論と実務〔第4版〕

圓山茂夫 著　　　　　　　　　　　（Ａ５判・764頁・定価 本体7000円＋税）

消費者契約法、生活保護法、生活困窮者自立支援法、医療広告ガイドライン等の改正に対応！

消費者六法〔2019年版〕─判例・約款付─

編集代表　甲斐道太郎・松本恒雄・木村達也　（Ａ５判箱入り並製・1583頁・定価 本体5400円＋税）

膨大・難解な特定商取引法をわかりやすく解説し、併せてトラブルをめぐる実務の対応を明示！

特定商取引のトラブル相談Ｑ＆Ａ
──基礎知識から具体的解決策まで──

坂東俊矢 監修　久米川良子・薬袋真司・大上修一郎・名波大樹・中井真雄 編著（Ａ５判・291頁・定価 本体3000円＋税）

政省令、最高裁規則、ガイドライン、主要文献を踏まえて実務的な観点から逐条解説！

コンメンタール消費者裁判手続特例法

日本弁護士連合会消費者問題対策委員会 編　　（Ａ５判・638頁・定価 本体6100円＋税）

多重債務者の生活再建をも見据えた債務整理事件の実務指針を書式を織り込み解説！

債務整理事件処理の手引
──生活再建支援に向けて──

日本司法書士会連合会 編　　　　　（Ａ５判・331頁・定価 本体3500円＋税）

発行　民事法研究会
〒150-0013 東京都渋谷区恵比寿3-7-16
（営業）TEL 03-5798-7257　FAX 03-5798-7258
http://www.minjiho.com/　　info@minjiho.com